난징대학살의 증거를 찾아서

예일에서
도쿄까지

此书的出版受到中华社会科学基金(Chinese Fund for the Humanities and Social Sciences)资助

FROM YALE TO TOKYO

난징대학살의 증거를 찾아서

예일에서 도쿄까지

장카이웬(章開沅) 저

池水湧, 金淑蘭, 裵圭範, 韓龍浩, 趙顯昊 역

보고사

왜 일본인의 죽음은 일본인만의 슬픔인가요?

왜 타국인의 죽음은 타국인만의 슬픔인가요?

왜 인류는 같이 기뻐하고 같이 슬퍼할 수 없는 건가요?

-바다 밑에 수장(水葬)된 일본 소년병의 시(詩)

전쟁기념물
눈꼽만치도 반성이 없는 회상

'극동군사재판'의 재판장과 심판관

난징대학살의 원흉 마쓰이 이와네(松井石根)가 법정에 출두하는 모습

난징대학살 공범 무토 아키라(武藤章)가 변호사와 접견하는 장면

죽어서도 회개하지 않는 도죠 히데키(東條英機)(오른쪽)

일급전범 이타가키 세이시로(板垣征四郎)가 교수형 판결을 받는 모습

일급전범 키도 코이치(木戸幸一)가 판결을 받는 모습

안후이(安徽) 관음

위령비(만주독립수비보병 제9대대 제1중대에서 세움)

'라바울 마누스(Rabaul Manus) 친목회'에서 145명 전우들의 영혼을 위로하기 위해 세운 위령비

현창 기념비(육군소년비행병 제10기 학생들이 세움)

바다를 지키는 관음상

사이판(塞班島) 전투 망자 위령비

무사정신 기념비의 유래(탱크 11연대(士魂部隊) 위령비)

전우 기념비 및 비문(제25야전군용차공장 제20동수리반 전사자 위령비.
수양회(綏阳会)에서 세움)

제104야전포병 제104연대 전우회에서 세운 기념비.
기념비의 하박석(下薄石) 밑에는 전쟁에서 살아남은 전우
들의 친필수기와 인명록, 그리고 마필명부(馬匹名簿) 등이
소장되어 후세에 전해지고 있다.

의치연명지장대신(医治延命地藏大神) 고수험도수행자
(古修験道修行者) 마자와 히데미네(间沢秀峰)가 세움.

관동군독립수비대보병 제 11대대 위령비

중앙고지에서 바라본 라바울 뉴아일랜드(Rabaul New Ireland)

백팔관음유래기(백팔관음이란 보병 제108연대 생존자들이 중일 양국 전사자들의 망령을 추모하기 위해 세운 108개의 관음상을 말한다. 백팔관음유래기에는 중일 양국 전사자들이 원한을 잊고 안식하기를 바라는 내용이 적혀 있다.)

네무로(根室)지역에 주둔하여 신병교육을 맡아 하던 부대의 퇴역 군인들이 세운 기념비.
이 부대는 1943년 5월, 히로시마 우지나섬(广岛宇品岛)에서 편성된 뒤, 같은 해 6월에 북쿠릴열도(北千岛列岛)로 이동해 그곳에 주둔하였다. 그러다가 1944년 4월, 주력부대가 다시 네무로(根室)지역으로 이동하였으며, 그곳에서 교육편대로 개편되어 1944년 9월부터 1945년 1월까지 신병교육을 맡아 하였다. 전쟁 직후, 이 부대의 퇴역 군인들은 화개회(花开会)를 결성, 그로부터 36년이 지나서 북해에서 떠도는 전우들의 망령을 위로하기 위해 이 기념비를 세웠다.

육릉회 기념비(제8국경수비 제4지구 포병대의 자원 봉사자들이 전사한 전우들의 영혼을 위로하고 일본의 영원한 평화를 기원하기 위해 세운 기념비). 육릉회란 제4지구 포병대 진지가 있던 육간방(六间房)과 능대(稜台)라는 곳에서 따온 이름이다.

애마 기념비("북방의 광야에서 울부짖고 찬란한 햇빛 아래 초원을 달리며 당신은 병사들과 함께 지냈지. 고난에도 굴복하지 않고 오직 사랑으로 함께 지냈지. 당신은 말없는 병사, 당신의 모습은 영원히 내 마음 속에 남아 있으리.")

산 아래 부대가 전멸된 곳

레이테 만(Leyte Gulf, 미군이 상륙한 곳)

145명 순국열사 기념비

만몽(滿蒙)철도 연선에서 전사한 전우들을 추모하는 기념비('만주철도 경호군(警护军) 후원회'에서 세움.)

철도경찰의 노래(철도경호연대 작사)

철도경찰 기념비(만주철도 경비군에서 세움)

야전포병 제104연대 제8961부대 위령비(연대장 고바야시 젠(小林漸)이 세움)

독일 뮌헨시 교외에 위치한 다하우(Dachau) 강제 수용소. 이곳은 나치 독일이 만든 첫 번째 강제 수용소이다. 1945년 연합군에 의해 해방된 뒤, 원래 자리에 기념관이 세워졌다. 기념관은 모든 관람객에게 무료로 개방되고 있다. 기념관에는 당시의 일부 건물과 시설들이 복원되어 있으며, 여러 개의 기념비와 기념관이 새로 세워졌다. 기념관에는 대량의 도구와 사진, 문자, 그리고 음성 및 영상 자료가 비치되어 있다. 그곳에서는 또 관람객들을 위해 독일어, 영어, 프랑스어, 이탈리아어, 러시아어 등으로 된 음성서비스를 제공하고 있다. 관람객들은 이곳에서 나치 전범들이 저지른 만행을 한눈에 볼 수 있다. 세계 각국에서 온 관람객들이 이곳을 찾고 있지만, 대부분 관람객은 독일인, 특히 독일 학생들이다.

기념관 광장 한쪽에 세워진 유대인 기념비
나치 대학살 피해자인 유대인들을 기념하기 위해 세워진 것으로, 안쪽에 있는 흰색 비석은 예루살렘에서 가져온 것이다.

기념관 주 건물 앞에 세워진 국제기념비
강제 수용소에서 목숨을 잃은 모든 피해자들을 기념하기 위해 세워진 것이다.

　2003년에『예일에서 도쿄까지 : 난징대학살의 증거를 찾아서』의 중국어판이 출간되었다. 이 책은 내가 예일대 도서관 서고에서 '난징안전구역 국제위원회'와 관련된 대량의 원전자료를 발견한 뒤, 근 15년에 걸쳐 지속적으로 난징대학살을 연구한 끝에 그 역사적 진상을 세상에 발표한 것이다. 올해는 중국인민항일 전쟁 및 세계반파시즘 전쟁 승리 70주년이 되는 해이다. 본교 한국어학과 지수용 교수가 다년간 각고의 노력을 기울인 덕분에 드디어 이 책이 한국어판으로 정식 출판된다는 소식을 들으니 매우 감격스러운 한편, 수많은 지난 일들이 뇌리에 떠올랐다.

　우리 시대 사람들은 일본의 침략으로 오랜 시간 고통을 당했다. 1931년 일본이 동북3성을 점령했을 당시 나는 고작 5살짜리 꼬마였다. 어린 내가 제일 먼저 배운 노래는 바로 나지막하면서도 슬픈「송화강상(松花江上)」이었다. 1937년 일본이 전면적인 중국 침략전쟁을 감행한 그때 나는 겨우 11살이었다. 초등학교 졸업식에서 소리 높여 부른 것은 영화『도이겁(桃李劫)』의 주제곡이었다. 노래의 첫마디는 "친구들아, 우리 다 같이 천하의 흥망을 함께 짊어지자"였다. 그리고 막 중학교에 들어갔을 무렵, 전쟁을 피해 온 가족은 피난 행렬에 나서야만 했다. 우리는 고향을 등졌고, 집과 가족을 잃었다. 꼬박 8년 간, 나는 굶주림과 추위에 시달리는 난민 생활을 했다. 어린 시절의 찬란한 꿈들이 일본의 침략전쟁으로 산산조각이 났다고 감히 말할 수 있다.

1944년 겨울, 태평양전쟁에서 번번이 참패를 당한 일본은 중국 대륙에서 미친듯이 반격을 시도했다. 그들은 서남전선에 선봉대를 내세워 이미 두산(獨山)을 공격해 들어갔고, 제2의 수도였던 충칭(重慶)을 직접적으로 위협했다. 나는 수많은 애국학생들처럼 붓을 버리고 종군했다. 둥량(銅梁)에 주둔한 청년원정군 201사단 603연대에 편입된 나는 충칭을 지키면서, 명령이 떨어지기만 하면 언제든지 전선에 뛰어들어 적을 무찌를 만반의 준비를 하고 있었다. 그런데 우리 부대가 바야흐로 전투에 투입될 제9군단에 막 가담 할 즈음, 일본천황이 무조건 항복을 선포했다. 그 바람에 나는 현역군인으로서 전장에 나가 한번 싸워보지도 못하고 말았다. 그것은 내게 평생의 한으로 남았다. 그래서 지금껏 나 스스로를 항전노병으로 칭하는 것이 참으로 부끄럽기도 하다.

　　신중국 성립 이후, 비록 일본이 적대국가에 속하게 되었지만 우리는 경제, 문화 등 제반분야에서 중일 양국 간의 민간교류에 발 벗고 나섰다. 그것은 바로 전쟁의 위험과 평화의 소중함을 뼈저리게 알고 있었기 때문이다. 중국과 일본이 정식 수교를 맺은 뒤, 특히 우리나라에서 개혁개방 정책을 실시한 이후로 나는 중일 학술교류의 선구자 역할을 할 수 있는 행운을 가지게 되었다. 학술교류를 통해 나는 일본의 이삼 세대 학자들, 이를테면 시마다 켄지(島田虔次), 노자와 토요(野澤丰), 하자마 나오키(狭間直树), 쿠보다 분지(久保田文次) 등과 평생 변치 않는 진지한 우정을 맺었다.

　　나는 일본의 수려한 산과 강을 좋아하고, 특히 일본 사람들을 사랑한다. 지리적으로 매우 가까운 중일 양국은 이천 년이 넘도록 평화로운 관계를 유지해 왔다. 대규모의 침략과 반침략 전쟁의 역사는 단 50년에 불과하다는 것을 역사학자인 나는 잘 알고 있다.

　　내 지론은 아시아의 양대 이웃국가로서 중국과 일본이 서로 사이가 좋으면 쌍방에 이익이 되지만, 싸우면 서로가 고통스럽다는 것이다. 특히, 나는 중일 양국 국민들 간에 그동안 쌓아온 우의를 특별히 소중하게 여겨왔으며, 많은 정력을 들여 일본사회 각계인사들과의 교류와 소통을 추진해 왔다. 나는 지금까지 일본을 8차례나 방문했다. 이미 작고하신 은사 베이츠(M. S. Bates) 선생님보다 한 차례 더 자주 일본을 찾은 셈이다. 아마 일본에 머무른 시간만 따져도 선생님보다 내가 더 길 것이다. 1993년 여름, 그림같이 아름다운 한노시 미수기다이(飯能市美彬台)에서 머문 두 달은 내게 가장 잊을 수 없는 기억이기도 하다.

그러나 지난 80년대 중반부터, 일본 문부성이 소위 '역사교과서' 사건을 끊임없이 조장하고, 일본의 우익 세력은 '난징대학살'의 대죄를 말살하려는 음모를 꾸며 왔다. 나는 일본 문부성의 그릇된 행위와 일본 우익 세력의 음모에 엄정한 대응을 하지 않을 수 없었다. 마침 나는 예일대 도서관에서 은사 베이츠 선생님을 비롯한 '난징안전구역국제위원회' 멤버들이 남겨 놓은 대량의 '난징대학살' 관련 원전 자료들을 발견하게 되었는데, 그것은 나에게 큰 힘을 실어주었다.

베이츠 선생님은 난징대학살의 역사적 산증인일 뿐만 아니라, '난징안전구역국제위원회'의 주요 창설자 중 한 명이며, 위원회의 마지막 회장이었다. 그는 위원회와 관련된 모든 자료들을 보관하고 있었으며, 1946년에는 도쿄로 건너가 국제심판법정에 증인으로 출두했다. 1950년, 그는 어쩔 수 없이 난징을 떠나게 되었는데, 떠날 때 그는 그 중요한 역사 문헌들을 전부 미국으로 가져갔다. 나중에 이 문헌들은 베이츠의 개인 서류와 함께 예일대 신학대학 도서관에 소장되었다.

나는 1988년 여름방학에 처음으로 『베이츠 문헌』을 접하게 되었다. 문헌을 뒤지다가 나는 그 속에서 우연히 '난징안전구역국제위원회'의 원전자료들을 발견하였다. 그런데 그 자료들은 이미 종류별로 분류되어 분산되어 있었다. 그래서 나는 우선 그 자료들을 하나하나 찾아내서 모은 후, 2부를 복사해 한 부는 내가 보관하고 다른 한 부는 뉴욕에 있는 '북미손해배상청구회(北美索赔会)'에 보냈다. 그때로부터 나는 세계 각지에 있는 학자들과 정보를 공유하고, 힘을 합쳐 역사의 진실을 수호하였으며, 일본군이 난징에서 저지른 천인공노할 만행을 폭로하고, 일본 우익세력의 망언에 맞서 싸웠다. 이 책은 대체로 2003년 이전까지 '난징대학살'이라는 역사적 사건과 관련해 내 스스로 보고 듣고 느낀 바를 적은 것이다.

현재, 아베 정부의 주도 하에 일본에서는 새로운 군국주의의 조류가 팽창하고 있다. 이로 인해 한국 등 이웃 국가는 물론 모든 아시아 국가에 전쟁의 위기가 다시 고조되고 있다. 이런 즈음 『예일에서 도쿄까지』의 한국어판이 출판되는 것은 현실적으로도 매우 중요한 의미가 있다. 작고한 일본인 친구 아즈마 시로(東史郎)는 1997년 '난징대학살 60주년 기념대회'에서 격정에 찬 목소리로 연설을 하였다. 그는 맨 마지막에 팔을 휘두르며 큰 소리로 외쳤다. "노병은 아직 살아있고 웅심도 여전하다네. 정의를 위해 끝까지 싸우리라." 물론 아즈마는 이제 고인이 되었지만 노병인 나 장카이웬(章開沅)은 아직도 건재하다. 비록 몸은 쇠약해졌어도, 아직도 변함없이 전투의 선봉에 서있는 것만 같다.

비록 한국전쟁으로 한중 양국의 적대적 상황이 오랫동안 지속되었지만, 한국 역시 내가 제일 좋아하는 이웃 나라다. 1981년 11월, 일본학계에서 주최한 '신해혁명 70주년기념 국제학술대회'가 도쿄에서 성황리에 열렸다. 대회 주최측에서 대만 학자들을 초청해 대륙 학자들과의 첫 번째 만남을 성사시키려고 애썼으나, 대만 학자들은 끝내 핑계를 대고 대회에 참석하지 않았다. 비록 대만 학자들과의 만남은 수포로 돌아갔으나, 이번 학회를 통해 나는 한국의 저명한 학자인 민두기(閔斗基) 교수를 알게 되었다. 우리는 초면인데도 옛 친구처럼 느껴져 회의 기간 내내 다정스럽게 대화를 나누었다. 우리는 대화를 통해 서로가 중한 양국의 민간 우호 교류를 열망하고 있음을 확인할 수 있었다. 그 뒤, 우리는 미국과 싱가포르 등지에서 여러 차례 다시 만나 깊은 대화를 나누었다. 중국측 학자들의 다방면의 노력으로, 민두기 교수는 마침내 중국에 와서 역사 자료를 열람할 수 있는 기회를 얻게 되었다. 우리의 열정에 보답이라도 하듯, 민두기 교수는 1991년 1월 말 서울대에서 열린 '중국현대사료학 심포지움'에 루오바오샨(骆宝善), 장셴원(张宪文) 그리고 나를 초청했다. 그들은 우리에게 한국정부의 공식 허가를 받은 초청장을 부쳐왔다. 당시 나는 미국 프린스턴대학에서 방문학자로 있었는데, 공교롭게도 주뉴욕 한국 영사가 민두기 교수의 제자였다. 덕분에 나는 아주 빠른 시일 내에 비자를 발급 받아 서울에서 열리는 심포지움에 참석하였다. 이때는 중한 수교가 아직 이루어지기 전이었다. 중한 수교 이후, 양국의 학술교류는 날이 갈수록 빈번해지고 심화되었다. 우리는 한국의 이삼 세대 학자들과 이미 두터운 우정을 쌓았으며, 젊은 후배들은 우리 세대가 개척해 놓은 '중한 우호'라는 천추의 위업을 지속해서 이어나가고 있다.

졸저가 한국어판으로 출판되는 이 기회를 빌어, 나는 한국인과 한국정부의 축복을 기원하고, 수십 년 동안 우리 부부에게 뜨거운 관심과 친절을 베풀어 준 한국 친구들 에게도 감사의 인사를 드린다. 이와 동시에 중국, 한국, 일본 세 나라가 서로 협력하고 평화롭게 지냄으로써 더불어 사는 동북아, 더 나아가 행복한 아시아 내지 세계가 펼쳐지기를 진심으로 바란다.

장카이웬(章開沅)

　장카이웬(章開沅) 선생은 신해혁명사 연구로 국내외에 명성이 자자한
중국의 역사학자이다. 20여 년 전, 그는 예일대 신학대학에서 은사인
베이츠 박사의 문헌을 뒤적이다가 그 속에서 우연히 '난징대학살' 관련
원전자료를 발견하였다. 그것은 당시 진링대 및 '난징안전구역국제위원
회'에서 근무하던 외국인 교수와 전도사들이 자신이 목격한 '난징대학
살' 참상을 문자로 기록한 것이었다. 그때부터 장카이웬 선생은 '난징대
학살' 연구에 매진하였으며, 고희(古稀)의 나이에 학술연구에서 또 한 번
의 전성기를 맞이하게 되었다.

　'난징대학살'은 제2차 세계대전 당시 일본 군국주의자들이 중국에서
저지른 가장 대표적인 만행으로 꼽힌다. 그러나 1980년대 '역사교과서'
사건을 시작으로, 일본 국내의 우익세력은 끊임없이 '난징대학살' 진상을
말살하는 터무니없는 언론을 퍼뜨려 왔다. 그들은 중국에 있는 '난징대학
살' 관련 자료와 책자들은 당시 현장에 있던 사람들이 기록한 '1차 자료'가
아니라고 주장하면서 그것의 진실성을 극구 부정했다. 이러한 현실에서
가장 심각한 피해를 입은 나라의 국민이자 근현대사를 연구하는 학자로
서 장카이웬 선생은 역사의 진실과 민족의 존엄을 지키기 위하여 그들의
기고만장한 도발에 맞서 싸웠다. 그는 『베이츠 문헌』과 피치, 포스터,
마기, 맥컬럼, 스마이스, 스튜워드, 윌슨 등 당시 난징에 있던 외국 인사
들이 남긴 자료들을 정리해 『난징대학살의 역사적 증거』, 『난징 : 1937.

11-1938.5』, 『하늘도 용서치 못할 만행-미국전도사 눈에 비친 난징대학살(1937-1938)』 등의 책들을 연이어 출간하여 역사적 죄행을 덮어 감추려는 일본 우익세력의 황당한 논리를 여지없이 반박하였다.

2003년에 출간된 『예일에서 도쿄까지 : 난징대학살의 증거를 찾아서』는 장카이웬 선생이 근 15년 가까이 진행해 온 '난징대학살' 연구의 총화라고 할 수 있다. 이 책에서 저자는 예일에서 도쿄까지 '난징대학살'의 증거를 찾아 나선 십수 년에 걸친 '양심의 여정(良知之旅)'에서 본인이 직접 보고 듣고 느낀 바를 상세하게 기록하였다. 뿐만 아니라 『베이츠 문헌』 등 원전자료를 비롯해 아즈마 시로(東史郎), 마츠오카 다마키(松岡環), 이시다 요나코(石田米子), 다나카 마사토시(田中正俊) 등 일본인을 포함한 국내외 정의로운 인사들의 증언 및 연구 성과들도 함께 수록했다. 덕분에 그의 연구는 자료의 진실성과 신빙성을 확보하게 되었고, 그의 '난징대학살' 연구 또한 새로운 경지에 오르게 되었다.

장카이웬 선생의 '난징대학살' 연구는 순수하게 학문 연구만을 위한 것이 아니었다. 그 보다도 역사의 존엄을 수호하고, 인간의 양심을 일깨우기 위한 데 주목적이 있었다. 따라서 그는 고령(高齡)임에도 불구하고 중국, 북미와 일본 등 각 지역을 돌아다니며 '난징대학살'의 증거를 찾고, '난징대학살'의 진실을 밝히는 각종 활동에 적극적으로 참여하였다. 뿐만 아니라, 일본의 침략 전쟁을 부인하고 군국주의 부활을 노리는 일본의 우익세력, 특히 기고만장하여 얼토당토않은 '난징대학살 허구론(虛構論)'을 펴는 일본 국내의 '허구파(虛構派)'와 굳건히 맞서 싸웠다. 장카이웬 선생은 북미에서 '대일손해배상청구회'와 '난징대학살수난동포연합회'에서 조직한 일련의 활동에 참가하였으며, 진링대와 '난징안전구역국제위원회'에서 근무했던 역사적 증인들의 후예들을 찾아가 대량의 '난징대학살' 증거 자료를 수집하였다. 그리고 일본에서는 수차례 군국주의에 항의하고 '난징대학살' 죄행을 성토하는 집회와 시위에 참가하였으며, 여러 차례나 '난징대학살'의 진상을 밝히는 강연을 하였다.

일본 정부는 지금까지 침략 전쟁에 대해 진정으로 사과하거나 반성한 적이 없다. 오히려 중국을 비롯한 아시아 각국의 국민들에게 상처만 주고 있다. 하지만 우리는 장카이웬 선생의 책을 통해 일본 국내에서 아즈마 시로(東史郎)와 같이 자신이 저지른 죄행에 대해 뼈저리게 후회하고 전쟁 피해국 국민들에게 진정으로 사죄하는 참전병사들이 갈수록 늘고 있으며, 마츠오카 다마키(松岡環)처럼 전쟁 역사를 반성하고 침략 전쟁의 진상을 밝히기 위해 애쓰는 정의감 있는 인사들이 점점 더 많아지고 있다는 것을 발견할 수 있었다. 그들은 일본 우익세력의 공갈과 위협 속에서도 조금도 후회하거나 망설이지 않았다.

장카이웬 선생은 이 책에서 변증법적 유물주의에 입각해 객관적이고도 냉정한 시각으로 일본 국민과 일본 정부를 구분하고 있다. 그는 전쟁 책임에 대한 반성에 있어서 일본이 독일보다 못하다는 세간의 평가를 언급하면서, 일본 국민이 독일 국민보다 못한 것이 아니라 일본 정부가 독일 정부보다 못한 것이라고 주장했다. 그러면서 전쟁 책임을 회피하는 일본 정부의 행태는 결국 자국민들에게 더욱 큰 치욕과 실망을 안기게 됨을 지적했다. 더 나아가 그는 이러한 정부가 존재하는 한, 일본이라는 나라는 제 아무리 경제가 발전하고 국력이 강해진다 하더라도 세계인들의 존경을 받지 못할 것이며, 세계 기타 나라들과 진정한 우정을 맺지 못할 것이라고 강조했다.

이 책에는 장카이웬 선생의 연구 활동과 관련된 사진과 신문 자료가 대량으로 수록되어 있다. 그 중에는 침략 전쟁에서 전사한 일본 병사들의 영혼을 위로하기 위해 세운 기념비 사진도 여러 장 있다. 사진 속의 기념비에는 "위령비(慰靈碑)", "현창의 비(顯彰之碑)", "전우의 비(戰友之碑)", 그리고 "순국열사의 비(殉國烈士之碑)"와 같은 글자가 적혀 있다. 이를 보고 있으면 죽어서도 회개하지 않는 도죠 히데키(東條英機)의 망령과 침략 전쟁을 극구 부인하면서 끊임없이 야스쿠니신사(靖國神社)를 참배하는 일본 역대 정부의 행태가 떠오른다. 그 중 한 기념비에는 "중일 양국 전사자들이 원한을 잊고 안식하기를 바란다"는 문구가 적혀 있다. 그것은 분명 기념비를 세운 사람들의 좋은 바람을 담고 있는 것이다. 하지만 일본 정부가 지금처럼 침략 전쟁에 대해 추호의 반성도 하지 않고, 피해국 국민들에게 진정으로 사죄하지 않는 한, 피해국 국민으로서는 그들의 이러한 '호의'를 절대로 받아들이지 못할 것이다. 일본 정부는 반드시 전쟁 역사를 반성하고 피해국에 진정으로 사죄를 해야 한다. 만약 이것이 전제되지 않는다면, 그와 같은 '위령비'들은 진정 전범(戰犯) 망자들의 영혼을 위로하고, 군국주의의 부활을 부추기는 기념비로 치부될 것이다.

일본과 중국 및 기타 아시아 나라와의 관계에 있어서 역사 문제는 꼭 짚고 넘어가야 할 부분이다. 왜냐하면 오늘은 어제에서 비롯된 것이기 때문이다. 전후 일본이 독일처럼 다른 나라들과 좋은 국제관계를 맺지 못한 것은 무엇보다도 일본 정부가 독일 정부처럼 전쟁 역사를 반성하고 침략전쟁의 죄행에 대해 진심으로 사과하는 성의와 용기를 보여 주지 않았기 때문이다. 이 책에 상기 사진들을 수록한 이유는 두 가지가 있다. 일본에는 아직도 군국주의의 망령이 떠돌고 있다는 사실을 세인들에게 알려 주기 위한 것이 그 하나이고, 어떻게 하면 항일전쟁에서 전사한 우리의 항일선열들을 더욱 잘 기념하고 후대에 그 쓰라린 역사를 상기시켜 줄 수 있을지 고민해 보는 계기를 갖고자 한 것이 그 두 번째 이유이다. 이 책에는 또 특별히 '나치독일수용소기념관' 사진 두 장을 실었다. 그것을 통해 우리는 역사문제를 대하는 독일과 일본의 확연히 다른 태도를 엿볼 수 있을 것이다.

역사의 존엄과 인류의 양심이 영원히 소멸되지 않기를 진심으로 기원하며 역자의 말을 갈음한다.

2015년 12월 우한(武漢) 구이쯔산(桂子山)에서
역자 일동

_____

제1부
예일에서 맺은 인연 _ 43

_____

제2부
도쿄에서의 지난 일들 _ 141

제3부

난징대학살 목격자 증언 _ 291

일러두기

1. 此书为章开沅先生所著《从耶鲁到东京 : 为南京大屠杀取证》一书的韩译版本。

2. 인명과 지명 등 고유명사는 현재 한국에서 통용되고 있는 외래어표기법에 따랐다. 다만 편의상 야스쿠니신사(靖國神社), 진링대(金陵大), 진링여자문리학원(金陵女子文理學院)처럼 지명과 인명과 관련된 부분만 외래어로 표기했다. 또한 香港의 경우는 홍콩으로, 台湾의 경우는 대만으로 표기했다.

3. 기본적으로 저자가 단 주석은 '(원저자 주)'로, 역자가 설명을 위해 단 주석은 '(역자 주)'로 구분하였다. 저자가 영문자료를 중국어로 번역한 제3부의 경우, 본문에서 저자가 역자라고 밝힌 부분은 장카이웬 교수를 의미한다. 물론 주석에서 '(역자 주)'는 한국어판 역자를 뜻한다.

4. 각종 사건과 위원회의 이름은 ' '표기로, 책과 영화명 등은 『 』로, 노래명은 「 」로 통일했다. 특별히 강조해야 하는 문구는 " "로 표기했다.

5. 숫자표기는 편의상 아라비아 숫자를 쓰되, 단위가 백단위 이상 될 때는 "5천", "3만" 등으로 표기했다.

6. 제3부에서 『베이츠 문헌』 외 메모 등에서 자료를 발췌한 경우, 글자체를 달리 표기했다.

1988년 초여름, 뉴욕에서 '대일손해배상청구회'가 설립될 당시 나는
발기인의 한 사람으로 동참하였다. 그 일을 계기로 일본군의 '난징대학
살' 만행과 관련한 논쟁에 본격적으로 뛰어들게 되었다. 세월은 유수와
같다더니 그때로부터 어느덧 15년이란 시간이 흘렀지만 정의와 불의의
투쟁은 지금도 예나 다름없이 지속되고 있다. 마치 장타이옌(章太炎) 선
생이 20세기 초에 지적했던 것처럼 "선(善)한 것이 성(盛)해지면 악(惡)한
것도 따라서 성(盛)해지게 마련"인가 보다.

　나는 오랫동안 대학교에서 중국 근현대사를 가르쳐 왔다. 하지만, 국
내외 많은 지인들이 다 알고 있는 바와 같이 항일투쟁사, 특히 중국을
침략한 일본군의 만행과 그 역사에 관해서는 사실 깊이 있는 연구를 하
지 못했었다. 1979년, 나는 처음으로 도쿄대와 교토대를 방문한 뒤로
줄곧 중일 양국의 친선 도모와 학술교류 추진에 주력해 왔다. 일본의
수려한 산천과 일본 국민들의 친절함은 나에게 깊은 인상을 남겨 주었
다. 특히 그 동안 수많은 학계 지인들과 맺은 두터운 우정은 평생 잊지
못할 추억으로 내 마음속 깊은 곳에 고스란히 간직되어 있다. 나는 수천
수만의 선량한 중국 국민들과 마찬가지로 양국 관계사에 남겨진 상처를
다시금 들춰내고 싶지는 않다. 이러한 행동이 힘든 과정을 거쳐 새롭게
형성된 양국의 선린 우호 관계에 나쁜 영향을 끼칠까봐 걱정되었기 때
문이다. 하지만 냉혹한 현실은 마침내 우리를 안일한 일상에서 깨어나

도록 독촉했다. 그 장본인은 바로 부상(扶桑)이라 불리는 아름다운 국토에 도사리고 앉아 흑백을 전도하는 한 무리의 세력들이다. 그들은 시종일관 중국 침략전쟁의 실패를 달가워하지 않고 있을 뿐만 아니라, 그 잔혹하고 추악한 역사를 미화하기 위한 각종 노력을 한시도 멈추지 않고 있다. 비록 그들의 수는 얼마 되지 않지만 그 역량은 아주 대단했다. 20세기 80년대 이후부터 해마다 일본군국주의의 침략 만행을 미화하는 풍조(風潮)를 일으켜 세인들의 눈과 귀를 가리는가 하면, 심지어 아시아를 집어 삼키고 전 세계까지 제패하려고 시도했던 허황한 제국주의의 꿈을 되새기고 있다. 이러한 현실에서 가장 심각한 피해를 입은 나라의 국민이자 근현대사를 연구하는 학자로서 나는 그들의 기고만장한 도발에 맞서 투쟁함으로써 역사의 진실과 민족의 존엄을 지켜내는 성스러운 일에 선뜻 나서지 않을 수 없게 되었다.

하지만 살다보면 우연한 역사적 계기에 의해 삶의 궤적이 바뀔 수도 있는 법이다. 워낙 논쟁을 좋아하지도 않고 또 논쟁에 능숙하지도 않던 내가 어느 순간 이 끝없는 논쟁의 전초(前哨)에 서게 된 것은 그야말로 우연한 계기에서 비롯된 것이라고도 할 수 있으니 말이다.

1988년 5월, 나는 뉴욕 컬럼비아대학에서 열린 '중국 민주운동사 학술세미나'에 초청을 받았다. 나는 그때 같은 회의에 참석했던 탕더강(唐德剛), 샤오쯔핑(邵子平) 등 지인들이 대회 중간 휴식 시간을 이용하여 '대일손해배상청구회' 설립을 제안했다. 현장에서 발기인들을 불러 모아 서명을 받던 일이 지금도 생생하다. 마침 대회에 참석한 대륙의 학자로는 내가 유일했기에 나는 자연스럽게 대륙을 대표하는 발기인이 되었다. 그리고 당시 중화서국(中華書局) 편집장으로 있던 리칸(李侃)도 사전에 이쪽 분들과 연락이 닿았던지 발기인 명단에 이름을 올렸었다. 내가 펜을 들고 서명하려고 하자 옆에 있던 재미화교 여작가인 충쑤(叢甦)가 웃으며 나에게 말을 건넸다.

"서명해도 괜찮으시겠어요?"

그녀의 말에 나도 웃으며 대답했다.

"죽음도 두렵지 않은데, 서명이 무슨 대수겠습니까?"

 내 말이 끝나자 주위에 있던 사람들로부터 유쾌한 웃음소리가 터져
나왔다. 충쑤(叢甦)는 아마 대륙의 학자들이 외국에 나오면 일반적으로
"외사규율"에 어긋나는 일이라도 저지를까봐 사소한 것까지 신경 쓰는
경향이 있다고 생각했던 모양이다. 그런데 나는 '대일손해배상청구회'
설립을 위해 발기인의 한 사람으로 동참하는 것은 민족의 대의(大義)를
위한 떳떳한 행동으로서 후환을 걱정할 필요가 전혀 없다고 생각했었
다. 그때로부터 나는 역사적 진실을 지키기 위한 정의롭고 장엄한 투쟁
에 결연히 나서게 되었다.
 이번 대회 참석에 앞서 '국가교육위원회'에서는 고령의 대학교 총장
이던 나에게 한 달 동안의 학술 휴가라는 특별한 배려를 해주었다. 그
덕에 나는 대회가 끝난 뒤 미국에 남아서 '난징대학살'과 관련된 역사문
헌을 찾아 볼 수 있었다. 그런데 솔직히 말해, 당시의 나는 '난징대학살'
에 관련된 역사문헌보다는 중국 교회 (신교)대학에 관련된 문건들을 찾
는 일에 급급했었다. 그리하여 먼저 예일대 신학대학 도서관에 소장된
중국 13개 교회 (신교)대학의 서류들을 하나하나 찾아 검색하는 초보 작
업에 착수했다. 검색 작업을 시작한 지 얼마 지나지 않아, 나는 베이츠
박사(Dr. Miner Searle Bates)의 개인 문서를 우연히 발견하게 되었다. 베
이츠 박사는 내가 진링대(金陵大)에 다닐 때의 은사님이셨다. 나는 자연
스럽게 그와 관련된 문헌에 큰 흥미를 가지게 되었다. 그래서 며칠 동안
그 문서들의 내용을 대략적으로나마 읽어 보았다. 뜻밖에도 그 속에는
'난징안전구역국제위원회'의 서류들이 대량으로 보존되어 있었다. 그것

들은 해당 위원회에서 주고받은 공문에서부터 개별 회원들의 서신, 일기, 원고, 비망록에 이르기까지 그 종류도 아주 다양하였다. 그러기에 중국을 침략한 일본군이 난징에서 저지른 대학살의 만행을 연구하는 데에 이 자료들이 얼마나 귀중한 지는 대번에 알 수 있었다. 하지만 당시 나는 학교에 돌아가 총장으로서의 행정 업무를 처리해야 했기에 이 귀중한 자료들을 꼼꼼히 읽어 보고 연구할 시간적 여유가 없었다. 그리하여 그저 약간의 색인 작업만 하는 데 그치고 말았다.

1990년 8월, 마침내 학교의 행정 업무에서 벗어난 나는 공식 초청을 받아 미국으로 건너갔다. 그리고 본격적으로 '중국교회 대학사(中國教會大學史)' 연구에 착수하게 되었다. 그런데 첫 해(1990.8~1991.6)에는 프린스턴대에서 연구와 수업을 겸하다 보니 여전히 예일대 신학대학에 소장돼 있는 상기 문헌에 신경 쓸 틈이 없었다. 그러다가 1991년 7월이 되어서야 나는 예일대 역사학과의 초청과 '루스재단(Luce Foundation)'의 후원으로 예일대 신학대학 도서관에서 차분히 『베이츠 문헌(Bates Papers)』의 모든 서류들을 체계적으로 읽을 수 있었다. 작업의 편리를 위해 나와 아내 황화이위(黃懷玉)는 도서관 근처에 있는 학생 기숙사에 숙소를 정하고 무더운 여름이나 추운 겨울이나 할 것 없이 매일같이 도서관 특별보관실(Special Collection)의 문헌 속에 파묻혀 살았다. 그리고 그 일은 1992년 3월 캘리포니아주립대 산티에이고분교에 초빙교수로 갈 때까지 꼬박 8개월 동안 지속되었다. 나는 한 권 한 권 문서를 뒤적이는 과정에서 1,000여 쪽에 달하는 '난징대학살' 관련 귀중한 자료들을 발견하게 되었다. 그리고 그것을 2부 복사하여 그 중 1부는 뉴욕에 있는 '난징대학살피해동포기념연합회(Alliance in Memory of Victims of the Nanjing Massacre, 그 전신은 '대일손해배상청구회'임)'에 보냈다. 이것은 내가 미국 생활 3년 동안 얻은 더 없이 큰 수확 중의 하나였다.

미국 대학교에서 학생들을 가르치는 것은 시간과 정력이 굉장히 소모되는 일이었다. 그래서 나는 캘리포니아주립대 산티에이고분교에서 교편을 잡고 있던 기간 동안 복사한 자료들을 정리하고 연구할 겨를이 없었다. 그리고 1993년 여름엔 초청을 받고 일본을 방문했고, 같은 해 8월 말에는 초빙교수로 타이베이(臺北)에 있는 대만정치대학교(臺灣政治大學)에 가서 "신해혁명과 근대사회" 등 몇 개 과목의 수업을 맡게 되었다. 대만(臺灣)에 머무는 동안 비록 수업은 많지 않았지만 회의, 강연, 연회, 그리고 청탁원고 집필과 같은 다른 일에 시간을 뺏기다보니 역시 복사해둔 자료들을 연구할 틈이 없었다.

그러다가 1994년 봄 우한(武漢)으로 돌아와서야 나는 비로소 그 복사자료들을 1차적으로 정리하고 분류하는 등 본격적인 연구를 위한 준비에 착수할 수 있었다. 같은 해 10월, 후베이인민출판사(湖北人民出版社)에서 편집자로 일하던 리우쑤(劉蘇)가 내가 '난징대학살' 관련 문헌을 연구하고 있다는 소식을 듣고 찾아 왔다. 그는 나에게 원고를 청탁하면서 항일전쟁 승리 50주년을 맞이하게 되는 이듬 해 여름에 출간하여 뜻 깊은 시간을 기념하고 싶다고 하였다. 나도 마침 같은 생각을 하고 있던 참이라 '『베이츠 문헌』 연구시리즈' 중의 하나로 『난징대학살의 역사적 증거』라는 책의 원고를 완성하여 출판사에 넘겼다. 이로써 예일대 때부터 중단되어 온 '난징대학살' 관련 문헌 연구에 대한 기초적인 결실을 맺을 수 있었다.

1995년 1월부터 나는 홍콩중문대(香港中文大) 숭기학원(崇基學院)의 초청을 받고 '황린시우롄 방문학자(黃林秀蓮訪問學人)' 자격으로 홍콩(香港)에서 학술강연과 연구를 진행하였다. 그러다가 같은 해 7월 말에야 우한(武漢)으로 돌아왔다. 내가 홍콩(香港)에 체류하는 동안, 『성도일보(星島日報)』, 『남화조보(南華早報)』(영문자) 등 신문 매체들이 잇따라 나를 인터뷰하여 그 내용을 기사화하였다. 그 바람에 '난징대학살'의 역사적 진실을 연구하는 데에 있어서 『베이츠 문헌』이 갖는 사료적 가치가 해외의 많은 학자들에게 점차 알려지게 되었다. 그 해 5월 중순경, 홍콩삼련서점(香港三聯書店)의 젊은 편집자 리수어(李素娥)가 갑자기 나를 찾아왔다. 그녀는 나에게 항일전쟁 승리 50주년 기념으로 재미화교 여감독인 탕메이루(湯美

우리 부부와 루스재단 부회장 Terrill Lautz가 재단 본부(뉴욕)에서 뜻 깊은 회견을 가졌다. 내가 세 번에 걸쳐 예일대에서 진행한 '난징대학살' 관련 연구는 주로 이 재단의 후원으로 이루어 졌다.(1998.6)

如)와 손잡고 '난징대학살' 관련 문헌을 편역(編譯)한 책 한 권을 내는 것이 어떻겠느냐고 제안했다. 탕메이루(湯美如)는 이전에 '난징대학살'에 관한 영화를 찍기 위해 직접 예일대 신학대학 도서관에 간 적이 있었고, 또 특별히 일본과 한국을 돌아다니며 힘들게 살아남은 위안부 몇 명을 방문 하기도 하였다. 나는 젊은 편집자의 호의를 거절하기도 어려웠고, 또 그동안 확보해 둔 자료도 넉넉한지라 두 말 없이 그녀의 제안을 수락하고 편역 작업에 들어갔다. 얼마 후 원고를 넘겨받은 홍콩삼련서점(香港三聯書 店)에서는 서둘러 출간하여 7월 초 홍콩(香港)에서 열린 도서전시회 개막 식에 글과 그림이 잘 조화된 새 책『난징 : 1937.11~1938.5』을 전시하였 다. 이로 인해『베이츠 문헌』도 세인들에게 더 많이 알려지게 되었다.

　1995년 8월 중순, 타이베이(臺北)에서는 항일전쟁 승리 50주년을 기 념하기 위한 대규모의 학술세미나가 성황리에 열렸다. 당시 초청을 받 고 세미나에 참석한 대륙의 학자들은 무려 31명이나 되었다. 대회 개막식에서 나와 대만 학자 장융징(蔣永敬)이 각각 대륙과 대만을 대표하여 주제 강연을 하였다. 그 때 나의 주제 강연 제목은 "역사를 존중해야만 역사를 넘어설 수 있다"였다. 나는 잠시 후 세미나장에서 「사실로 말하다―베이츠 눈에 비친 '난징대학살'」이라는 제목의 논문을 발표하였다. 그 당시 『중앙일보(中央日報)』, 『연합보(聯合報)』, 그리고 『미국의 소리(美國之音)』[1]에서까지 대회 소식을 보도 하였다. 『중앙일보』에서는 "역사를 존중해야만 역사를 넘어설 수 있다"는 나의 주제 강연 제목을 인용하여 전면 제목으로 삼았고, 『미국의 소리』에서는 나를 대륙 대표단의 단장(사실 대륙 대표단은 단장을 따로 두지 않았음)으로 잘못 보도하는 '오보 해프닝'을 벌이기도 했다.

1997년은 '난징대학살' 60주년이 되는 해로, 난징, 홍콩(香港), 도쿄, 오사카 및 북미 각지에서 여러 가지 기념행사와 세미나가 개최되었다. 그 해 8월 중순, 나는 난징에서 열린 '난징대학살 국제세미나'에 참석하여 「『베이츠 문헌』의 사료적 가치」라는 논문을 제출하였고, 이어서 '난징대학살'의 증거를 찾는 데 취지를 둔 중일 양국 학생들의 여름 캠프 개막식에도 참가하였다. 그리고 12월 중순에는 또 일본으로 건너가 어느 한 기념 대회에서 "난징대학살에 대한 한 중국학자의 인식 과정"이라는 제목의 주제 강연을 하였고, 또 다른 대회에 참석하여 「예일대 신학대학에 소장된 '난징대학살' 관련 문헌 논평」이라는 논문을 발표하였다. 두 대회 모두 아주 성공적으로 치러졌는데, 준비가 워낙 빈틈없이 잘 되어 있던 터라 시종일관 뜨거운 분위기 속에서 다양한 형식으로 내실 있게

---

1) (역자 주) 미국의 대외선전방송. 워싱턴에 본부를 두고 미국 정부가 재정을 부담해 직접 운영하는 방송이다. 미국이 제2차 세계대전에 참여한 직후인 1942년 2월 24일, 국무부의 '국제협력국(International Cooperation Administration, 지금의 United States Information Agency)' 소속으로 뉴욕에서 나치 독일 국민을 상대로 방송을 개시했다. 라디오 단파 방송으로 시작한 VOA는 현재 초단파와 AM·FM 라디오뿐만 아니라 위성 TV, 인터넷(2002년 3월 4일 웹사이트 개설)을 통해서도 방송되며, 한국어를 포함해 스와힐리어·다리어 등 53개 언어로 전 세계에 방송되고 있다.

진행되었다. 두 대회의 성공적인 개최는 그야말로 역사적 진실을 감추고, 시대의 조류(潮流)를 거슬러 행동하는 일본 우익분자들에 대한 강력한 일격(一擊)이었다. 하지만 일격을 당한 일본 우익 분자들도 가만있을 리 만무했다. 그들은 화가 나서 펄펄 뛰면서 '난징대학살'을 "20세기 가장 터무니없는 거짓말"이라고 비난하는 동시에 비방(誹謗)의 화살을 베이츠에게 돌려 그를 "위증(僞證) 날조자"라고 모욕했다.

"적반하장(賊反荷杖)도 유분수"라고 나는 이러한 일본 우익 분자들의 공공연한 도발에 그냥 눈을 감고만 있을 수는 없었다. 그리하여 곧바로 「도대체 누가 위증 날조자인가?」라는 논문을 써서 『역사연구』에 발표함으로써 확실하고도 충분한 역사적 사실을 빌어 그들의 허튼소리를 신랄하게 반박하였다. 동시에 진링대(金陵大) 선배인 우텐웨이(吳天威)와 궈쥔허(郭俊鉌)를 도와 예일대 신학대학 도서관 마샤·스몰리(Martha Smalley) 여사와의 공동 연구를 추진하였다. 그리하여 마샤·스몰리 여사가 직접 나서서 『난징대학살에 대한 미국 선교사의 증언 : 1937-1938(American Missionary Eyewitness to Nanking Massacre, 1937-1938)』이라는 책을 출판하는 계기를 마련하기도 하였다. 내가 이렇게 나선 목적은 '난징안전구역국제위원회'의 문헌 원본 일부를 정식으로 공개함으로써 역사의 진면모를 낱낱이 밝히고, 일본 우익분자들의 파렴치한 음모를 폭로하는 데 있었다. 이번에 출간된 마샤·스몰리 여사의 이 책자는 다른 언어로 번역하거나 재가공한 것이 아니라 영문으로 된 문헌 원본을 그대로 편집하여 출간한 것이었다. 그러기에 권위성의 보장과 함께 서방의 인사들이 『베이츠 문헌』을 비롯한 여러 진귀한 사료들을 직접 접할 수 있는 계기가 되었다.

유감스러운 것은, 마샤·스몰리 여사가 편집한 이 책은 재정상 어려움과 지면의 제한으로 말미암아 소량(少量)의 문헌밖에 수록하지 못함으로써 예일대 신학대학에 소장된 '난징대학살' 관련 문헌의 전체 모습을 보여주기에는 부족한 데가 많았다는 점이다. 이에 나는 우텐웨이(吳天威), 궈쥔허(郭俊鉌) 두 선배와 여러 번 의논한 끝에 마샤·스몰리 여사에게 부탁해 그녀가 예일대 신학대학 도서관을 대표하여 나에게 자료집 편집 권한을 부여하도록 하고, 보다 많은 문헌을 수록한 전면적인 자료집을 내가 직접 편집하기로 합의를 보았다. 그리하여 나와 아내는 1998년 5월 다시 예일대 신학대학 도서관으로 찾아가 '난징대학살' 관련 문헌을 조금도 빠짐없이 꼼꼼히 찾아보았다. 그리고 그 결과물로『하늘도 용서치 못할 만행—미국 선교사 눈에 비친 '난징대학살'(1937-1938)』이란 책을 1999년 9월 난징대학출판사에서 출판하였다. 이 책은 예일대 신학대학 소장 '난징대학살' 관련 문헌을 다룬 지금까지의 자료집 가운데서 가장 상세하고 충실하게 이루어진 자료집이다. 이와 동시에 샤오쯔핑(邵子平), 우장첸(吳章銓), 마샤·스몰리 등 많은 지인들의 적극적인 도움으로 우리는 미국 M. E. Sharpe 출판사와 계약을 맺었다. 이 출판사에서는 2001년에 우리의 자료집을 영문판으로 출판하기로 하였다. 문헌의 원본을 찾아 그대로 싣고 다만 서양 독자들의 이해를 돕기 위해 역사적 배경에 대한 약간의 설명과 주석을 덧붙이기로 하였다. 이 영문판 자료집의 출판이 세계 각국의 더 많은 인사들에게 예일대 신학대학에 소장된 '난징대학살' 관련 문헌의 본래의 모습을 알리는 데 큰 도움이 될 것임은 두말할 나위가 없다. 일본 우익분자들은 그동안 항상 '난징대학살' 당시의 "1차 자료"가 부족하다는 이유로 우리를 중상하고 비방하였다. 심지어 서양에서 널리 알려진 장춘루(Iris Chang)의 저서(『The Rape of Nanking : The Forgotten Holocaust of World War Ⅱ』)에 대해서도 무턱대고 공격을 가했다. 마치 그녀가 서술한 대량의 역사적 사실들이 모두 신빙성이 떨어지는 것이라도 한 것처럼 말이다. 하지만 영문판 자료집의 출간은 마침 서양의 많은 독자들에게 그녀가 책에서 서술하고 있는 사실들이 예일대 신학대학에 소장된 '난징대학살' 관련 문헌들에 근거를 두고 있음을 알렸다.

최근 몇 년간, 나는 위에서 말한 대량의 논문과 저서 집필 외에도 여러 차례 일본에 초청되어 갔다. 그곳에서 일본 각계의 정의로운 인사들과 함께 '난징대학살'의 역사적 진상을 밝히고, 우익분자들의 온갖 거짓말과 망언들을 정면으로 반박하기도 하였다. 나의 의도는 아주 명확하다. 그것은 내가 1995년에 말한 바와 같이 "우리가 공포와 죄악으로 가득 찬 지난 일들을 기억하는 것은 결코 복수를 위해서가 아니라, 진리를 탐구하고 정의를 지키기 위해서이며, 또한 역사적 경험을 바탕으로 일본인을 망라한 전 세계인들을 교육하여 침략전쟁을 반대하고 세계 평화를 수호하기 위해서"이다. 고인이 된 나의 스승 베이츠 선생은 생전에 아래와 같은 의미심장한 말을 남겼다.

"세계에 평화를, 인류에게 자비를!
(Peace on Earth, Good Will to Men)"

나는 항상 마음 속 깊이 간직한 스승의 이 명언을 되새겨 보곤 한다. 그렇다. 우리는 이 날을 위해 분투하고 있다. 우리는 생명이 다할 때까지 이 투쟁을 멈추지 않을 것이다. 설령 우리 세대가 사라진다 하더라도 우리의 이 정의로운 사업은 다음 세대의 젊은 학자들에 의해 계속 이어져나갈 것이라고 나는 굳게 믿는다.

제1부

예일에서 맺은 인연

제1장

프로스펙트가 409번지

　예일대 신학대학 도서관은 내가 '난징대학살'을 연구하던 주요기지로, 정식 영문이름은 'Yale Divinity School Library'이다. 미국 코네티컷주 뉴헤븐(New Haven)시 프로스펙트가 409번지에 위치해 있는 신학대학은 예일대 중심 캠퍼스에서 멀리 떨어져 있다. 그곳에는 곳곳에 우뚝 솟은 거목과 각기 다른 스타일의 오래된 저택이 즐비하다. 파란 하늘 아래서는 흰 비둘기들이 떼를 지어 날고, 잔디밭에서는 귀여운 다람쥐들이 신나게 뛰어다닌다. 특히 단풍이 오색찬란하게 물 드는 늦가을에는 마치 선경(仙境)에 들어온 듯한 착각에 빠져들게 한다. 높은 지대와 조용하고 아름다운 환경 때문에 프로스펙트가(Prospect Street)라는 이름이 붙여졌는지도 모른다. 내가 이용했던 '난징대학살'의 관련 자료들은 이곳 도서관의 '특별자료실(Special Collection)'에 소장되어 있다. 이곳에는 2,500리니어피트(Linear feet[1])의 문헌 및 친필원고와 350리니어피트의 출판물이 소장되어 있다. 기독교 교회사의 각 분야에 걸쳐 개인과 기관에서 만든 문서, 선교문구, 보고서, 홍보물품, 그리고 특히 개신교

---

1) (역자 주) 리니어피트(Linear feet)는 길이의 단위 피트의 다른 이름이다. 넓이의 단위 스퀘어피트(square feet) 등과 구분되어 표기되기 위해 쓰인다. 1LFT(리니어피트)는 30.48cm이다.

예일대 신학대학 도서관 정문 앞 잔디밭에서.
가운데 선 사람은 나의 아내 황화이위,
나의 사랑스런 조수

의 해외 선교와 관련된 각종 기록들이 그 내용물을 이루고 있다. 여기에는 300명이 넘는 선교사들의 개인 문서와 '학생자원해외선교운동(The Student Volunteer Movement for Foreign Missions)', '아시아기독교고등교육연합 이사회(The United Board for Christian Higher Education in Asia)' 등과 같은 단체의 문서도 포함되어 있다. 원본 친필문서 열람실의 명칭은 대중 정치가이자 교회 선구자인 모트(John R·Mott) 선생의 이름에서 따왔다. 그가 기부한 개인 문서와 '세계학생기독교신자연맹(World Student Christian Federation)'의 초기 자료는 신학대학 도서관이 자료 및 친필문서들을 수집하는 데 주요한 원동력으로 작용했다. 한편 '기독교전국위원회(National Council of Churches)'가 1968년부터 수집한 '중국교회기록(The China Records of Churches)'은 1972년에 신학대학 도서관으로 귀속되었다. 그 속에는 19세기 초기부터 시작된 선교사와 선교 단체의 중국 내 활동과 관련된 친필문서 및 인쇄물이 약 1,000리니어피트 정도 포함되어 있다. 신학 대학 도서관은 또한 제3세계 종교생활이 기록된 친필문서와 인쇄물도 적극 수집하고 있다. 이밖에 신학대학 도서관은 교회사 관련 자료로 1,800개의 마이크로필름과 60,000장의 마이크로사진도 소장하고 있다. 상기 문서 중에서 '난징대학살'과 밀접한 관련이 있는 자료로는 다음의 것들이 있다. 우리가 '난징대학살'과 관련해서 이미 번역 출판한 10명의 미국 선교사의 원본 문서는 대부분 이 다섯 부의 문헌에서 발췌한 것이다.

『베이츠 문헌』 및 난징안전구역 문헌 보관처—예일대 신학대학 문헌관에서(1998년 5월)

RG(Record Group)1 : Foster Family Papers

RG8 : China Records Project Miscellaneous Personal Papers Collection

RG10 : Miner Searle Bates Papers

RG11 : Archives of the United Board for Christian Higher Education
      in Asia

RG20 : Albert and Celia Steward Papers

예일대 신학대학 도서관의 특별자료실에는 이렇게 많은 귀중한 원본 문헌들이 보관되어 있음에도 불구하고 정식 직원은 고작 2명에 불과했다. 그들은 자료실 책임자인 스몰리 여사와 그녀의 조수 존(Joan) 양이었다. 그들의 일상 업무는 목록 편찬과 도서대여 및 수선이었다. 대량의 자료를 정리할 때에는 임시로 대학원생들을 고용하기도 했고, 때로는 대학원생들더러 그들을 대신해 임시 근무를 서게 하기도 했다. 특별자료실의 직원들은 정식직원이든 임시직원이든 모두 자신이 하는 일에 매우

나의 훌륭한 조력자들(1998년 5월). 예일대에서 세 차례에 걸쳐 '난징대학살'을 연구하는 동안, '중국예일협회(Yale-China Association)'로부터 생활과 연구에 필요한 많은 도움을 받았다. 왼쪽 첫 번째는 이 협회의 주임. 왼쪽 두 번째는 아내 황화이위. 나머지는 협회 직원들.

열심이었다. 그들은 매사에 꼼꼼했으며 방문자에게 아주 친절했다. 크지는 않지만 정갈하고 조용한 열람실에서 오래된 문헌을 뒤적거리는 일은 내 인생에서 정말 큰 즐거움이기도 했다.

1988년 6월, 내가 처음 이곳을 방문했을 때부터 그녀들은 나를 열정적으로 대해 주었다. 특히 『베이츠 문헌』에서 우리 역사학과 교수들과 학생들이 현무호(玄武湖)에서 함께 찍은 사진을 발견 했을 때, 그녀들은 나보다 더 놀라고 기뻐하며 사진을 정성껏 카피하여 기념으로 주었다. 비록 한 달밖에 안 되는 체류기간이었지만, 존 양은 어느 새 중국어 공부를 시작해서 내게 보낸 편지 속에는 늘 서툰 솜씨로 쓴 한자가 들어 있었다.

1991년 7월, 나는 다시 예일대 신학대학으로 갔다. 그곳에서 이듬해 봄까지 계속해서 일을 하는 동안 우리들의 우정은 더욱 두터워져 갔다. 그해 크리스마스 날 저녁, 존 양은 우리 부부와 다른 몇 명의 중국 친구들을 성당으로 초대했다. 덕분에 우리는 존 양이 단원으로 있는 성가대

나의 이웃들(1991년 가을). 예일대 신학대학 학생기숙사 앞에서

의 감명 깊은 공연을 감상할 수 있었다.

그 뒤로 1998년 5월, 나와 아내는 또 다시 그곳에서 '난징대학살' 자료를 수집하게 되었다. 7년 만에 만난 스몰리 여사는 이미 상당한 지명도를 가진 역사문헌 전문가가 되어 있었다. 존 양도 틈틈이 공부해 석사학위를 가지고 있었다. 하지만 병을 앓은 직후라 그런지 그녀는 몹시 수척해 보였고, 예전의 혈색과 윤기를 잃은 듯 했다. 오랫동안 헤어졌다 다시 만난 우리는 진심으로 서로를 반가워했다. 스몰리 여사는 아낌없이 나에게 특별자료실의 문서들을 이용하고 발표할 수 있는 전권(全權)을 주었다. 존 양 역시 예전과 다름없이 묵묵히 나에게 최대한의 편의를 제공했다. 만약 그녀들의 이런 전폭적인 협조가 없었더라면, 『하늘도 용서치 못할 만행—미국 선교사 눈에 비친 '난징대학살'(1937~1938)』이란 책은 예정대로 출판되지 못했을 것이다.

예일대 신학대학 도서관 특별자료실에서 연구 당시(1998년 5월)

어쩌면 사족이 될지도 모르겠지만, 한 가지 더 언급하고 싶은 것이 있다. 내가 특별자료실에서 연구를 진행하는 동안 그녀들은 나에게 규정에 따른 약간의 복사료를 받는 것 이외에는 어떠한 비용도 요구하지 않았다. 도리어 수많은 목록, 색인과 진귀한 사진들을 모두 무상으로 제공하거나 빌려주었다. 이런 점은 앞으로 중국 내 도서관에서도 본받아야 할 부분이라고 생각된다.

제2장

베이츠 박사에게 다가가다

내가 진링대(金陵大) 역사학과에서 공부한 기간은 고작 2년 남짓이었다. 베이츠 박사와 만난 시간도 불과 1년이 채 되지 않았다. 하지만 뜻밖에 그는 오늘날 나에게 가장 큰 영향을 끼친 은사가 되었다. 그는 1988년부터 줄곧 내가 공들여 연구해 온 역사 인물이었다.

1988년 진링대 개교 100주년 경축행사 때의 일이 생각난다. 그때 왕성주(王繩祖) 선생이 술을 좀 많이 드셨는지, 여러 사람 앞에서 나를 "진링대의 자랑"이라고 칭찬하셨다. 나는 창피해서 몸 둘 바를 몰랐다. 솔직히 나는 진링대를 다닐 당시 결코 우수한 학생이 아니었다. 당시 나는 문학 쪽에 관심이 많아 역사 고서(古書)에 몰두하기보다는 이것저것 자질구레한 책들을 많이 읽었다. 또한 1946년부터 1948년까지는 내전이 격화되고 학생운동이 고조되어 있던 터라, 나 역시 혁명의 기류에 휩싸여 있었다. 베이츠 박사가 보관해 온 당시 지인에게 보낸 편지에는 우리가 자주 거리에 나가 시위를

베이츠 박사

하느라 학업에 소홀한 것을 안타까워한 대목이 있었다.

우리는 평소 베이츠 박사를 진심으로 존경하고 따랐다. 그 이유는 우선 그분은 왕sir[1])과 천sir의 스승으로, 우리의 "큰 선생님"이라고 할 수 있었기 때문이다. 다음으로 그분은 정말 박학다식하여 개설한 과목, 특히 새로 개설한 과목이 가장 많았고 학생들의 반응도 꽤나 좋았다. 마지막으로 베이츠 박사는 학생들을 굉장히 잘 챙겨주셨다. 수업 시간마다 열심히 가르쳐 주셨을 뿐만 아니라, 댁에서 종종 간단한 다과 모임을 열어 학생들과 진솔한 이야기를 나누셨다.

하지만 학생들에 대한 요구가 엄격한 것으로도 유명했다. 숙제(Papers)를 많이 내주시고, 평가도 매우 까다로웠다. 들은 바에 의하면, 어느 한 선배가 보고서를 올렸는데 베이츠 박사가 그것을 보고 퇴짜를 놓으며 표현이 정확하지 않으니 중국어로 다시 써오라고 하셨다고 한다. 그래서 그 불쌍한 선배가 다시 중국어로 써서 제출하니 이번에는 뜻밖에도 "자네의 중국어가 영어보다 더 형편없을 줄은 미처 몰랐네!"라고 꾸중하셨다고 한다. 베이츠 박사는 원래 '중국고대사'를 전공했었다. 중국 대학에서 교편을 잡으면서 세계사를 가르치게 된 것이었다. 베이츠 박사는 그 선배의 중국어 문장을 평가할 수 있는 능력까지 갖추고 있었다. 이렇게 엄격하다 보니 그의 과목을 수강하는 학생이 그리 많지는 않았다. 나는 그가 개설한 '세계통사'를 수강했었다. 당시 그 과목은 필수과목이었다. 그 외에도 나는 호기심에 끌려 그가 개설한 '러시아사'도 수강했다. 나는 소련이 역사적으로 어떠한 과정을 밟아왔는지 알고 싶었다.

동시에 나는 베이츠 여사가 개설한 '미국사'도 신청했다. 인디언 문학

---

1) (원저자 주) 난징 대학생들은 교수를 선생이라고 불렀는데, 발음이 "썰(生兒)"과 가까웠다. 그래서 아예 "Sir"로 대체해 부르게 되었는데, 사실 영어는 아니다. "왕Sir"은 왕성주(王繩祖) 교수를 가리키고, "천Sir"은 천궁루(陳恭祿) 교수를 가리킨다. 베이츠 박사가 진링대에서 역사학과를 개설하여 운영하던 초기에 가르쳤던 우수한 제자들로서, 나중에는 베이츠 박사와 가장 친하면서도 가장 오래 일한 동료가 되었다.

에 각별한 관심을 갖고 있던 나는 북미 초기의 사회 및 역사 상황을 좀 더 이해하고 싶었다. 당시 나는 학문이란 것이 얼마나 어려운 것인지를 전혀 알지도 못한 채 엉뚱하게도 인디언 문학을 연구해 보겠다고 설쳐댔다. 그런데 진링대 도서관에는 그 분야의 책이 없었다. 그래서 나는 베이츠 박사 부부께 사정을 했다. 두 분의 도움으로 나는 미국 신문부처와 영국 문화위원회의 도서대여증을 발급받게 되었다. 그리하여 대강이나마 인디언 문학에 관한 전문서적 몇 권을 읽을 수 있었다. 다행히도 그들은 서구의 현대적 교육이념을 갖고 있어 나의 이런 주제넘은 짓을 탓하지 않았다. 오히려 좌충우돌 신지식을 추구하는 나의 용기에 칭찬을 아끼지 않았다. 하지만 안타깝게도 얼마 지나지 않아 나는 '중원해방지구'로 떠나야 했다. 그와 함께 인디언 문학 연구를 향한 나의 꿈도 이내 사라지고 말았다.

1949년 이후, 중국에서는 '사상 개조 운동'[2]과 함께 이른바 친미(親美), 숭미(崇美), 공미(恐美) 사상을 타파하자는 시대적 사조가 대두하였다. 물론 내 마음 속에서 베이츠 교수는 끝까지 타파의 대상이 되지는 않았다. 하지만 나는 결국 세월의 흐름을 이기지 못하고 점점 그를 잊어갔다. 그렇게 40년 가까이 지난 후, 예일대 문헌을 뒤적이던 중, 나는 다시 그의 이름과 마주하게 되었다. 그리고 1,000부가 넘는 그의 개인 문서를 찾아내게 되었다. 나는 두근거리는 가슴을 안고 그리움과 호기심이 교차하는 복잡한 심정이었다. 그 문서들을 하나씩 읽으면서 다시 그에게로 다가갔다. 비록 그가 병으로 세상을 떠난 지 10년이 지났지만, 그는 여전히 생동한 모습으로 내 기억 속에 고스란히 남아 있었다.

베이츠 박사는 몇 장의 이력서를 남겼을 뿐, 구체적인 자서전은 쓰지

---

2) (역자 주) 1951년 중국 대륙에서 교육·문예·과학기술 등 광범위한 분야에 걸쳐 전개되었던 사회주의 교육운동이다. 그 내용은 주로 마르크스-레닌주의·마오쩌둥 사상 및 소련 선진 경험의 학습, 사회활동과 정치투쟁의 참여, 비판과 자기비판, 자산계급 유심주의사상의 비판 등으로 이루어졌다.

않았다. 하지만 그는 개인 문서의 보관이 역사 연구에 얼마나 중요한지를 잘 알고 있었다. 예일대 신학대학 도서관에는 그의 저술을 비롯해 친필 문서, 논문 개요, 신문 스크랩, 편지, 일기, 비망록, 선교 문구, 그리고 심지어 출생신고서, 졸업증명서, 군복무증명서, 난징 함락 시기의 통행증, 각종 상장 및 사진, 엘리자베스 영국여왕이 공주였을 때 열린 무도회 초청장을 포함한 여러 장의 초청장까지 각양각색의 자료들이 보관되어 있었다. 짤막한 글로 된 자료일지라도 일목요연하게 정리되어 있어 그와 그가 살던 시대와 사회를 연구하는 우리들에게 큰 도움을 주었다.

베이츠 박사의 본래 이름은 Miner Searle Bates이다. 그는 1897년 5월 28일 미국 오하이오주의 뉴어크(Newark)에서 태어났다. 이곳은 뉴저지주의 뉴어크와 이름은 같지만 스타일에 있어서는 큰 차이가 있었다. 오하이오주의 뉴어크는 중서부 내륙지역의 작은 도시다. 경제가 발달하고 인구 밀도가 높으며 현대 문명의 폐해가 많은 동북부 지역과는 달리 주민들이 착하고 순박하며 고풍스러운 멋을 간직한 곳이다.

베이츠 박사의 부친인 Miner Lee Bates 씨는 개신교 목사이자, 훌륭한 인품을 가진 학자였다. 일찍 고향의 하이럼대학(Hiram College)에서 오랫동안 총장을 역임했었고, 그곳 주민들 사이에서도 명성이 자자했다. 베이츠는 부친의 학교에서 대학을 다녔는데, 열심히 공부한 덕에 성적이 우수했으며, 품행도 단정했다. 뿐만 아니라 여러 차례 전교 연설 대회에서 대상을 수상하기도 했다. 베이츠는 1916년, 즉 19살 나던 해에 학사학위를 마치고 젊은 대학생들이 흠모하는 '로데스(Rodes) 장학금'을 받으며 영국 옥스퍼드대에서 역사학 공부를 시작했다.

1947년 가을, 베이츠 박사와 역사학부 일부 교사 및 학생들이 난징 현무호(玄武湖)에서 함께 사진을 찍었다. 왼쪽으로부터 첫 번째 사람이 나. 여섯 번째 사람이 베이츠 박사이다.

당시 유럽은 온통 전쟁의 불길 속에 휩싸여 있었다. 오랜 전통의 옥스퍼드대 캠퍼스에서도 예전과 같은 아늑한 분위기는 찾아 볼 수 없었다. 대학생들은 삼삼오오 모여 맥주집에서 잔을 들고 떠들어대거나, 템즈강변을 거닐며 자신들의 속내를 이야기하곤 하였다. 하지만 그들은 전쟁의 본질에 대해 따지기보다는 지식인으로서의 사회적 책임에 대해 더 많이 고민하였다. 그렇지만 어느 정도 희생이 따르더라도 모험을 해보겠다는 충동에 빠져 있는 경우가 많았다. 그리하여 전쟁터에 나가 싸우겠다는 심상치 않은 분위기가 한동안 캠퍼스를 지배하기도 했다.

베이츠 박사도 예외는 아니었다. 그는 젊은 패기를 가슴에 품고 이 대열에 합류했다. 그는 영국 국민이 아니었기에 병역에 대한 의무는 없었다. 하지만 1917년 옥스퍼드대를 떠나, 'YMCA(Young Men's Christian Association, 기독교남성청년회)'의 간사로서 근동(近東)으로 떠났고, 얼마 후 정식으로 미군에 입대했다. 베이츠 박사는 일찍 인도, 메소포타미아 등지를 다녀왔으며 그곳에서 많은 사회 경험과 생활 노하우를 쌓을 수 있었다.

유럽전쟁이 끝나자 베이츠 박사는 바로 퇴역을 하고 옥스퍼드대로 돌아가 다시 학업에 매진했다. 그는 먼저 근대사영예연구원에서 학사학위 과정을 마쳤다. 그리고는 정치학과 역사학 관련 과정을 추가로 이수하여 1920년에 석사학위를 받았다. 젊은 베이츠는 언제 어디서든 항상 "착실한 학생"으로서의 모습을 보여 주었다. 옥스퍼드대 재학 시절에도 그는 성적이 우수하고 품행이 단정하여, 영국 황실에서 엘리자베스 공주(현 영국 여왕)를 위해 주최한 무도회에 학생 대표로 참가하기도 했다.

1920년 여름, 베이츠 박사는 미국으로 돌아왔다. 그리고는 7월에 '연합기독교선도회(United Christian Missionary Society)'로부터 선교사 자격을 수여받고 중국으로 파견되었다. 베이츠 박사 세대 분들 중에는 기독교 내부 혁신운동의 물결을 타고 중국으로 몰려온 분들이 많았다. 일찍이 1870년대부터 비롯된 기독교 혁신운동은 1890년부터 유럽전쟁 기간까지 최고조에 달했다. 그 개혁성과 중 하나가 바로 학생들의 자발적인 해외선교였다. 이런 새로운 변화는 메사추세츠에서 시작되어 미국 전역의 고등교육기관으로 급속하게 퍼져갔다. 1914년에 이르러서는 이미 약 6천 명의 학생들이 선교사 신분으로 미국을 떠나 해외로 갔다. 그로부터 6년 후 베이츠 박사도 선배들의 발자취를 따라 중국으로 오게 된 것이다.

베이츠 박사 세대의 선교사 교육자들은 그들의 선배와는 조금 달랐다. 물론 그들 역시 기독교 집안과 학교 출신이라는 배경과 함께 선배들에게 전혀 뒤지지 않는 종교적 신념을 가지고 있었다. 하지만 그들은 중국에 오기 전 이미 양질의 고등교육을 받아 각 분야의 전문적인 지식까지 갖추고 있었다. 기본적으로 학자형 선교사 집단에 속했다. 그리하여 생각이나 학문의 깊이 등 다양한 측면에서 그들은 먼저 중국에 온 미국 중서부 시골 출신의 선배들보다 월등했다. 그들은 대부분이 진보주의적(Progressivism) 성향을 가지고 있었다. 사회복음(Social gospel)을 강조하고, 인간의 물질생활 개선 및 사회진보에 관심을 가졌으며, 특히 지역사회 혁신에 주목했다. 진보적인 현대주의(Modernism)와 보수적인 근본주의(Fundamentalism)[3]의 격렬한 논쟁 속에서 그들은 분명 전자에 속하거나 그런 성향을 가지고 있었다.

베이츠 박사는 1920년, 여름에서 가을로 막 접어드는 시기에 난징에 왔다. 하지만 그가 남긴 문헌에는 이와 관련된 기록이 없었다. 한편 그와 돈독했던 동료, 사비스 교수(M. T. Sarvis)가 10여 년 후에 남긴 기록을 통해 독자들에게 단편적이나마 그때의 상황을 언급하고자 한다.

1918년 7월의 어느 무더운 날, 우리가 아침 일찍 요코하마 이와야 여관으로 왔을 때, 식당에는 손님 한 명밖에 없었다. 듬직한 느낌을 주는 한 젊은이가 아침식사를 기다리고 있었다. 우리는 가루이자와의 피서지에서 막 돌아오는 길이었다. 우리 일본 선교단의 몇몇 친구들은 여기서 손님 한 분을 기다리기로 되어 있었다. 그 손님은 옥스퍼드대의 젊은 학생이었다. 그는 YMCA를 따라 메소포타미아에 가서 전시(戰時) 자원봉사를 하다가 미군 입대를 위해 이곳을 거쳐 귀국하게 되었다. 우리는 눈앞의 이 사람이 바로 그 젊은이일거라 확신하고 다가가 말을 걸었다. 아니나 다를까 우리가 기다리던 바로 그 청년이었다. 우리는 그렇게 베이츠와 만났고, 나중에 그와 우리 가족은 3년 간 중국에서 함께 생활하게 되었다. …… 그 후 우리는 그와의 대

---

3) (원저자 주) 현대주의는 19세기 말, 20세기 초에 중유럽 및 서유럽 천주교에서 유행하기 시작한 신학 사조였다. 현대과학 지식을 이용해 『성경』 및 전통교의에 대한 새로운 해석을 시도하고자 했으며, 일찍이 교황 레오13세의 비난을 받은 바 있다. 이 책에서 제시한 현대주의는 20세기 기독교(신교)에서 유행한 신학으로, 『성경』을 편견 없이 비판하고 연구하자고 주장했으며, 그 후 자유주의 신학 및 사회복음 등의 새로운 사조를 불러일으키기도 하였다. 근본주의는 서방(특히 미국) 기독교의 보수적 신학자들이 현대주의에 반대하기 위해 제창한 신학 사조이다. 그들은 전통교의를 따를 것을 주장하고, 『성경』은 조금의 착오도 없이 정확하며, 그 어떤 신학 이외의 해석도 용납되지 않는다고 주장하였다. 1909년 이후, 미국의 보수적 신학자들은 『근본강목』(The Fundamentals)이라는 12권의 소책자를 연속으로 발행하여 각국의 교회에 광범위하게 배포하였다. 근본주의라는 이름은 바로 여기서 비롯된 것이다. 근본주의와 현대주의 사이의 쟁론은, 중국기독교 각 교회에도 어느 정도 반영되었다.

화를 통해, 그가 옥스퍼드대 재학시절 얼마나 열심히 공부했으며, 또 학문을 위하여 유럽 대륙, 근동, 인도 및 세계 각지를 돌아다녔다는 사실도 알게 되었다. 그는 항상 한 푼씩 아낀 돈으로 책을 샀다. 그리하여 그가 우리 집에 왔을 때(베이츠가 1920년 난징에 도착했을 때를 가리킴-필자), 우리는 그를 위해 방 두 칸을 내줬다. 한 칸은 생활용으로, 다른 한 칸은 서재로 쓰도록 했다. 그가 우리 난징 숙소의 3층 작은 방에 모든 책을 풀어놓자, 평소에 쓰는 기본적인 생활용품조차 놓을 곳이 마땅치 않았다. 짐작컨대, 그는 당시 난징에 살던 외국인 중 책을 가장 많이 가지고 있던 사람이었을 것이다.[4]

중국에 온 첫 해, 그는 진링대 랭귀지스쿨(Nanking Language School)에서 중국어를 배웠다. 아마도 베이츠(貝德士)라는 중국어 이름도 그곳에서 지었을 것이다. 그리고 그는 여기서 검은 눈의 캐나다 아가씨 릴리아·로빈스(Lilliath Robbins) 양을 알게 되었다. 그녀는 미국에서 학업을 마치고 진링여자문리대학에서 학생들을 가르치고 있었다. 첫눈에 반한 두 사람은 좋은 만남을 유지하다가 마침내 1923년에 결혼식을 올렸다. 베이츠 박사는 중국에 온 이듬해 정식으로 교수로 임용됐다. 그 후 꼬박 3년 동안 여가 시간을 이용하여 필수 중국어 과정을 이수했다. 베이츠 박사는 처음에는 정치역사학과에 임용되어 주임을 맡았다. 그러다가 역사학과 주임을 맡아 주요 커리큘럼을 개설하는 등 역사학과의 창립과 발전에 크게 이바지했다. 그는 또한 리샤오웬(李小緣) 등 중국학자들과 함께 '중국문화연구소'를 세우고 대량의 문학과 역사 방면 각종 간행물들을 사 모았다. 동시에 그는 진링여자문리대학, 국립중앙대학, 정치대학 등에서 겸직으로 학생들을 가르쳤다. 초창기 난징에서의 시간은 비교적 평온한 편이었다. 그는 수업에 열중했고, 학생들도 그를 따라 부지런히 학업에 매진했다. 화기애애한 분위기 속에서 서로가 학문적 도움을 주고받았다.

---

4) (원저자 주) Maude Taylor Sarvis, "Bates of Nanking". 인쇄본. 원문은 1942년에 발간된 "The International Committee of YMCA"에 실려 있다.

그는 '기독교고등교육위원회(The Christian Council for Higher Education)', '태평양관계연구소(The Institute of Pacific Relation)' 등의 기구에서도 직책을 맡아 활동했었다. 한편 자투리 시간을 이용해 종종 국제적 이슈에 대한 평론을 쓰기도 했다.

그러나 베이츠 박사가 중국에 온 지 얼마 안 되어, 전국적으로 반기독교 운동이 일어났다. 1924년 이후, 반기독교 운동은 국민혁명, 북벌전쟁5)과 한데 뭉쳐져 사태는 더욱 악화되어갔다. 하지만 난징 지역의 선교사들은 이 운동이 가져올 심각한 부작용에 대해서는 제대로 예측하지 못한 듯 했다. 베이츠 박사의 동료 벅(진링대 농업경영학과 교수)의 부인이며 나중에 노벨문학상을 수상한 저명한 작가 펄벅(Pearl S.Buck) 여사는 당시 상황을 아래와 같이 서술했다.

"1926년 가을, 우리는 국민혁명군이 언제쯤 난징에 도착할 것인지에 대해 많이 궁금해 하고 있었다. 그들은 광저우(廣州)에서 북벌전쟁을 시작해 이미 성공을 거두었고, 양자강변의 우한(武漢)에서 열심히 자신의 주둔지를 구축해 양자강 하류로 계속 진군하기 위한 준비를 하고 있었다. 우리 가운데 루산(廬山)에서 피서를 즐기던 일부 사람들은 후난(湖南)과 한코우(漢口)에서 몰려온 난민 물결의 소용돌이에 휩싸이게 되었다. 이들 난민은 전쟁과 포위의 두려움에 떨다가 급기야 안전한 곳을 찾아 도망을 오게 된 것이었다. 우리는 국민혁명군의 소식이 들려오길 학수고대했다. 그들이 진정한 애국이상주의자인지 아니면 군사무력주의자인지 하루 빨리 알고 싶었기 때문이다. 하지만 국민혁명군에 대한 사람들의 시선이 일치하지 않아 그 진실을 헤아리기란 결코 쉽지가 않았다. 국민혁명군은 노동자 계급을 해방하고 케케묵은 성별, 계급, 민족 간의 불평등을 근본적으로 해소하는 것을 목표로 한다

---

5) (역자 주) 국민혁명은 1924~1928년에 걸쳐 중국 국민당에 의하여 전개된 민족통일운동을 가리킨다. 1924년 쑨중산(孫中山)은 광주에서 국민당을 개편하고 제1차 국공합작을 실현하였다. 국공 양당은 공동으로 황푸군관학교를 창설하고 국민혁명군을 조직하여 군벌세력을 정벌하였다. 국민혁명군은 먼저 광동에서 군벌세력을 격파한 후 1926년 정식으로 북진하여 북양군벌을 토벌하기 시작하였는데, 이를 북벌전쟁이라 일컫는다.

거나, 자신의 목표를 달성하기 위해서는 희생도 마다하지 않는다는 소문이 있었다. 또한 국민혁명군은 종교를 이단시하고, 특히 외국인이 장악하고 있는 학교와 병원을 혐오하므로 이미 몇 건의 외세 배척사건이 발생하였다는 풍문이 돌기도 하였다. 더욱 심각한 것은 러시아 급진파가 이미 그들 사이에서 출현했다는 것이다. …… 그리하여 우리는 혼란스러운 마음으로 집안에 칩거해 국민혁명군의 소식을 기다리는 한편 학교, 병원 및 선교와 관련된 가을시즌 업무에 착수하였다."[6]

이어서 그녀는 1927년 3월 24일 이후 난징에서 발생한 어지러운 상황에 대해서 자세히 묘사했다. 이를테면, 반제국주의 정서의 강압 속에서 이미 성 안으로 진입한 일부 국민혁명군과 하층 군중들이 외국인 교회 및 학교에 방화와 약탈을 일삼는 한편 외국인에게 상해를 가한 일, 세인들의 추앙을 받던 진링대 부총장 윌리암스(Williams J. E., D. D.)가 자택에서 약탈꾼에게 목숨을 잃은 일, 진링여대를 제외한 교회 학교들이 하나도 빠짐없이 강탈을 당한 일, 그리고 외국 선교사들이 집안의 물건뿐만 아니라 몸에 지니고 있던 물건까지도 모조리 빼앗긴 일[7] 등등의 사실들이 펄벅(Pearl S. Buck) 여사에 의해 자세히 묘사되었다. 그때 베이츠 박사도 한 무리 병사들에게 체포되어 두 손이 등 뒤로 결박된 채, 마구잡이로 쏴대는 총에 맞아 죽을 뻔 했다. 천만다행으로 적만자회(紅卍字會)[8]의 도움을 받아 겨우 목숨을 건질 수 있었다.

영국 함대가 난징을 공격해오자 사태는 더욱 악화되었다. 이에 외국인들은 모두 강제철수를 당해야만 했다. 그들은 먼저 상하이로 간 뒤, 다시 세 곳으로 갈라졌다. 일부는 귀국했고, 또 일부는 일본으로 떠났으

---

6) (원저자 주) Pearl S. Buck, "Nanking Station Report, 1926~1927", 인쇄본, "Bates Papers", RG10, B20, F308.에서 발췌.

7) (원저자 주) Pearl S. Buck, "Nanking Station Report, 1926~1927", 인쇄본, "Bates Papers", RG10, B20, F308.에서 발췌.

8) (원저자 주) "Bates of Nanking", 4면. 적만자회와 적십자회는 서로 다른 기구이다.

며, 나머지는 한국으로 향했다. 베이츠 박사는 아내와 자식을 데리고 상하이를 거쳐 일본으로 떠났다. 하지만 그는 사태가 잠잠해진 뒤 제일 먼저 진링대 복귀를 허락받은 몇 안 되는 외국학자 중 한 명이었다.

학교로 돌아온 뒤 항일 전쟁이 발발하기 전까지 베이츠 박사는 예전처럼 열심히 학생들을 가르쳤다. 그 사이 그는 단기코스로 미국으로 돌아가 새로운 공부에 몰두하기도 했다. 1934년에서 1935년까지 베이츠 박사는 록펠러학자 신분으로 하버드대에서 일본어와 러시아어를 공부했다. 그리고 1935년에는 예일대에서 「기원전 221-88년의 중국역사」라는 주제로 졸업논문을 발표하고, 박사학위를 취득했다. 1936년에서 1941년까지 5년 사이 그는 일본을 총 7번 방문하였다. 그곳에서 기독교교회 대표자 자격으로 일본 현지 자료를 이용해 아시아와 일본 사회의 상황 및 일본 정부의 정책 동향에 대해 연구했다. 베이츠 박사의 유고를 보면, 그가 남들보다 일찍 그리고 비교적 분명하게 국제사회를 향해 일본군국주의가 기필코 대규모의 침략전쟁을 추진할 것이라는 경고를 날린 소수의 미국 학자 중 하나였음을 알 수 있다.

항일 전쟁이 터지자 진링대는 서부에 있는 청두(成都)로 이전을 했다. 당시 일본에 머물고 있던 베이츠 박사는 학교 당국의 명을 받고 온갖 고난과 위험을 무릅쓴 채 일본군 전선을 넘어 난징으로 돌아왔다. 그리고 부총장의 신분으로 학교 재산을 지키는 데 모든 책임을 다했다. 또한 그렇게 어려운 상황에서도 울며 겨자 먹기로 농업전문대학을 세웠다. 난징이 일본군에게 함락될 무렵, 그는 '난징국제안전구역위원회(Nanking International Safty Zone Committee)'의 발족인이자 조직자 중 한 사람으로 활동하였다. 나중에는 '난징국제구제위원회(Nanking International Relief Committee)'의 회원이자 위원장이 되었다. 1937년 겨울부터 1941년까지 그는 이 위원회의 핵심 맴버로서 중국 난민들을 보호하고 일본군의 만행을 고발하는 데 앞장섰다.

일미 관계가 나날이 악화되자 미국교회이사회와 미국국무원에서는 중국에 있는 미국인들에게 극동(極東)에서 철수할 것을 재촉했다. 상황이 이렇게 되자 베이츠 박사의 부인과 아이들은 1940년 12월 중국을 떠났다. 하지만 정작 베이츠 박사 본인은 이듬해 여름까지 계속 중국에 남아 있었다. 그 후 그는 뉴욕유니온신학대와 컬럼비아대의 객좌연구원으로 임용됐다. 그러나 그가 실제로 하는 일은 '국제선교회(International Missionary Council)'와 '북미해외선교회(The Foreign Missions Conference of North America)'를 위해 중국, 일본 및 동아시아와 관련된 자문을 해 주는 것이었다. 그리고 2차 세계대전 기간인 1942년~1944년에는 전쟁포로 국제송환 업무를 담당했다.

항일전쟁 승리 이후, 그는 다시 학교의 지시에 따라 난징으로 돌아왔다. 그리고는 학교의 재산(태평양전쟁 기간 동안 학교는 일본의 꼭두각시에 의해 점거되었음)을 도맡아 관리하였고, 학교 이전 준비업무에도 참여하였다. 1946년 9월, 진링대는 난징의 원래 주소에서 예정대로 개학을 하게 되었다. 여기에는 베이츠 박사의 헌신적인 노력도 한 몫을 했다.

베이츠 박사는 다년간의 노력으로 진링대의 재산을 지켜냈다. 하지만 오랜 기간 동안 쌓인 과로로 인해 정작 자신의 건강은 잃고 말았다. 베이츠 박사는 학교로 돌아온 뒤, 장시간 병마와 피로에 시달렸다. 하지만 그는 여전히 최선을 다해 학생들을 가르치고 각종 사회활동에 참여했다. 그중 특별히 언급하고 싶은 것이 있다. 그것은 바로 1946년 7월 29일, 베이츠 박사가 '원동국제군사법정(遠東國際軍事法庭)'[9]에 증인으로 출석하여 반박할 수 없는 확실한 증거로 일본군이 벌인 '난징대학살'의 극악무도한 죄악을 낱낱이 밝힌 것이다. 베이츠 박사는 또 그 자리에서 냉철하고 슬기로운 답변으로 전범(戰犯) 변호사가 제시한 여러 가지 까다로운 질문에 대처하고, 당시 난징지역에 있던 일본군 최고지휘관의 책임을 질책했다.

---

9) (역자 주) 일명 도쿄국제군사법정(東京國際軍事法庭). 제2차 세계대전이 끝난 1946년 1월 19일, '원동최고동맹국' 통솔부에서 동맹국의 권리에 의거하여 「원동국제군사법정 헌장」을 공포하고 원동국제군사법정을 성립하였고, 도쿄에서 일본전범을 심판하였다.

베이츠 박사의 수년에 걸친 업적은 진링대의 수많은 교직원과 학생들에게 큰 존경을 받기에 충분한 것이었다. 1948년 11월 12일, 진링대는 개교 60주년 경축행사를 성대하게 열었다. 베이츠 박사는 전체 교직원 대표로 추대되어 축사를 했다. 이것은 베이츠 박사가 전교 구성원들로부터 받은 영예라고도 할 수 있다. 개교 경축 기념 책자에는 베이츠 박사를 비롯한 외국인 교수들의 업적을 칭찬하는 글귀도 담겨 있었다.

> "(민국) 26년, 본교가 서부로 이전한 뒤, 베이츠·스마이스·릭스 등 세 교수들은 '국제구제위원회'를 특별히 발족하여 난징에 남은 중국과 서양의 교직원 및 우방국의 적극적인 인사들과 연합하여 난민구제 업무에 종사했다. 그리고 본 대학의 건물, 기숙사, 주택, 농장을 전부 난민에게 주거지로 제공했다. 또한 죽공장과 보습학교를 세워 그들을 교육하고 양성했다. 그리하여 당시 수도의 많은 난민들이 적군의 모욕적인 학살을 피해 목숨을 건질 수 있었다. 국민정부는 그들의 업적을 장려하기 위해, 특별히 금수경성(襟綬景星) 훈장을 각각 수여하여 그 공로를 기리었다. 또한 본교의 건물은 베이츠 교수 등의 노력과 보호로 훼손을 막을 수 있었다."[10]

하지만 얼마 지나지 않아 국내 시국에 커다란 변화가 발생했다. 1949년 여름, 베이츠 박사는 중국에서 일어난 천지개벽의 변화와 진링대 캠퍼스에서 발생한 일련의 급격한 변화를 직접 목도하였다. 그는 본래 교회 대학의 지속적인 존재와 발전에 대해 여전히 어느 정도의 희망을 품고 있었다. 하지만 한국전쟁의 발발과 중미관계의 갑작스런 악화로 이런 희망은 점점 사라지게 되었다. 교회 대학이 직면한 이런 가혹한 도전은

---

10) (원저자 주) '진링대 개교 60주년 경축기념책자'에서. 국민정부가 베이츠 박사에게 훈장을 수여한 것은 1938년 여름의 일이다. 1939년 1월 23일, 난징미국대사관은 베이츠 박사에게 우편으로 아래와 같은 사실을 알렸다. "1938년 6월 30일 중국국민정부 비밀훈령에 따르면, 귀하에게 금수경성 훈장을 내리고자 합니다. 이 훈장이 이미 대사관에 도착해 있으니, 하루 빨리 대사관의 훈장 수여식에 출석해주셨으면 합니다. 귀하도 동의할 줄 알겠습니다만, 이 일은 외부에 많이 알리지 않는 게 좋을 것 같습니다." "Bates Papers", RG10, B4, F67.에서 발췌.

1927년에 전국적으로 발생한 반기독교 운동을 뛰어넘고도 남았다. 게다가 그는 나이나 건강, 그리고 정력적이었던 23년 전의 젊은 베이츠가 아니었다. 그는 1948년 무렵부터 뉴욕유니온신학대(Union Theological Seminary, New York) 총장과 계속해서 연락을 해왔다. 1950년, 결국 30년간 몸담았던 진링대를 떠나게 되었다. 그는 진링대를 쫓겨나다시피 떠난 것이 아니라 "환송"을 받으며 떠난 몇 안 되는 미국인 교수 중의 한 사람이었다. 당시 역사학과 교수들은 그를 보내면서 작은 환송 다과회를 열었다. 분위기는 사뭇 슬프고 처량했다.[11]

미국은 원래 베이츠 박사의 고향이었지만 당시 그에게는 약간 낯선 곳이기도 했다. 그래서 그는 고향으로 돌아온 뒤 먼저 예전의 기억을 되살려야 했다. 그와 조국은 서로를 다시 받아들이기 위해서는 짧지 않은 시간이 필요했다. 그를 비롯해 1950년을 전후하여 중국에서 미국으로 돌아간 선교사 교육자들은 하나의 특수한 사회그룹을 형성했다. 그들은 오리지널 미국인이었지만, 서로 "우리 중국인"(We Chinese) 또는 고향의 정취가 담긴 "우리 난징인"(We Nankinese)이라는 말로 서로를 지칭하기도 하였다. 그들은 마치 중국에 대한 깊은 애정으로부터 영원히 벗어날 수 없는 듯 했다. 하지만 당시 그들이 처한 상황은 그다지 좋지 못했다. 중국에서 그들은 "제국주의자", 심지어 "간첩"이라는 오명을 뒤집어쓰고 환송되거나 또는 공개적으로 쫓겨나는 처지에 놓였었다. 한편 미국에 돌아간 후에는 매카시[12] 반공주의자에 의해 종종 중국에서 온 "빨갱이"라

---

11) (원저자 주) 진링대 역사학과 전 주임 왕셩주 교수는 이별의 다과회에서 "기회가 있으면 다시 진링대로 와주셨으면 합니다."라고 말한 적이 있다. 그런데 이 한 마디 인사말이 일부 사람들에게 제국주의의 '권토중래(捲土重來)'에 대한 환상으로 오인되어, 여러 차례 비판을 받았다. 이 일은 왕셩주 교수가 생전에 나와 이야기를 나눌 때 알려준 것이다. 하지만 베이츠 박사는 생을 마감할 때까지도 이 사실을 모르고 있었다.

12) (역자 주) 미국의 정치가(1908~1957). 반공주의자로, 공화당 상원의원을 지내다가 1950년에 트루먼 정권 내에 공산주의자가 있다고 발언하여 '매카시 선풍'을 일으켰다. 그러나 사상이 너무 극단적이었기 때문에 군부와 대립하였고, 상원의 비난 결의에 의하여 1954년에 실각하였다.

는 의심을 받았다. 하지만 그들 대부분은 시종일관 아무런 원망이나 후회도 하지 않았다. 오히려 수십 년 동안 이국에서 보낸 고단한 생활을 인생에서 가장 가치 있고 추억할 만한 아름다운 시간이라고 생각했다.

베이츠 박사는 뉴욕유니온신학대에서 '교회사'와 '세계종교' 등의 과목을 가르쳤다. 그는 자신의 교육과 연구 범위를 동아시아에 집중하였다. 한편 근처 컬럼비아대 동아시아연구센터의 중국문제와 관련된 학술활동에 열심히 참가했다.[13] 그는 여전히 중국에 관심을 가지고 있었고, 중국에서 발생하는 각종 새로운 변화에 주목했다. 하지만 그는 정보를 파악하는 데만 주력했을 뿐 거기에 대해 공개적으로 평가하는 경우는 많지 않았다. 그는 기독교 신자의 넓은 아량으로 "삼자(三自)" 애국운동[14] 중 자신을 비난한 중국의 지인들을 대했다. 설사 여러 부분에서 사실과 전혀 맞지 않는 부분이 있더라도 그 어떤 공개적인 반박을 하지 않았다.[15] 한동안 그는 아프리카 교회 학교의 발전에 상당한 관심을 가졌다. 아마도 그곳에서 과거 중국에서 이루지 못한 꿈을 실현해보고 싶었는지도 모른다. 1965년 퇴직 후에는 『기독교 신자가 중국에서 보낸 60년, 1890-1950』이라는 거대한 책의 저술에 남은 정력을 모두 쏟아 부었다. 그는

13) (원저자 주) 그와 중국근현대사 분야의 저명학자인 컬럼비아대의 마틴 교수(Martin Wilbur)는 사적으로 사이가 참 돈독하여, 종종 학술적인 견해를 나누었다. 그는 중국역사와 사회지식에 대한 폭넓은 지식을 갖추고 있었다. 그러므로 각종 중국 관련 논문의 심사를 포함하여, 청년학자가 그에게 배움을 갈구하여 보내온 편지들에 열심히 답해주었다. 오늘날 인정받고 있는 대부분 미국의 저명한 중국사 연구자들은 젊은 시절 모두 베이츠의 열정적인 지도를 받은 바 있다. 그들이 주고받은 편지는 『베이츠 문헌』에 보관되어 있는데, 그 분량이 어마어마하다.

14) (역자 주) 1949년 중화인민공화국이 성립된 후, 중국의 기독교는 점차 외국 선교단체와의 실무 및 경제적 연계를 단절하고 독자적인 길을 걷게 되었다. "삼자(三自)" 애국운동이란 1950년대 초부터 중국의 기독교계에서 일기 시작한, "자치(自治), 자양(自養), 자전(自傳)"을 원칙으로 하는 애국운동이다.

15) (원저자 주) 1950년대 초, "삼자" 애국운동 중 누군가 관련 기사가 들어 있는 간행물을 베이츠 박사에게 보낸 적이 있다. 하지만 그는 그 기사에 '어떤 비판은 사실과 맞지 않음'이란 주(注)만 달았을 뿐, 어떠한 다른 의사표시도 하지 않았다. 이 부분의 서류들도 『베이츠 문헌』에서 찾아 볼 수 있다.

사료(史料)의 바다에서 유유자적하며 마치 중국으로 돌아와 익숙한 캠퍼스와 지인들, 그리고 옛일과 마주한 것만 같았다. 이 작품은 그의 학문적 추구일 뿐만 아니라 그의 마지막 정신적 버팀목이기도 했다.

하지만 그는 결국 이 책을 완성하지 못했다. 그의 막역한 벗이자 오랜 동료는 당시를 다음과 같이 회고했다.

"베이츠 교수는 1978년 10월 갑자기 세상을 떠났다. 나는 신학대학 4층의 책으로 가득 찬 그의 연구실 정리를 맡았다. 그의 친필 문서-오래되거나 다 들어진 것과 새 것-들이 서가에 달린 여러 개의 서랍 속에 꽉 차 있었다. 수많은 작은 상자들 속에는 그가 꼼꼼하게 주석을 달아 놓은 문서, 메모, 발췌문들이 들어 있었다. 그리고 여러 개의 종이 상자에는 이미 분류를 마친 문서들이 담겨 있었다. 또한 책상에는 그가 최근에 쓴 친필 문서들이 쌓여있었고, 그 종이 위에 놓인 몽당연필은 마치 이렇게 말하려는 듯 했다. '잠깐 나갔다 돌아올게.'"16)

그의 유품 가운데 비교적 보관이 잘 된 사진 한 장이 있었다. 그것은 1947년 가을, 그와 우리 역사학과 사제(師弟)들이 난징의 현무호에서 함께 찍은 사진이었다. 그는 여전히 낡은 양복을 입고 있었고, 소박하면서도 자상해 보였다. 우리 몇몇 남학생들은 같은 색 도포를 입고 있었다. 이것은 당시 천위광(陳裕光) 총장이 자주 입던 옷으로, 어쩌면 진링대의 비공식적인 교복이었다고도 할 수 있겠다. 이 사진은 나에게 많은 상념을 불러일으켰다. 혹시 베이츠 박사는 죽음을 맞이하기 전, 당시의 진링대 캠퍼스, 동료 그리고 재능 넘치던 학생들을 그리워했던 것은 아니었을까……

---

16) (원저자 주) Cynthia Mclean(중국명 멍친톈 : 孟沁恬), "Cleanings-From the Manuscripts of M.S.Bates", N.Y., 1984, 1면. 베이츠 박사의 유품 중, 1960년대 이후 그가 쓴 중국에 대한 시론(時論)을 발견할 수 있었다. 비록 그는 공산당의 종교정책에 대해 다른 견해를 갖고 있었지만, 중미 간의 정상적인 국교를 회복해야 한다고 거듭 주장했다. 이와 같은 내용을 담은 저서로는 『간과할 수 없는 중국("China Can not Be Ignored")』(1960), 『간과할 수 없는 거대한 중국("China Is Just Too Large to Ignore")』(1967), 『중국은 여전히 우뚝 서있다("China Is Still There")』(1968) 등이 있다.

제3장

옛 문헌의 발견

베이츠 박사가 사망한 뒤 그가 생전에 보관해 온 모든 문서는 가족들의 동의를 거쳐 예일대 신학대학 도서관에 소장되었다. 신학대학 도서관은 하늘 높이 솟은 고목과 새파란 잔디로 둘러싸여 있었다. 하얀색 유럽풍의 건축으로 되어 있어 짙은 종교적 분위기를 풍겼다. 이곳에 보관되어 있는 도서와 문헌은 굉장히 풍부하다. 특히 진귀한 고서와 간행물 및 친필 문헌이 많아 종교사와 교회사를 연구하는 사람들에게는 필수 코스라 할 수 있다.

특별보관실의 수많은 소장품 가운데 나의 이목을 끈 것은 크게 두 부분이었다.

하나는 앞에서 이미 언급했던 '아시아기독교 고등교육연합이사회'의 역사적 문헌들이었다. 이것은 뉴욕 리버사이드 드라이브가(Riverside Drive) 475번지에 위치한 연합회 본부가 그곳에 소장되었던 문헌들을 예일대 신학대학 도서관으로 전부 옮겨 놓은 것이다. 이 문헌들 중 핵심 부분은 '중국기독교교회'가 세운 13개 대학의 문헌 전집이었다. 그것은 우리가 중국 교회 대학사를 연구하는 데 있어 가장 귀중한 자료들이다.

다른 하나는 1949년 이전 장기간 중국에서 일한 미국 선교사들이 남긴 자료였다. 그들은 생전과 사후에 자신들이 보관해 온 모든 문헌을 예일대 신학대학 도서관에 기증했다. 그리고 그것을 통틀어 '중국문헌소장(中國文獻所藏 : China Records Project, Miscellaneous Personal Papers Collection)' 이라고 불렀다. 『베이츠 문헌』도 바로 그중의 하나이다. '중국문헌소장' 은 1960년대 말부터 시작된 하나의 거대한 문서보관 프로젝트였다. 여기에는 1834년부터 1978년까지 장기간 중국에서 일한 300여 명의 미국 선교사들이 남긴 각종 문헌이 망라되어 있다. 『베이츠 문헌』이나 기타 전문 문헌을 빼고도 그 분량이 총 250박스에 달한다.

예일대 신학대학 도서관은 미국의 다른 대학 도서관처럼 정규직 직원의 수가 매우 적은 편이라 필요한 인력을 대부분 학생 아르바이트로 채웠다. 다른 점이라면 이곳에서는 여가 시간을 이용해 자원봉사를 하는 학생들을 쉽게 볼 수 있다는 것이다. 그들은 무보수임에도 불구하고 매우 열심히 일했다. 예일대 신학대학 도서관의 전문보관실은 문헌 보관량도 풍부하고 또 자세하게 분류되어 있어 나와 같은 학자에게는 보물창고와 같은 곳이다. 하지만 도서관 관리를 맡은 정식 직원은 마샤·스몰리(Martha L. Smalley) 여사 오직 한 명이었다. 그녀에게는 우리가 평소에 존(Joan)이라고 부르는 젊은 조수 한 명이 있었다. 존 양은 당시 비정규직 직원으로, 자투리 시간을 이용하여 석사과정을 밟고 있었다. 해당분야의 전문 교육을 받은 마샤 여사는 이곳에서 일한 지 벌써 10년이 넘었다. 그녀는 각종 문서나 문헌들을 완벽하게 관리하였을 뿐만 아니라 각종 문헌에 수많은 색인을 붙였다. 이러한 색인은 인물(또는 단체)의 사건연대표(Chronology), 문헌전집의 개론, 문헌 목록 분류 등 세 부분으로 이루어져 독자들이 열람하기에 아주 편리했다.

나는 마샤 여사와 존 양의 적극적인 도움으로 방대한 양의 『베이츠 문헌』을 처음부터 끝까지 열람할 수 있었다. 그녀들은 나를 『베이츠 문헌』을 통독(通讀)한 첫 사람이라며 칭찬을 아끼지 않았다.

정리와 소장을 마친 『베이츠 문헌』은 모두 131박스(Box), 1,162개의 폴더[17]으로 되어 있었다. 그중 첫 번째 부류는 편지였다. 1920년부터

1978년까지 총 10박스 분량이었다. 그 편지들은 모두 세 부분으로 되어 있었는데, 첫째는 가족 간에 주고받은 편지, 둘째는 1920년부터 1950년 사이 중국에 머물면서 주고받은 편지, 셋째는 1950년부터 1978년 사이 미국으로 돌아가 주고받은 편지였다.

두 번째 부류는 중국에 대한 생각을 적은 노트와 각종 자료였다. 모두 69박스로, 『베이츠 문헌』 중에서 가장 큰 비중을 차지하고 있는 부분이었다. 이 대량의 자료들은 주로 그가 『기독교 신자가 중국에서 보낸 60년, 1890-1950』을 집필하기 위해 모은 것들이었다. 그중 어떤 것은 그가 관련 간행물이나 전문서적, 회의문서의 일부분을 복사한 것이거나, 그가 쓴 독서 감상문이나 사료 발췌문이었다. 이밖에 그 속에는 다소 격식에 맞지 않는 색인카드도 많이 들어 있었다.

세 번째 부류는 그가 집필한 『기독교 신자가 중국에서 보낸 60년, 1890-1950』의 일부 초안이었다. 모두 10박스, 약 3,000페이지 분량이었다. 여기에는 아주 상세하게 짜놓은 책 전체 목록 원고 몇 가지를 비롯하여, 대략적인 해설 초안(Topical drafts) 및 여러 번 수정을 거친 일부 장절(章節)의 초고 등이 포함되어 있었다. 이것은 하나의 방대한 스케일의 저서를 완성하기 위해 닦아놓은 초석들이었다. 비록 아직 완전하지는 않았지만, 근대 중국 기독교사를 연구하는 후학들에게 훌륭한 지침서 역할을 해주기에 충분했다.

네 번째 부류는 중국의 유명한 기독교 신자와 관련된 자료들이었다. 모두 5박스로 되어 있었는데, 그가 계획한 상기 저서의 집필과도 밀접한 관련이 있었다. 여기에는 복사자료, 초고, 메모 이외에도 다섯 번이나 수정을 거친 인물 명단(최종 50여명으로 결정)과 편지를 통해 수집한 관련 인물들의 자료-27명의 중국 기독교 신자의 전기가 포함되어 있었다.

다섯 번째 부류는 중국과 직접적인 관련이 없는 기타 감상문과 자료

---

17) (원저자 주) 폴더(Folder)란 서류철(書類綴)을 말한다. 서류 분량은 폴더마다 다르다.

들이었다. 총 19박스로 되어 있는 이 자료들은 베이츠 박사가 얼마나 열심히 많은 책을 읽었는지, 또 세계 각국의 역사 및 현황에도 얼마나 관심을 가지고 있었는지를 보여준다.

여섯 번째 부류는 주로 베이츠 박사 자신이 발표한 문장들이었다. 총 9박스로 되어 있었는데, 그 내용은 다섯 부분으로 나눌 수 있었다. 첫째는 논문, 소책자, 문서들, 둘째는 서평, 셋째는 그가 중국에서 부쳐 보낸 보고서와 비망록, 넷째는 선교문구(Sermons), 연설문, 방문록, 다섯째는 주요 업무와 관련된 기타 문서들이었다. 이 문장들은 대부분 중국의 종교 및 정치 시국과 관련이 있었다. 그 중 항일전쟁 시기 난징 상황과 관련된 자료들은 이 방면 연구자들에게 보다 큰 관심을 불러일으킬 것으로 생각된다.

일곱 번째 부류는 강의 자료(The Course Related Materials)들이었다. 총 4박스였는데, 그가 유니온 신학대에서 개설한 '교회사', '기독교윤리', '신학실행' 등의 과목과 관련된 강의계획서나 친필 원고를 포함해 그가 이끌던 '고급종교연구계획(The Program of Advanced Religious Studies)'과 관련된 자료들이었다.

여덟 번째 부류는 그의 개인물품과 수집품(Personal Items and Memorabilia)이었다. 총 5박스였는데, 베이츠 박사 자신의 수집품 및 전기 자료를 비롯하여 연락 주소록, 카드, 일기, 메모장(비망록), 출생증명서, 군복무증명서, 그리고 더 나아가 건강기록증, 여권, 군사통행증(난징함락시기), 신분증명서, 가족 관련 자료 및 학교 수첩 등이 포함되어 있었다. 그 외에도 수많은 사진과 세계 각지의 엽서도 들어 있었다. 그가 1947년 가을, 우리와 함께 찍은 사진은 바로 이 부류의 제129번 박스에서 발견되었다. 그 중 '난징대학살'과 직접적인 관련이 있는 자료는 4번 상자의 제52·59·63·67권과 102번 상자의 제861~871권, 그리고 126번 상자의 1137권에 집중 보관되어 있었다.

제52권의 대부분은 1938년 베이츠 박사와 친구 및 가족들이 주고받은 편지였다.

제59권에는 1937년에서 1939년까지 난징 일본대사관과 주고받은 편지와 첨부자료, 그리고 1938년에 상하이 일본총영사관과 주고받은 편지와 첨부자료가 집중적으로 보관되어 있었다. 특히 난징 일본대사관과 주고받은 편지와 첨부자료에는 주로 일본군의 만행을 폭로하고 비난하는 내용이 들어 있었다.

제63권의 내용 중 비교적 가치가 높은 것으로는 1937부터 1938년까지 '진링대 설립자회(Board of Founders)'와 주고받은 편지, 1938년 '상하이전국기독교회'와 주고받은 편지, 그리고 1941년 '난징국제구제위원회'와 관련 있는 편지들이었다.

제65권은 『맨체스터 가디언』의 저명한 기자인 팀버리(Timperley, H. J.)와 주고받은 편지였는데, 그 중 일부 내용은 참고 가치가 아주 높다.

제67권에는 1938년부터 1940년까지 난징미국대사관과 주고받은 서신이 보관되어 있었다. 그 중 일부 서신이 '난징대학살'과 관련이 있다.

제861권에서 871권까지는 주로 베이츠 박사가 난징 함락 후의 상황과 관련해 모은 각종 문헌자료들이었다. 그 중에서 863권에서 869권까지의 가치가 비교적 높다.

제1137권은 베이츠 박사 자신이 기념으로 보관한 것들로 1921년부터 1948년까지의 자료들이었다. 그 중에는 베이츠 박사가 1946년 '도쿄극동군사재판'에 출석해 증언했던 기록의 복사본과 "또 하나의 뉘른베르크(The Other Nuremberg)" 등과 같이 재판과 관련된 보도도 함께 들어 있다.

예일대 신학대학 도서관의 마샤 여사는 베이츠 박사에 대해 다음과 같이 말한 적이 있다.

> "베이츠 박사는 그 개인의 생활이나 업무 상에 관련된 편지나 보고서, 그리고 문장들을 정성껏 수집한 사람이다(Bates was a faithful collector of letters, reports and writings relating to his own life and work.)."

베이츠 박사가 이렇게 방대한 양의 자료를 보관한 것은 물론 학술 서적을 쓰기 위한 부분도 있었겠지만, 그보다도 오히려 일종의 개인적인 흥미나 취미에서 비롯된 부분이 더 많았다. 그러나 역사학자 특유의 안목으로 보관된 문헌들은 대부분 높은 사료적 가치를 가지고 있었다. 특히 위에서 언급한 15권의 자료는 일본군이 자행한 '난징대학살'의 역사적 증거이자 최고의 실록(實錄)이었다.

일찍이 1938년 초, 국민정부 교육부 장관직을 막 사임한 왕스제(王世傑)는 이미 베이츠 박사가 일본군의 만행을 폭로한 일에 주목하고 있었다. 그는 1월 10일의 일기에 이렇게 썼다.

"진링대 미국인 교수 Bates는 작년 12월 13일 수도[南京을 가리킴-필자]에서 일본군이 성 안으로 들어와 물건을 약탈하고, 무장해제한 우리 측 군사와 난민을 무수히 총살하며, 또한 젊은 부녀자들을 한 곳에 모아놓고 강제로 겁탈하는 것을 목격했다. Bates 교수는 자기가 목격한 사실을 서면으로 해외 인사들에게 알렸는데, 단 서명은 하지 않았다."

또 2월 14일의 일기에는 이렇게 적혀 있다.

"오늘 한코(漢口)에서 강을 건너 우창(武昌)으로 가서 화중대학의 식사 약속에 참석했다. 이 자리에서 학교의 총장 직무대리인 황푸(黃溥) 교수가 난징에 있는 미국인 교수 Bates가 최근 미국 군함을 통해 외부로 소식을 전했다고 하면서 그 내용에 대해 상세히 이야기했다. Bates가 보낸 1월 10일자 편지에 따르면, 일본군이 난징에 진입한 후, 강간과 약탈, 그리고 무기가 없는 국민들을 잔인하게 살해하는 참혹한 상황이 벌어졌다고 한다. 그것은 직접 보지 못한 사람은 도저히 상상조차 할 수 없는 지경이라고 했다. 일본군이 부녀자를 강간한 사건은 난징 전역에서 발생했는데, 독일인의 예측에 따르면 약 2만건 이상에 달할 것이라고 했다. 진링대의 경우만 하더라도 이곳에 도망 나온 난민이 약 3만여 명, 그 사이 벌어진 강간사건이 약 8000건 이상에 달할 것이라고 했다. 또 강간사건은 대부분 대낮에 벌어졌으며, 군간부들이 앞장서 지휘하는 경우가 많았다고 했다. 특히 11살 어린아이와 53살 중년부인까지 일본군에 의해 강간당한 사실도 빼놓지 않고 지적했다. 그리고 일본군은 학교 내 주택과 상점을 모조리 약탈하고 약탈한 뒤엔 종종 화학약품을 뿌리고 불을 질렀다고 했다. 이 밖에 이미 무기와 군복을 버린 중국병사들과 평범한 난민들이 일본군의 총칼에 맞아 살해되는 일이 비일비재였다. 난징에 남아있던 외국인 역시 수많은 모욕과 강탈을 당해야 했으며, 각국 사관들도 약탈을 피할 수 없었다고 했다(Bates 교수의 편지를 이 학교로부터 한 부 받았다)."[18]

왕 선생이 입수한 것은 베이츠 박사가 1938년 1월 10일 미국 군함을 통해 외부로 내보낸 편지의 복사본으로, 그 원본은 『베이츠 문헌』 제52권에 들어 있다. 이것으로 보아 베이츠 박사가 당시에 작성한 일본군 만행에 대한 기록이 이미 어느 정도 효력를 발휘했음을 알 수 있다.

베이츠 박사와 함께 일본군이 벌인 '난징대학살'을 외부에 알린 사람 가운데는 다른 외국인 인사도 있었다. 수년 후 베이츠 박사는 아래와 같이 회고하였다.

"예를 들어 영국의 팀버리(H. J. Timperley)[19]나 미국의 더딘(Tilman Durdin)[20]과 같은 몇몇 인도주의 기자들은 대중매체를 이용하여 더욱 신속하게 안전구역을 돕고자 노력했다. 그들은 대중들의 감시 아래 일본군이 어느 정도 자제하기를 바랐다. 연속 몇 주 동안 '안전구역위원회(이후 구제위원회)'

---

18) (원저자 주) 『왕스제 일기』, 타이페이 중앙연구원 근대사연구소, 1990, 제1권, 163면·178~179면. 가장 먼저 이 일에 관심을 가진 사람은 타이페이 재미학자 우샹샹(吳相湘) 선생이었다. 그는 뉴욕의 우장췐(吳章銓. 유엔에 근무, '대일손해배상청구회'동인. 내가 가지고 있던 『베이츠 문헌』 복사본 중 '난징대학살'과 관련 있는 부분을 복사해 간 적이 있다.)에게 보낸 편지에 왕씨의 일기를 인용하고, 특별히 "이것으로 보아 당시 중국정부는 Bates 박사의 편지를 통해 처음으로 '난징대학살'에 대해 알게 되었음을 알 수 있습니다. 따라서 『베이츠 문헌』은 당시 복사본이 있었음이 분명하며 또 그만큼 중요했다는 것을 알 수 있습니다."라고 지적했다.

19) (역자 주) 오스트레일리아인, 『맨체스터 가디언』과 『기독교과학잠언신문』의 대표.

20) (역자 주) 『뉴욕 타임스』의 기자.

의 비서는 거의 매일 일본군의 추악한 행위와 범행에 대한 보고서를 출력하기 위한 대기 상태에 있었다. 그리고 출력한 보고서는 사람을 시켜 진링대 옆에 있는 일본영사관과 우리가 유일하게 접촉을 허가받은 기관(미국 대사관을 가리키는 듯하다-필자)에 보냈다. 일본 친구는 얼마 뒤 나에게 이 보고서들이 외무성에 이미 안전하게 전해졌다고 알려주었다. 팀버리는 나중에 이 보고서들과 일부 개인 자료들을 모아 런던에서 『전쟁은 무엇을 의미하나? 일본군이 중국에서 벌인 만행(What War Means, the Japanese Terror in China)』이란 책을 출판하였다. 하지만 뉴욕에서 출판된 이 책의 이름에는 앞 6글자가 생략되어 있다.[21] 옌징대 정치학과 교수 쉬수씨(徐淑希, Hsü Shu-hsi)는 이 책에 『난징안전구역문서(Documents of the Nanking Safety Zone)』, 『일본군 전쟁행위 요약(A Digest of Japanese War Conduct)』, 『일본군 전쟁행위 요약 재편성(A New Digest of Japanese War Conduct)』 등의 책이름을 붙이기도 했다. '난징국제위원회'는 1938년~1940년에 걸쳐 연도보고서를 이미 출판했는데, 그 속에는 난징의 경제 및 취업 상황에 대한 조사보고도 포함되어 있었다. 필요하다면 내가 어느 부분의 초안을 작성했는지 밝힐 수 있다."[22]

베이츠 박사의 회고에 나오는 더딘은, 1992년 가을 내가 캘리포니아대 산티아고캠퍼스(UCSD) 역사학과의 객좌교수로 있을 때 운 좋게 알게 된 친구이기도 하다. 학교 국제센터(International Center, 약칭I.C.)[23]의 소개를 통해서 그의 부인이 아내의 무료 영어 가정교사가 되었다. 당시 더딘 부부는 비록 80세가 넘는 고령이었지만 굉장히 건강했다. 그들은 사유가

---

21) (역자 주) 이 책의 중문명은 『戰爭意味什麼? 日軍在華暴行』으로 뉴욕판에서는 앞의 6글자가 생략된 채 출판되었다.

22) (원저자 주) 『베이츠 문헌』 GR10 B10 F192. 팀버리의 상기 책은 1938년 여름, 국민정부 국방부 편역실에서 중국어로 번역하고, 책 이름을 『일본군 만행 실록』 또는 『외국인이 목격한 일본군의 만행』이라고 하였다. 일본학자 호라 토미오(洞富雄)가 『뉴욕타임스』를 검색하여 확인한 데 의하면, 더딘은 1937년 12월 18일과 24일, 그리고 1938년 1월 9일자 신문에 각각 '난징대학살'에 관한 기사를 냈다고 한다. 그중 1937년 12월 24일자 신문에 낸 기사의 제목은 "미국 선교사가 묘사한 난징의 공포시대(Americ an Missionaries Discribe Nanking Reign of Terror)"이다.

23) (역자 주) 중국 대학의 외사처(外事處)에 해당하나 그 업무범위가 더 넓다.

민첩하고, 유머가 넘쳤다. 또한 무엇보다 마음속에 중국에 대한 그리움이 가득했다. 더딘 부인은 늘 "나는 쉬저우(徐州) 사람이에요. 쉬저우에서 태어났거든요."라고 말하곤 했다. 그리고 어떨 때에는 아예 "우리는 모두 중국 사람이에요."라고 말하기도 했다. 그들이 들려주는 난징에서의 베이츠 박사와의 몇 가지 일에 대한 이야기는 내가 당시의 역사적 사실을 이해하는데 큰 도움이 되었다. 물론 위에서 인용한 베이츠 박사의 회고는 신문이나 출판 분야에 국한된 것으로 결코 완벽한 것은 아니다. 당시 난징함락기간에 그와 긴밀하게 함께 일하며 대량의 문서와 사진 기록을 남긴 사람으로는 피치(George A. Fitch), 포스터(Ernest H. Forster), 마기(John Magee), 맥켈럼(James H. Mc Callam), 밀스(W. P. Mills), 라베(John H. D. Rabe), 찰스 릭스(Charles Riggs), 스튜워드(Albert N. Steward), 스마이스(Lewis S. C. Smythe), 미니 보트린(Minnie Vautrin), 윌슨(Robert O. Wilson) 등을 더 들 수 있다. 다음 장에서는 그들의 사적과 그들이 남긴 귀중한 문헌들을 소개하도록 하겠다.

제4장

'난징파'와 그들의 삶을 조명해보다

'난징파(Nanking Gang)'는 1920년대부터 1940년대까지 난징에 있던 미국 선교사 단체가 스스로를 부르던 이름이다. 그들은 대부분 진링대와 진링여자문리학원 및 기타 기관과 기구에서 오랫동안 근무하다가 1950년을 전후해서야 비로소 중국을 떠난 사람들이었다. 그들은 인생에서 가장 귀중한 시간을 중국의 현대 대학 교육 사업에 바쳤다.

'난징파'의 주요 멤버 중 하나인 미니 보트린(Minnie Vautrin)은 죽음을 앞두고 이렇게 말했다.

"다시 태어난다면 나는 변함없이 중국인을 위해 일할 것이다. 중국은 나의 집이다."

'난징파' 이야기는 중국에서든 미국에서든 앞으로도 계속 전해질 것이다.

'난징파'라는 말은 1942년 11월 24일 진링대 농예과 교수 찰스 릭스(C. H. Riggs)의 부인이 미국으로 돌아간 밀스(W. P. Mills) 목사의 부인에게 보낸 편지에서 가장 먼저 나왔다. 당시 진링대는 이미 서부에 있는 청두(成都)로 이전을 한 상태였다. 태평양전쟁 발발 이후, 쓰촨성으로 오는 미국인 교직원들이 점점 늘어났다. 학교를 따라 서부로 온 미국인 교직원들은 "난징을 잃었구나."라고 한탄하거나, "오랜 전통의 진링을 떠나 이렇게 먼 곳까지 왔구나."라며 몹시 마음 아파했다. 그래서 릭스 부인은 편지에서 이렇게 말했다.

> "며칠 전, 존스(F. P. Jones) 부인과 나는 '난징파'를 초대하여 다과회를 열었어요. …… 정말 유쾌한 모임이었지요. 아무도 비싼 생활비 얘기를 꺼내지 않았거든요. 우리는 옛날처럼 서로 함께 의지하며 살고 있어요."[1]

존스는 진링대 철학교육과 교수였는데, 그의 부인 역시 진링대에서 근무했다. 진링대 총장실에서 근무했던 스마이스(L. S. C. Smythe, 진링대 사회학과 주임) 부인 등 진링대와 진링여대에 소속된 저명한 교수들의 부인들도 이와 같은 일상 모임에 자주 참석했다. 이 밖에 몇 년 전 주중미국대사를 지냈던 스태이플톤 로이의 모친(Mrs. Rowe) 역시 이런 모임에 자주 나오던 손님이었다. 그녀의 자녀들은 모두 진링대 캠퍼스에서 성장했다. 그녀는 한 통의 편지에서 이와 같은 모임을 가리켜 '난징다과회(Nanking tea party)'라고 칭했고, 또한 이 작은 집단을 '비정식적인 지역사회의 밴드'라고 생각했다.[2] 그녀들은 서로를 '난징친구(Nanking friends)'라고 불렀다. 그들은 자주 난징을 그리워하며, 난징을 매개로 한 남다른 결속력을 느끼고 있었다.

'난징파'는 자신들만의 역사적 뿌리를 가지고 있었다. 밀스 목사의 기록에 따르면, 가장 먼저 난징에 온 신교 선교사는 내륙회의 조지·던컨(George Duncan)이었다. 그는 '태평천국운동'이 실패한 지 3년이 지난 1867년, 전쟁의 상처에서 아직 완벽하게 회복하지 못한 난징으로 왔다. 그 뒤 5년 동안이나 고단한 선교 사업을 맡았었다.[3]

---

1) (원저자 주) 예일대 문헌 RG20, B6, F121.
2) (원저자 주) 예일대 문헌 RG20, B6, F121.

초기에 난징에서 활동한 미국 교민들의 상황에 대해 전면적이고도 상세하게 묘사한 기록은 찾아보기 힘들다. 다만 스튜워드(Albert N. Steward) 문헌에서 항일전쟁 전 '난징외국인공동묘지'에서 묘비명을 필사한 필사본 한 부를 발견할 수 있었다. 묘비의 일련번호는 모두 108개에 달했지만, 인적사항을 확인할 수 있는 기록은 81명에 불과했다. 물론 상인들과 그들의 자녀들도 포함되어 있었지만, 대부분 그들의 직업 설명란에는 선교사라고 적혀 있었다. 사망자 중에는 고령자가 매우 적었다. 많은 사람들이 청장년이나 심지어 아이 때 병사한 경우가 많았다. 또한 대부분의 사인이 폐결핵이나 장티푸스[4] 등과 같은 전염병인 것을 보면, 그 당시 의료상황이나 위생상태가 아주 좋지 않았음을 알 수 있다.

'난징파'의 선구자들은 진링대와 진링여대(학교의 전신 포함)에서 가장 먼저 근무한 외국인 교직원들이다. 이를테면, 후이원서원(滙文書院)의 초대 원장 퍼거슨(J. C. Feguson), 홍위서원(宏育書院)의 원장 메이그스(F. E. Meigs), 진링대 초대 총장 보웬(A. J. Bowen)과 부총장 윌리암스(J. E. Williams), 농학 전공의 설립자 베일리(Joseph Bailie) 등이다. 또 진링여대 초대 총장 서스턴(Mrs. Lawrence Thurston), 화학과 교수 체이서(Ruth M. Cheser), 생물학과 교수 리브스(Cora Reeves), 종교학과 교수 리븐버거(Miss Rivenberg), 심리학과 교수 버틀러(Alice Butler) 등도 있다. 윌리암스와 그의 어린 딸 릴리안(Lilian)은 모두 '난징외국인공동묘지'에 묻혀 있다. 이밖에도 진링대 목사 탈리넴 부부(Mr. & Mrs. Talinem), 후이원서원 제2대 원장 스튜어트의 어린 아들 아서(Arthur), 퍼거슨의 어린 딸 앨리스(Alice)와 보웬의 3살 난 작은 딸도 이곳에 묻혀 있다.

---

3) (원저자 주) W. P. Mills, Early Days in Nanking. 이 문헌은 『The Story of 80Years of Protestant Missions in Nanking』, China, 1867–1947(미발간본)에서 발췌함.

4) (역자 주) 장티푸스균(Salmonella typhi)에 의해 생기는 급성 전염병. 이 세균은 주로 감염된 음식이나 물을 먹을 때 입을 통해 신체로 들어가 장벽을 뚫고 림프 조직 내에서 증식한다. 그 다음 24~72시간 내에 혈류로 들어가 패혈증과 전신감염을 일으킨다.

앞줄의 왼쪽 다섯 번째가 베이츠 박사(위원회의 마지막 위원장),
뒤쪽 두 줄은 중국 직원들(매우 귀한 중국 직원들 사진)

'난징파'는 그 대부분이 1920년대에 중국에 온 사람들이다. 그들의 중
국 진출은 유럽전쟁 이후 북미 학생들 사이에서 크게 일어난 해외 선교
운동의 붐과 밀접한 관련이 있다. 사람들은 중국에 온 신세대 선교사들
을 가리켜 "선교사 교육자"라고 입버릇처럼 불렀다. 왜냐하면 그들은 초
기에 중국에 온 서양의 선교사들과는 조금 달랐기 때문이다. 물론 그들
역시 기독교 집안에다 기독교 학교 출신이라는 배경을 갖고 있는데다가
선구자들에게 전혀 뒤지지 않는 봉사와 헌신의 정신을 갖고 있었다. 하
지만 그들은 중국에 오기 전에 이미 높은 수준의 고등교육을 받았다.
뿐만 아니라, 각자의 분야에서 전문적인 지식까지 갖추고 있어 기본적
으로 학자형 선교사 집단이라 할 만했다.

난징 함락 기간에 이곳에 남아서 학교를 지켰던 이들의 면면을 살펴
보면 다음과 같다.

미니 보트린(Minnie Vautrin) : 1886년 일리노이주에서 태어났다. 1912년 일리노이대 교육학과를 졸업하고, '연합기독교선도회'를 통해 중국으로 파견되어 왔다. 처음에는 안후이성(安徽省) 루저우산위(廬州三育)여중에서 교장을 역임했고, 1916년 진링여대 교육학과 주임과 교무주임으로 임용되었다. 그 후 1940년 병이 악화되어 미국으로 돌아갔고, 이듬해 세상을 떠났다.

베이츠(Miner Searle Bates) : 1897년 오하이오주 뉴어크에서 태어났다. 부친은 목사였고, 하이럼대학 총장을 역임했다. 베이츠는 1916년 이 학교를 졸업한 후, 로데스 장학금을 받고 옥스퍼드대에서 수학하였다. 1920년 석사학위를 취득했다. 그리고 같은 해 '연합기독교선도회'를 통해 중국으로 파견되어 와서 진링대 역사학과 교수로 재직하다가, 1950년 미국으로 돌아갔다. 그 후 1978년 뉴욕에서 지병으로 세상을 떠났다.

스튜워드(Albert N. Steward) : 1897년 캘리포니아주에서 태어났다. 1921년 오리건대 농학과를 졸업한 후, 감리교를 통해 중국으로 파견되어 왔다. 진링대 식물학과에서 재직하다가, 1950년 미국으로 돌아갔다. 그 후 1959년 오리건에서 병으로 세상을 떠났다.

스튜워드의 부인과 자녀들의 통행증

스튜워드가 갖고 있던 일본군이 발급한
상하이에서 난징까지의 관련 신분증

맥켈럼(James Henry McCallum) : 1893년 워싱턴주 올림피아에서 태어났다. 1917년 오리건대를 졸업한 후, 1921년 예일대 신학대학에서 학사학위를 받았다. '연합기독교선도회'에 의해 중국으로 파견되어 와서 안후이성과 장시성(江西省)에서 선교와 사회사업에 종사했다. 그 후 항일전쟁이 발발하자, 그는 진링대 병원과 난민구호업무의 관리인으로 난징에 남았다. 1946년~1951년에는 '연합기독교선도회' 비서로 파견되어 난징에서 교회재건 업무에 힘썼다.

윌슨(Robert O. Wilson) : 1906년 난징에서 태어났다. 부친은 감리교의 선교사였다. 그는 프린스턴대를 졸업하고, 1926년 하버드대 의과대학에서 박사학위를 받았다. 1936년 진링대 병원에 임용되었고, 항일 전쟁이 발발한 후에는 난징에 남아 믿기 어려울 정도로 힘든 구조와 치료 업무에 온 힘을 쏟았다.

스마이스(Lewis S. C. Smythe) : 1934년 시카고대에서 사회학 박사학위를 받았다. '연합기독교선도회'에 의해 중국으로 파견되어 왔고, 줄곧 진링대 사회학과에서 학생들을 가르쳤다. 난징 함락기간에는 '안전구역국제위원회'의 비서(祕書)를 맡아 노련미와 넘치는 정력으로 각종 난민구제 업무를 완벽히 해냈다.

피치(George A. Fitch) : 1883년 중국 쑤저우(蘇州)의 장로회 선교사 집안에서 태어났다. 1906년 우스터대에서 학사학위를 받고, 뒤이어 뉴욕 유니온신학대에 들어갔다. 1906년 목사직을 수여받은 후 중국으로 돌아와, '상하이청년회'에서 일했다. '난징대학살' 기간에 그는 '난징청년회'의 총간사로서, 안전구역의 주임을 맡아 난민구호에 탁월한 공헌을 하였다.

밀스(Wilson Plumer Mills) : 1883년 사우스캐롤라이나주에서 태어났다. 1910년 옥스퍼드대에서 학사학위를 받고, 2년 후 컬럼비아대 신학대학에서 신학학사 학위를 받았다. 1912년~1931년에는 '중국청년회'에서 일했으며, 1933년~1949년에는 '난징장로회' 해외선교위탁사업부에서 근무했다. 또한 난징함락 기간에는 '안전구역국제위원회'의 위원장을 맡기도 하였다.

마기(John G. Magee) : 1884년 10월에 펜실베니아에서 태어났다. 1906년 예일대를 졸업하고, 1911년 매사추세츠 케임브리지 성공회 신학대학에서 석사학위를 받은 후 중국으로 파견되어 왔다. 난징함락 기간에는 '국제적십자회' 난징지부의 지부장과 '안전구역국제위원회' 위원으로 임명되어, 난민구호 업무에 최선을 다했다. 뿐만 아니라 일본군의 만행과 관련된 12편의 다큐멘터리를 찍기도 하였다. 이것은 '난징대학살' 사건의 확실한 증거가 되었다.

난징안전구역국제위원회(가운데가 라베, 그의 오른쪽이 마기)

1998년 여름 뉴욕에서 마기 목사의 아들 데이비드와 함께

이 세대의 미국 선교사들에게 있어서, 난징은 그들에게 가장 먼저 안정되고 여유가 있는 직업과 심지어 그들이 결혼하여 가정을 꾸리고 자녀들을 낳아 키울 수 있는 환경을 제공해 준 곳이다. 또한 이 도시의 유구한 역사와 아름다운 경치는 그들을 매혹시키기에 충분했다. 친화이(秦淮)의 달밤, 쉬안우호(玄武湖)에 찾아온 봄날의 아침, 그리고 위화타이(雨花臺)의 오색빛깔 자갈과 치샤산(棲夏山)에 붉게 물든 단풍. 이 모든 것들은 그들 마음속 깊이 각인되어 영원히 잊을 수 없는 추억이자 인생의 동반자로 남았다.

전례 없이 심각했던 환난(患難)은 1937년 일본이 일으킨 침략전쟁에서 비롯되었다. 사람들은 모두 이것이 앞으로 중국의 생존을 좌우할 장기전이 될 것으로 예상했다. 전쟁의 화염이 가까워오자, 진링대와 진링여대는 기타 대다수의 교회 대학과 마찬가지로, 국민정부를 따라 서부로 이전하기로 했다. 진링대 교수 펜(William B. Fenn)은 당시 상황에 대해 아래와 같이 회고했다.

몇몇 안전구역국제위원회의 회원들, 왼쪽 세 번째가 라베,
오른쪽 첫 번째가 피치(1937년 12월 15일 무렵)

"믿기 힘든 고난을 겪으며 2천 리 길을 왔다. 급한 물살을 가르고, 험한
산길을 넘었다. 배도 타고, 차도 타고, 심지어 걷기까지 하였는데 평상시와
는 다른 결심과 용기가 필요했다. 허겁지겁 이동하느라 먹을 것이 부족했고,
영양 상태는 더욱 말할 것도 없었다. 계속되는 위험이 내 신앙과 인내심을
시험해 왔다. 우리들이 생존해 있다는 사실 그 자체가 바로 학교의 이념을
증명한 것이 되었다."5)

교회 대학은 조국의 고통을 분담하였고, 민족의 생존을 지키는 투쟁
에 참여하였으며, 사회진보를 촉진하는 각종 활동에도 동참했다.

물론, 훨씬 더 힘든 시험에 맞닥뜨린 사람들은 자발적으로 진링에 남
은 '난징파' 회원들이었다. 당시 베이츠 박사 가족은 일본에서 휴가를

---

5) (원저자 주) Fenn, 『Christian Higher Education in Changing China, 1880-1950』,
   Michigan, 1976, pp.119~120.

보내면서 동시에 중일 평화교류를 유지하고자 마지막 노력을 하고 있었다. 그러던 베이츠 박사는 진링대 천위광(陳裕光) 총장의 사명을 받고, 갖은 고생 끝에 홀로 난징으로 돌아왔다. 그리고 부총장 직을 맡아 학교 재산을 지키는 일에 책임을 다했다. 그리고 그 어려운 상황에서도 힘겹게 농업전문대를 세웠다. 그는 또 스마이스, 찰스 릭스 등과 함께 '난징 안전구역국제위원회'의 설립에 동참했다. 이들 외의 다른 회원으로는 앞에서 언급한 맥켈럼, 윌슨, 피치, 밀스, 마기, 미니 보트린 등이 있었다. 그들은 생사를 함께 한 동지였다. 온갖 어려움에도 불구하고, 난징의 20만이 넘는 난민을 구제하기 위해 밤낮으로 바쁘게 뛰어다녔다.

'안전구역국제위원회'를 조직한 20여 명의 외국인들은 솔직히 법률과 행정의 측면에서 볼 때 20만이 넘는 난징의 난민들을 보호하거나 부양해야 할 책임이 전혀 없었다. 그들 나라의 정부 또한 끊임없이 그들에게 즉시 철수할 것을 촉구했다. 하지만 그들은 순전히 인간의 도리와 연민으로 개인의 안전은 돌보지 않은 채 가족과 떨어져 스스로 이 생지옥에 남았던 것이다. 인간성을 상실한 일본군의 잔악한 통치 앞에서 중국 민중들은 생명과 재산을 조금도 보장받을 수 없었다. 절망에 빠진 그들은 중립국 외국인 단체에 도움을 요청하는 것 외에는 별다른 수가 없었다. 그야말로 부득이한 노릇이었다. 당시 중국 시정당국은 본래의 기능을 잃은 지 오래였다. 난징은 일본 당국의 방종과 만행 아래 공포의 시기를 보내야만 했다. 그 와중에 어떠한 정부 차원의 배경이나 지원도 없이 20여 명의 외국인으로 구성된 이 작은 외국인 단체가 놀랍게도 20만 명이 넘는 난민의 숙식과 위생, 심지어 치안과 같은 복잡한 업무까지 책임져야 했다. 이는 더욱 기막힌 노릇이 아닐 수 없었다. 당시 '안전구역국제위원회'는 많은 중국 직원들의 충성스러운 헌신에 도움을 받았다. 그리고 난징 밖에 있는 각국의 우호적인 인사들로부터 인도주의에 입각한 재정적인 지원을 받았다. 특히 재난을 당한 민중들이 보내는 무한한 신뢰는 그들에게 강력한 정신적 힘이었다. 하지만 그들은 무기도 병사도 없는, 그야말로 빈 몸에 맨 주먹이었다. 중립국 외국인이라는 신분 이외에 일본군에 대항할 만한 다른 어떤 도구도 갖고 있지 않았다. 그들은 오리지널 서방국가의 국민이었지만, 그들의 정부는 그들을 지지하지 않았다. 오히려 일본의 중국 침략을 무턱대고 방임하였을 뿐만 아니라, 일본에 갖가지 무기와 기타 군수품을 제공하며 일본이 소련에 반대하도록 계속 부추겼다. 베이츠 박사가 1938년 11월 29일 지인에게 보낸 편지에 이와 같은 내용이 적혀 있다.

> "난징 성내에 있는 미국 평화주의자들의 생활 역시 너무 참혹하다. 그들은 며칠 동안 계속해서 수백 대의 일본 폭격기가 떼를 지어 비행하는 것을 보았다. 그런데 어떤 것은 미국산 장비를 장착하고 있었고, 또 거의 모두가 미국산 휘발유를 가득 채우고 있었다. 강에는 미국산 휘발유로 가동되는 일본군함이 잇따랐고, 도로 위를 다니는 수백 대의 일본군용트럭들도 모두 제너럴모터스나 미국의 다른 공장에서 제조한 것이었다. 미국에 있는, 평화를 주장하는 그들의 지인들은 현재 비난을 받고 있다. 미국은 파시스트 국가의 비위를 건드릴까봐 국제합작을 통해 세계정부(국제연맹)로 나아가는 아슬아슬한 첫 걸음을 결사코 반대하고 있다. 그들은 침략자와 경제파트너 관계를 이어감으로써 세계의 약소국가들을 무참히 유린하는 데 동참하고 있다. 착한 마음으로 타인을 대한들 막강한 권력 앞에서 무슨 소용이 있겠는가? 강대국은 마땅히 인류의 공익(公益)을 위한 경제적 조율에 나서야지, 군사력으로 포장된 탐욕으로 그들의 약한 이웃을 수탈해서는 안 된다."[6]

그리하여 그들은 맨몸으로 사나운 횡포를 부리는 수만의 일본군과 마주할 수밖에 없었다. 당시 그들의 처지는 "사마귀가 앞발을 들어 수레를 막는다"는 당랑거철(螳螂拒轍)"이었다. 그런데도 불구하고 "힘에 부치는 일인 줄 알면서도 기어코 하다(知其不可爲乃爲之)"라는 말처럼 그들은 굳은 의지를 보여주었다. 그들은 중국인 동료들과 함께 모든 사랑과 정력

---

6) (원저자 주) 예일대 문헌 : RG10, B4, F52.

을 수십 만 난징 난민들에게 바쳤다. 때로는 사정도 해보고, 때로는 시비를 따져도 보고, 때로는 심지어 자신의 목숨을 걸고 맞서기도 하면서 일본군의 총칼과 중국인 피해자 사이에서 구제업무를 해나갔다. 비록 이런 노력들이 대부분 실패와 굴욕으로 끝났지만 말이다. 일본군이 벌이는 모든 만행을 날마다 빠짐없이 사실 그대로 기록하고, 계속해서 일본 당국에 항의하며, 또한 각종 루트를 통해 전 세계에 일본 제국주의의 잔혹함을 고발함으로써 정의를 펼치고 악한 것을 비난하는 것, 이것이 그들이 그나마 취할 수 있었던 저항이었다.

'난징대학살'에 대해서는 많은 관련 서적들이 이미 출판되어 있다. 그래서 나는 여기서 다만 당시 목격자들의 심경을 이야기해 볼까 한다. 1937년 12월 24일, 일본군이 성 안으로 들어와 방화, 살인, 강간, 약탈을 감행한 지 11일이 지난 뒤, 피치가 지인에게 한 통의 편지를 썼다.

"오늘은 크리스마스이브이다. 일단 12월 10일의 일부터 떠올려보자. 2주라는 짧은 기간 동안 우리는 난징에서 일본군이 난징성을 포위하자 중국군이 물러나고, 다시 일본군이 성으로 밀려들어오는 것을 목격했다. 예전의 난징은 우리에게 있어 자랑스럽고 아름답고 법과 질서가 유지되던 도시였다. 하지만 지금은 폐허가 되어 버렸다. 도시는 살인과 약탈로 가득 차 있으며, 대부분이 불타버렸다. 완전히 무정부 상태가 되어 버린 지도 벌써 10일이 지났다. 이곳은 생지옥이다. …… 나의 목숨도 언제든지 심각한 위험에 빠질 수 있다. 성욕으로 들끓는 병사들은 술에 취한 채 부녀자를 성폭행한 후 아무렇지 않게 밖으로 나왔다. 그 누구도 자기의 운명이 어떻게 될지 모르고 있다. 창칼이 자신의 가슴을 겨누고 있거나, 권총이 자신의 머리를 겨누고 있는 것을 발견한 순간에야 비로소 누군가의 손에 자신의 운명이 맡겨진 것을 깨닫게 된다. 일본인들은 외국인은 떠나라는 충고에도 불구하고 우리가 계속 여기에 남아있는 것을 싫어한다. 그들은 옆에서 지켜보는 존재가 필요 없기 때문이다. 하지만 우리는 계속 여기에 남아 있어야만 했다. 그들이 가난한 사람들이 가진 마지막 재산인 마지막 동전 한 닢과 마지막 남은 이불 (이미 엄동설한이었다), 그리고 인력거꾼의 인력거까지 빼앗아갈 때, 수천에 달하는 무장해제 병사들이 당신들의 대피소를 요구하고, 더불어 수백 명의 죄 없는 평민들이 당신의 눈앞에서 끌려가 총살을 당하거나 총검술 훈련용으로 쓰여질 때, 수천 명의 부녀자들이 당신 앞에 꿇어앉아 크게 울부짖으며 자신들을 야수의 유린에서 벗어나게 해달라고 사정할 때, 조국의 국기가 그들의 발밑에서 수없이 짓밟혀도 당신은 도리어 그 옆에 서서 아무 것도 할 수 없고, 당신의 집마저 약탈을 당했을 때, 그리고 당신이 살아온 사랑하는 도시가, 당신이 청춘을 바쳤던 학교가, 계획적으로 하나씩 불타버리는 것을 눈앞에서 보았을 때, 이곳이 바로 지옥, 전례 없는 지옥이라는 것을 깨닫게 되기 때문이다."[7]

'난징파'가 포함된 '안전구역국제위원회'의 멤버들은 20만 명이 넘는 난징 난민들로부터 좋은 평가를 받았다. 밀스와 베이츠 박사는 라베(John Rabe)[8]에 이어 제2대, 제3대 위원장이 되었다. 이 두 사람은 사실상 처음부터 끝까지 '안전구역국제위원회'의 주역이자 정신적 지주였다. 젊고 건장했던 사회학자 스마이스는 일본군의 대학살이 가장 잔혹하고 빈번하게 일어날 때, 밤낮을 가리지 않고 뛰어난 노련미와 넘치는 정력으로 '안전구역국제위원회'의 일상 업무를 주도했다. 교육학자 미니 보트린은 죽음을 무릅쓰고 진링여대 난민촌의 근 1만 명에 달하는 부녀자들을 열심히 보호함으로써 그곳의 민중들로부터 "살아있는 보살"이라는 미명(美名)을 얻었다. 농예학자 찰스 릭스는 엄청난 용기와 높은 기술을 바탕으로 난징의 수십만 민중들이 먹을 식량과 연료를 공급하는 운반대장을 맡았다. 닥터 윌슨은 구러우병원(鼓樓醫院)의 외과수술을 도맡아 했는데, 밤낮으로 이어지는 과로로 인해 어깨와 팔뚝이 부어오를 정도였다. 마기

---

7) (원저자 주) 예일대 문헌 : RG11, B9, F202.
8) (역자 주) 독일 상인(1882~1950) : 독일 함부르크에서 출생. '난징대학살' 기간, 난징에 있는 외국 인사들과 함께 '안전구역국제위원회'를 설립하여 25만 명에 달하는 중국인의 생명을 구하였다. 중국판 "쉰들러리스트"로 불리는 『라베 일기』는 라베가 '난징대학살'의 역사적 진상을 낱낱이 적은 일기형식의 문헌으로, 거기에는 '난징대학살'의 참혹상이 적나라하게 드러나 있다.

목사는 적십자회의 바쁜 구제업무를 주도했을 뿐만 아니라, 소형 카메라를 항상 들고 다니며 일본군이 평민을 도살하는 악행들을 현장에서 하나하나 생생하게 기록으로 남겼다. 한편 안전구역 주임을 맡은 피치는 큰 위험을 무릅쓰고 이 필름들을 몰래 상하이로 가져가 외부세계에 공개하기도 했다.

　시내에 남아 있던 '난징파' 회원들은 개개인이 모두 훌륭한 사람들이었다. 모두들 감동적이고 눈물겨운 사연들을 갖고 있었다. 그들의 용맹은 전쟁터에 나선 어느 장병들 못지않았다. 하지만 그들은 한 번도 스스로를 영웅이나 구세주로 여기지 않았다. 오히려 극심한 고통에 빠진 난민들을 마주하며 수천수만의 죄 없는 민중들이 도살당하는 것을 직접 보면서 매번 아무 것도 할 수 없는 자괴감에 고통스러워했다. 베이츠 박사는 당시 이런 말을 한 적이 있다.

　"우리는 다른 사람들처럼 전체 사태의 심각성과 암담함을 알고 있었다. 이곳에서는 진리와 정의를 찾기 힘들다. 하지만 개인 자신의 문제에 대해서는 진즉에 답을 얻은 상태이다. 기독교 신자로서 열심히 자신의 직책을 이행하면 될 뿐, 자신의 목숨을 걱정할 필요는 없다. 단지 내 스스로 그 많은 수요를 다 만족시킬 수 없다는 사실이 부끄러울 뿐이다."9)

하지만 중국 국민과 중국 정부는 죽어가는 사람을 구하고 다친 사람을 치료하는 그들의 숭고한 정신과 다방면에 걸친 노력들을 매우 존중했다. 당시 대학살의 참혹한 상황을 목격한 중국 의료인은 당시 상황을 다음과 같이 진술했다.

"적군들이 성내에 진입한 뒤 벌인 방화, 살인, 강간, 약탈의 총 횟수는 일일이 기록 할 수 없을 정도로 많았다. 극심한 고통에 빠진 우리 난민들이 보호를 요구하고, 작은 위로라도 얻을 수 있는 곳은 '국제위원회'가 유일했다. 난징에 있는 독일과 미국 측 우방 인사들은 두려움을 잊은 강한 정신력으로 위험에 맞서며 일에만 전념했다. 진링대와 진링여대 수용소에서 일한 외국인들은 밤낮을 가리지 않고, 교대로 난민을 지켰다. 진링여대의 미국인 보트린 양(미니 보트린)은 난민 여성을 겁탈하려는 적군에게 종종 무릎을 꿇고 울면서 풀어달라고 사정했다. 안전 유지를 책임진 독일인 스펠링 선생은 순찰을 돌다가 만행을 목격하면 온 힘을 다해 소리를 지르며 끝까지 맞섰다. 이 밖에도 난징에 있던 외국인 중에 우리 난민을 구하는데 노력을 하지 않은 사람은 한 명도 없었다. 도리어 그들이 적군과 다투면서 적군에게 모욕을 당했다거나 다쳤다는 소식이 자주 들려왔다. 그렇게 우리 20만 난민들은 살아남을 수 있었다. 그들이 아니었다면 아마 한 명도 살아남지 못했을 것이다."10)

충칭(重慶)의 국민정부도 일찍이 미니 보트린, 베이츠, 스마이스, 찰스 릭스 등에게 훈장을 수여하며 크게 격려한 적이 있다. 『진링대 개교 60주년 경축기념책자』에는 다음과 같은 기록이 실려 있다.

---

9) (원저자 주) 『Bates of Nanking』
10) (원저자 주) 장공구(蔣公穀), 『난징함락 3월의 기록』, 타이페이 중앙도서관. 이 외에도 후카이(候楷)의 『난민구역 강탈기록』 등의 문장도 참조할 수 있다.

"(민국)26년, 본교가 서부로 이전한 뒤, 베이츠, 스마이스, 찰스 릭스 등 교수들은 '국제구제위원회'를 특별히 발족하여 난징에 남은 중국과 서양의 교직원 및 우방국의 적극적 인사들과 연합하여 난민구제 업무에 종사했다. 그리고 본 대학의 건물, 기숙사, 주택, 농장을 모두 난민들의 주거지로 제공했다. 또한 죽공장과 보습학교를 세워 그들을 교육하고 양성했다. 그리하여 당시 수도의 많은 난민들이 적군의 모욕적인 학살을 피해 목숨을 건질 수 있었다. 국민정부는 그들의 업적을 장려하기 위해, 특별히 금수경성(襟綬景星) 훈장을 각각 수여하여 그 공로를 기리었다. 또한 본교의 건물은 베이츠 교수 등의 노력과 보호로 훼손을 막을 수 있었다."

현재, '난징대학살기념관'에서는 위에서 언급한 '안전구역국제위원회' 주요 회원들의 사진과 업적을 전시하고 있다. 이를 통해 이들 국제 우호 인사들의 천추에 빛날 업적을 기리고 있다. 그들이 가진 개인문서는 일본군이 자행한 '난징대학살'의 죄상을 밝히는 확고한 증거로서, 모두 예일대 신학대학 문헌관에 보관되어 있다. 베이츠 박사와 스튜워드 부부가 남긴 문헌은 그 중에서도 가장 많은 수량을 차지한다. 때문에 모두 전문문헌으로 분류되어, 각각 RG10과 RG20라는 일련번호를 가지고 있다. 스튜워드는 대학살이 일단락 지어진 뒤에야 비로소 난징에 돌아왔다. 하지만 그는 아주 부지런하게 조사하여, 보고 들은 것들을 상세하게 기록했다. 또한 문자로 기록한 양이 비교적 많고, 현장에서 보고 듣고 기록한 1차 자료로서의 가치도 높아 역시 전문문헌으로 분류되었다. 기타 몇몇 문헌은 '아시아기독교고등교육연합이사회'(약칭 UB)의 문헌전집에 수록되어 있다. 그중 미니 보트린과 관련된 문헌의 수량이 가장 많은데, 그 속에는 감동적인 그녀의 일기도 포함되어 있다. 우리는 이 역사 문헌들을 통해 지금까지도 당시 그들의 웃는 얼굴과 목소리, 그리고 그들의 희노애락을 느낄 수 있다.

BROTHELS ARE POLITICAL TOOLS IN
"THE NEW ORDER IN EAST ASIA"

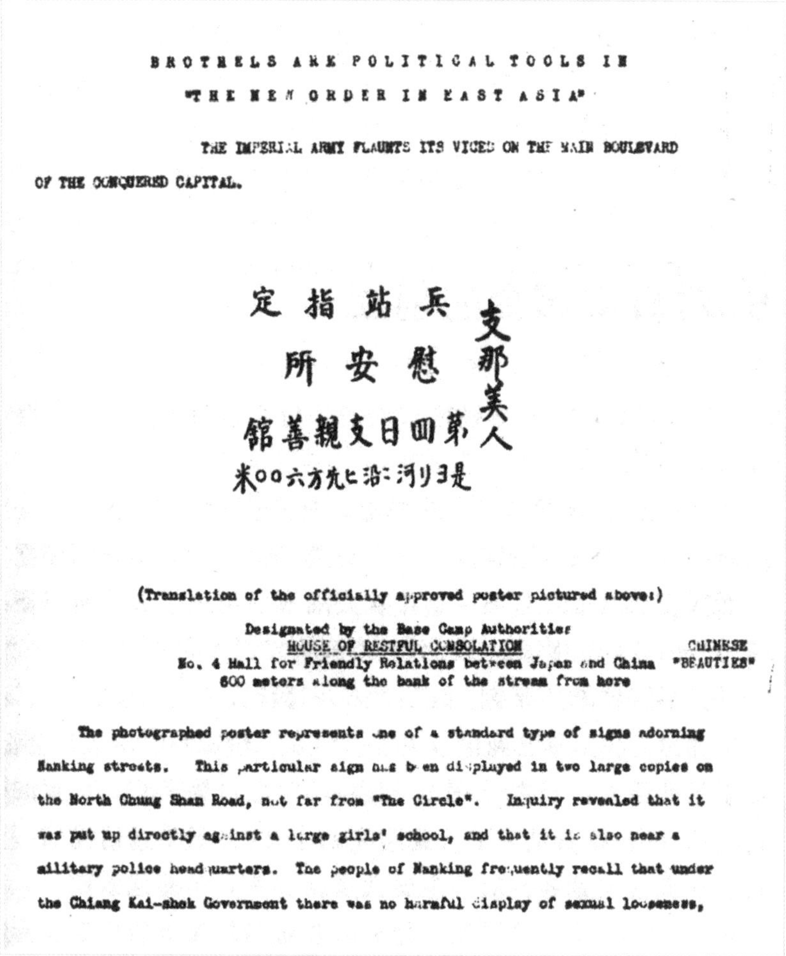

THE IMPERIAL ARMY FLAUNTS ITS VICES ON THE MAIN BOULEVARD OF THE CONQUERED CAPITAL.

兵站指定
慰安所
第四日支親善館
是ヨリ河ニ沿ヒ先方六〇〇米
支那美人

(Translation of the officially approved poster pictured above:)

Designated by the Base Camp Authorities
HOUSE OF RESTFUL CONSOLATION
No. 4 Hall for Friendly Relations between Japan and China
600 meters along the bank of the stream from here

CHINESE
"BEAUTIES"

The photographed poster represents one of a standard type of signs adorning Nanking streets. This particular sign has been displayed in two large copies on the North Chung Shan Road, not far from "The Circle". Inquiry revealed that it was put up directly against a large girls' school, and that it is also near a military police headquarters. The people of Nanking frequently recall that under the Chiang Kai-shek Government there was no harmful display of sexual looseness,

난징 위안부 포스터와 베이츠의 논평

제5장

'대일손해배상청구회' 창립

내가 '난징대학살' 연구에 본격적으로 참여하고 지속적으로 추진하게 된 것은 '북미대일손해배상청구회'와 밀접한 관련이 있다. 지난 1988년 5월, 나는 컬럼비아대에서 열린 '중국민주운동사 국제학술대회'에 참석한 적이 있었다. 그때 마침 미국 화교 출신의 몇몇 적극적 인사들이 '대일손해배상청구회'의 설립을 계획하고 있었다. 당시 나는 중국대륙에서 온 유일한 역사학자였다. 그런 이유로 그들은 나를 자연스럽게 중국대표로 간주했고, 발기인 중 한 명으로 올렸다.

그러나 내 기억으로는 정식 발기인 회의 같은 것은 열리지 않았다. 어쩌면 회의가 열렸지만 내가 일찍 런던으로 떠나는 바람에 참가하지 못했을 수도 있다. 나중에 탕더강(唐德剛)이 청구회의 회장을 맡고, 샤오쯔핑이 계속 일상 업무를 책임지게 되었다. 이것은 내가 현장에 있을 때 이미 합의가 이루어진 부분이었다. 컬럼비아대의 학술대회는 5월 22일에 끝이 났다. 탕더강 부부는 23일 오후 회의에 참석한 지인들을 자기 집으로 초대했다. 우리는 어떻게 하면 손해배상청구회를 발족할 수 있을까에 대해 주로 이야기를 나눴다. TK(탕더강의 약칭)는 그가 중국 주뉴욕총영사 탕슈베이(唐樹備)를 찾아가 '대일손해배상청구회' 창립에 관해 이야기한 과정을 소개했다. 그는 탕슈베이에게 '대일손해배상청구회'는 단순한 애국심을 떠나 민간외교를 통해 정부외교의 후원자 역할을 하는 데 그 목적이 있다고 했다. 이에 당총영사도 크게 공감했다. 우리는『뉴욕타임스』에 대형광고를 싣는 등 주요 매체를 활용할 방안에 대해서도 토론했다. 또 누군가는 나에게 귀국한 뒤 중앙정부에 이 일을 보고해줄 것을 제의했다. 중국을 사랑하고 일본군국주의의 부활을 반대하는 모두의 진심어린 염원을 전달해 주기를 부탁하기도 하였다. 이에 나는 리칸(李侃)1)을 통해 전국인대상무위원인 리우따녠(劉大年)2)에게 부탁하여 중앙 관련부처에 필요한 설명을 함으로써, 혹시나 생길지 모르는 오해를 피하는 것이 좋을 것 같다고 했다.

1990년 8월, 나는 프린스턴대에 가서 공동연구를 하게 되었다. 프린스턴대는 뉴욕과 아주 가까운 곳에 위치해 있었다. 얼마 되지 않아 나는 유엔에서 근무하는 샤오쯔핑, 우장췐(吳章銓) 등과 연락이 닿을 수 있었다. 그리고 뉴저지에 거처를 잡은 리우팅팡(劉廷芳) 선생이 휴일마다 나를 초대하여 함께 담소를 나누었다. 이따금 탕더강도 함께하여 말벗이 되기도 했다. 우리들의 얘기 속에는 손해배상청구회에 대한 이야기가 빠지지 않았다. 하지만 나와 구체적인 실무에 대해 논의를 한 사람은 샤오쯔핑이었다. 1990년 12월 14일자 나의 일기에는 이렇게 적혀 있다.

"오전에 편지와 원고를 부칠 준비를 하고 있는데 유엔의 샤오쯔핑에게 전화가 왔다. 그가 꺼낸 첫 마디는 '장카이웬 동지'였다. 그는 마치 국내의 친한 지인(知人) 같았다. 들어보니 '난징대학살'에 대해 일본군국주의자들에게 항

---

1) (역자 주) 중국의 역사학자(1922~2010) : 중국사학회(中國史學會) 부회장, 중국현대사료학회(中國現代史料學會) 회장, 중화서국(中華書局) 편집장, 홍콩중화서국 이사장, 제7기 ~제8기 중국인민정치협상회의(中國人民 政治協商會議) 전국위원회 위원 등을 역임.
2) (역자 주) 중국의 역사학자(1915~1999) : 중국 사회과학원 근대사연구소(近代史研究所) 소장 및 명예소장, 제2기~제3기 중국사학회(中國史學會) 의장단 집행 위원장, 쑨중산연구학회(孫中山研究學會) 부회장, 중국항일전쟁사학회(中國抗日戰爭史學會) 회장, 제3기~제7기 전국인민대표대회(全國人民代表大會) 대표, 제4기~제7기 전국인민대표대회 상무위원회(常務委員會) 위원 등을 역임.

의를 하자는 등의 얘기였다. 우리는 오랫동안 얘기를 나누었다. 결국 점심을
먹은 뒤에야 비로소 우체국에 갈 수 있었다."

그 날 장시간에 걸친 대화의 주요 내용은 1991년 12월 난징에서 열리
는 대규모 기념행사 준비에 관한 것이었다. 그에 따르면, 일본의 우호단
체가 경비 기부에 동의했을 뿐만 아니라, 300명이나 되는 인원을 동원
하기로 했다는 것이었다. 샤오쯔핑은 마지막으로 나에게 12월 28일 뉴
욕 인근에 있는 쫭옌사(莊嚴寺)에서 열리는 손해배상청구회 업무회의에
참석해 달라고 했다.

회의 장소를 깊은 산속에 있는 쫭옌사로 정한 이유는 시끄러운 도시
에서 벗어날 수 있고, 또한 숙식도 굉장히 저렴했기 때문이다. 그런데
날씨가 문제였다. 26일은 분명 맑은 날씨였는데, 27일 밤부터 갑자기
큰 눈이 내리기 시작했다. 28일 오후 4시에 손해배상청구회에서 재무관
리를 맡은 닥터 장(蕫)이 차를 몰고 마중을 나왔다. 닥터 장은 예전에
일본에서 의학 박사학위를 받아 수입이 넉넉한 편이었다. 그는 일본군
국주의를 극도로 혐오해서 손해배상청구회의 각종 활동에 경제적으로
많은 지원을 하고 있었다. 미국 동부의 겨울은 해가 아주 짧다. 길이
멀고 미끄러운 데다가 구불구불하고 갈림길도 많아 여러 번 헤맨 끝에
겨우 목적지를 찾아갈 수 있었다. 쫭옌사가 있는 산기슭에 다다랐을 때
는 이미 칠흑 같은 어둠에다 눈이 무릎만큼 쌓여 있었다. 또 산길이 워
낙 험해서 차가 도저히 앞으로 나갈 수 없었다. 우리는 할 수 없이 차를
길가에 세우고 어둠을 헤치며 산을 오르기 시작했다. 사방은 황량하고
나무들로 꽉 차 있었으며 인기척이라곤 찾아 볼 수 없었다. 두렵고 불안
한 나머지 도대체 어디로 가야 할지 전혀 알 수 없었다. 열심히 한참
을 올라가니 다행히도 빽빽한 나무들 사이로 멀리서 희미하게 노란 불
빛이 보였다. 우리는 서둘러 무릎까지 쌓인 눈을 헤치며 앞으로 나아갔
다. 잠시 후 작은 오두막 한 채가 나타났다. 나중에 알고 보니 쫭옌사는

심 노인이란 분이 돈을 기부하여 지은 절이었다. 심 노인은 우리를 친절하게 맞아주었다. 그는 사람을 시켜 쫭옌사에 딸린 여관으로 우리들을 데려가 식사를 대접했다. 따뜻한 밥이 들어가자 온 몸을 감싸던 굶주림과 추위, 그리고 피로가 순식간에 사라졌다. 우리가 식사를 하는 동안 또 몇몇 지인들이 눈보라를 뚫고 산으로 올라왔다. 그중 치셰셩(齊協生) 교수 일가족 3명은 번갈아 차를 몰며 이곳까지 왔다고 한다. 큰 눈보라 속에서 10시간을 달려왔다고 하니 그 어려움과 고생을 충분히 짐작할 수 있었다. 식사를 마친 뒤, 우리는 심 노인과 마주앉아 허심탄회하게 이야기를 나누었다. 그는 이미 70이 넘은 노인이었다. 항일전쟁 이전에 상하이교통대를 졸업한 뒤, 오랫동안 미국에서 고급 엔지니어로 일했었다. 그는 자신이 불교를 통해 배웠던 경험을 이야기해 주었다. 그의 말속에는 심오한 철학이 담겨 있었다. 눈 내리는 밤 깊은 산 속에서 그와 세상의 이치를 말하고 있노라니 색다른 느낌이 들었다. 담소를 마친 후 우리는 미리 예약해 둔 승방에 모였다. 거기엔 샤오쯔핑 부부가 어린 두 딸을 데리고 먼저 도착해 있었다. 7~8살쯤으로 보이는 여자아이들은 우리를 도와 회의에 관한 사무를 보았다. 천진난만한 모습이 귀엽기 그지없었다. 비용을 절약하기 위해 우리는 남녀로 나누어 두 개의 크고 넓은 승방으로 들어갔다. 모두들 간단한 침낭을 덮고 자리에 누웠다. 많이 피곤했던 터라 금방 깊은 잠에 빠졌다. 여기가 어딘 지도 모를 정도로 정신없이 잠에 취했다.

이튿날 아침, 제일 먼저 잠에서 깬 사람은 나와 미국 서북대의 양쉐융(楊學勇) 교수였다. 양 교수는 치셰셩과 같은 동북 출신으로, 일본군국주의 침략 만행에 더욱 분노하고 있었다. 그는 고희가 다 된 노인이었다. 그런데도 홀로 차를 몰고 어두운 밤 폭설을 뚫고 이곳까지 찾아왔다. 그의 숭고한 정신의 힘은 실로 사람을 감탄케 했다. 아침을 먹은 뒤 우리는 관음전으로 모였다. 먼저 선명법사의 설법을 경청한 뒤 곧바로 샤오쯔핑의 주재로 회의를 열어 1991년 12월 '난징대학살' 기념회의 준비에 대해 토론했다. 토론은 꼼꼼하고 진지했다. 중간에 여러 번 논쟁이 벌어지기도 했지만, 민주적 절차를 따르고 소수의 의견도 존중하는 것에 최대한 신경을 썼다. 만약 다른 의견을 끝까지 견지하는 사람이 있으면, 그 의견을 꼭 회의록에 기록하여 남겨두었다. 세세한 부분까지 결코 대충 끝내는 법이 없었다. 민간단체가 이 정도로 절차에 따라 일을 처리하기란 정말 쉽지 않은 일이다. 회의를 마친 후에는 다 같이 식사를 했다. 메뉴는 국수, 청대콩, 튀긴 두부, 콩나물 등 스님들이 평소 먹는 음식들이었다. 우리는 한 사람당 5달러(아침 식사 포함)씩 지불했다. 나는 그제야 비로소 손해배상청구회의 회원들이 모두 자발적으로 경비를 내며 봉사에 참여하고 있다는 것을 알게 되었다. 가끔 외부로부터 거액의 성금이 들어오더라도 그것은 모두 공적인 일을 처리하거나 중요한 행사를 개최하는 데 사용했다. 절대 사적인 접대에 함부로 지출하지 않았다. 이것은 국내 학자들이 본보기로 삼을 만한 좋은 모습이었다.

'난징대학살' 기념행사의 준비 작업을 하면서 손해배상청구회는 나의 건의대로 중국에서 난징대 역사학과 장셴원(張憲文) 교수에게 중국 내 연락망을 맡아 줄 것을 부탁했다. 장 교수는 흔쾌히 수락하였다. 더 나아가 강소성의 고위 관계자로부터 전폭적인 지원도 받을 수 있게끔 주선해 주었다. 듣기로는 중앙홍보부에서도 기념행사 개최에 동의를 표시했다고 했다. 하지만 일본 가이후 도시키 총리가 1991년 8월에 중국을 방문하게 되자, 중앙 외교부의 고위 관계자들은 기념행사가 가져올 정치적 파장을 예상해 반대 의견을 내비쳤다. 결국 난징에서의 기념행사는 성사 직전에 수포로 돌아가고 말았다. 중국 정부 당국은 자신들이 비준을 해 주지 않았음에도 불구하고, 난징이 이런 대규모의 국제회의를 열만한 "기반조건"을 갖추지 못했다는 것을 거절 명분으로 내세웠다. 물론 장 교수는 제 입으로 이런 말을 할 수 있는 처지가 아니었다. 때문에 핑계를 대고 여기저기 출장을 다니면서 샤오쯔핑 일행과의 만남을 피할 수밖에 없었다. 상황이 이렇게 되자, 내 입장 역시 중간에서 몹시 난처해졌다. 왜냐하면 샤오쯔핑

예일대 연구 시절,
스펜스 교수의 집에서 대학원생들과 '난징대학살' 문헌에 대해 이야기 하고 있다.

선생 일행이 그 장(張) 교수는 찾을 수 없어도, 이 장(章) 교수는 수시로 찾을 수 있었기 때문이다. 매번 그들이 이 일을 물을 때마다 나 역시 대충 얼버무리며 넘어갈 수밖에 없었다. 내부의 자초지종이 알려져 장셴원 교수에게 누가 될까봐 걱정되었기 때문이다.

그러나 우리는 1991년 12월 12일 끝내 뉴욕에서 기념행사를 열었다. 하지만 주최 측의 이름이 '난징대학살 피해동포기념연합회'로 바뀌었으며, 이 이름은 오늘날까지 계속되고 있다. 나는 서로 관련 있는 이들 우호 단체들이 서로 분리되고 합병되는 그 속사정에 대해서는 그다지 잘 알지 못한다. 그들이 한 번도 나에게 그것에 대해 말한 적이 없었고, 나 역시 물어본 적도 없었다. 왜냐하면 우리 모두 변함없이 세계 각지에서 공동의 목표를 가진 정의로운 사업에 종사하고 있기 때문이다. 내가 알기로 '북미 손해배상청구회'는 하나의 단체로서 여전히 존재하고 있지만, '홍콩손해배상청구회'와는 아무런 예속관계도 없다. 발전이 비교적 빠른 단체로는 '항일전쟁사실수호회'(약칭 수호회)가 있다. 이 단체는 캐나다와 미국 동서부 각지에 지부가 설치되어 있다. 이 밖에도 우텐웨이(吳天威), 주융더(朱永德) 등이 열심히 꾸리고 있는 일본 내 '중국침략연구학회(Society for Studies of Japanese aggression Against China)'가 있다. 우텐웨이는 또 혼자 힘으로 『일본의 중국침략연구』라는 잡지를 발행하고 있다. 나는 이렇게 적극적인 해외 화교들에 대해 진심으로 존경과 감사의 뜻을 표하고 싶다. 바로 그들의 이런 사심 없는 희생과 변함없는 고군분투가 있었기에 이 정의로운 사업이 비로소 계속해서 큰 발전을 이어올 수 있었기 때문이다.

제6장

'난징대학살 피해동포기념연합회'

이 연합회의 영문명은 'Alliance in Memory of Victims of the Nanjing Massacre'이다. 주요 회원으로는 샤오쯔핑, 우장쳰 등이 있다. 이들은 모두 손해배상청구회의 발기인이자 핵심 간부였다. 1991년 8월, 나는 우장쳰을 초청하여 예일대 신학대학 도서관의 특별보관실에서 '난징안전구역국제위원회'의 문헌(몇 권의『베이츠 문헌』에 분산되어 있다)을 보여 주었다. 그리고 내가 정리하고 복사해 둔 '난징대학살' 관련 자료들을 한 부 복사해 주면서 연합회에서 보관하도록 하였다.

1991년 12월 12일, 이 연합회는 뉴욕에서 기념행사를 열었다. 그날 내 일기에는 이렇게 적혀 있다.

"오후 5시 반, 웬칭(袁淸) 라이트대 교수의 차를 타고 함께 중미연구소 (Chinese-American Institute)의 '난징대학살' 기념집회에 참석했다. 장소 가 비좁은데다가 참가자가 많아 아주 혼잡했다. 미국의 수많은 매체와 일본 의 방송국에서도 취재를 나왔다. 회의 전에는 피치(Fitch)의 딸과 사위 등 '안전구역국제위원회' 회원들의 가족들과 만나 옛일을 이야기하며 서로 자료 도 주고받았다. 피치나 마기 등은 모두 베이츠 박사의 좋은 친구이자 당시의 고락을 함께한 사람들이었다. 회의에서는 우선 영사기를 통해 옛날 사진을 보여주었다. 이어서 마기가 당시에 촬영한 '난징대학살' 다큐멘터리를 방영

했다. 편집이 아주 훌륭했다. 마지막으로 탕더강, 숑제(熊玠), 그리고 내가 영어로 연설을 하였다. 회의에 참석한 인사 중에 미국인과 유럽인이 아주 많았기 때문이다. 토론은 굉장히 뜨거웠고, 8시가 가까워서야 끝이 났다. 그리고는 숑제 부부 등과 함께 중식당에서 저녁을 먹었다."

그 날 나의 연설문 내용은 다음과 같다.

우리가 비통에 젖어 '난징대학살'의 희생자를 추모할 때, 기억해야 할 이름이 하나 있습니다. 바로 베이츠 박사입니다. 그는 일찍이 진링대에서 1920년에서 1950년까지 30년간 교직에 몸담았습니다. 1937년에서 1941년까지는 사명에 따라 난징에 남아 학교의 재산을 지켰습니다. 난징이 일본군에게 방화, 살인, 강간, 약탈을 당하는 아수라장에 빠졌을 때, 그는 몇몇 외국인들과 함께 사정도 해보고, 시비를 따지기도 하며, 심지어 자신의 목숨을 걸고 맞서기도 하면서, 총칼과 피해자 사이에서 구제업무를 했습니다. 비록 이런 노력은 대부분 실패와 굴욕으로 끝이 났지만 말입니다. 이 작은 외국인 단체와 그들만큼 용감했던 중국인 동료들은 매일 밤낮으로 죽어가는 사람을 구하고 다친 사람을 돌봤습니다. 또한 난민들을 피난소로 모으고, 외국인들의 힘을 빌어 대학살의 피해를 조금이나마 덜어보고자 했습니다. 그리고 구역 내의 7만 난민의 식량과 거처에 대한 해결방법을 모색했습니다. 그들은 작은 공동체를 형성하여 함께 생활했는데, 먹거리와 편의시설이 턱없이 부족했습니다. 그들은 또 평소에 그리움에 사무치는 가족들의 소식을 몇 주씩이나 들을 길이 없었습니다. 남편은 부인이, 부인은 남편이, 자신들의 반쪽이 살았는지 아니면 잡혀갔는지 알지 못한 채, 외부 세계와 완전히 단절되어 있었습니다. 하지만 그들은 계속해서 버텼습니다.

베이츠 박사는 당시의 상황에 대해 아래와 같이 말했습니다.

"나는 다른 사람들처럼 전체 사태의 심각성과 암담함을 알고 있었다. 이곳에서는 진리와 정의를 찾기 힘들다. 하지만 개인 자신의 문제에 대해서는 진즉에 답을 얻은 상태이다. 기독교 신자로서 열심히 자신의 직책을 이행하면 될 뿐, 자신의 목숨을 걱정할 필요는 없다. 단지 내 스스로 그 많은 수요를 다 만족시킬 수 없다는 사실이 부끄러울 뿐이다."

그들은 날마다 일본주난징대사관을 찾아가 항의문과 호소문, 그리고 매일같이 기록한 일본군의 만행에 대한 보고서를 전달했습니다. 베이츠 박사가 보관한 이 대량의 문헌들은 현재 예일대 신학대학 도서관에 고스란히 소장되어 있습니다. 이것은 '난징대학살'에 대한 진실된 기록입니다. 피로 쓴 역사는 결코 바뀔 수 없습니다!

우리가 공포와 죄악으로 가득 찬 지난 일들을 기억하는 것은 결코 복수를 위해서가 아닙니다. 그것은 진실을 찾고 정의를 구현하기 위해서입니다. 동시에 역사적 경험을 바탕으로 전 세계인들, 특히 수많은 젊은 세대들을 일깨우기 위한 것입니다. 마지막으로 이미 고인이 되신 베이츠 은사님의 말씀을 인용하여 연설을 끝맺고자 합니다.

"세계에 평화를, 인류에 자비를(Peace on Earth, Good Will to Men)."

이번 회의는 대성공을 거두었다. 그 영향력도 비교적 커서 회의가 끝난 뒤 예일대 등의 학교에서는 마기 목사가 당시에 찍은 다큐멘터리와 슬라이드를 다시 방영했고, 또 좌담회도 열었다. 하지만 샤오쯔핑은 난징에서 열리기로 했던 대규모 기념활동이 수포로 돌아간 것을 여전히 아쉬워하고 있었다. 회의가 끝난 뒤에도 그는 앞으로의 계획에 대해 이야기하지 않았다. 그래서 나는 그가 갑자기 난징으로 날아갈 줄은 생각지도 못했다.

12월 18일 오전, 나는 중국에서 오는 아내를 마중하러 뉴욕 JFK공항으로 나갔다. 그때 뜻밖에도 수많은 인파 속에서 샤오쯔핑을 발견했다. 그는 뭔가 급해 보이면서도 매우 피곤한 행색이었다. 그보다도 그가 중국에서도 이미 자취를 감춘 지 오래된 파란색 화학섬유의 낡은 "인민복"를 입고 있는 모습이 참으로 이해하기 힘들었다. 평소 양복을 잘 차려입고 유엔의 베테랑 직원다운 모습을 보여주던 것과는 사뭇 달랐다. 사람이 너무 많고 복잡하여 우리는 자세한 이야기를 나누지 못하고 악수만 하고 급하게 헤어졌다.

그 뒤 나는 장센원으로부터 그가 난징에서 큰 소란을 일으킨 것을 알게 되었다. 알고 보니 뉴욕 집회가 끝난 뒤 그는 난징으로 날아갔고, '홍콩손해배상청구회'의 몇몇 대표와 만났다. 그리고는 '난징대학살' 역사유적지 근처에서 "시위"하고 또 앉아서 묵도를 하였다. 그들의 이런 수상한 행동은 안전부처의 눈길을 끌기에 충분했다. 듣기로는 '난징대학살'의 역사에 대해 열심히 연구하던 난징의 친구들은 모두 샤오쯔핑 일행과 접촉하지 말라는 연락을 받았으며, 샤오쯔핑 본인도 일정한 감시를 당했다고 한다. 샤오쯔핑은 원래 성격이 급해 종종 즉흥적으로 일을 처리하면서 이것저것 따지지 않는 경향이 있었다. 그의 이런 행동은 미국에서는 대수롭지 않은 일로 넘어갈 수 있었지만, 중국의 "정서"와는 전혀 맞지 않았다. 샤오쯔핑 부부는 중국(특히 신중국)을 굉장히 사랑하는 해외 화교였다. 샤오쯔핑이 비록 전 난징정부 주일본대사의 자제이긴 했지만, 오히려 일본의 중국 침략 만행에 대해 극도의 증오심을 가지고 있었다. 그가 '난징대학살'을 기념하기 위해 벌이는 모든 활동은 민족적 대의에서 비롯된 것이었다. 모든 경비 또한 스스로 부담하고 있었다. 그의 뒤에는 아무런 정치적 배경도 없었다. 그 자신도 어떠한 명예나 이익을 바라지 않았다. 이러한 그가 이유 없이 오해와 의심을 받아야 했다. 실로 안타까운 일이었다.

하지만 샤오쯔핑은 천성이 활발하고 정력이 넘치는 사람이었다. 그는 이러한 오해나 방해에 뒷걸음치지 않았다. 그는 일부 뜻이 맞는 지인들과 함께 저명한 영화감독을 초빙하였다. 그리고 그와 함께 마기 목사가 1937년 겨울 난징에서 찍은 영상물을 리메이크하여, 정식 역사문헌 다큐멘터리로 정성껏 제작했다. 또한 일본군이 중국 침략 중에 벌인 각종 만행을 폭로하는 기타 정의로운 활동도 계속해서 기획했다. 나의 지나간 일기 속에는 그의 이런 기획에 대한 기록이 여러 군데 남아 있다. 다음은 1992년 3월 6일자 일기이다.

"늦은 시간, 쯔핑에게서 전화가 왔다. 우리는 오랫동안 얘기했다.

1. 3개의 장학금을 개설해서 난징대 학생들이 '난징대학살'에 대해 연구할 수 있도록 장려한다.
2. 책을 출판한다(난징대 혹은 화중사범대).
3. 다큐멘터리를 리메이크한다.
4. 올해 12월 13일 각지에서 간단한 기념 활동을 한다."

같은 해 3월 11일자 일기이다.

"쯔핑, 타푸회(褚福煇)와 유엔 식당에서 함께 점심을 먹었다. '난징대학살'과 관련된 여러 가지 일들을 이야기하고, 두 시쯤에 즐거운 마음으로 헤어졌다."

일주일도 채 지나지 않은 3월 17일자 일기에는 이렇게 적혀 있다.

"쯔핑에게서 전화가 와서 장시간 통화했다. 그는 '난징대학살'과 관련된 일을 한시도 잊지 않고 마음에 두고 있었다."

얼마 뒤, 나는 캘리포니아대 산티아고분교(UCSD)에 임용되었다. 그는 또 731부대의 만행을 오랫동안 연구한 이 학교의 수학과 베테랑 교수 청쩐이(稱貞一)를 특별히 나에게 소개시켜 주었다. 그의 목적은 바로 현지에 연합회 분회를 세우는 것이었다.

3월 24일, 나와 아내는 그림 같은 풍경을 가진 태평양의 항구도시 산티아고로 이사를 갔다. 거기서 우리는 금방 청 선생과 연락이 닿았다. 다음은 5월 17일자 일기의 내용이다.

"5시 반 청쩐이의 차를 타고 그의 집으로 갔다. 집은 산골짜기에 있었다. 넓고 격조 있게 꾸며져 있었다. 뒤뜰에서는 산골짜기가 내려다보였고, 멀리 산봉우리가 보였다. 곳곳에 기암괴석과 신기한 꽃들이 가득하여 자연의 느

껌이 물씬 풍겨났다. 듣기로는 화뤄겅(華羅庚)이 예전에 이곳에서 손님으로
묵은 적이 있었고, 1988년 제5회 '중국과학기술사 국제회의' 대표 200여 명
도 바로 이 뒤뜰에서 뷔페를 먹었다고 한다. 그 면적이 얼마나 큰 지 짐작이
간다. 저녁식사 때는 또 다시 허심탄회하게 중국과학기술사 및 '731부대' 세
균병기 등에 관한 여러 가지 이야기를 나누었다."

그와 연합회는 항상 내가 '난징대학살'을 연구하는 것에 주목했다. 『'난
징대학살'의 역사적 증거』(『베이츠 문헌』 시리즈 연구 중 하나)가 출판된 뒤,
그들은 북미 독자들의 수요를 만족시키기 위해 곧바로 나의 책을 대량으
로 구입했다. 나는 다큐멘터리 '천황의 명을 받들어'(홍콩(香港)에서는 '난징
대학살'이라고 번역)의 제작자 탕메이루의 제안을 받아들여, 그녀와 함께
'난징대학살' 관련 문헌을 편역(編譯)하여 『난징 : 1937.11−1938.5』이라
는 책 한 권을 낸 적이 있다. 아마 이것도 그들의 소개를 통해 이루어진
것 같다. 탕메이루는 매우 겸손한 사람이었다. 그녀는 이 책의 '저자의
말'에서 이렇게 썼다.

"나는 화중사범대 전 총장 장카이웬 교수에게 진심으로 감사하는 바이다.
그는 짧은 시간에 몇 백 페이지에 달하는 일기, 편지, 보고서에서 발췌한 8만
자를 정확하게 중국어로 번역했다. 더욱 놀라운 것은, 우리는 정말 약속이나
한 듯 같은 주제를 연구하고 있었다는 것이다. 그 역시 예일대 신학대학의
같은 문헌에 파묻혀 9개월 동안이나 연구에 매진했다. 그리고 은사 베이츠
박사가 남긴 문헌의 내용을 중심으로 '난징대학살'과 관련된 전문서적을 출판
했다. 그가 가진 풍부한 역사학적 지식은 이 책의 원고를 선정하고 완성하는
데 큰 도움을 주었다."

사실 관련 자료를 수집하기 위해 그녀가 들인 정력과 시간은 나보다
훨씬 더 많았다. 왜냐하면 그녀는 예일대에 보관된 대량의 문헌을 직접
읽었다. 뿐만 아니라 한국과 일본에까지 건너가 "당시의 난민이나 일본군
병사 및 전 위안부를 포함하여 이 재난을 몸소 겪은 당사자들을 찾았기"

때문이다. 그녀는 그 일에만 통틀어 2년이 넘는 시간을 보내야만 했다.

나와 탕메이루는 전혀 모르는 사이였다. 내가 홍콩(香港) 투루항구 근처에 머물며 이 책을 편역할 때에도 우리 두 사람은 바다를 사이에 두고 멀리 떨어져 있어 만날 수가 없었다. 당시에는 이메일이 아직 보급되지 않았었다. 그래서 그녀는 주로 팩시밀리를 통해 내가 필요로 하는 자료를 뉴욕에서 끊임없이 보내 주었다. 당시 이 책의 편집을 맡은 사람은 홍콩삼련서점의 젊은 편집책임자 리수어(李素娥)였다. 그녀는 두 달이 채 안 되는 기간 동안(1995년 5월~7월) 자주 강다오(港島)에서 바다를 건너 샤뗀(沙田)으로 와서 나와 함께 책의 내용과 편집, 그리고 삽화에 이르기까지의 세부사항들을 의논했다. 우리의 작업은 한밤중이 되어서야 끝날 때도 있었는데, 그때마다 그녀는 자료가 가득 찬 무거운 가방을 메고 홀로 산 아래의 기차역으로 걸어갔다. 그녀는 재능이 넘치고 주관이 뚜렷한 편집자였다. 이 책은 거의 그녀의 힘에 의해 완성되었다고 해도 과언이 아니다. 그녀는 원고 청탁과 디자인, 그리고 원고 조판을 거의 동시에 추진시켰다. 그랬기에 짧은 시간 안에 책을 출판해 그 해의 홍콩(香港) 도서전시에 내놓을 수 있었고, 또 얼마 안 있어 1000권이 넘는 판매고를 올릴 수 있었다. 그녀의 이런 직업 정신과 업무 능률, 그리고 강한 책임감은 나에게 잊을 수 없는 인상을 남겼다.

나는 이 책이 출간된 뒤 비로소 탕메이루가 '난징대학살피해동포연합회'의 요청으로 또 다른 감독 크리스틴 초이와 공동으로 '천황의 명을 받들어'라는 다큐멘터리를 제작 촬영했다는 것을 알게 되었다. 마기 목사가 당시 촬영한 다큐멘터리가 그녀들의 창작 열정을 불러 일으켰음은 물론이다. 탕메이루는 이렇게 말했다.

"많은 사람들이 저에게 왜 1937년 난징 함락 이후 발생한 일에 관심을 갖느냐고 물어요. 맞아요. 전쟁 후에 홍콩(香港)에서 태어났고 북미주에서 자란 저에게 있어서, 반세기 전에 발생한 이 전쟁이 도대체 무슨 관계가 있을까요?"

내 생각에는 만약 1992년 연합회의 간곡한 요청이 없었다면, 아마도 탕메이루는 '천황의 명을 받들어'를 찍을 기회도 없었을 것이고, 나와 함께 이 책을 편역 출판하는 일은 더더욱 없었을 것이다.

제7장

AJPAP와의 우연한 모임

샤오쯔핑 등과 지속적으로 연락을 유지한 단체는 매우 많았다. 그 중 한 단체가 '아시아태평양평화및공정연합회(Allies for Justice and Peace in Asia and the Pacific, 약칭 AJPAP)'이다. 나와 아내는 예전에 이 모임이 주최한 행사에 초대를 받아 간 적이 있었다.

1998년 5월, 나와 아내 화이위(懷玉)는 또 다시 예일대 신학대학에 가서 '난징대학살'과 관련된 원본 자료를 수집하게 되었다. 샤오쯔핑 부부는 6월 하순에 이곳을 방문했었다. 그 일을 계기로 우리를 시골에 있는 자신의 별장으로 초대하였다. 그곳에서 우리는 데이비드·마기(David Magee, 마기 목사의 아들), Sharpe출판사의 책임자인 멜빈(M. E. Mervine) 등과 만남을 가졌다. 논의의 주요 내용은 『하늘도 용서치 못할 만행-미국 선교사 눈에 비친 '난징대학살'』을 미국에서 영문으로 출판하는 것이었다. 상하이에서 태어난 멜빈(Mervine)은 중국을 다녀간 미국 선교사의 후손이었다. 또한 데이비드도 중국 루산(廬山)에서 태어났다. 둘은 진작부터 아는 사이였다. 일본군이 난징과 상하이 등지에서 벌인 천인공노할 행각에 대해 그들은 일찍부터 아주 잘 알고 있었다. 그리하여 예일대에 소장된 자료 중 이 부분에 대한 귀한 영문 원본자료들을 함께 간행해보자는 데 쉽게 합의할 수 있었다.

마기의 아들(가운데), 샤오쯔핑(오른쪽 첫번째), 멜빈(왼쪽 두번째)과 함께
『베이츠 문헌』 및 『난징안전구역문헌선집』(영문판) 출판에 관해 의논하고 있다.
1998년 6월 샤오쯔핑의 집에서.

　6월 28일, 우리는 또 샤오쯔핑, 우장첸 등과 함께 AJPAP가 뉴욕에서
개최한 '일본증인방미대표단(Japanese Witnessing Delegation to North America)'
심포지엄에 참석했다.

　회의는 AJPAP의 Sam Chen이 의장을 맡았다. 샤오쯔핑은 '난징대학살
피해동포기념연합회'를 대표하여 각 항목의 업무를 실질적으로 처리하는
비서장직과 같은 역할을 수행했다. 게다가 그의 부인과 두 딸까지 회의
준비에 참여하였으니 그야말로 "온 가족 총출동"이라고 할 수 있었다.

회의는 샤오쯔핑이 사회를 보았고, 의장석의 오른쪽 세 번째가 왕쉬안이다.
(1998년 6월 28일 뉴욕에서)

회의에 참석한 주요 멤버는 아래와 같다.

1. 일본 증인 : 오가와 타케미츠(小川武滿) 박사.
2. 세균전 중국피해자 대일손해배상청구소송단 대표 왕쉬안(王選).
3. 일본 변호사와 사회활동가 : 유명한 쓰치야 고켄(土屋公獻) 변호사를 비롯하여, 오니츠카 타다노리(鬼東忠則), 이케다 도시코(池田利子), 세타 이치로(瀨敬一郎), 세미와(瀨三和), 야마구치 켄이치로(山口研一郎), 요시다 요시하사(吉田義久), 마스다 히로미츠(增田博光) 등 여러 선생이 참석하였다. 이들 대부분은 법률계 인사였고, 간혹 의사와 대학교수도 있었다.
4. 학자 : 『난징대학살』의 저자 장춘루(張純如), 컬럼비아대 일본역사학 교수 Carol Gluck, 캘리포니아주립대 북교(North Bridge)캠퍼스 명예교수 Sheldon Harris, 그리고 나를 포함하여 모두 4명이었다.

뉴욕에서 열린 '일본증인단 중국침략만행 심포지엄'에서 연설을 하고 있다.
오른쪽 첫 번째가 미국 화교 출신의 유명 여류작가 장춘루,
그밖에 두 명의 외국인은 '난징대학살'을 연구 하거나
'난징대학살' 연구를 지지하는 미국 대학교수(1998년 6월 29일)

간단한 개막식이 있은 뒤, 샤오쯔핑이 본 회의의 취지와 준비 과정에 대해 설명했다. 이어서 일본 증인이 나와 일본군 세균전의 내막과 그 천인공노할 죄행을 낱낱이 폭로했다. 이 증인은 지나치게 흥분하여 몇 번이나 혼절할 뻔 했다. 결국 사람들의 부축을 받으며 강단을 내려가야만 했다. 그 다음으로 왕쉬안이 피해자를 대표하여 일본군의 죄상을 규탄했다. 그녀는 오랫동안 각지를 돌아다니며 호소하느라 목소리는 이미 잠겨 있었고, 모습도 많이 초췌해 보였다. 사람들은 그녀의 이런 모습에 더욱 감동을 받았다. 그녀는 장문의 영문 연설을 하였을 뿐만 아니라 일본인 발언자들을 위해 영어 통역까지 도맡았다. 아마 그녀가 이번 회의에서 가장 고생을 많이 했던 사람일 것이다. 그 뒤로 3명의 일본 지인들이 짤막한 발언을 하였다. 그들은 피해자들이 일본군의 죄상을 규탄하고 배상을 요구하는 것에 대해 강력한 지지를 보냈다. 마지막으로 학자들의 발언도 이어졌다. 장춘루는 자신이 왜『난징대학살』이란 책을

썼는지 그 이유와 창작 당시 심경의 변화에 대해 이야기했다. 미국 역사학자인 해리스(Harris)는 이 역사적 사건에 대해 공정하고 객관적인 평가를 내렸다. 그리고 나는 예일대에 보관된 문헌들의 중요한 사료적 가치를 집중적으로 소개하고, 나아가 이것들이 일본군이 중국침략 과정에서 저지른 만행에 대한 확고한 증거임을 역설했다.

이번 심포지엄은 언론 브리핑이 함께 이루어져 각 매체의 많은 기자들이 현장에 몰려왔다. 그래서 샤오쯔핑 등은 미국과 캐나다 정부가 옛일본군인 출신들에게 비자 발급을 거부하는 바람에 아즈마 시로를 포함하여 많은 중요한 일본 증인들이 이번 심포지엄에 참석하지 못한 상황을 설명하고, 이에 거센 항의를 표시했다. 그 뒤에는 기자들과 청중들의 질문이 이어졌고, 일본에서 온 인사를 포함하여 발표자들이 자유롭게 대답했다. 이번 심포지엄은 꼬박 2시간에 걸쳐 진행되었지만, 내용도 충실하고, 분위기도 아주 좋아 예상했던 사회적 반응을 충분히 얻을 수 있었다.

28일 저녁, AJPAP는 '중국발전기금', '중국인기념및공정연합회', '중국인노병협회'(항전에 참가했던 재미인사), '라싸현유태인협회(Conference of Jewish Organization Of Nassan Counrty)', '조어대연구기금', '신당클럽협회(New Party Member's Club Association)', '뉴욕위안부문제연맹(New York Coalition of Comfort Women Issue)', '미국전역군인자조협회', '중국혁명열사유족아동학교동창회북미지회', '미국황포군사학교동창회' 등의 단체와 연합하여, 일본증인대표단 및 회의에 참석한 학자 및 귀빈을 초대하여 환영 리셉션을 열었다. 연회에 참석한 사람들은 상당히 적극적이었고, 반응도 매우 뜨거웠다. 장춘루는 현장에서 자기 책을 구매하는 사람에게 사인을 해주었다. 책을 구매하는 사람과 사인을 요구하는 사람이 끊임없이 이어져 밥 먹을 겨를조차 없었다. 그러자 샤오쯔핑이 감탄해서 말했다.

뉴욕에서 열린 일본 증인단 환영리셉션에서 축사를 하고 있다(1998년 6월 28일)

"탕더강과 장카이웬은 평생 '난징대학살'을 연구했음에도 이 젊은 아가씨
가 일으킨 돌풍을 따라갈 수가 없네요. 정말 놀라운 일입니다."

그의 말은 정말 사실이었다. 우리 늙은이들도 이 점을 충분히 인정할
수 있었다. 오히려 '난징대학살'의 진상이 이렇게 영문 저서를 통해 더
많은 서양 인사들에게 알려지게 된 것이 진심으로 기쁘고 위안이 되었다.
원래 샤오쯔핑과 장춘루는 오랜 이웃사이로, 쯔핑은 어린 춘루가 자라는
과정을 지켜봐 왔다고도 할 수 있다. 춘루는 예일대 신학대학에서 '난징
대학살'에 관련된 원본문헌을 찾는 동안, 쯔핑의 집에 머물면서 쯔핑의
차로 예일대에 출근했다. 때문에 그녀는 매번 연설을 할 때마다 쯔핑에
게 감사의 인사를 전하곤 했다. 국내 일부 사람들은 장춘루가 그들의
소개를 통해 비로소 라베와 그 일기의 실체에 대해 알게 되었다고도 말한
다. 하지만 사실은 그렇지 않다. 춘루와 라베의 외손녀 레온하르트 부인
이 서로 연락할 때에도 자주 쯔핑의 도움을 받아야만 했었다. 독일어를

모르는 그녀와 영어가 유창하지 않은 레온하르트 부인이 전화 통화를 하는 데에는 어려움이 있었기 때문이다. 쯔핑은 독일에서 오랫동안 유학했고, 또 장기간 유엔에서 근무했기 때문에 영어와 독일어에 모두 능통했다. 그러기에 자연스럽게 그녀들 사이의 연결고리가 되었다.

환영 리셉션에서는 나를 비롯해 세 명의 학자가 나와서 또 연설을 했다. 내용은 대체로 낮에 열린 심포지엄에서의 발언과 비슷했다. 나는 연설이 끝날 무렵 농담 한 마디를 던졌다.

> "만약 일본군이 다시 미국을 기습한다면, 아마 진주만이 아닌 예일대 신학대학을 최우선의 공격 목표로 삼을 것입니다. 그들이 관련된 문헌을 폭파시킨 뒤 의기양양하게 말하겠지요. 'Iris(춘루의 영문명), 우리는 처음부터 당신의 책이 아무런 근거가 없다고 말했잖소!'"

이 말에 온 장내가 웃음바다가 되었다. 환영회 분위기는 더욱 뜨겁게 달아올랐다.

우리 세 명의 학자는 VIP석에 앉아 주최자 자격으로 손님접대를 하게 되었다. 우리가 접대한 사람은 크리스틴 초이 여사였다. 공교롭게도 크리스틴 초이 여사는 탕메이루와 함께 '천황의 명을 받들어'라는 다큐멘터리를 연출하고 제작한 사람이었다. 메이루는 예전에 나와 공동으로 집필한 『난징 : 1937.11−1938.5』의 맺음말에서 이렇게 말했다.

> "솔직히 말해 처음 이 문제에 관심을 갖게 된 것은 내 뜻이 아니었다. 1992년 어느 날, 한 여인으로부터 의문의 전화가 걸려왔다. 그녀는 나에게 물었다. ''난징대학살'을 찍지 않으실래요?'"

그녀들은 바로 그 날의 전화 한통 때문에 일본군이 벌인 '난징대학살'의 만행을 폭로하는 거센 물결에 함께 뛰어들게 되었다. 메이루는 내가 뉴욕에 왔다는 소식을 듣고 나를 만나기 위해 서둘러 환영회에 참석했다. 그래서 크리스틴 초이, 탕메이루와 나는 샤오쯔핑 등이 힘들게 준비한 행사에 함께할 수 있었다. 우리는 그날따라 유난히 흥분되고 즐거웠다. 두 여사는 이미 영화계에서 성공가도를 달리고 있었다. 하지만 옷차림이나 말투, 그리고 행동 등 모든 면에서 소박하고 진솔했다. 중국 내일부 영화계 인사들과는 사뭇 느낌이 달랐다. 우리가 앉은 테이블의 비용은 크리스틴 초이가 지불한 것 같았다(화이위가 앉은 테이블은 쯔핑이 지불했는데, 아마도 각 주최 측에서 참가자의 비용을 분담하기로 한 모양이었다). 그래서인지 환영회가 끝난 후 그녀는 거리낌 없이 남은 음식을 싸가지고 돌아갔다. 그 모습을 보고 있노라니 공금으로 겉치레와 낭비를 일삼는 국내의 접대문화가 생각나 괜스레 부끄러워졌다.

별첨 : 환영 리셉션에서의 내 발표문

발표문

1998.6.28. N. Y

최근 미국 정부는 일본에 대한 원조에 나섰다. 엔화의 계속된 폭락이 전 세계에 새로운 재앙을 가져올까 두려워서다. 우리도 현재 일본 돕기에 나서고 있다. 그것은 일본이 역사적 교훈을 잊고 군국주의를 부활시켜 어느 날 갑자기 진주만의 비극을 되풀이함으로써 전 세계에 또 다시 해를 끼칠까 걱정되기 때문이다.

일부 일본인들은 '난징대학살'의 진실을 없애버리려고 갖은 노력을 하고 있다. 이것이야말로 군국주의의 부활을 도모하는 행위라고 할 수 있다. 하지만 예일대 신학대학 도서관 특별보관실에 보관된 '난징안전구역국제위원회'의 원본 문헌은 '난징대학살'의 역사적 진상을 밝히는 확실한 증거임에 틀림없다. 나는 1988년 이 문헌들을 발견했고, 1991년 과 1992년 사이에 8개월이란 시간을 이용하여 집중적으로 열람하고 정리했다. 그리고 그 후에도 계속해서 심도 있는 연구를 진행하였다. 그 결과가 바로 1995년 우한과 홍콩(香港)에서 각각 출판한『난징대학살의 역사적 증거』와『난징 : 1937.11-1938.5』두 권의 책이다. 작년 '난징대학살' 60주년 기념을 계기로 예일대 문헌이 세상 사람들에게 널리 알려지게 되었다. 그것으로 나는 큰 기쁨과 위안을 느낄 수 있었다.

예일대 문헌의 사료적 가치는 우선 그것의 진실성에 있다. 집필 당사자가 그 당시, 그 현장에서 목격한 것을 가감 없이 기록한 것이다. 예일대 문헌은 국제위원회의 정식공문 이 외에 대부분 개인의 일기와 편지 형식으로 되어 있다. 이 부분은 어떠한 정치적 선전이나 사사로운 목적이 배제되어 있다. 그것의 객관성과 공정성에 대해서는 의심할 여지가 전혀 없다.

예일대 문헌의 또 다른 사료적 가치는 그것의 집합성에 있다. 그것은 어떤 한 사람의 기록이 아니라 10여 명의 선교사와 그들의 부인이 각자 기록한 것을 모은 것이다. 내용을 보면 서로 비슷한 부분이 상당수 나온다. 이것이야말로 "역사적 사실은 오직 하나"라는 것을 증명해준다. 그런 점에서『라베의 일기』보다 높은 권위를 가진다고 할 수 있다.

예일대 문헌은『라베의 일기』보다 더 오랜 시간 동안 더 넓은 지역을 대상으로 기록되었다. 여기에 이 문헌의 또 다른 가치가 있다. 그런 점에서 예일대 문헌은 1937년 12월부터 1941년까지 일본군이 난징에서 벌인 각종 만행에 대한 전면적인 기록이라고 할 수 있다.

나는 오늘 이렇게 많은 일본 친구들이 인도주의적 정의와 역사적 진실을 향한 신념으로 이 회의에 참석한 것을 굉장히 기쁘게 생각한다. 또한 이렇게 많은 미국과 중국의 친구들이 함께 이 일에 종사하고 있는 것에 대해서도 대단히 기쁘게 생각한다. 나는 이번 기회를 빌어 다시 한 번 세인들에게 예일대 문헌의 진귀한 사료적 가치를 소개함과 동시

에 '난징대학살'에 관심 있는 모든 분들이 더욱 깊이 있는 이해와 연구를
해나갈 수 있기를 희망한다.

중국재일학자 왕쉬안(王選)
"731부대 세균전 피해자를 위해 정의를 되찾다"

By SUMIKO OSHIMA(staff writer)

"Chinese hopes suit gives Unit 731 victims closure"

Although she had lived in Japan for years, Wang Xuan, 45, had never talked with Japanese about World War II -to say nothing of what she heard from her father about the nation's wartime atrocities in China.

But Wang, a former English teacher now representing 108 Chinese victims and relatives of victims of Japan's germwarfare, took the stand Monday at the Tokyo District Court to call for Japan to squarely face its dark past.

"The Japanese government must acknowledge the fact and officially apologize", her voice echoed through the courtroom Monday as some 100 Japanese and Chinese supporters looked on.

"For us, the germ warfare is not an event in the past, but still a threat", Wang told the court. "Even now, examinations of flea and mice in the town show they have antibodies to the plague. That means the disease germs remain in the town and could cause another epidemic."

Nearly 400 people died of the plague in her hometown of Chongshan, Zhejiang Province, in 1942, she said, noting her uncle was among them.

Wang came to Japan in 1987 to study. After completing her master's degree in English education at Tsukuba University, she planned to pursue further studies in the United States.

But an odd twist came in 1995, when she read a newspaper story about the germ attack on her hometown by the Imperial Japanese Army's Unit 731, a detachment known for frequently carrying out lethal medical experiments on thousands of prisoners of war and civilians. Surprised to find her hometown mentioned, she contacted Japanese researchers investigating the attacks.

"It was my first time to talk about the war with Japanese people. I was moved by those who have been involved in the investigation", Wang said.

Since then, she has made it her mission to travel back and forth between Japan and China, organizing the plaintiffs and helping researchers and lawyers prepare legal action. In their visit to the affected area, where most villagers' image of the Japanese has not changed in more than half a century, Wang was indispensable for both the Chinese and Japanese to communicate.

"The villagers are still scared and do not trust the Japanese. The Japanese army was so brutal. But by developing human relations, their image of the Japanese has begun to change", Wang said. "What is valuable about this lawsuit is that now both Chinese and Japanese are cooperating, and working hard together."

For decades, Unit 731's activities were one of Japan's greatest wartime secrets. The government admitted the unit existed, but refused to confirm the scope of its activities.

"The most important thing is to reveal the facts", Wang said. "We

are not fighting for money, but for the dignity." She believes the suit
will help build friendly bilateral relations.

(『일본타임즈』(영문판), 1998년 2월 19일)

"미국 이민국에서 일본증인의 입국을 거절하다"

By JAMES DAO

U. S. Bars Japanese Who Admit War Crime

WASHINGTON, June 26-Two years ago, when the Department of Japanese of Justice created a list of suspected Japanese war criminals who would be prohibited from entering the United States, veterans and Asian-American groups were delighted. Finally, they said, people who had raped, butchered or experimented on civilians and prisoners during World War II would be treated like the ex- Nazis who faced similar prohibitions.

But this week, when American officials used that watch list for the first time to bar a Japanese man from entering the county, those same groups were enraged. The reason was simple : The man, Yoshio Shinozuka, was their guest.

Mr.Shinozuka had been a member of a Japanese military unit that conducted biological experiments on war prisoners in Manchuria. He was to lecture about Japanese war crimes as part of an entourage of Japanese lawyers and former soldiers scheduled to visit New York, Washington and other cities in the coming weeks.

Their aim, which some State Department officials share, is to build pressure on the Japanese Government to make formal apologies to its war victims and pay them reparations.

"This is a miscarriage of law", said TzuPingShao, a founder of a New York group called the Alliance in Memory of Victims of the Nanjing Massacre, Which sponsored Mr.Shinozuka. "They are not touring for pleasure, they are not doing business or trying to sell books. They are here just to repent, to apologize, to explain, to expose, to do everything just."

Immigration officials blocked Mr.Shinozuka from entering the country at O'Hare International Airport in Chicago on Wednesday and then put him on the next flight to Tokyo. On Thursday, Attorney General Janet Reno rejected an appeal by Mr.Shinozuka's lawyer.

A second man who planned to join the American lecture tour, ShiroAzuma, was also recently notified by the Department of Justice that he was on the watch list and could not enter the country. Mr.Historians estimate that as many as 300,000 Chinese were killed in Nanking in seven weeks in 1937 and 1938.

There is another twist to the story. Mr.Shinozuka, 75, and Mr.Azuma, 86, are on the watch list because they publicly recanted their crimes. Those forceful apologies, which earned them the enmity of many Japanese, also brought them to the attention of the American officials who added their names to the watch list.

"In these two cases, it is fact that they spoke publicly that brought them to our attention", said Eli M. Rosenbaum, director of the Office of Special Investigations, which handles World War II era war crimes for the Justice Department. "I appreciate the irony of that, but the law must be applied in all cases."

"I think what these men have to say is important and it deserves a wide audience", he added, "but that audience can be reached without having them physically enter the UnitedStates."

Mr.Rosenbaum's office was set up in 1979 when Congress passed a law requiring the United States to denaturalize, deport or block the entry of anyone suspected of committing war crimes for the Nazis or their allies. Since then, the office has stripped American citizenship from 59 people, all European immigrants, and barred several hundred others from enter ing the country. There are now 60,000 people on the watch list, of whom only 33 are Japanese.

The most famous of the office's targets was Kurt Waldheim, the former United Nations Secretary General. In 1987, when he was President of Austria, he was prohibited from visiting the United States after documents were released implicating him in the deportation of Greek Jews to death camps while he served in the German Army during the war.

Mr.Rosenbaum said Justice Department officials felt that they would not make an exception for Mr.Azuma and Mr.Shinozuka because that would encourage a flood of waiver applications from unsavory characters wanting to apologize in America for their crimes.

"Is the Government supposed to evaluate their sincerity?" he asked. "What happens if they come here and refuse to leave, or fall ill and we cant remove them? And I wonder whether people are prepared for the spectacle on their evening news of Nazi and Japanese war criminals dining at the best restaurants in Manhattan and Los Angeles. I doubt it."

Asian-Americans and human rights advocates have been united in demanding that Japan take greater responsibility for its war crimes. But they are divided over the decision to deny Mr.Shinozuka and Mr.Azuma entry into the United States. The Simon Wiesenthal Center in Los Angeles and a Washington group representing Korean women who were forced to provide sex to Japanese soldiers have supported the Justice Department's position.

"A week doesn't go by that one of these people doesn't try to have a vacation in the United States", said Rabbi Abraham Cooper, associate dean of the Simon Wiesenthal Center, which has offered to let Mr.Azuma and Mr.Shinozuka speak to Americans from Japan through its video-conferencing center. "This is an important symbolic punishment. Once you breach it, it all will go."

But the rights groups sponsoring the two men say the United States should en courage their speaking out, not punish it, since both have faced severe ostracism, including death threats, in Japan. Many conservatives in Japan contend that events like the Rape of Nanking never occurred. And mainstream politicians often portray the nation as a victim, not the aggressor, in World War II, emphasizing the point that the United States dropped atom bombs on Hiroshima and Nagasaki.

"All rules should have exceptions for the right reasons", said Gilbert M. Hair, executive director of the Center for Internee Rights in Miami Beach, whose father died while a prisoner of the Japanese.

(『뉴욕타임즈』 1998년 6월 27일, 제3면)

『샌루이포스트』 1998년 3월 18일 사설

By WALTER KO and TZY C. PENG

COMMENTARY

「Japan must atone for its war crimes」

Aiming at world domination, Japan invaded and occupied its neighbors in Asia from the late 1880s to 1945. The main target was China because of its rich resources, and the Chinese people, whom Japan sought to enslave to serve the expected global Japanese empire.

The primary tactic to intimidate Chinese people into submission was the use of extreme brutality, with many massacres. The worst massacre (December 1937~March 1938) occurred in Nanking (now Nanjing), then the capital of China. Similar acts of terrorism were applied to Southeast Asian and Allied POWs in World War II (1940~1945).

These are Japan's war crimes, for which Japan has officially refused to accept its responsibility, and to apologize to and compensate its victims.

The Rape of Nanking by the Japanese military against innocent and defenseless Chinese people started soon after the Japanese occupation on Dec.13, 1937, and lasted for more than eight weeks. Some 340,000 men, women and children were tortured to death. With the tacit approval of the Japanese government, the Japanese military killed, raped, burned and buried people alive in total violations of human rights and international agreements on prisoners-of-war. These Japanese war crimes were documented in books such as "The Rape of Nanking" by Iris Chang and its photographic version by Yin & Shi, supported by accounts of American and German eyewitnesses of the Nanking Massacre.

During the Japanese occupation, the Japanese military set up "sex slaves(comfort women)" military brothels with women abducted or lured by deception from occupied territories of Korea, China and Philippines. Recently, some of the survivors broke their silence and testified publicly about their ordeal. In Manchuria, China, special Japanese forces(Unit731), set up secret death camps for developing germ warfare. Chinese prisoners and Allied POWs were used for live dissections without an esthesia, the most cruel form of torture.

Now, more than 60 years later, Japanese extremists remember only the glories of their advances (not invasions) into China; the capture of Nanking, Singapore, HongKong, Philippines and Thailand; the 'victory' at Pearl Harbor; American bombing of Tokyo; and atomic bombings of Hiroshima and Nagasaki. They conveniently forget or choose not to remember Japan's aggression in China, the sneak attack on Pearl Harbor, and the Japanese atrocities against people of Asian nations, the Rape of Nanking and the like, the Bataan Death March in the Philippines, the sex slaves, the germ warfare death camp, and bombings of civilians in Asian cities. What the extremists want to forget is what the peace loving people of the world (including Japanese) want to remember and preserve.

On July 29, 1997, Illinois Rep. William O.Lipinski introduced a House resolution calling on the Japanese government to offer a national apology and compensation to victims of war crimes committed by the Japanese military in the 1930s and 40s. There are now 43 bipartisan co-sponsors.

In January 1998, Japanese Prime Minister Ryutaro Hashimoto apologized to Britain's Prime Minister Tony Blair in Tokyo, Japan, for the mistreatment of British POWs in World War II, and offered compensations. Similarly, other victims of Japanese war crimes and their descendants urge Japan to have the courage, sincerity and asense of justice to confess, repent and repay.

A reparation of $50,000 for each victim of Japanese atrocities would be a minmum payment for agony, pain, suffering and humiliation. We invite the Japanese to join us in preserving an accurate account of past Japanese military atrocities.

Also, Japan has an obligation to educate young people about the truth of Japanese war crimes, and to make it illegal to resurrect militarism in Japan. The sooner Japanese government takes action, the better.

Walter Ko lives in Olivette, and TZY C. Peng lives in Creve Coeur.

「일본은 반드시 전쟁의 대가를 치러야 한다
– 일본 극우세력은 영광만 기억할 뿐 만행은 기억하지 않는다」

『남방주말』 2002년 연말 특집호
: 올해의 인물 왕쉬안(王選)

　　"본 안건 세균전은 분명 비참한 결과와 막대한 피해를 가져왔기에 옛 일본 군이 벌인 이 전쟁행위가 비인도적이었음을 밝히지 않을 수 없다. 하지만 법률이라는 틀 안에서만 이 안건을 다룬다면, 피고인의 국회가 국가배상법 1조 1항을 위반했고, 본 조항에서 규정한 입법부 작위 행위가 존재한다는 지적은 옳지 못한 것이다. 그렇다면 본 안건 세균전의 피해자를 대상으로 한 우리나라의 배상조치에 대해서는 국내법, 나아가 국내에서 채택할 수 있는 조치에 근거하여 볼 때, 배상 처리를 해야 하는지, 배상 처리를 한다면 또 어떻게 해야 할 것인지 등의 문제가 우선 토론되어야 한다. 이러한 문제에 대해서는 국회에서 앞에서 진술한 여러 가지 상황을 전제로 하여 더 높은 차원에서 검토를 진행해야 할 것이다."

– 일본 도쿄지방법원 세균전 소송 판결서

　　2002년 8월 27일, 일본 도쿄지방법원에서는 아래와 같이 판결을 선고하였다.

2002년 12월 22일, 왕쉬안이 허베이성 한단시(邯鄲市) 관타오현(館陶縣) 난관타오진(南館陶鎭) 셔리바오촌(社裏堡村)에 갔을 때, 세균전의 피해자인 70살의 징푸구이(井富貴)씨가 당시 가족들이 콜레라에 걸려 경련을 일으키던 참상을 얘기하고 있다. 일가족 8명 가운데, 보름 만에 3명만 살아남았다.

왕쉬안과 그녀가 대표하는 180명 일본군 세균전 피해자 중국 원고 측 패소, 사과와 배상에 대한 요구 기각.

"우리가 이겼다. 우리는 60년 동안 장막에 가려져 있던 어두운 내막을 파헤쳤다. 세계는 이 소송으로 인해 세균전에 대해 알게 되었고, 우리의 목적은 이미 달성되었다."   – 왕쉬안

"왕쉬안은 진심으로 나라를 사랑하는 중국인이다. 그녀는 일본이 중국을 점령하고 있던 기간에 일본군이 벌인 만행으로 피해를 입은 수많은 피해자들을 위한 정의의 투쟁에 자신의 모든 것을 불사르고 있다. 그녀는 우렁찬 나팔소리와도 같다. 그녀는 절대 평범하지 않은 사람이다. 나와 내 아내는 그녀의 지혜, 그녀가 가진 인도주의 정신, 그리고 그녀가 중국 국민을 위해 바친 헌신적 노력에 대해 대단히 높이 평가하며 숭고한 경의를 표한다."
                        – 미국의 역사학자, 세균전 연구자 고(故) 쉴튼.H.해리스

「기억은 원망하기 위해서가 아니다」

본지 베이징 기자 난샹훙(南香紅)

태생적 의무

1995년, 헤이룽장성에서 제1회 세균전 토론회가 열렸다. 3명의 저장성(浙江省) 이우시(義烏市) 피해자들이 마을 전체를 대표하여 일본 정부에 배상을 요구했다. 또 한편으로 일본 시민단체(일본민간평화조직)인 '일본군세균전역사사실폭로회'가 후원하여 중국에서 일본군이 벌인 세균전에 대한 조사를 진행하고 있었다.

이우(義烏)! 나의 고향! 세균전, 페스트, 아버지, 삼촌.

왕쉬안은 이 소식을 접하는 순간, 어릴 적 기억이 갑자기 떠올랐다.

"지나간 역사가 순식간에 내 눈 앞에 나타났다. 어떨 때 역사는 정말 손만 뻗으면 닿을 것 같았다."

왕쉬안은 당시의 심경을 이와 같이 고백했다.

"나는 일본군이 이우에 살포한 페스트균에 의해 삼촌이 돌아가신 것을 알고 있다."

"일본군은 페스트균을 살포하고, 마을의 반을 불살랐다. 일본군은 사람들이 채 죽기도 전에 그들의 몸에서 팔다리와 내장을 뜯어냈고, 커다랗게 부어오른 림프 안에서 더 강력한 페스트 세균을 뽑아냈다."

"나의 고모와 삼촌은 이웃 마을의 친척집으로 도망을 갔다. 당시 페스트에 걸린 한 중년 여성이 그곳 사당에 버려져 있었다. 그녀와 무척 사이가 좋았던 13살 난 삼촌은 매일같이 사당으로 그녀를 보러 갔다. 오직 삼촌처럼 어린 아이들만이 페스트의 무서움을 몰랐다."

"어느 날 삼촌은 엉엉 울면서 뛰어왔다. 그 모습은 마치 큰 충격을 받은 듯 했다. 그는 아무런 말도 못하고 계속해서 울기만 했다."

"삼촌은 아마도 가장 잔인한 장면을 본 모양이었다. 나중에 마을 사람들의 이야기를 들어보니, 그녀의 몸은 일본군에 의해 갈기갈기 찢어져 있었고, 팔은 이미 어디로 갔는지 알 수 없었다고 했다."

"한밤중에 삼촌은 고열에 시달렸다. 마을 사람들은 이내 무슨 일이 생겼는지 눈치 챘고, 삼촌과 고모를 마을에서 쫓아냈다. 친척 하나가 문짝 하나를 찾아내어 삼촌을 그 위에 눕히고는 숭산촌의 들판에 갖다 버렸다. 때는 마침 엄동설한으로 눈이 내리고 있었다. 삼촌의 몸은 고열로 인해 손댈 수도 없었다. 이제 갓 열 살이 넘은 두 아이는 허허벌판에서 밤을 보내야 했다. 춥고 배고팠지만, 그들에게 다가오는 사람은 아무도 없었다."

"고모가 말씀하시길, 삼촌은 돌아가시던 날, 밤새도록 처절하게 울부짖다 마지막에는 온 몸이 오그라들면서 검은 덩어리로 변했다고 했다."

이상은 왕쉬안이 다른 사람을 통해 들은 삼촌에 관한 이야기다.

이우시 충산촌(崇山村) 주민 중 396명이 페스트에 걸려 사망했는데, 왕쉬안의 가족 중에서는 8명이 수난을 당했다. 위구르족 자치구(新疆), 티베트(西藏), 칭하이성(青海省)을 제외한 중국의 모든 지역이 여러 차례에 걸쳐 일본군이 자행한 세균전의 피해를 입었다.

왕쉬안은 수소문 끝에 신문에 보도된 시민단체의 회원 마쓰이 에이수케(松井英介)와 모리 마사다카(森正孝)를 찾아 연락을 취할 수 있었다.

"저는 당신들의 조사에 참여하고 싶어요. 저는 이우 사람으로, 그렇게 해야 할 의무가 있습니다."

이 순간, 왕쉬안은 역사의 큰 흐름이 자신에게 왔음을 직감했다. 삼촌의 죽음과 아버지의 슬픔. 그리고 자신이 일본으로 유학을 떠난 일. 그녀는 이 모든 것에 나름의 의미를 부여했다.

"제일 간단해 보이는 일만 하더라도, 알아듣기 힘든 이우 사투리를 일본어로 번역하는 건 저 만이 할 수 있는 것 아니겠어요?"

일본에서 평범하게 공부하며 일하던 왕쉬안의 생활은 이렇게 끝이 났다.

나는 "집권"을 원한다

1996년, 조사도 여전히 계속되었고, 소송도 바야흐로 시작 단계에 들어섰다. 하지만 기자간담회가 열릴 때마다 발언하는 쪽은 모두 일본 변호사였다.

"이것은 중국인의 소송입니다. 마땅히 중국인 자신의 목소리와 거기에 맞는 지위가 반영되어야 합니다."
"저에게 직무를 맡겨 주세요."

왕쉬안은 자신의 요구를 꺼내들었다.

"저는 연락책과도 같은 존재입니다. 오직 저만이 이 연세 많은 노인들을 한 데 모아 하나로 뭉치게 할 수 있습니다. 오직 저만이 이분들을 대표할 수 있습니다. 저는 일본어와 법률을 알고 있습니다. 또한 중국과 일본, 미국 사이를 자유롭게 드나들 수 있습니다. 저는 경제적으로 이미 기반이 잡혔기에 교통비 등 모든 비용을 스스로 부담할 수 있습니다. 물론 한 푼의 보수도 받지 않겠습니다."

왕쉬안은 적극적인 태도로 원고 측의 소송단 결성을 추진했다. 그리고 단장을 맡아 "집권"을 실현했다. 그녀는 개인적인 매력을 발산하며 180명의 원고를 불러 모았다.

1998년, 일본 지방법원에서 첫 번째 재판이 열렸다. 왕쉬안은 원고 측

총 대표 자격으로 법정에서 진술했다.

우리는 왜 그들을 고소해야 할까? 우리는 왜 그들에게 배상을 요구할까? 우리는 왜 일본인에게 사죄를 요구할까?

왕쉬안은 수천수만 번을 생각했다.

일본은 제2차 세계대전 참여국 가운데 유일하게 생화학과 세균 병기를 사용한 나라였다. 게다가 그 사실을 무려 60년 동안이나 숨기고 있었다. 일본은 한 번도 중국에서 실시한 세균전 프로젝트를 공개적으로 인정한 적이 없다.

세균전과 생체 실험은 그들이 과거에 저지른 죄악이다. 그러나 지금까지 계속되고 있는 각종 은폐와 발뺌은 현재 진행 중인 죄악이다.

만약 이렇게 큰 죄악조차 쉽게 없애고, 묻어버리고, 또 아무런 처벌도 받지 않는다면, 진리와 양심과 법은 도대체 무슨 소용이 있으며, 인류의 문명은 또한 무슨 소용이 있단 말인가?

왕쉬안은 아직도 썩어가는 발로 가난에 떨고 있는 중국 농민들(탄저병균 피해자들)을 떠올렸다. 그리고 또 심각한 장애를 안고 죽을 날만 기다리는 노인 생존자들을 떠올렸다. 이제 그들의 마음속에는 원망보다 용서가 자리 잡고 있었다.

왕쉬안은 6명의 "마루타"를 관리했던 세균 부대의 병사 마쓰모토 히로(松本博)를 떠올렸다. 그가 중국 원고 측의 증인으로 법정에 섰을 때, 그도 한 인간으로서의 착한 본성을 드러냈다.

그는 전쟁이 끝나 귀국하자마자 어머니에게 자신이 중국에서 무슨 짓을 저질렀는지 고백했다. 그의 어머니는 "너는 죄인이다."라고 말씀하셨다. 그는 결혼을 앞둔 약혼녀에게 자신이 역사의 죄인이며 그녀의 선택을 달게 받으리라 말했다.

"절대악"과 "절대선"은 마치 얼음과 불처럼 왕쉬안을 자극했다. 그녀는 그토록 많은 악을 마주하면서도 결코 이성을 잃지 않았다.

"겉으로 보기에 그렇게 강한 악의 내면에도 선의 존재가 잠재되어 있기 마련입니다. 그러니 아무리 잔혹한 악일지라도 선을 없앨 수는 없는 법이죠. 악을 없애는 방법은 그것을 피하는 것이 아니라, 선의 힘을 빌어 그것을 제압하는 것입니다."

"우리가 이 일을 세상에 알리는 것은 기억하기 위해서며, 또 그 기억은 원망을 위해서가 아님을 알게 되었습니다. 법정에 서서 발언할 때, 왕쉬안이라는 이 이름은 이미 아무런 의미가 없다는 것을 잘 알고 있습니다. 저는 단순한 한 명의 원고가 아닙니다. 제가 대표하는 것은 억울하게 죽은 영혼들입니다."

평화기금

12월 14일, 내가 베이징공항에서 다시 한 번 왕쉬안을 만났다. 그녀는 여전히 세균전 조사에 한창이었다.

"우리는 이미 일본 고등법원에 상소를 제기했어요. 두 번째 소송이 이제 곧 시작될 거예요."
"결과에 대해서는 말하기 어려워요. 승소할 가능성이 아주 적거든요."

어려움은 너무나도 분명했다. 29명의 원고 측 멤버들이 이미 세상을 떠났다. 그리고 70세가 넘은 분들은 앞으로 수년 안에 한 분 씩 세상을 떠날 것이다. 또한 그들 중 몇몇은 재소송을 원하지 않았다. 기약도 없는 배상인데다가 일본인의 "사죄"마저 기대하기 어려운 상황이었기 때문이다. 원고 측은 이번 소송을 위해 많은 시간과 돈을 들였다. 왕쉬안 역시 100만원에 가까운 사비를 지출했다.

"우리가 탄 배는 빙하를 운행하고 있어요. 그래서 우리는 얼음을 깨면서 앞으로 나아갈 수밖에 없습니다. 우리는 8년에 걸쳐 조사, 증거 수집, 재판, 상고, 모든 것을 다 했습니다. 하지만 이 배는 우리를 종점으로 데려다 주지 못했을 뿐만 아니라, 도리어 더 큰 빙산 아래로 데리고 왔습니다."

원고 측의 힘만으로는 세균전의 진상을 정확하게 조사할 방법이 없었다. 60년이 지난 터라 많은 증거가 이미 훼손되었고, 문헌들은 고의로 폐기되었다. 또한 역사의 산증인들이 하나 둘 세상을 떠나고 있고, 그들 중 영원히 침묵을 지킬 사람도 있을지도 모른다.

"우리는 사회적 지원이 필요합니다. 우리는 법률전문가, 유행병전문가, 사회학자, 역사학자 등 다방면의 인적 지원뿐만 아니라 자금도 필요합니다."

하지만 왕쉬안의 말에 의하면, 그들이 지금까지 받았거나 받고 있는 지원의 대부분은 이름 없는 개인들의 후원금이라고 했다. 누구는 한 달치 월급을 통째로 보내왔고, 또 누구는 조사에 직접 참여하겠다고 했다. 그녀는 뜨거운 감동과 함께 마음 속 깊은 곳으로부터 고독감을 느꼈다. 중국 사회는 여전히 하나로 뭉쳐 힘을 내지 못하고 있다. 그녀는 공식 등록을 마친 민간단체나 혹은 대학에 연구기관을 설치할 것을 건의했다. 그곳을 기반으로 자금을 모으고, 또 전문지식을 갖춘 자원봉사자들을 모집하여 전국적인 범위의 조사를 호소했다.

"역사의 진실을 복원하는 것은 인류의 평화를 위한 길입니다."

이것은 왕쉬안이 제기한 두 번째 소송의 목표이기도 하다. 그녀는 사람들의 인식이 하나가 되기를 진심으로 바랐다.

그녀는 중국, 일본, 미국 정부에 각각 한 부의 건의서를 보내겠다고 했다. 그것의 의미는 일본 정부가 평화 기금을 설치하여 전쟁과 전쟁 후에 남겨진 문제들을 처리할 수 있도록 각 측이 공동으로 노력하자는 촉구였다.

그녀는 이어 평화 기금의 제도적 완비를 주장했다. 기금은 세균전의 피해자, 위안부, 장애가 있는 노동자에게 의료와 생활 보조금 제공을 주된 역할로 운영되어야만 한다. 그리하여 피해자들이 노년에 빈곤과 질병의 고통에서 벗어날 수 있게 해야 한다. 한편 피해자들에 대한 대규모 조사와 함께 구전되는 역사를 기록하고, 이를 토대로 자료집을 만들거나, 각국이 가지고 있는 역사적 사료를 공개하고 관련 연구를 지원하는 등의 보완책이 나와야 한다. 이 기금을 통해 전쟁에 대한 재인식과 후학 양성 등 평화 사업이 이루어져야 한다. 이 모든 것이 그녀의 간절한 바램이었다.

마지막으로 그녀는, 만약 이 기금이 설립된다면, 평생 동안 이 일에 종사하며 봉사하겠음을 밝혔다.

부기(附記)

1. 기소와 제1, 2, 3차 재판에 참석하여 의견을 진술한 중국 각지에서 온 원고 측 대표의 일본행 비용은 일본의 시민단체 '일본군세균전 역사사실폭로회'에서 지원해 주었다.
2. 제2차 기소에 참석한 중국 각지에서 온 원고 측 대표의 일본행 비용은 '일본고베화교총회' 린퉁춘(林同春) 전 회장이 지원해 주었다.
3. 제2차 기소 재판에 참석하여 의견을 진술한 중국 각지에서 온 원고 측 대표의 일본행 비용은 일본 변호사 변호단에서 자금을 빌려 지원해 주었다.
4. 제19, 21, 22차 재판에 출석하여 증인이 되어 준 중국 각지에서 온 학자와 원고 측 대표의 일본행 비용은 '세계항일전쟁사실수호회'와 이우시 민간단체 및 기업에서 지원해 주었다.
5. 제26차 재판에 참석한 저장성 원고 측 비용은 자비로 부담하였다. 후난성 피해자 가족측 비용도 자비로 부담하였고, 원고측도 일부 자비로 부담하였다.
6. 제27차 재판에 참석한 저장성 원고 측 가운데, 이우시 충산촌 원고 측 대표의 비용은 이우 지방에서 후원해 주었고, 취저우시(衢州市) 대표의 비용은 '홍콩사유회'에서 후원해 주었다. 그리고 후난성 원고 측은 일부분 비용을 자비로 부담하였다.

일본군 731부대 세균전 중국 피해자 소송 변호사단 단장 츠치야 고켄(土屋公獻)의 연설문

"역사는 영원히 말살해 버릴 수 없다"

전 일본 전국 변호사 연합회 회장
일본 731부대 세균전 중국 피해자 소송 변호사단 단장

츠치야 고켄(土屋公獻)

저는 동경 지방법원에서 현재 심리 중에 있는 「731부대 세균전 피해 소송안」의 원고 측 변호사단 단장입니다.

일본군은 중국 침략전쟁과 태평양 전쟁 중 국제조약을 무시한 채, 세균 병기를 개발 제조하여 중국인과 기타 외국인 포로에게 잔혹한 인체 실험을 자행했습니다. 이와 동시에, 중국 각지에 세균을 살포하여 수천 수만의 무고한 중국 국민들을 살해했습니다. 이것은 누구도 부인할 수 없는 사실이자, 당시 일본 정부가 저지른 인도주의 기본 정신에 위배되는 범죄 행위입니다. 따라서 세균전에 참여한 자에 대한 처벌을 요구하고, 동시에 이런 범죄 명령을 내린 일본 정부에 그 책임을 묻는 것은 당연한 일입니다. 일본 정부는 반드시 전쟁 피해자에게 공식적인 사과와 손해배상을 해야 할 것입니다.

제2차 세계대전이 끝난 뒤, 도쿄에서 '극동국제군사재판'이 열렸습니다. 이 재판에서 일본이 벌인 침략전쟁의 책임을 명확히 함과 동시에 일부 전쟁 범죄자들에 대한 처벌을 결정했습니다. 하지만 유감스럽게도 죄 값이 가장 무거운 세균전의 책임 문제는 오히려 제외되었습니다. 수

많은 세균전 범죄자가 면죄부를 받았습니다. 세균전의 범죄 사실은 미일 양국의 음모에 의해 장막 속으로 숨겨져 버렸습니다. 아울러 세균전과 관련된 대량의 자료는 일본군에 의해 소각된 일부를 제외하고는 모두 미국으로 보내졌습니다. 나중에 이 진귀한 역사 자료 중 일부가 다시 일본으로 돌아오기는 했습니다. 하지만 소식에 의하면 여전히 상당수가 미국 내에 은닉되어 있다고 합니다. 일본 정부는 지금도 여전히 731부대의 세균전 범죄 사실을 절대 인정하지 않고 있습니다. 물론 피해자들에 대한 국가적 차원의 사죄와 배상도 거부하고 있습니다.

이런 상황에 맞서 작년(1997년) 8월, 108명의 중국인 세균전 피해자와 유가족들로 구성된 원고 측 소송단이 도쿄 지방법원에 소송을 제기했습니다. 그들은 법원에 일본 정부를 고발하고 일본 정부의 사죄와 배상을 요구했습니다. 이것은 일본 정부가 은폐해 온 잔혹한 범죄 사실을 폭로하고 그 책임을 묻는 것을 넘어 정의와 양심에 부르짖는 소송이었습니다. 역사의 진실을 밝히기 위해 우리는 731부대에 몸담았던 현장의 군인들을 법정에 증인으로 세워 일본 정부의 거짓말을 반박하도록 했습니다.

현재 우리가 요구하는 것은 일본 정부가 국가 명의로 과거의 범죄 사실을 인정하고, 피해자들에게 공개적인 사죄와 배상을 하는 것입니다. 사실 이것은 일본 정부가 진즉에 했어야 할 일입니다. 하지만 일본 정부는 이를 인정하지 않을 뿐더러, 관련 법안 제도조차 제정하지 않고 있습니다. 그들은 세균전 안건만이 아니라, 종군위안부 문제와 '난징대학살' 문제 등에 대해서도 일관되게 비열한 방법으로 대응하고 있습니다.

일본 정부는 산적한 전쟁 범죄 문제를 진지하게 처리해야 합니다. 진심으로 나서서 전쟁 책임을 져야 합니다. 이것은 중국을 포함한 아시아 각국의 국민들로부터 신뢰를 얻는 길이자 세계인들의 이해를 구하는 것입니다. 이것은 우호적이고 평화적인 관계를 구축하기 위해 반드시 필요한 일입니다. 그렇게만 된다면 앞으로 일본과 일본 국민들에게도 그동안 상상하지 못했던 수많은 이익이 돌아갈 것을 확신합니다.

최근 미국의 클린턴 대통령은 일미전쟁 이후, 미국 내 수많은 일본 교포들이 자유를 박탈당하고 격리수용 당한 사실에 대해 진심으로 사과를 했습니다. 그리고 법률에 따라 합당한 배상도 하였습니다. 또한 6월 1일에는 중남미에 있는 일본 교포들에게도 같은 방법으로 양해를 구하고 그들에게 진심어린 사죄를 하는 동시에, 경제적 배상도 하였습니다. 우리는 미국 정부의 이런 진실된 태도에 깊은 경의를 표합니다. 한편, 일본 정부의 어리석고 몰염치하며 비열하기 짝이 없는 행동에 더욱 큰 분개를 느낍니다.

　세월은 흘러도 역사적 사실은 사라지지 않을 것입니다. 오히려 시간이 지날수록 더 많은 역사자료가 발굴되고 공개되어, 그들의 범죄 사실이 더욱 명확해질 것이라 믿습니다. 역사의 흐름을 거스르는 일본 정부의 이런 행위는 앞으로 국제 사회에서 자신을 더욱 외롭게 만들 것입니다. 그리하여 어리석고 백해무익한 수렁에 빠져 스스로는 도저히 빠져나올 수 없는 지경에 처하고 말 것입니다.

　우리 대표단은 이번에 미국과 캐나다를 방문하여 이 성대하고도 의미있는 모임에 참가하게 되었습니다. 저는 이번 기회에 일본의 선량한 사람들을 대표하여 해외의 수많은 사람들에게 일본 정부가 벌인 침략전쟁과 그 책임에 대한 우리의 태도를 밝히고자 합니다. 그리하여 국경을 초월하여 평화적이고 우호적인 인간관계를 실현하고자 합니다.

　일가족이 일본군에 몰살당해 하늘을 떠돌고 있을 중국인 피해자의 영혼과 세상을 떠났거나 살아 있는 피해자들의 숭고한 존엄성을 되찾기 위해 우리 일본인 변호사들은 여러분과 함께 모든 힘을 다해 투쟁해 나갈 것입니다. 우리는 또 그렇게 해야 할 의무와 책임이 있습니다.

　미국과 캐나다에 있는 정의로운 단체와 인사들에게 많은 지원을 부탁드리는 바입니다.

1998년 7월

제2부

도쿄에서의 지난 일들

제1장

아즈마 시로와의 특별한 만남

1981년 11월 중순, 나는 후성(胡繩)[1] 일행과 함께 도쿄에서 열리는 '신해혁명 70주년 기념 국제학술대회'에 초청을 받았다. 도쿄에 도착한 날 저녁, 일본인 친구 기타오카(北岡) 선생은 아사쿠사(淺草)[2]에 위치한 작은 술집으로 우리를 초대했다. 우리는 옛일을 떠올리며 그동안 쌓인 회포를 풀었다. 우리는 학교와 학과는 달랐지만, 모두 난징(南京)에서 대학을 다녔다는 중요한 공통점이 있었다. 그날은 늦은 시간이라 그런지 손님도 얼마 되지 않았다. 한켠에선 회사원으로 보이는 한 중년 남성이 혼자 술을 따라 마시고 있었다. 잠시 뒤 그는 나지막이 「북국의 봄(北國の春)」[3]이란 노래를 부르기 시작했다. 약간 비애에 젖은 듯한 그의 노랫

---

1) (역자 주) 1918~2000. 중국의 철학자, 역사학자. 중공중앙 문헌연구실(中共中央文獻硏究室) 부주임, 중공중앙 당사연구실(中共中央黨史硏究室) 주임, 중국 사회과학원 원장, 중국인민정치협상회의 전국위원회 부주석, 중화인민공화국 헌법수개위원회(憲法修改委員會) 위원, 중국공산당 제12기 중앙위원, 제4기~제5기 전국인민대표대회 상무위원회 위원 등을 역임.

2) (역자 주) 628년에 창건된 도쿄 내에서 가장 오래된 사찰로 꼽히는 센소지(淺草寺)와 가미나리몬(雷門)에서 호조몬(寶藏門)까지 이어지는 상점가인 나카미세(仲見世) 거리 등을 통칭하는 말.

3) (역자 주) 일본 엔카(演歌)의 전성시기인 1970년대의 노래로, 지금까지도 일본인들의 마음속에 깊이 남아 있는 곡이다.

소리는 술집에 깔렸다. 노래가 끝나자 손님들 모두 뜨거운 박수로 화답했다. 보아하니 기타오카 선생과 대부분 손님들은 모두 단골인 듯 서로를 잘 아는 눈치였다. 분위기가 무르익자 기타오카 선생은 자리에서 일어나 여러 사람들에게 나를 소개했다. 중국 대륙에서 온 역사학자라는 말에 열렬한 박수 소리가 터져 나왔다. 그때였다. 구석진 자리에 앉아 있던 한 노인 벌떡 일어나더니 천천히 나에게로 다가왔다. 그리고는 허리 굽혀 인사하며 나지막한 소리로 말했다.

"선생님께서 귀국하실 때 우리 전 일본군 사병의 지울 수 없는 참회도 꼭 함께 가지고 가시길 바랍니다. 저는 전쟁 중 난징(南京), 카이펑(開封) 등 여러 곳을 갔습니다. 그리고 가는 곳마다 중국인들에게 미안한 짓을 많이 했습니다."

우리는 손을 맞잡은 채 한참을 말없이 바라보았다. 우리가 좀 더 자세한 얘기를 나누려던 찰라, 비탄으로 눈물투성이가 된 주인아주머니의 얼굴이 눈에 들어왔다. 알고 보니 그녀에게도 슬픈 사연이 있었다. 태평양 전쟁이 발발한 1941년, 그녀는 갓 결혼해 신혼의 단꿈에 빠져 있을 때였다. 그녀의 남편은 긴급 소집되어 동남아로 파병되었다. 전쟁터로 떠난 남편은 그 후로 감감무소식이었다. 들리는 말에 의하면, 남편이 탄 배가 연합군의 폭격에 침몰되었다는 것이었다. 당시 17세이던 그녀는 그때부터 평생을 그림자와 친구가 된 채 고독한 나날을 보내야만 했다. 게다가 세상의 온갖 풍파와 고달픔은 한껏 그녀를 힘들게 했다. 그러다 겨우 만년에 와서야 아사쿠사(淺草)에 작은 술집 하나를 열어 그런대로 생계를 유지할 수 있게 되었다. 술집 안에 있던 사람들은 그녀의 사연에 할 말을 잃었다. 침략전쟁이 가져온 상처, 특히 정신적 고통은 한 평생 사람들을 괴롭히고 있었다. 나는 나에게 사죄하던 그 노인과 서둘러 인사를 나누고 술집을 나섰다. 경황이 없어 그 노인과 명함 교환하는 것을 그만 잊고 말았다. 숙소로 돌아오는 길 내내 마음이 무거웠다.

몇 해 뒤, 나는 다나카 마사토시(田中正俊)가 쓴『전쟁, 과학 그리고 사람(戰爭·科學·人)』을 읽게 되었다. 그 책에는 "소년병"들이 침략전쟁에 징집되어 동남아로 파병, 작전 수행에 나선 일들이 적혀 있었다. 뿐만 아니라 그들을 태운 수많은 군함들이 폭격을 맞아 침몰된 사연도 있었다. 그 속에는 깊은 바다 속에 잠겨버린 한 "소년병"이 남긴 시(詩) 한 수도 소개되어 있었다. 죽음으로 가는 순간, 그 "소년병"은 소박하지만 감상적인 어조로 세상 사람들에게 호소했다.

왜 일본인의 죽음은 일본인만의 슬픔인가요?
왜 타국인의 죽음은 타국인만의 슬픔인가요?
왜 인류는 같이 기뻐하고 같이 슬퍼할 수 없는 건가요?

문득 "소년병"이 남긴 이 시를 마음속으로 읊조릴 때가 있다. 그때마다 나는 1981년 늦가을 아사쿠사에서의 그 밤이 떠올랐다. 내 앞에 허리 숙여 진심으로 사죄하던 전 일본군 사병과 하염없이 눈물을 흘리던 주인아주머니의 모습은 언제나 생생했다. 어쩌면 그녀의 남편도 그 "소년병"과 함께 바다 속 깊은 곳에 자신의 젊음을 잃고 말았을 것이다.

그 뒤로 나는 도쿄에 갈 때 마다 꼭 아사쿠사에 들렀다. 술을 마시거나, 물건을 사기 위해서가 아니었다. 오직 그 늦가을 밤의 정경을 되새기고 싶어서였다. 하지만 다시는 주인아주머니와 노인의 자취를 찾을 수 없었다. 나는 전쟁 때문에 어릴 적부터 집을 떠나 멀리 떠돌아다녔다. 자연 학업을 중퇴하거나 일자리를 찾아 이곳저곳을 유랑했던 슬픈 경험이 있다. 그래서인지 아주 일찍부터 "인생은 만남과 헤어짐을 반복하는 무상함의 연속"이라는 생각을 가지고 있었다. 인간은 보잘 것 없이 작고 무력한 한 개체이며, 부평초같이 모였다 다시 바람 따라 흩어지는 존재다. 나와 그 주인아주머니, 그리고 전 일본군 사병이었던 그 노인과의 인연은 거기까지였다.

그런데 16년이 지난 뒤, 놀랍게도 나는 난징에서 그 노인과 재회하게 되었다. 정말 예상치 못한 일이었다.

1997년 8월 중순, 나는 난징에서 열린 '중국 침략 일본군의 난징대학살사(侵華日軍南京大屠殺史) 국제학술대회'에 참석했다. 그 대회는 난징시 정부에서 난징대학살 60주년을 기념하기 위해 특별히 기획한 것이었다. 공교롭게도 나는 15일 오전, 아즈마 시로(東史郎) 씨와 같은 분과에서 발표하게 되었다. 회의가 시작되기 전, 나는 입구에 있는 의자에 앉아서 잠시 휴식을 취하고 있었다. 그때 백발이 성성하지만 기운이 왕성해 보이는 한 노인이 들어섰다. 그 뒤로는 차분하고 준수한 외모를 한 중년의 일본인 여사가 따르고 있었다. 그들은 가볍게 인사를 건넨 뒤 내 옆자리에 앉았다. 우리는 언어가 통하지 않는데다가 각자 발표 준비를 하느라 별다른 이야기를 나누지 않았다. 하지만 나는 회의 일정표를 보고 그가 바로 아즈마 시로 씨임을 짐작할 수 있었다.

아즈마 시로 씨는 분과 발표에서 가장 마지막 발언자였다. 그는 천천히 일어서더니 가슴을 쭉 펴고 허리를 곧추세웠다. 아직도 군기 잡힌 영락없는 군인의 모습이었다. 그의 발표 제목은 「'허구파'가 도발한 '난징전쟁재판'과의 투쟁」이었다. 그는 낮지만 묵직하고 힘찬 어조로 발표를 시작했다.

"난징대학살 50주년이 되던 해, 저는 '난징 전투'에서 제가 직접 겪은 사실들을 공개적으로 발표하고, 『나의 소대(小隊)』라는 제목의 책을 출판하였습니다. 그 후부터 저는 줄곧 '허구파'의 악의적인 비난에 시달려 왔습니다. 그들은 난징대학살 자체를 '허구'라고 선동하고 있습니다. 저는 지금 그들이 도발한 '난징전쟁재판'에 맞서 싸우고 있습니다. 저는 전쟁 사실을 솔직하게 진술하고 인정하는 것이 이웃나라와의 선린우호를 위한 첫 번째 단추라고 생각합니다. 전쟁을 직접 경험한 사람으로서 마땅히 세상 사람들에게 가해의 진상을 말해 주고, 그것을 반성의 근거로 삼아야 한다고 생각합니다. 저는 이것이야말로 참전자의 의무라고 생각합니다. (발표문의 전문은 뒤에 실음)

1997년 8월 15일, 나는 아즈마 시로 씨와 함께 쟝웬러우(壯元樓) B座 회의실(3층) D실에서 분과 발표회에 참가하였다. 제일 위의 작은 글씨는 내가 아즈마 시로 씨에게 제기한 질문이고, 그 아래 큰 글씨는 그가 나의 질문에 답하여 본인이 가본 중국의 몇 개 지역을 적은 것이다. 모두 두 장인데, 한 장은 그가 보존했다.

노인의 어조는 점점 격앙되어 갔다. 얼굴은 붉게 상기되었고 그의 눈빛에는 비장함마저 감돌았다. 그는 격분하여 팔을 휘두르며 큰 소리로 외쳤다. 마치 전 세계를 향해 사악한 무리들을 성토하고 정의를 수호하려는 듯이…… 회의장 전체는 적막에 빠져 숨소리마저 들리지 않았다. 나는 곧 깊은 생각에 빠졌다. 문득 마음 속 깊은 곳으로부터 전율이 느껴졌다. 저 얼굴, 저 눈빛, 저 자태. 순간 머릿속에선 16년 전 늦가을 밤, 일본 아사쿠사의 작은 술집에서 진심으로 나에게 사죄하던 일본군 병사의 모습이 떠올랐다. 바로 그 사람이었다.

회의는 한동안 이어지는 박수 소리와 함께 끝이 났다. 나는 일어나서 아즈마 시로 씨에게 악수를 청하며 경의를 표했다. 우리는 자리에 다시 앉아 잠시 동안 이야기를 나누었다. 그는 나에게 프린트한 발표문 한

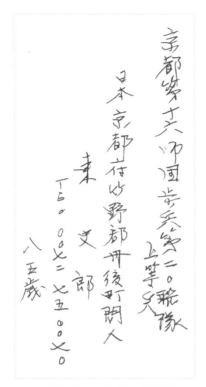

아즈마 시로 씨가 나에게 남겨 준 주소,
성명과 전화번호.

부를 건네주고, 거기에다 힘찬 필치로
"아즈마 시로, 85세"라고 써 주었다.
당시 통역을 맡은 사람이 먼저 떠났기
때문에 우리는 필담으로 대화를 이어
갔다. 우리는 명함부터 교환하였다.
그는 명함을 가져오지 않았기에 종이
에 아래와 같은 글을 적어 주었다.

"교토 제16사단 보병 제20연대 상등병,
일본 교토부 다케노군 단조쵸 다이자(京都
府竹野郡丹後町間人), 아즈마 시로, TEL
: 0072-750070, 85세."

나는 그에게 중국의 어느 지역에서
전투에 참가했느냐고 물었다. 그러자
그는 종이에 "전투 경력(戰鬪歷) : 허베
이성(河北省), 난징전(南京戰), 쉬저우
공격(徐州攻擊), 따볘산맥전(大別山脈戰),
한코우공격(漢口攻擊), 샹양공전(襄陽攻戰), 패전닝보(敗戰寧波)"이라고 썼
다. 그러기를 수차례 반복한 뒤, 나는 그에게 16년 전 어느 늦가을 밤,
아사쿠사의 작은 술집에서 있었던 일을 물었다. 그는 다시 나를 꼼꼼히
살폈다. 그러더니 갑자기 얼굴이 벌개진 채로 눈물을 글썽였다. 그는
내 손을 꽉 잡더니 그 노병이 바로 자기였다고 말했다.

인연이 있는 사람이라면 어디서든 꼭 만나게 되어 있는가 보다. 세상
이 참 좁다는 말도 그냥 생긴 말은 아닐 것이다. 그 자리에 있던 모든
사람들은 나와 아즈마 시로 씨의 뜻밖의 상봉에 뭉클해졌다. 모두들 뜨
거운 박수로 중일(中日) 두 노인[4]의 16년 만의 재회를 축하해 주었다.

그리고 사진을 찍어 기념으로 남겨 주었다. 나는 그제서야 그를 수행하고 있던 그 정갈한 일본 여사가 바로 '아즈마 시로 소송후원회' 사무국장 야마우치 사요코(山內小夜子) 씨라는 것을 알게 되었다. 자리를 함께 했던 '중국제2역사기록보관소(中國第二歷史檔案館)'의 왕샤오화(王曉華) 연구원이 전해준 말로는 내가 회의장을 떠난 후 아즈마 시로 씨와 사요코 여사, 그리고 다른 한 일본인 친구가 머리를 감싼 채 통곡했다고 한다. 참으로 고귀한 인간의 진정성이었다. 왕샤오화 연구원은 곧 이 감동적인 장면을 르포르타주(reportage) 형식의 기사로 써서 신문에 게재했다 (기사 전문은 1997년 8월 22일자 『난징일보(南京日報)』에 실려 있다).

---

4) (원저자 주) 사실 "중일 두 노병"이라고 표현해야 마땅하다. 왜냐하면 나도 1944년 초에 쓰촨성(四川省)에서 입대한 적이 있기 때문이다. 나와 아즈마 시로 씨는 직접 전쟁터에서 마주치지는 않았지만, 평화 시기에 서로 만나 친분을 맺게 되었다. 정말 특별한 만남이라고 할 수 있다.

『난징일보』에서 "아즈마 시로와 장카이웬, 진링(金陵)에서 재회하다"란 제목의 기사를 실어 나와 아즈마 시로 씨의 기연(奇緣)을 보도했다.

중국 침략 일본군 '난징대학살'사(南京大屠殺史) 국제학술대회 논문

「'허구파'가 도발한 '난징전쟁재판'과의 투쟁」

아즈마 시로(東史郎)

머리말

1937년 8월, 저는 군 사병 징집으로 입대한 후 일중전쟁(日中戰爭)에 참가했습니다. 저는 허베이 전투(河北之戰), 난징공격전(南京攻擊戰), 쉬저우공격전(徐州攻擊戰), 한코우공격전(漢口攻擊戰), 샹양공격전(襄陽攻擊戰) 등의 전투에 참가한 뒤 1939년 11월에 귀국했습니다.

1944년 3월, 저는 재차 징집되어 대동아전쟁(大東亞戰爭)[5]에 참가하여 중국 침략전쟁에 투입된 뒤 패전의 그날까지 전쟁터를 지켰습니다.

난징 공격의 마지막 전투, 즉 12월 10일부터 12일까지 사흘간의 전투는 생사를 건 치열한 싸움이었습니다. 포탄은 지옥의 춤을 추었고, 총소리는 죽음의 노래를 소리 높이 불렀습니다. 12일 밤, 우리는 기습공격으로 "쓰팡청(四方城)"을 점령하고 이튿날 중산먼(中山門)을 통해 성 안으로 들어갔습니다. 이날은 난징을 점령한 날이었습니다.

---

5) (역자 주) 태평양전쟁(太平洋戰爭)을 일본에서 일컫던 말. 1941~1945년까지 일본과 연합국 사이에 벌어진 전쟁. 제2차 세계대전의 일부로, 일본의 진주만(珍珠灣) 기습으로 시작되어 일본의 무조건 항복으로 끝났다.

전쟁은 한 사람의 인생에서 매우 특별한 경험입니다. 그래서 저는 일기를 쓰기 시작했습니다. 물론 제가 죽는다면 그 또한 저의 시체와 함께 불타버리고 말겠지만 말입니다. 저는 선(善)과 악(惡)을 떠나 전쟁터에서 발생한 이러저러한 일들을 사실 그대로 일기에 적었습니다.

우리는 일말의 죄책감도 없이 수많은 농민들을 살해하였습니다. "지나(支那)를 토벌하자! 산천초목 모두가 적이다. 모조리 깨끗이 죽여 버리자!"라고 큰 소리로 외치며 무고한 사람들을 살해했습니다. 참으로 잔혹하기 그지없었습니다.

당시 우리에게는 군량이 지급되지 않았습니다. 당시 군에서 내린 명령은 바로 점령지 약탈로 자급자족하라는 것이었습니다. 먹을 것을 찾아 민가를 수색할 때면 종종 숨어 있는 여인들을 발견하곤 하였습니다. 그때마다 우리는 가차 없이 폭행을 저질렀습니다.

어찌하여 일말의 양심적 가책도 없이 살인과 강간, 방화와 강탈과 같은 비인간적 폭행을 자행할 수 있었는지? 어찌하여 고향에 있을 때는 그렇게 선량하던 사람들이 이다지도 야만적으로 변하게 되었는지? 도대체 무엇이 우리들로 하여금 그런 짓을 저지르게 했는지? 우리는 반드시 이와 같은 문제에 대해 깊이 반성하고 철저한 검토를 진행하여야 합니다.

곪은 상처의 염증을 수술로 제거해 내는 것은 상처가 더 악화되는 것을 방지하기 위해서입니다. 마찬가지로 같은 일이 되풀이 되는 것을 막기 위해서는 과거에 저지른 만행을 반성하고 그 근원을 찾아내어 밝혀내야 합니다.

전쟁의 진상을 밝히는 것은 참전자들의 의무이다

지나간 역사를 말살해서는 안 됩니다. 저는 1987년 12월 13일 난징대학살 50주년 기념일에 '난징대학살조난동포기념관'에서 침략전쟁 당시 제가 저지른 가해 행위에 대해 사죄하였습니다. 그때 마침 난징대학교 가오싱주(高興祖) 교수를 만났습니다. 그는 저에게 이렇게 말 했습니다.

> "아즈마 시로 선생님, 일본군이 저지른 야만적 행위는 20세기 문명의 치욕이었습니다."

저는 가오싱주 교수의 가차 없는 비판에 큰 수치감을 느꼈습니다.

우리는 일본군이 저지른 야만적 행위에 대해 반드시 깊이 반성해야 합니다. 그것은 '자학(自虐)'이 아니라 '자성(自省)'입니다. 우리는 제멋대로 무책임한 태도를 해서는 안 됩니다. 총칼로 거리낌 없이 중국인을 찔러대던 일에 대해선 무관심하게 대처하다가도 제 몸에 바늘 끝 하나라도 스치면 아프다고 야단치는 행태는 바람직하지 않습니다.

우리 일본인들은 원자탄에 당한 피해에 대해서는 큰 소리로 떠들면서도, 중국인의 몸과 마음에 남겨놓은 상처와 고통에 대해서는 침묵하고 있습니다. 일본군이 중국인들에게 끼친 피해는 원자탄의 피해보다 몇십 배 더 강렬했습니다. 어쩌면 일본이 미국보다 먼저 원자탄을 만들었다면, 분명히 그것을 먼저 사용했을 것입니다. 피해에 대해서만 떠들고, 가해에 대해서는 입을 닫는 이기적인 행위는 절대로 평화를 향한 출발점이 될 수가 없습니다.

전쟁을 직접 경험한 사람으로서 마땅히 세상 사람들에게 가해의 진상을 말해 주어야 합니다. 이를 통해 반성의 근거로 삼아야 합니다. 저는 이것이야말로 참전자의 의무라고 생각합니다.

모든 것은 교육에서 비롯되었다

우리로 하여금 인성을 잃게 한 군국주의 교육은 도대체 어떠한 교육이었던가요? 그 교육에서는 침략전쟁을 '성전(聖戰)'이라고 하였습니다. 그리고 우리에게 "비천하고 상스러운 중국인들을 토벌하는 것은 정의로운 행위"라고 가르쳤습니다. 곳곳에서 우리에게 중국인을 멸시하도록 부추겼습니다. 뿐만 아니라 민족 차별 사상을 주입하고 지나(支那)를 응징해야 한다고 부르짖었습니다. 또한 무조건 천황에게 충성할 것을 요구하였습니다.

> "천황을 향한 충성심은 태산보다 귀중한 것이고, 너희들 신민(臣民)의 생명은 깃털보다 가벼운 것이다. 살아서 포로와 죄수의 치욕을 당하느니, 죽어서 나라를 지키는 혼(魂)이 됨이 마땅하리라."

중국인을 차별하는 마음은 중국인에 대한 경멸로 이어졌습니다. 그것은 다시 교만한 태도로 돌변했습니다. 일본군이 시비곡직(是非曲直)을 불문하고 무고한 중국인들을 살해하는 폭행을 저질렀던 이유가 바로 여기에 있습니다. 군국주의는 사람의 생명을 깃털같이 가볍게 여겼습니다. 사람을 단지 하나의 자원으로 보고 낭비와 남용을 일삼았습니다. 심지어는 우리 일본군 사병들도 군국주의 전쟁의 소모품으로 전락하고 말았습니다. 그리하여 우리는 "내 목숨마저도 보잘 것 없는데 적들의 것은 더 말할 나위도 없지"라는 생각을 갖게 되었고, "그럴 바엔 차라리 죽여 버리자!"라고 마음먹었습니다. 이러한 광기(狂氣) 속에서 양심의 가책은 사라지고 살인과 폭행만 끊임없이 반복되었습니다. 당시 일본군에게서는 생명에 대한 존중과 인도주의를 전혀 찾아 볼 수 없었습니다. 전쟁의 목적은 오로지 승리를 위한 것이었고, 그것을 위해서라면 인간의 도리 같은 건 무시해도 된다고 여겼습니다. 더 나아가 그들은 '승리'하는 것만이 '정의'를 지키는 것이라고 믿었습니다. 우리가 받았던 교육에서 우리는 그저 살아 있는 무기에 불과했습니다. 그리고 우리가 '정의'를 위해 몸을 바치는 것은 천황에 대한 충성이고 영광스러운 죽음이었습니다. 우리에게는 남은 것이라고는 결사적으로 천황에게 충성을 다하는 것뿐이었습니다. 그것은 일종의 자포자기였고 노예적 근성이었습니다. 또한 도덕적 판단력과 불의(不義)와 추악한 것에 대한 저항을 이미 상실한 상태였습니다.

필요한 것은 '자학(自虐)'이 아니라 '자성(自省)'이다

패전 50주년이 되던 해, 일본 국회는 다음과 같은 결의안을 채택했습니다.

> "일본이 벌인 전쟁은 타국의 영토를 침략하기 위한 것이 아니라, 구미 열강들의 통치로부터 아시아를 해방시키는 데 목적을 둔 자위(自衛)전쟁이었다. 그러므로 사죄할 필요가 없다. 부전결의(不戰決議) 채택을 반대한다."

저는 일본 국회의원들의 비열함과 미련한 행태에 놀라움을 넘어 할 말을 잃고 말았습니다. 만약 그들이 주장한 대로 일본이 일으킨 전쟁이 '해방전쟁'이었다면, 일본은 우선 자기 손에서 대만과 조선, 그리고 만주와 사할린을 해방시켜 주었어야 합니다. 하지만 일본은 해방은커녕 더 가혹하게 착취했습니다. 그러면서도 어떻게 자기들이 일으킨 전쟁을 '해방전쟁'이라고 할 수 있다는 말입니까?

당시 일본은 "만주와 몽골은 일본의 생명선(生命線)"이라는 입장을 고수하고 있었습니다. 하지만 '만주'와 '몽골'은 일본의 영토가 아닙니다. 타국의 영토를 자국보호의 보루(堡壘)로 삼아 자국의 안전만 보전하고자 하는 '본국 우선주의'는 이제 세상에서 통하지 않습니다.

일중전쟁(日中戰爭)에서 자원이 바닥난 일본은 궁지에 몰렸습니다. 그러자 이판사판으로 이른바 '대동아전쟁(大東亞戰爭)'이라 불리는 남방(南方) 침략전쟁을 일으켰습니다. 이것은 일본이 부족한 자원을 탈취하기 위해 일으킨 전쟁이었습니다. '대동아전쟁'이 개전(開戰)되기 전인 1941년 11월

10일, 일본군 최고사령부에서는 회의를 열고 다음과 같은 결의를 채택했습니다.

> "말레이, 수마트라, 자바, 보르네오, 셀레베스 각 군도(群島)를 점령한 후, 일본제국의 영토로 편입시킨다."
> "필리핀과 미얀마는 독립국 지위를 보장해 주되, 일본의 지휘 아래에 둠으로써 만주와 유사한 성격의 독립국으로 만든다."

약 한 달 뒤인 12월 8일, 일본은 정식으로 전쟁을 선포하였습니다.

일본은 아시아의 그 어떤 나라에도 '전쟁 배상 요구'를 제기할 수 없습니다. 다른 나라에서는 일본에 '전쟁 배상 요구'를 제기할 수 있지만, 일본은 안 됩니다. 왜냐하면 일본이 일으킨 전쟁은 '해방전쟁'이 아니라 '침략전쟁'이기 때문입니다.

일중전쟁(日中戰爭)은 일본이 벌인 침략전쟁입니다. 중국이 일본에 쳐들어온 것이 아니라, 일본이 중국 땅에 쳐들어와 일으킨 침략전쟁이었습니다. 모든 문제의 핵심은 바로 여기에 있습니다. 이점은 반드시 반성해야 합니다. 그것은 어디까지나 '자성(自省)'이지 '자학(自虐)'이 아닙니다.

최근 일본에서는 혈액 제제(製劑)로 인해 '인간 면역결핍 바이러스(HIV, human immu no deficiency virus)'[6) 감염자가 대량으로 발생한 일이 있었습니다. 그 제제를 생산한 기업 중의 하나인 '녹십자사(綠十字社)'는 731부대 출신 10여 명의 군의관이 창립한 기업입니다. 그들은 전쟁 중 중국인의 생명을 초개같이 여겨 중국인을 "마루타(통나무)"로 삼아 생체실험을 감행했었습니다. 패전 50년 즈음 일본에서 발생한 'HIV' 감염 문제는, 이윤만

---

6) (역자 주) 수혈 또는 성(性) 접촉을 통해 감염되는 병. 1930년대 초에, 양성(陽性) 바이러스인 유인원면역결핍(類人猿免疫缺乏) 바이러스(SIV)가 사람에게 감염되면서 HIV 바이러스로 진화되었다.

추구하고 환자의 생사는 안중에도 없는, 다시 말하면, '녹십자사'와 같이 돈 벌이에 눈이 어두워 사람의 생명 같은 건 아랑곳하지도 않는 작태에 그 원인이 있습니다. 그것은 과거 침략전쟁의 승리를 위해 중국인의 생명을 초개같이 여기던 일본군의 행태와 다를 바가 없습니다. 이것은 우리들에게 과거 일본군국주의의 폭행에 대해 다시금 반성해야함을 시사해 주고 있습니다.

'허구파'가 도발한 '난징전쟁재판'과 맞서 싸우다

전쟁 기간 중 일본의 특수경찰과 헌병은 자국민의 사상과 언론의 자유를 억압하였습니다. 그런데 평화시기인 지금도, 각성하지 못한 한 무리의 사람들은 여전히 국민의 언론 자유를 억압하려고 합니다. 그들은 겉으로는 양복을 걸치고 있으나 뼛속 깊은 곳에는 아직도 군국주의 군복을 입고 있는 위선자들입니다.

전쟁 기간 중 저는 인류를 학살하는 '사업'에 충성을 다한 군인이었습니다. 저는 자신의 젊은 시절에 대해 처절한 후회를 하고 있습니다. 하지만 이제 와서 후회한들 무슨 소용이 있겠습니까. 저는 전쟁 당시 나라의 부름을 받고 전쟁터로 나가 목숨을 걸고 싸웠습니다. 하지만 '난징대학살'이 일어난 지 60년이 되는 지금, 저는 "난징대학살은 허구일 뿐"이라고 주장하는 '허구파'와 '난징전쟁재판'을 두고 싸우고 있습니다. 인생의 종점에 다다른 제가 지금 도쿄 고등법원에서 일본의 '신(新)나치'와 투쟁하고 있습니다.

1987년, 저는 전쟁 중에 저질렀던 학살 및 비인간적 행위에 대해 증언을 했으며, 전쟁 사실을 적은 일기를 바탕으로 출간을 했습니다. 그리고 6년 후인 1993년, '허구파'로부터 '일본군 명예 모독죄와 명예 훼손죄'로 기소를 당했습니다. 기소문에는 아래와 같은 내용이 적혀 있었습니다.

"아즈마 시로의 일기는 허구로 만들어진 것이다. 일기에 쓰인 허위사실을 반드시 바로잡아 일본군의 명예를 회복해야 한다. 그리고 학교 교과서에 실려 있는 '난징대학살'에 관한 기술도 반드시 수정해야 한다."

보다시피 그들이 저를 기소한 진정한 이유는 바로 일본군의 '난징대학살' 만행을 근본적으로 부인하는 데 있었습니다. 기소 측의 원고 대리인 사무소에는 '난징대학살 허위사실 바로잡기 모임'이라는 기구가 설립되었습니다. '허구파'는 일본 법정을 이용하여 미친 듯이 '난징대학살'이란 역사적 사실을 말살해 버리려고 발버둥치고 있습니다.

'난징대학살' 50주년이 되던 해, 저는 일본군이 저지른 비인도적 행위에 대해 증언했습니다. 이후로 저는 줄곧 일본 우익(右翼) 분자들의 위협과 공갈에 시달리고 있습니다. 저에 대한 기소는 이런 박해(迫害)의 연장선에서 나온 당연한 결과였습니다. 하지만 역사적 사실은 어디까지나 분명히 밝혀져야 하며, 이를 통해 반성을 해야 합니다. 어떠한 고통이 수반되더라도 움츠리지 말고 진상을 밝혀내야 합니다.

「기미가요(君之代)」[7]를 예찬하고, 천황을 위해 목숨을 바치라고 호소하는 '죽음의 노래'는 지금도 여전히 일부 가짜 애국자인 '허구파'의 마음속에 살아 있습니다. 이 찬가(讚歌)에는 인간의 생명을 초개같이 여기는 비인도주의적 사상이 가득 차 있습니다.

내 생명의 시발점

저는 저장성(浙江省) 닝보시(寧波市)에서 패전을 맞이했습니다. 우리는

---

7) (역자 주) 군국주의시대의 일본 국가(國歌). 현재도 국가로 사용하고 있다. 1945년 제2차 세계대전 패전 이후공식적인 국가가 없다가 1999년에 법적으로 「기미가요」가 다시 국가가 되었다. 가사는 "덴노(天皇)의 대(代)는 천대만대로 작은 돌이 큰 바위가 되어 이끼가 낄 때까지…"라는 일왕을 찬양하는 내용으로 되어 있다. 특히 일제 강점기에는 황민화(皇民化) 정책의 하나로 이 노래를 조선인에게 강제로 부르게 하였다.

무장해제를 당해 소지하고 있던 무기와 탄약을 몰수당했습니다. 몰수한 무기와 탄약을 접수하던 한 군관이 우리에게 이렇게 말했습니다.

"나는 난징전투(南京戰鬪)에서 일본군에게 포로가 되었다. 일본군은 샤관(下關) 부두에서 포로가 된 중국군들을 집단으로 학살하였다. 그때 나는 총탄에 맞아 쓰러진 전우들의 시체에 눌린 채, 죽은 것처럼 위장해서 구사일생으로 살아남을 수 있었다. 밤중에 어둠을 타 도망쳐 나온 후부터 지금까지 나는 가증스러운 일본군과 싸우고 있다. 그때를 떠올리면 나는 당장이라도 너희들을 죽여서 강에 던져 버리고 싶다. 하지만 "덕으로 원한을 갚으라(以德報怨)"는 상급자의 명령이 있으므로 너희들의 목숨만은 살려 준다."

저는 보복을 당하지 않았습니다. 제가 살아남게 된 것은 오로지 중국군의 너그러운 마음 덕분입니다. 저는 중국인의 관용(寬容)에 감동되어 눈물까지 흘렸습니다. 중국인은 "덕으로 원한을 갚으라고" 했습니다. 반대로 일본인은 복수를 미덕으로 삼고 있습니다. 군주의 원수, 부모의 원수 …… 만약 일본인이라면 이 모든 원수를 꼭 복수로 갚았을 것입니다.

제가 지금까지 살아 있는 것은 당시 중국군에게 보복당하지 않았기 때문입니다. 일본은 전쟁에서만 중국에 패한 것이 아니라 도덕적으로도 중국에 패했습니다.

일본은 일청전쟁(日淸戰爭)[8]에서 승리를 거둔 뒤 대만을 빼앗았고 청나라로부터 거액의 배상금도 받아냈습니다. 하지만 중국은 패전국 일본으로부터 한 뼘의 땅도, 한 푼의 배상금도 받아 내지 않았습니다. 오히려 "배상금을 요구해 일본 국민들이 고통을 받게 하는 것보다 두 나라 사이에 영원한 선린우호 관계를 구축하는 것이 더 바람직하다."고 주장

---

8) (역자 주) 1894년 6월부터 1895년 4월까지 사이에 청(淸)나라와 일본이 조선(朝鮮)의 지배권을 놓고 다툰 전쟁. 전쟁을 사전에 철저히 준비한 일본은 청나라를 상대로 압도적인 승리를 거두었다. 일청전쟁의 승리로 그 동안의 동양 패권을 중국으로부터 일본이 넘겨받는 계기가 되었고, 그 후 조선 및 대륙으로의 침략을 한층 강화할 수 있게 되었다.

했습니다. 저는 넓은 아량을 지닌 중국인들에게 깊은 감사를 드립니다. 우리는 반드시 과거의 잘못을 반성하고 사죄해야 합니다. 이를 토대로 중국과 친밀한 선린우호 관계를 맺어야 합니다.

일본 문자와 문화의 원천은 한자(漢字)입니다. 한자는 중국으로부터 들어온 것입니다. 중국이 우리에게 가르쳐 준 것이지요. 중국은 일본 문화의 시발점입니다. 하지만 우익(右翼) 분자들은 제가 선생님 격인 중국인에게 잔인한 폭행을 저지른 것에 대해 반성한다는 이유로, 저를 공격의 대상으로 삼았다. 그들은 제가 '영령(英靈)'을 욕되게 한 사람이자, 일본군의 영예를 더럽힌 사람이라고 비방했습니다. 제가 법정에 기소된 지도 벌써 4년이 지났습니다.

1996년 4월에 내린 1심 판결에서 에미(江見) 재판장은 다음과 같이 판결했습니다.

> "하시모토 미츠하루(橋本光治)가 중국인을 학살했다는 기술(記述)은 증거가 부족하다."
> "아즈마 시로는 잘못된 정보를 제공한 책임이 있다."

민주주의란 어디까지나 정보의 공개를 원칙으로 삼아야 한다고 저는 생각합니다. 그러기에 에미 재판장이 내린 판결의 목적이 전시(戰時)의 비밀주의를 부활시키려는 데 있는 것이 아닌지 의문스럽습니다. 그가 내린 판결은 역사적 사실을 외면한 채 뻔뻔스럽게 행동하는 정치가들의 비위를 맞추기에 안성맞춤이었습니다. 따라서 그 자신이 재판을 받아야 마땅할 것입니다. 우리는 반드시 법정 안에서의 군국주의 부활을 저지시켜야 합니다.

'난징전쟁재판'에 대한 중국 국민의 재판을 요구한다

1995년 2월, 난징에서 일본군이 버리고 간 200만 발의 독가스탄이 발견되었습니다. 75mm탄, 90mm탄 그리고 105mm탄 등 여러 규격의 화학포탄과 독가스탄이 발견되는 과정에서 많은 중국인 사상자가 발생했습니다. 전쟁이 끝난 지 60년이 지난 지금도 일본군이 남긴 후환이 사람들을 해치는 일이 발생한 것입니다. 어디 한번 생각해 봅시다. 만약 일본 국내에서 이런 독가스탄이 발견되었다면 일본인들이 가만있었겠습니까? 아마 그들은 하늘이 떠나갈 정도로 떠들어댔을 것입니다.

지금까지도 군국주의 사상에서 헤매고 있는 직업군인 단체인 해행사(偕行社) 무리들과 '허구파'는 과거를 반성하지 않을 뿐더러 현재의 가해에 대해서도 간과하고 있습니다. 그들은 "아즈마 시로가 황군(皇軍)의 명예를 더럽혔다"라고 부르짖으며 저를 법원에 고소했습니다. 중국을 침략하여 비인간적인 만행을 저지르고서도 오늘날까지 일말의 반성도 없는 그런 사람들이 명예를 운운할 자격이 있단 말입니까?

이 재판의 배후 인물 중 하나인 모리 히데오(森英夫 : 前16사단 20연대 중대장)는 아래와 같이 저를 반박한 적이 있습니다.

> "전쟁은 무력을 사용하는 정치의 연속이다. 수수방관하게 되면 자신의 생존이 위협을 받게 된다. 때문에 어쩔 수 없이 무력을 사용하는 것이다."
> (『교토신문(京都新聞)』 인권선언집회에서의 발언)

보다시피 그는 국제문제를 외교적 채널보다는 무력으로 해결할 것을 주장하는 군국주의 분자입니다. 그는 또 저를 향해 다음과 같이 항변하기도 했습니다.

> "아즈마 시로의 근본적인 목적은 전쟁을 부정하고 황국사관(皇國史觀)을 타파하려는 것이다. 이를 목적으로 그는 일본군의 진실된 모습을 없애려 하

고 있다."

그렇다면, 이른바 일본군의 "진실된 모습"이란 과연 어떤 것일까요? 그들은 "왕도낙원(王道樂土)의 건립", "동양 평화의 실현"이라는 슬로건을 내걸고 공공연하게 이웃 나라를 침략하였습니다. 그들의 꿈은 동아시아의 맹주가 되어 아시아를 호령하는 것이었습니다. 이것이 바로 일본군의 진실된 모습입니다.

그들은 또 아래와 같은 무책임한 공언(公言)도 마다하지 않았습니다.

"일본군에 항거하는 민중이라면 설사 상사(上司)의 명령이 없더라도 마땅히 그들을 적으로 간주하고 죽여야 한다. 이것은 아주 당연한 이치이다."
(『주니치신문(中日新聞)』 1993년 5월 23일)

쇠붙이라고는 눈꼽만큼도 없는 빈손의 일반인이 총칼로 무장한 일본 병사와 어떻게 싸우겠습니까? 하지만 그들은 추호의 저항도 없는 중국 인들을 참혹하게 살해했습니다.

전(前) 중대장 모리 히데오는 지금까지도 군국주의 사상에 물들어 있는 인물입니다. 그는 당시 부하였던 하시모토 미츠하루(橋本光治)를 앞세워 원고의 신분으로 저를 기소하게 하였습니다.

저는 군국주의자들의 부당한 기소에 절대 굴하지 않고 끝까지 투쟁해 나갈 것입니다.

국제 감각까지 상실한 정치가들이 역사를 왜곡하고, 무엇이 치욕인지 모르고 내뱉는 무지하고 어리석은 발언들. 그리고 "그것은 민족 해방 전쟁"이라느니 "난징대학살은 중국이 날조 한 것"이라느니 하는 파렴치한 언사(言辭)들이 아직도 언론 매체를 통해 버젓이 유포되어 일본 민중들을 미혹시키고 있습니다. 만약 법원과 재판관이 헛소리만 내뱉고 정치가의 비위에 맞춰 불공정한 판결을 내린다면, 저는 세계 여론에 저의 입장을 호소하고 세상 사람들의 재판을 요청할 것입니다.

공자는 "잘못을 있다면 고치기를 주저하지 말라(過則勿憚改)"고 말씀하셨습니다.

잘못을 고치려면 반드시 잘못된 부분을 반성하는 것이 전제되어야 합니다. 이를 위해서 저는 이 '재판'과 끝까지 투쟁해 나갈 것입니다.

노병은 아직 살아 있습니다. 저의 굳센 마음 또한 여전합니다. 정의를 위해 싸우겠습니다!

1997년 8월.

제2장

잊을 수 없는 다나카 마사토시

다나카 선생은 나보다 4살 연상이다. 그는 1922년 중국 대만성(臺灣省) 타이난시(臺南市)에서 태어났다. 1943년 동경제국대학 문학부(文學部) 동양사(東洋史)학과에 입학하였다가, 같은 해 학도병으로 징집되어 후쿠이현 츠루가(福井縣敦賀) 보병연대에 편입되었다. 그 후 항공병 지상지원부대로 전근되어 필리핀, 타이베이(臺北) 등지에서 파견근무를 했다. 1946년에 귀국하여 퇴역하였고, 다음 해에 복학하여 1950년에 졸업하였다. 1951년부터 오랫동안 동양문고(東洋文庫)[1]의 겸임연구원을 역임했다. 그리고 1954년에는 요코하마시립대학(橫浜市立大學) 문리학부, 1967년에는 도쿄대학 문학부, 1983년에는 신슈대학(信州大學) 인문학부, 1988년에는 간다외국어대학(神田外國語大學) 외국어학부에서 교편을 잡았다. 그러다가 1995년에 퇴직했다. 퇴직 후에도 동양문고 연구원, 도쿄대학 명예교수를 역임했다. 그는 덕망 높은 일본학자로서, 나에게는

---

1) (역자 주) 도쿄(東京) 소재 동양학 전문 도서관이자 연구소. 'Toyo Bunko'로도 널리 세계에 알려져 있다. 아시아 전역의 역사와 문화에 관한 연구를 전문 분야로 하는 도서관으로, 아시아 연구 관련 자료를 수집·보존하는 세계 굴지의 동양학 전문 도서관이다. 또한 연구소는 일본에서 몇 안 되는 동양학 전문 민간 연구기관으로 아시아 최대의 동양학연구센터가 되었다. 1924년 개관, 1948년 국립국회도서관의 지부가 되었다.

평생지기(平生知己)라 할 수 있는 훌륭한 외국인 친구였다.

내가 다나카 선생을 처음 알게 된 것은 1979년 11월이었다. 당시 나는 도쿄대학 동양사학과와 교토대학 인문과학연구소의 연합 초청으로, 미국 방문을 마치고 귀국하는 길에 일본에 2주 동안 머물게 되었다. 도쿄대학에서 나를 접대한 사람은 사에키 유이치(佐伯有一) 교수였지만, 동양문고를 참관할 때는 다나카 선생이 나와 함께 했다. 다나카 선생과 처음 만났을 때, 나는 그의 우람한 체구에 적이 놀랐다. 그는 곱슬머리와 움푹 들어간 눈의 소유자로 서양 신사를 방불케 했다. 간단히 인사를 나눈 뒤, 그는 나를 동양문고의 풍부한 장서(藏書)로 안내했다. 그는 그곳에서 28년이나 근무하고 있었다. 진귀한 장서 하나하나에 대해 손금 보듯 환히 꿰뚫고 있었다. 그의 소개를 들으며 장서들을 둘러보던 중, 나는 한 줄로 늘어선 서가(書架) 한구석에서 낡은 사진첩 한 권을 발견하였다. 사진첩을 꺼내 펼쳐보니 거기에는 뜻밖의 수확이 들어 있었다. 그것은 바로 신해년(辛亥年) 이전, 캉여우웨이(康有爲)[2]와 량치차오(梁啓超)[3] 등이 가시와라 분타로(柏原文太郎)에게 보낸 13통의 편지를 찍은 사진이었다. 나는 기쁨을 감출 수 없었다. 그도 깜짝 놀라면서, 여태껏 이런 자료가 있는 줄 몰랐다고 하였다. 문고에 소장된 귀중한 자료들이 수없이 많다 보니 그럴 만도 하였다.

가시와라 분타로(1869~1936)는 도쿄전문학교(東京專門學校) 영어정치과를 졸업했다. 학업 성적이 우수하여 정치가 오쿠마 시게노부(大隈重信)[4]로부터 높은 평가를 받기도 하였다. 그 후로 동아동문회(東亞同門會)

---

2) (역자 주) 중국 청(淸) 말의 학자이자 정치가(1858~1927). 청나라 시대 금문경학(今文經學) 경향의 마지막 거두이자 무술변법운동(戊戌變法運動)의 지도자로, 중국 근대사에서 가장 커다란 주목을 받은 인물이라고 할 수 있다.

3) (역자 주) 중국 청(淸) 말~중화민국 초의 학자이자 정치가(1873~1930). 호는 런꽁(任公). 캉여우웨이에게 배우고 그와 더불어 입헌군주제(立憲君主制)를 주장. 1898년 무술정변(戊戌政變)에 참가했으나 실패하여 일본으로 망명했다.

4) (역자 주) 일본의 정치가(1838~1922). 메이지 다이쇼(明治大正) 시대의 정치가로, 유

에 가입했고, 도쿄고등대동학교(東京高等大同學校) 교장을 역임했으며, 이누카이 츠요시(犬養毅)[5]의 유능한 조수가 되었다. 무술정변(戊戌政變)[6] 이후, 캉여우웨이와 량치차오 등이 일본으로 피난 갔을 때, 가시와라가 직접 나서서 그들을 도와주었다. 이누카이 츠요시는 혁명파(革命派)와 보황파(保皇派)[7] 두 파의 화해를 중재했던 인물이다. 그리고 가와시라도 두 파의 화해를 유도하기 위해 중재자 역할을 했었다. 때문에 이 서신들은 19세기 말부터 20세기 초까지 중국의 정국(政局)을 연구하는 데 아주 중요한 사료적 가치를 갖고 있었다. 내가 귀국한 뒤, 다나카 선생과 사에키 교수는 여러 모로 노력을 기울여 원 소장자의 동의를 받은 뒤, 사진첩의 사진들을 다시 복제하여 나에게 보내 주었다. 사람을 대함에 있어서나 일을 추진함에 있어 언제나 최선을 다하는 그의 모습에 감탄하지 않을 수 없었다.

11월 11일 저녁, 도쿄대학 학사회관(學士會館)에서는 연회(宴會)가 열렸다. 바로 일본 역사학회에서 나와 리우따녠(劉大年)을 환영해주는 자리였다. 연회는 아주 성대했고 분위기도 뜨거웠다. 이 학회의 이사를 맡고 있던 다나카 선생은 그 누구보다도 나를 세심하게 배려해 주었다. 나는 우선 미국식으로 잔과 접시부터 손에 들었다. 그러자 그는 재빨리 나에게 잔과 접시를 내려놓으라고 귀띔하더니 나를 데리고 연회장을 한

신정부 요직을 역임, "明治十四年政變"으로 하야했다. 1914년(大正3년)에 수상(首相)이 되었으며, 도쿄전문학교(東京專門學校, 현재 와세다학)을 설립했다.

5) (역자 주) 일본의 정치가(1855~1932). 1931년에 총리(總理)가 되었다. 같은 해 만주사변(滿洲事變)을 일으켜 중국 만주를 점령하고 만주국(滿洲國)을 세웠지만, 1932년 5월 15일, 청년 장교의 총에 맞아 죽었다.

6) (역자 주) 1898년에 청나라 덕종(德宗)이 채택한 변법자강책(變法自強策)을 반대하여 서태후(西太後) 등 수구파(守舊派)가 덕종을 유폐(幽閉)한 사건.

7) (역자 주) 혁명파는 청왕조를 쓰러뜨리려는 세력이고, 보황파는 입헌군주제를 주창하는 세력을 일컫는다. 청왕조 말기, 보황파보다 혁명파의 대두가 강하여 되풀이되는 혁명 세력의 봉기를 억누를 수 없었다. 결국 1911년의 신해혁명(辛亥革命)으로 중화민국(中華民國)이 성립되고 청왕조는 역사의 막을 내리게 되었다.

바퀴 돌았다. 그리고는 그 자리에 참석한 일본 학자, 그리고 몇몇 일본 유명 인사들과 일일이 악수를 나누고 명함을 교환할 수 있도록 해 주었다. 그의 도움으로 나는 연회에 참석한 모든 사람들과 인사를 나누게 되었다. 일본 사학계에 비교적 좋은 첫인상을 남긴 셈이었다. 학회장의 환영사와 리우따녠의 답사가 끝나자, 일본 학자들이 줄지어 나에게 다가와 이야기를 나누었다. 덕분에 나는 차 한 잔, 쿠키 하나 먹을 겨를도 없었다. 연회가 끝나고 나서야 나는 비로소 에토 신키치(衛藤沈吉) 등 지인들의 안내로 인근에 있는 식당에서 일본식 국밥으로 요기를 할 수 있었다. 내가 다나카 선생을 알게 된 지는 겨우 이틀에 불과했다. 하지만 극진한 보살핌과 배려에 마치 형님과 같은 느낌을 받았다.

1981년 10월 중순, 다나카 마사토시와 시마타 켄지(島田虔次), 그리고 노자와 유타카(野澤豊) 등 일본의 저명한 역사학자들은 베이징(北京)을 거쳐 우한(武漢)에 와서 '신해혁명 70주년기념 국제학술대회'에 참석하였다. 마침 후성(胡繩)은 얼마 뒤 단체를 이끌고 일본을 방문할 일정이 있었다. 그래서 그는 나에게 회의 중간에 시간을 봐서 일본 학자들과 만날 수 있는 자리를 부탁했다. 내가 후성(胡繩)의 의향을 전달하자 그들은 신속하게 움직였다. 얼마 뒤 그들은 회의장 입구에 두 줄로 가지런히 서서 우리를 기다리고 있었다. 가장 앞에 서 있던 사람이 바로 우람한 체구의 다나카 마사토시 선생이었다. 나는 일본 학자들이 흠모해 마지 않던 후성을 차례로 그들에게 소개해 주었다. 이때의 만남 때문에 그 해 11월 도쿄에서 열린 '신해혁명 70주년 기념 국제학술대회'에 참석했을 때, 우리와 일본 학자들은 마치 오래된 친구처럼 스스럼없이 대할 수 있었다. 물론 여기에는 다나카, 시마타, 노자와 등 선배 학자들이 기울인 숨은 가교의 노력도 분명 한몫 했을 것이다. 그들은 1930년대에 벌써 후성의 이름을 알고 있었다. 후성과 루쉰(魯迅)을 같은 연배(年輩)의 인물(사실 후성은 그때 겨우 열예닐곱 살밖에 안 되었다)로 착각할 정도로 후성을 존경하고 있었다.

그 후 10여 년 동안 나는 일본을 다시 방문하지 않았다. 하지만 다나카 선생 등 여러 일본 지인들과의 교류는 계속 이어지고 있었다. 우리는 늘 서신을 주고받거나 학술 논문이나 저서를 주고받았다. 그리고 서로가 소개해준 젊은 학자들을 힘껏 도와 지도해 주기도 하였다.

1993년 여름, 미국에 있던 나는 타이베이(臺北)에서 학술 강연을 하게 되었다. 나는 타이베이로 가는 도중 두 달 남짓 도쿄에 머물렀다. 거기서 다시 다나카 선생과 만날 수 있었다. 그는 여전히 열정적이고 활력에 차 있었다. 내가 일본에 머무는 동안, 그는 우리 부부를 여러 모로 보살펴 주었다. 타이베이로 떠나기 전날, 갑자기 날씨가 나빠졌다. 비교적 큰 태풍이 올라오고 있다는 일기예보도 있었다. 다나카 선생은 우리가 걱정되었는지 빗속에 호텔까지 찾아와 여러 가지 안전수칙에 대해 상세하게 알려 주었다. 그리고 특별히 그의 노작(勞作)인『전쟁, 과학 그리고 사람』의 중역본을 선물로 주었다. 이튿날, 예보대로 광풍이 몰아치고 폭우가 쏟아졌다. 어렵사리 서둘러 공항에 도착했지만 비행기는 제시간에 뜰 수 없었다. 할 수 없이 몇 시간을 타이베이정치대학(臺北政治大學) '학원(學苑)' 게스트하우스에서 기다릴 수밖에 없었다. 나는 다나카 선생이 준 그 책을 꺼냈다. 그 책을 통해 나는 비로소 그의 진정한 내면세계를 깊이 이해할 수 있었다.

그 책에는 자신이 몸소 겪은 전쟁을 바탕으로 전쟁에 대한 깊은 반성이 담겨 있었다. 그는 제2차 세계대전의 경험을 '전쟁 체험'과 '전장(戰場) 체험'으로 구별한 뒤, 고급 장교와 전선(戰線) 장병과 일반 국민, 그리고 침략당한 나라의 국민 등 다양한 입장에서 전쟁을 통찰했다. 그는 후방과 사령부의 고급 장교들은 비록 전쟁에 참여하여 지휘했지만, 전쟁 체험에서 가장 잔혹한 부분인 '전장 체험'은 해보지 못했음을 지적했다. 그럼에도 불구하고 전쟁이 끝나자 그들은 '전쟁 기억'에 대한 여러 담론들을 쏟아냈다. 거기엔 "일말의 반성도 없는 거짓으로 가득 차 있었다." 그들은 또한 일본의 여타 통치자들과 마찬가지로, "공개적인 석상에서 늘 뻔뻔스럽게도 책임을 무시한 채 '과거의 불행한 역사'라는 식의 객관식 화법(話法)으로 세인들을 농락하고 있다." 이에 다나카 선생은 날카롭고 엄숙한 어조로 다음과 같이 지적했다.

"이 세상에서 나쁜 일을 저지르고서도 군자인 양 자처하는 것보다 더 위선적이고 비열한 것은 없다."

다나카 선생의 전쟁에 대한 반성은 결코 정부와 군대의 전쟁 책임자에 국한되지 않았다. 더 나아가 일본 민족의 고질적이면서도 저열한 근성에 대한 반성으로 이어졌다.

"근대 일본인이 아시아 각 민족에 대해 가했던 억압과 박해는 결코 '다른 민족에 대한 가해'와 같이 단순한 문제가 아니다. 그것은 우선 일본인 자신의 내적인 인성이 더럽혀진 역사적 산물이다. 지금 문제가 되고 있는 '난징 대학살'도 타락하고 퇴폐해진 일본 민족의 인성이 낳은 하나의 결과일 따름이다. 문제는 근본적으로 일본인 자신에게 있는 것이다."

역사학자로서 그는 또 다음과 같이 강조하였다.

"역사는 바로 인간의 역사이다. 완전히 추상화된 역사는 있을 수 없다. 사람은 역사의 주체로서 의지와 목적에 의해 행동한다. 그렇기 때문에 주위의 사람들에게 참화(慘禍)를 가져다 줄 수도 있고, 반대로 행복을 가져다 줄 수도 있다. 이것이 바로 역사이며 이러한 과정 속에서 역사적 주체의 책임과 반성이 생겨나게 된다."

이러한 인식을 가지고 있었기 때문에 그는 일본의 일부 역사학자들이 가진 문부성(文部省) 교과서 문제에 대해 극도의 불만을 품고 있었다. 뿐만 아니라 그 속에는 깊은 자책도 담겨 있었다.

"시각을 바꾸어 말하자면, 과학적 진리 이외의 어떤 것에도 구속되어서는 안 될 우리가 '검정 제도(檢定制度)'의 규제로 말미암아 자신의 의지와 다르게 교과서 집필을 맡거나 교육에 종사 하면서 지금까지 같은 길을 답습해 오지 않았는가! 만약 우리가 문부성의 이런 '역사관'에 또 다시 굴복한다면, 역사 교육자로서 혹은 연구자로서의 사회적 책임을 포기하는 것이 될 것이다. 뿐만 아니라 아시아 각 나라 국민들과 미래의 일본 국민들에게 본의 아니게 다시 한 번 가해자가 되는 것이다."

다나카 선생은 1986년 12월 신슈대학(信州大學)에서 개최된 '나가노현(長野縣) 과학자 평화회의'에서 같은 제목의 논문8)을 발표했다. 그것은 바로 자신이 오랫동안 품어온 진정어린 반성의 결과물이자, 전체 일본 민족의 참된 반성을 호소하는 선언문(宣言文)이었다. 다나카 선생이 호소하는 '반성'이란 사실상 '인성(人性)'의 발현으로서, 그것은 일본이나 아시아를 넘어 인류 전체에 해당되는 것이었다. 논문의 결론 부분에서 그는 다음과 같이 말하였다.

"내가 보기에, 오늘날 전쟁 체험을 이야기할 자격이 있는 사람은 단지 전후(戰後)인 지금 평화를 위해 끊임없이 노력하고 있는 사람들뿐이다. 이러한 노력은 하지 않고, 전쟁 체험에 관한 공리공담만 늘어놓는 것은 전쟁 희생자들에게 절대 용납되지 않을 것이다."
"과학의 발전 여부가 중요한 것이 아니다. 왜냐하면 과학도 문학예술과 마찬가지로 사람이 주체가 되기 때문이다. 그러므로 우리는 반드시 다음과 같은 결론에 이르러야 한다. 즉, 이 세상에서 가장 중요한 것은 '인간'의 '인성'이다."

이 책을 다 읽고 난 후, 나는 다나카 선생의 인격이 그의 우람한 체구처럼 비범하다는 것을 새삼 깊이 느끼게 되었다.

---

8) (원저자 주) 저서 『전쟁, 과학 그리고 사람(戰爭·科學·人)』의 바탕이 된 논문.

1994년, 나는 대만에서 대륙으로 돌아왔다. 그리고 다나카 선생과도 예전처럼 자주 연락을 주고받았다. 아마 그해 가을 무렵인 것 같다. 나는 출장차 베이징에 가서 베이징사범대학(北京師範大學) '동문회초대소'에 머물고 있었다. 한번은 유학생 식당에 식사하러 갔다가 뜻밖에도 다나카 선생 부부와 만나게 되었다. 알고 보니, 그는 베이징사범대학의 초청으로 학술강연을 하러 와 있었다. 오랜만에 만났으니 당연히 하고 싶은 이야기가 많았다. 게다가 다나카 선생이 곧 일본으로 돌아간다고 하니, 서둘러 주말에 저녁 식사를 같이 하기로 약속했다. 그런데 주말이 되어 약속된 시간에 식당에 갔을 때, 다나카 선생 내외의 모습이 보이지 않았다. 나는 다나카 선생이 얼마나 약속을 중시하는 사람인지 알고 있었다. 그래서 다른 친구들의 요청도 완곡히 거절한 채, 구석진 식탁에 앉아 그들을 기다렸다. 과연 얼마 지나지 않아서 다나카 부부가 총총걸음으로 식당에 들어왔다. 그런데 다나카 선생의 얼굴에선 굵은 땀방울이 흐르고 있었다. 게다가 걸음걸이도 약간 불편해 보였다. 그는 연신 죄송하다며 사과를 했다. 나는 급히 괜찮다고 그를 안심시켰다. 어딘가 다리가 좀 불편해 보인다고 하자, 그제야 그는 방금 겪은 일을 말해 주었다. 알고 보니, 그들 내외는 오후에 왕푸징(王府井)에 쇼핑하러 갔었다. 그런데 돌아오는 길이 마침 출퇴근 시간대라 버스 안은 사람들로 붐비었다. 그들이 탄 버스가 베이징사범대학 정류장에 도착하자, 그들 내외는 사람들 사이를 겨우겨우 헤집고 버스에서 내렸다. 그런데 다나카 선생이 버스에서 채 내리기도 전에 그만 다른 사람에게 밀려 넘어지고 말았다. 그는 워낙 큰 체구를 가진 사람이라 넘어지면서 받은 충격도 그만큼 컸다. 그 바람에 발목을 접질렸던 것이다. 일이 이쯤 되면 당연히 병원에 가서 진찰을 받거나 아니면 휴식을 취해야만 했다. 하지만 그는 약속을 지키기 위해 고통을 참고 곧바로 식당으로 온 것이었다. 나는 그의 말을 듣고 대단히 송구스러웠다. 그러나 한편, 그의 진정성에 다시 한 번 큰 감동을 받기도 했다.

1997년 12월, 나는 도쿄에서 열린 '난징대학살 60주년 기념 국제학술대회'에 참석했다. 당시 나는 후지와라 아키라(藤原彰) 교수와 함께 중일 양국을 대표해 대회 기조연설(基調演說)을 했다. 나는 연설문의 말미에 바다 속에 깊이 잠든 한 소년 학도병이 남긴 시를 낭송했다. "왜 일본인의 죽음은 일본인만의 슬픔인가요? 왜 타국인의 죽음은 타국인만의 슬픔 인가요? 왜 인류는 같이 기뻐하고 같이 슬퍼할 수 없는 건가요?"

　　내가 인용한 이 시는 다나카 선생의 저서 『전쟁, 과학 그리고 사람』의 중역본 속표지에서 재인용한 것이었다. 때문에 통역을 맡은 후지이(藤井) 씨는 이 시의 일본어 원문을 찾느라 바빴다. 결국은 찾지 못해 다나카 선생의 도움을 청할 수밖에 없었다. 대회 전날 자정이 넘은 시간이었지만, 다나카 선생은 일본어 원문을 찾아주는 한편, 필요한 설명도 덧붙여 주었다. 다음 날, 나의 연설이 끝나고 통역이 이 시를 낭송할 때, 회의장은 이상하리만치 깊은 정적에 빠졌다. 나와 통역의 눈은 모두 촉촉하게 젖었고 목소리도 잠겼다. 강단 아래에서 말없이 듣고 있던 청중들의 눈에서도 눈물이 흘렀다. …… 잠시 뒤, 회의장은 박수 소리로 가득 채워졌다. 그 소리는 한참 동안이나 지속되었다. 마치 뜨거운 파도가 나를 덮쳐 오는 것만 같았다. 나는 목이 메어 입을 열 수가 없었다. 그저 거듭 허리를 굽혀 인사하는 것으로 수많은 청중들의 호응에 화답하는 수밖에 없었다. 바로 그 시각, 나는 다나카 선생이 또 내 곁에 함께 있는 것만 같았다.

　　2002년 봄, 다나카 선생은 우편으로 그의 새 저서 『전쟁 중과 전쟁 후(戰中戰後)』[9]를 보내 주었다. 나는 그의 귀중한 업적들을 중국 독자들에게 더 많이 소개해 주어야겠다고 생각했다. 그리하여 어떤 방식으로 이 책의 중문판을 출판할 것인지에 대해서 뤄푸훼이(羅福惠) 교수[10]와

---

9) (원저자 주) 다나카 선생이 나에게 보내 준 것은 이 책의 개정 증보판이었다.

10) (역자 주) 중국 화중사범대학교 역사문화대학 교수, 1945년생. 전공 분야는 중국근대사.

의논하였다. 그리고 나는 다나카 선생의 의향을 물었다. 다행히 그는 흔쾌히 동의하면서 아래와 같이 답신을 보내왔다.

"2002년 4월 18일, 보내 주신 서신을 잘 읽어 보았습니다. 장(章) 선생님의 변치 않는 우정과 저의 졸저(拙著)에 대한 높은 평가는, 평생토록 마음속 깊은 곳에 새겨 둘 것입니다. 선생님께서 (본인의) 졸저에 대한 깊은 이해를 바탕으로 번역 출판하여 중국을 비롯한 아시아의 모든 사람들에 대한 저의 두터운 정을 전달하시겠다고 하니, 이는 참으로 다행스럽고도 영광스러운 일이 아닐 수 없습니다."

우리는 이 책의 중문판을 출판하여 다나카 선생의 팔순 생신을 축하해 주고 싶었다. 1979년에 처음 친분을 맺은 이래, 우리는 시종일관 중일 양국의 사학(史學) 교류의 촉진을 위해 힘써 왔다. 뿐만 아니라 역사의 진실을 지키고 군국주의사관(軍國主義史觀)을 반대하며 전 세계의 정의와 평화를 추구하기 위해 함께 힘을 모았다. 단지 이 사실만으로도 나는 내 인생의 큰 위안을 느낄 수 있었다. 일본 사학계의 지인 중에는 다나카 선생처럼 정직하고 성실한 사람들이 많이 있다. 이미 고인이 된 시마타 켄지(島田虔次) 선생은 전시(戰時)에 병역을 거부하기 위해 칭다오(靑島)로 도망 와 공부에 전념했었다. 노자와 유타카(野澤豊) 선생은 자신의 친구들이 중국 침략전쟁에 참여한 것에 대한 깊은 유감을 표현하기 위해 우리 학교에 대량의 서적을 기증했고 장학금도 지급했다. 고지마 요시오(小島淑男) 선생은 문부성(文部省)에서 간행한 교과서에 대해 항의를 했다는 이유로 총알이 든 협박 편지를 받기도 했다. …… 그러기에 나는 책상 앞에 홀로 앉아 글을 쓸 때마다 전혀 고독하지 않다. 항상 세계 각지의 지인들이 나와 함께 싸우고 있다는 느낌 때문이다.

－이 글을 완성한 후, 얼마 지나지 않아 다나카 마사토시 선생께서 병사(病死)하셨다는 비보(悲報)를 접하게 되었다. 일본에서 교편을 잡고 있는 자오쥔(趙軍) 선생의 말에 의하면, 가족들이 다나카 선생이 남겨 놓은 문서들을 정리하다가, 임종을 앞두고 쓴 한 통의 편지를 발견했다고 한다. 그 편지에서 선생은 저서『전쟁 중과 전쟁 후』의 중문 번역 작업에 대해 언급하며 정확하고 엄밀한 번역이 되도록 힘써 줄 것을 부탁하고 또 그러기 위해서는 적어도 삼년의 시간이 필요할 것 같다고 하셨다. 그러나 안타깝게도 그는 이 책의 중문판 출판을 끝내 볼 수 없게 되었다. －

제3장

이시다 요나코 여사와 함께

길은 달라도 같은 목적을 가진 동지

이시다 요나코(石田米子) 여사는, 내가 높이 평가하는 일본 여성학자 중 한 분이다. 내가 그녀를 처음 알게 된 것은 1979년 늦가을이었다. 그 해 11월 7일, 미국에 머물던 나는 초청을 받아 일본을 방문하게 되었다. 10일 오후 3시, '도쿄신해혁명연구회'의 동인들은 에치세이(江知聖)라는 일식집에서 환영회와 정기총회를 가졌다. 회의에 참석한 학자들로는 이치코 쥬죠(市古宙三), 노자와 유타카(野澤豊), 기쿠치 다카하루(菊池貴晴), 후지이 쇼죠(藤井昇三), 쿠보다 분지(久保田文次), 고지마 요시오(小島淑男) 등이었다. 그리고 유일한 여성 학자로 이시다 요나코 여사(石田米子)도 자리를 함께 했다. 마침 그녀의 연구 분야는 나와 공통되는 부분이 있었다. 자연스럽게 그녀는 내가 가장 먼저 교류를 시작한 일본 학자 중 한 사람이 되었다.

이시다 요나코 여사는 1960년 도쿄대학 사학과를 졸업한 뒤, 가나가와대학(神奈川大學)과 간토학원(關東學院)에서 전임강사(專任講師), 오카야마대학(岡山大學)에서 조교수(助敎授)와 교수를 차례로 역임했다. 그녀는 『세계역사문화총서(世界歷史文化叢書)』중 제20권인 『중화제국의 붕괴(中華帝國的崩壞)』의 편찬 작업에 참여하기도 하였다. 주요 논저로는, 『신해혁명 시기의 민중운동(辛亥革命時期的民衆運動)』(1972년), 『중국의 혁명-농민투쟁역사(中國的革命-農民的鬪爭歷史)』(1974년)가 있다. 그녀는 1978년 '중국연구소' 대표단의 부비서장 신분으로 중국을 방문한 적이 있다. 현재 '일중(日中) 우호교류'의 촉진을 위해서 활발하게 활동하고 있는 사람 중 한 분이다.

에치세이에서의 모임은 저녁 9시가 되어서야 겨우 마칠 수 있었다. 저녁 식사시간을 포함하여 꼬박 6시간 동안이나 지속되었다. 회의가 그렇게 길어진 데는 회의에 참석한 신해혁명 연구자들이 서로 다른 학술적 견해를 갖고 있었기 때문이다. 이치코 쥬죠 선생은 '신사운동설(紳士運動說)'을 주장했는데, 이 관점은 구미(歐美)의 여러 학자들과 궤를 같이하고 있었다. 신해혁명을 '자산계급(資産階級) 혁명'으로 보는 노자와 유타카 선생과 기쿠치 다카하루 선생의 견해는 우리 중국학자들의 관점과도 유사했다. 또한 신진학자들을 대표하는 이시다 요나코 여사와 고지마 요시오 선생은 '공농 군중(工農群衆)'이 바로 신해혁명의 주체라고 주장하였다.[1] 이렇게 견해가 서로 다르다 보니 나의 연설[2]이 끝난 뒤, 연구자들 사이에 치열한 논쟁과 많은 질문이 오고갔다. 그 와중에서도 신사적 멋이 풍기는 사람은 그래도 이치코 쥬죠 선생이었다. 그는 여러 사람들로부터 학술적 비판을 받았지만, 시종 미소를 머금고 말을 아꼈다. 이번 논쟁을 통해 우리는 서로에 대한 깊은 이해를 할 수 있었다. 또 이를 계기로 나와 '도쿄신해혁명연구회'는 20여 년이 넘도록 좋은 인연을 유지하고 있다.

에치세이에서의 모임 이후 나와 이시다 요나코 여사가 만날 수 있는 기회는 그리 많지 않았다. 1981년 베이징과 도쿄에서 각각 한 차례씩 개최된 '신해혁명 국제학술대회' 때 서로 만난 이후 우리는 줄곧 만날

---

1) (원저자 주) 교토(京都)의 하자마 나오키(狹間直樹) 선생의 관점도 이와 비슷하다.
2) (원저자 주) 연설 제목은 「신해혁명 연구에 대한 몇 가지 문제(關於辛亥革命研究的若干問題)」이었다.

기회를 잡지 못한 채 서신으로만 연락을 유지하고 있었다. 그러다가 2000년 12월, 나는 간사이(關西) 지역을 방문하게 되었다. 마침 첫 번째 강연 장소가 오카야마(岡山)로 잡혀 있었다. 나는 이번에는 분명 그녀와 재회할 수 있을 거라 확신했다. 하지만 뜻밖에도 우리는 눈앞에서 그 기회를 놓치고 말았다. 내가 회의장에 들어서자 어떤 일본 여사가 다가왔다. 그녀는 이시다 요나코 여사가 나에게 보낸 팩스를 전해 주었다. 팩스 전문은 다음과 같았다.

장카이웬(章開沅) 교수님께

안녕하십니까! 교수님께서 제가 있는 이곳 오카야마(岡山)에 오셔서 강연을 하신다는 소식을 듣고 저는 무척 기뻤습니다. 꼭 회의에 참석해 교수님의 강연을 듣고 '난징대학살' 연구 현황에 대한 가르침을 받기를 열망했습니다. 저는 오랫동안 교수님을 뵙지 못했습니다. 이번 회의는 교수님을 다시 뵐 수 있는, 정말 어렵사리 주어진 귀중한 기회라고 생각했습니다. 하지만 유감스럽게도 저는 오늘 오후 근무가 있는데다가, 저녁에는 야간열차를 타고 도쿄로 가야 합니다. 교수님께서 모처럼 이곳 오카야마에 오셨음에도 불구하고 제가 초대를 할 수 없게 되어 참으로 죄송하고 안타깝습니다.

저는 도쿄에 가서 내일부터 12일까지 열리는 '국제 여성 전범 법정(國際女性戰犯法庭)'에 참가해야 합니다. 그래서 10일 도쿄에서 전야제로 열리는 'NO MORE 난징' 집회 참석은 물론, 교수님의 강연도 들을 수 없게 되었습니다. 저는 최근 몇 년 동안 십여 차례 중국 산시성(山西省)에 다녀왔습니다. 그곳에서는 일본군의 성폭력에 관한 현지 조사를 진행했습니다. 저는 성폭력의 시각에서 '일중전쟁(日中戰爭)'의 성격을 새롭게 조명해 보고자 시도하고 있습니다. 신해혁명에 관한 연구, 특히 교수님의 고향인 저장성(浙江省)의 신해혁명에 관한 연구에 있어서, 저는 최근 몇 해 동안 별다른 성과를 내지 못했습니다. 그래서 저는 아직 내년 가을 귀국(貴國)에서 열리기로 예정되어 있는 '신해혁명 90주년 기념 국제학술대회'의 참석 여부를 결정하지 못했습니다. 왕위푸(王玉璞) 비서장의 초청을 받았지만 아직 회신을 보내지 못했습니다. 교수님께서는 분명히 그 학술대회의 기획과 준비 작업을 책임지고 계시겠지요. 그래서 아주 바쁘실 거라고 생각됩니다.

제가 저의 친구인 마에다 다카코(前田多嘉子) 씨에게 부탁하여 이 편지를 교수님께 전해 드립니다. 오늘 강연회를 준비하고, 강연회에 참석하여 교수님의 강연을 듣는 분들은 모두 저의 친구들입니다.

부디 항상 건강하시고 원하시는 일 모두 성사되시길 기원합니다!

오카야마대학(岡山大學)

이시다 요나코(石田米子) 올림

2000년 12월 7일 아침

서신에서 언급한 'NO MORE 난징' 집회에는 나도 참가할 수 없었다. 일정이 너무 빠듯해 도쿄까지 달려갈 여력이 없었던 것이다. 하지만 7일 저녁의 강연회에는 아니나 다를까 이시다 요나코 여사의 친구들이 참석했다. 나와 이시다 요나코 여사는 거의 비슷한 시기에 '신해혁명 연구'에서 '일본군 중국 침략 폭행 연구'로 연구 방향을 돌렸다. 또한 거의 같은 시점에 정의를 지키고 사악한 것을 물리치는 투쟁에 뛰어들었다. 때문에 강연 내내 이시다 요나코 여사도 함께하고 있는 것만 같았다. 이런 의미에서 우리는 길은 달라도 같은 목적을 가진 동지였다. 단지 그녀는 중국을 침략한 일본군의 성폭력에 대한 연구에 집중하고 있었고, 나는 '난징대학살'에 대한 증거 수집에 전념하고 있었을 뿐이다.

제4장

1997년의 항전-도쿄국제대회

1988년, 나는 예일대 신학대학 도서관에 소장된 '베이츠 문헌(貝德士文獻)'에서 '난징안전구역국 제위원회(南京安全區國際委員會)'와 관련된 대량의 자료를 발견하였다. 그때부터 '난징대학살'에 관한 역사 연구에 몰두해 왔다. 1995년에는 내가 쓴 두 권의 책 - 『난징 : 1937.11~1938.5』와 『난징대학살의 역사적 증거』가 홍콩(香港)과 우한(武漢)에서 잇따라 출판되었다. 이 책들이 출판된 후, 해외에서 커다란 반향을 일으켰다. 수많은 국가와 지역의 언론 매체들이 지면을 할애하여 소개하고 논평을 실었다. 하지만 중국 국내에서는 의외로 냉대를 받았다. 『난징대학살의 역사적 증거』라는 책은 나로서도 분명히 이해하기 어려운 이유로 하마터면 사장될 뻔 했다. 결국 '노총장(老總長)'의 체면을 봐서 출판이 성사되긴 했지만 겨우 2,000여 부밖에 찍지 않았다. 게

『난징대학살의 역사적 증거』 표지

다가 종이의 질과 인쇄 수준이 많이 떨어졌다. 이전에 홍콩(香港)의 출판사에서 그림과 사진을 곁들여 크고 정교하게 디자인된 책과는 큰 차이가 났다. 그런 점에서 『광명일보(光明日報)』 우한 주재 기자인 시아페이(夏斐) 씨가 참으로 고맙다. 유독 그만이 열정적으로 나와 나의 책에 관해 전문 보도를 해주었기 때문이다. 유감스럽게도 그의 보도가 나간 후에도 국내 기타 매체에서는 별다른 반응을 보이지 않았다. 나는 화중이공대학(華中理工大學)[1], 우한대학(武漢大學), 화중사범대학(華中師範大學) 등의 수많은 학생들에게도 감사의 마음을 전하고 싶다. 그들은 나에게 특강을 부탁하는가 하면, 긴 줄을 서서 내가 사인한 책을 사기도 하였다. 다행히도 수천을 헤아리는 대학생들의 이와 같은 지지와 성원이 있었기에 내 마음의 곤혹감과 고독감을 지울 수 있었다.

지난 몇 해 동안, 나는 해외에서 수많은 동지(同志)들과 함께 역사의 진실을 수호하는 성스러운 사업에 몸담았다. 그리고 '난징대학살'의 피해자들을 위해 정의를 되찾고 배상금을 청구하는 일에 정력을 쏟아 부었다. 그런데 중국으로 돌아오면 아이러니하게도 냉대와 의심의 눈초리를 한 몸에 받아야만 했다. 내가 무엇을 잘못했을까? 내가 한 일이 아무런 의미도 없단 말인가? 나는 수많은 시련을 겪어온 중국학자로서, 그 어떤 일에 대해서도 절대로 쉽게 믿지 않는다. 반면 한번 가진 신념에 대해서는 더욱 포기할 줄 모르는 사람이었다. 그리하여 나는 중국 내 이런 상황에 개의치 않고 끈질긴 집념과 인내로 여전히 '난징대학살' 연구에 정진하였다. 그리고 일본 우익 세력의 끊임없는 도발에 날카롭게 맞서 싸웠다. 남이 알아주기 바라는 마음보다는 그저 마음 한 구석의 안정을 바랄 뿐이었다.

세상일이란 때가 되면 운세가 트이는 법인가 보다. 1997년, 국제 정세에 미묘한 변화가 일어났다. 이 변화에 힘입어 '난징대학살' 연구도 갑자

---

1) (역자 주) 현 화중과기대학(華中科技大學)의 전신.

기 국내외 핫이슈로 부상하였다. 이러한 변화가 일어난 데는 여러 가지 원인이 있겠지만, 그 중 한 가지 분명한 것은 그해가 마침 난징대학살 60주년이 되는 해였다는 점이다. 나는 일찌감치 오랫동안 매장되어 있던『베이츠 문헌』을 세상에 공개했었다. 그리고 '난징대학살'의 역사적 진실을 해명하기 위해 영문으로 된 대량의 증거를 제공하였다. 뿐만 아니라 '난징안전구역국제위원회'의 외국 인사들의 공헌에 대해서도 매우 긍정적인 평가를 내린 바 있다. 이 때문에 나는 수많은 언론 매체들로부터 인터뷰 요청을 받았다. 특히 신화총사(新華總社)에서 1,000여 자에 달하는 특집 기사가 나가자 전 세계 100여 개 국가와 지역의 신문사에서 앞다투어 소식이나 논평을 개재하였다. 그동안 내가 이룩한 학술적 성과에 대한 언론의 취재 열기는 한층 더 뜨거웠다. 하지만 역사 연구란 어디까지나 외로운 문자 작업이다. 꽃다발이나 박수갈채가 없이도 적막과 청빈(清貧)함 속에서 묵묵히 나아가는 것이 바로 역대 진정한 역사학자들이 지켜온 참모습이었다. 나처럼 보수적인 사람들은 일단 떠들썩한 분위기에 휩싸이게 되면 도리어 불편하고 어찌할 바를 모르게 된다. 그런데 당시 언론은 나로 하여금 본의 아니게 그런 상황으로 끌고 들어갔다. 특히 건국절(建國節)이 지나서부터는 상황이 더욱 심각해졌다. 전국 각지에서 신문 기자들이 몰려오고, 집안의 전화기와 팩스기는 온종일 쉴 틈 없이 울렸다. 설상가상으로 내가 책임을 맡은 역사연구

신문 스크랩1

소[2])가 중점기지(重點基地)[3])를 신청하는 바람에, 몸이 열 개라도 모자랄 지경이었다. 밤낮으로 눈코 뜰 새 없이 몰아치다 보니, 나는 한때 혈압이 220/110까지 올라가기도 하였다. 사실 그때 나는 일본 측의 초청으로 '난징대학살 60주년 기념 국제대회'에 참석하여 기조 강연을 하기로 되어 있었다. 그런데 상황이 이렇다 보니 출국 준비할 여력도 없었다.

---

2) (역자 주) 전 화중사범대학교 역사연구소. 현재 명칭은 화중사범대학교 중국근대사연구소(中國近代史研究所). 중국 교육부 인문사회과학 중점연구기지(敎育部人文社會科學重點研究基地)로 선정되어 있다.

3) (역자 주) 중국 교육부 인문사회과학 중점연구기지의 약칭.

신문 스크랩2

신문 스크랩3

다음은 출국 전 노트에다 적어 놓았던 간단한 기록들이다.

12월 1일 (월요일)

오전에 사무실에 가서 잡무를 처리하고 후베이텔레비전 방송국(湖北電視台) 인터뷰 준비를 했다. 오후에는 『실재필기(實齋筆記)』의 최종 교정지를 교열했다. 저녁에 베이징에서 전화로 일본 갈 비자가 아직 안 나왔다고 알려 주었다. 그리하여 급히 팩스로 일본 측 초청인인 덴 히데오(田英夫) 중의원(衆議院) 의원한테 이 일을 알렸다.

12월 2일 (화요일)

오전에 후베이텔레비전 방송국에서 네 사람이 와서 '난징대학살'에 관한 인터뷰를 하였는데 점심때가 되어서야 끝났다. 오후에는 계속 『실재필기』의 최종 교정지를 교열했다.

12월 3일 (수요일)

오전에 백화점에 가서 출국할 때 입을 옷가지들을 샀다. 오후에 베이징에서 일본 비자가 나왔다는 전화가 왔다. 『장강일보(長江日報)』와 우한텔레비전방송국(長江電視台)에서 연락이 와 금요일에 인터뷰하기로 약속했다.

12월 4일 (목요일)

시간을 내서 간사이대학교(關西大學)에서 연설할 원고를 쓰고, 프린트를 했다.

12월 5일 (금요일)

오전에 우한텔레비전방송국에서 와서 인터뷰를 했다. 『장강일보』와 『우한만보(武漢晩報)』에서도 기자가 찾아와 인터뷰를 했다. 오후에는 계속 『실재필기』의 최종 교정지를 교열했다.

12월 6일 (토요일)

왕치성(王耆生) 씨가 베이징에서 돌아오면서 나의 일본 비자를 가져왔다. 일본행 비행기 티켓을 단체로 구매하기로 했기에 난징대학살기념관에 팩스를 보냈다. 오늘, 『장강일보』와 우한텔레비전 방송국에서 『베이츠 문헌』에 관한 보도가 나갔다. 비록 방영 시간은 길었지만 정확도가 떨어졌다. 서로 기사를 먼저 내겠다고 서두르다 생긴 문제였다.

12월 7일 (일요일)

오전에 일본 방문과 관련된 자료들을 정리했다. 오후에는 신화사(新華社) 후베이 주재 기자와 인터뷰를 했다. 함께 자리한 샤오쯔핑(邵子平) 선생이 북미에서의 난징대학살 기념행사와 연구 현황에 대해 소개했다.

12월 8일 (월요일)

오전에 연구소 사무실에 나가 『실재필기』의 최종 교정지를 부쳤다. 오후에는 『장강일보』의 쇼주(小朱)가 와서 베이츠(貝德士) 박사의 사진 2장을 가져갔다. 잠시 뒤, 홍콩(香港) 『남화조보(南華朝報)』와 긴 시간 전화 인터뷰를 하였다. 이어서 신화총사(新華總社)에서 보내온 팩스를 받고 대외로 보도하는 전신(電信) 원고를 대조 확인하였다.

12월 9일 (화요일)

오전에 샤오쯔핑 선생과 함께 성서렌(省社聯)[4]에서 열린 '난징대학살 60주년 기념 좌담회'에 참석했다. 오후에는 일본의 TBS방송국, 그리고 『중문시보통신사(中文時報通訊社)』와 연속으로 전화 인터뷰를 했다. 짐

---

4) (역자 주) 후베이성 사회과학계연합회(湖北省社會科學界聯合會)의 약칭.

을 챙기고 있는데『베이징청년보(北京青年報)』에서 또 전화 인터뷰를 요청했다.

12월 10일 (수요일)

오전에 중앙국제방송국(中央國際廣播電台)과 전화 인터뷰를 했다. 잠시 뒤 장쑤인민출판사(江蘇人民出版社) 양(楊) 부편집장이 전화를 걸어 원고를 예약하고, 우한에서 면담하기로 약속하였다. 10시 20분에 공항으로 떠났다.

보다시피 12월 상순은 그야말로 정말 정신없이 보냈다. 공항에 나가기 몇 분 전까지도 전화기를 붙들고 있었으니 말이다.

12월 10일 오후 1시30분에 상하이에 도착했다. 이튿날 오전 동경으로 가기위해 둥팡항공(東方航空) 호텔에서 하룻밤을 묵었다. 호텔방에 들어가 짐도 풀기 전에 누군가 문을 두드리는 소리가 들렸다. 문을 열고 보니 낯선 두 사람이 서 있었다. 방을 잘못 찾은 것이 아닌가 하고 있는데, 그쪽에서 먼저 예절 바르게 나한테 물었다.

"실례지만 혹시 장카이웬(章開沅) 선생님 아니신가요?"

내가 좀 당황스러워하자 그들은 얼른 명함을 건네주며 자기들은 일본 TBS 상하이지부의 책임자와 베테랑 기자라고 신분을 밝혔다. 알고 보니 이들도 '난징대학살'에 관한 인터뷰를 하러 온 것이었다. 그들은 유감 섞인 어조로 말하였다.

"저희들은 원래 공항 출구에서 선생님을 마중하여 TBS로 모시고 가, 잠깐 휴식을 취한 후 인터뷰를 하려고 했거든요. 그런데 뜻하지 않게 눈앞에서 선생님을 놓치고 말았습니다."

신문 스크랩4   신문 스크랩5

신문 스크랩6

신문 스크랩7

그들은 아마 내가 대학교 총장 출신이고, 나이도 일흔이 넘었으니 당연히 수행 인원이 있을 거라고 생각했던 모양이다. 그런데 내가 혼자서 캐리어를 밀고 총총걸음으로 공항을 빠져 나왔으니 그럴 법도 하였다. 그들은 과연 베테랑 기자다웠다. 인터뷰는 아주 순조롭게 마무리되었다. 먼 길을 나서야하는 나의 입장을 배려하는 그들의 마음을 읽을 수 있었다. 저녁에는 화이위(懷玉) 씨가 집에서 전화를 걸어 와, 홍콩무선텔레비전방송국(香港無線 電視台)에서도 우한으로 찾아와 인터뷰를 하고 싶어 한다고 전해 주었다. 나는 쓴웃음이 저절로 나왔다. 물론 인터뷰 요청은 완곡히 거절했다.

12월 11일(목요일) 오전 9시 10분, 우리가 탄 둥팡항공 비행기가 하늘을 날기 시작했다. 그리고 일본 시간으로 12시 40분, 나리타(成田)공항에 도착했다. 대회 사무국장인 가미힌 사도시(上彬聰) 선생이 직접 공항으로 마중을 나왔다. 같은 비행기로 도착한 일행 중에는 중국제2역사기록보관소(中國第二歷史檔案館)와 장쑤성 사회과학원(江蘇省社會科學院)의 대표, 그리고 난징대학살의 피해자 우쩡시(伍正禧) 씨가 있었다. 우리가 투숙한 호텔은 고오우라쿠호텔(後樂賓館)이었다. 그곳은 내가 1993년 여름에 이용했던 곳이라 주위 환경이 비교적 낯설지 않았다.

환영 만찬은 사실상 대회 발표 준비를 위한 회식이나 다름없었다. 나를 비롯해 우쩡시 씨, 순짜이웨이(孫宅巍) 씨, 후쥐룽(胡菊蓉) 씨 등 발표를 맡은 사람들과 통역을 맡은 몇 사람이 모여서 발표 원고에 나오는 단어나 구절에 대해 번역 방법을 토론했다. 나의 기조강연 통역을 맡은 가노 유미코(鹿野裕實子) 씨는 중국인 유학생이었다. 원래 성(姓)이 이(李) 씨였는데, 일본인 남편과 결혼한 뒤 남편의 성을 따랐다. 듣기로 그녀는 수준 높은 통역사였다. 그리고 나의 학술보고 통역을 맡은 후 지이(藤井) 씨는 중국사(中國史) 전공 박사 과정을 다니고 있는 젊은 아가씨였다. 그녀의 중국어 실력도 만만치 않았다. 나는 기조강연 원고 말미에 바다 속에 고이 잠든 한 소년 학도병(일본의 노학자들은 "海神의 一代"라고 부름)이 남긴 시를 인용하였다.

"왜 일본인의 죽음은 일본인들만의 슬픔인가요? 왜 타국인의 죽음은 타국인들만의 슬픔인가요? 왜 인류는 같이 기뻐하고 같이 슬퍼할 수 없는 건가요?"

이 짧은 시는 그가 탄 배가 연합군의 폭격을 맞아 침몰되기 전에 쓰여진 것이다. 후지이 씨와 가노 유미코 씨는 모두 이 시가 감동적이라고 했다. 그렇지만 중국어 역문을 다시 일본어로 번역하게 되면 원래의 뜻을 살리지 못할 수도 있으니 차라리 일본어 원문을 바로 쓰는 것이 좋겠다고 입을 모았다. 당시 나는 일본어 원문을 가지고 있지 않았다. 부득불 시 원문의 원래 인용자(引用者)인 도쿄대 다나카 마사토시(田中正俊) 교수한테 도움을 청할 수밖에 없었다. 후지이 씨는 자기가 곧 돌아가 연락을 취해 보겠다고 나섰다.

호텔에 돌아온 후, 도쿄 중문판 『시보(時報)』의 기자 쉬징보(徐靜波) 씨가 찾아와 인터뷰를 하였다. 그는 나의 연구에 각별한 흥미를 가지고 있었다. 나의 연구 업적을 시리즈로 만들어 소개하고, 『난징대학살의 역사적 증거』의 일부 장절을 발췌해 신문에 전재하겠다고 하였다. 이야 기가 길어지는 바람에 나는 자정이 넘어서야 잠자리에 들 수 있었다.

12월 12일(금요일) 오전, 시간적 여유가 좀 생겼다. 나는 처음 일본을 찾은 난징 친구들을 위해 가이드를 자청해 함께 산책을 나갔다. 누군가 근심어린 표정으로 이렇게 물었다.

"안전에는 문제가 없겠지요?"

나는 문제없다고 대답했다. 나는 1988년 '북미주대일본배상금청구회' 에 참가한 이래 끊임없이 '난징대학살' 문제에 관해 공개적으로 일본군 국주의를 비판해왔다. 또 혼자 몸으로 여러 차례 일본에 다녀왔다. 하지 만 한 번도 신변의 안전을 위협 받은 적이 없었다. 우쩡시 씨는 여든을 바라보는 나이에다 처음으로 출국을 했고, 또 국제대회에서 일본군의 '난징대학살' 만행을 성토하게 되었는지라 자못 흥분되어 있었다. 우리 는 그에게 충분한 휴식과 안정을 권유했다.

그날 오후, 가미힌 사도시 씨가 차로 우리들을 '일본국회의원회관'까지 데려다 주었다. 우리는 덴 히데오(田英夫) 중의원(衆議院) 의원의 사무실에 서 기자 회견을 가졌다. 회견장은 기자들로 꽉 차 있었다. 기자 회견에서는 주로 발언은 라베(John Rabe) 선생의 외손녀인 라인하르트(Ursula Reinhardt) 부인과 우쩡시 씨가 했고, 가미힌 사도시 씨가 그들을 도와 기자들의 질문 에 답하였다. 나와 라인하르트 부인의 만남은 이번이 처음이었다. 그녀는 내가 베이츠 교수의 학생이라는 것을 알고는 매우 반가워하였다. 일본군 이 난징을 점령한 당시, 그녀는 난징에서 외조부와 함께 살면서 여러 번 베이츠 교수를 뵌 적이 있었다. 뿐만 아니라 그녀는 베이츠 교수와 외조부 라베를 비롯한 외국 사람들이 난징의 난민구제 사업에 종사한 사실도 알고 있었다. 그녀는 자기의 남편을 소개해 주었다. 우리는 '난징대학살'

1997년 12월 12일, 도쿄에서 진행된 기자 회견에서 라베의 외손녀가 『라베 일기』에 관한 상황을 소개하고 있다(오른쪽 첫 번째가 대만학자 리우차이핀)

의 역사적 증거를 찾아 온갖 노력을 기울여 온 동지로서, 함께 기념사진도 남겼다. 기자 회견 날, 작은 에피소드가 하나 있었다. 기자 회견장에서 나에게는 지정 발언이 배정되지 않았다. 그래서인지 가미힌 사도시 씨는 나에게 『아카하타(赤旗報)』5)의 특별 취재에 응해주실 수 있겠냐고 조용히 물었다. 나는 1979년부터 일본을 수차례 방문했지만 『아카하타』와는 한 번도 접촉한 적이 없었다. 그리고 현재 그들의 정치적 성향에 대해서도 아는 것이 없었다. 하지만 나는 가미힌 사도시 씨의 제의를 흔쾌히 수락하였다. 역사학자인 나는 정부를 대표하는 입장이 아니었고, 중국공산당을 대표하는 입장은 더더욱 아니었다. 또한 나는 외국 기자와의 인터뷰 여부는 스스로 결정할 권리가 있다고 생각하고 있었다. 가미힌 사도시 씨는

---

5) (역자 주) 일본 공산당 중앙위원회 기관 신문으로서, 일본에서 역사가 가장 오래고 발행량이 가장 많은 정당 신문이다. 일본 공산당의 당내외 선전과 조직 자금 모금 활동의 중요한 도구이다.

국회의원 휴게실에서 인터뷰를 진행할 수 있도록 별도의 배려를 해 주었다. 취재를 맡은 후루쇼 도모코(古莊智子) 씨는『아카하타』사회부 소속 기자로서, 귀엽고 영리해 보이는 젊은 여성이었다. 그녀는 내가『아카하타』를 어떻게 생각하고 있는지를 몰라 다소 조심스러워하는 눈치였다. 그래서 내가 먼저 레닌의 말을 인용해 한 마디 했다.

"「국제가(國際歌)」가 있는 곳에는 우리 동지들이 있습니다. 우리 모두 공산주의 이상을 위하여 분투하고 있는 게 아닙니까?"

이 말에 옆에서 구경하던 사람들은 모두 크게 웃었다. 그녀의 표정도 이내 밝아지면서 얼굴에 가벼운 웃음을 띠었다. 덕분에 인터뷰도 순조롭게 마칠 수 있었다. 기자회견 뒤,『아카하타』는 그녀의 특집 보도를 실었다. 신화사(新華社)[6]의 '참고소식(參考消息)'에서도 이를 곧바로 옮겨 실었다. 일부 사람들은 이것을 중국 공산당과 일본 공산당 사이의 화해의 조짐으로 받아들이기도 했다. 사실 나는 오래 전부터 구태의연한 이데올로기 논쟁에 혐오를 느껴왔었다. 두 당 사이에 어떤 새로운 화해의 분위기가 나타나고 있는지에 대해서도 전혀 아는 것이 없었다. 내 관심은 오로지 보다 많은 일본 매체를 통해 더욱 많은 일본 국민들에게 '난징대학살'의 역사적 진상을 알리는 것이었다.

가미힌 사도시 씨는 이번 대회 참가를 통해 우연히 만나 알게 된 분이었다. 나는 그가 '일본전쟁책임자료 징집회(日本戰爭責任資料徵集會)'의 사무국장으로, 이번 대회 기간 중국에서 온 우리 4명의 대표를 접대하는 일을 전적으로 맡았다는 것 외에 그에 대해 아는 것이 없었다. 그에게는 본직(역시 변호사인 것 같았음)이 따로 있었다고 하니, 이번 일은 단순히 사회봉사적 성격이 강했다. 하지만 그의 우호적인 태도와 세련되고

---

6) (역자 주) 중국의 국영 통신사. 1937년에 중국 공산당의 통신 기관으로 설립되었고, 1949년 중화인민공화국이 성립된 뒤에 베이징으로 옮겨 정식 국가 기관이 되었다.

자상한 모습은 깊은 인상을 남겨 주었다.

12월 13일(토요일)에는 신오쿠보역(新大久保驛) 부근의 로우온회관(勞音會館)7)에서 온종일 대회가 열렸다. 오전 10시 '난징대학살 60주년 기념 국제대회'가 정식으로 시작되었다. 대회 실행위원회(우리가 말하는 조직위원회에 해당함)에 참가한 단체들로는 '난징사건조사연구회', '난징대학살 60주년 전국연의회', '아시아태평양지구 전쟁희생자 추모명심회(追思銘心會)', '중국귀환자(中國歸還者)8)연의회', '중국인 전쟁피해자 배상청구회', '중국인강제노동 연구회', '역사교육자협의회', '일본전쟁책임자료징집회' 등이 있었다. 대회 실행위원회 대표직은 후지와라 아키라(藤原彰) 씨('난징사건조사연구회')가 맡았고, 부대표직은 다나카 히로시(田中宏) 씨('중국인강제노동연구회')와 아라이 신이치(荒井信一) 씨('일본전쟁책임자료징집회')가 맡았다. 대회 준비가 충분히 이루어진 관계로 로우온회관의 넓은 회의장은 청중들로 꽉 채워졌다. 그들 대부분은 일반 시민들로서 간혹 각계 인사들(우익세력을 지지하는 소수의 인사)도 포함되어 있었다. 그리고 청중 가운데는 세계 각국에서 온 사람들도 꽤 있었다. 대회는 시종 고양된 분위기 속에서 빈틈없이, 그리고 질서 있게 진행되어 나갔다. 우익세력의 도발을 막기 위해 완장을 낀 자원봉사자들이 회의장 안팎에서 경계하는 눈길로 주위를 살피고 있었다. 그래서인지 회의장에는 야릇한 긴장감이 감돌기도 하였다.

대회는 다나카 히로시(田中宏) 교수의 사회로 진행되었다. 첫 번째 순서로 귀빈으로 초대된 라인하르트 부인의 연설이 있었다. 『라베 일기(拉貝日記)』의 중문판과 영문판, 그리고 일문판이 잇따라 출간되면서 그녀는 회의장 안팎에서 가장 주목 받는 스타로 부상하였다. 그녀는 외조부의 일기 집필과 보존 및 그것을 공개한 과정에 대해 비교적 상세하게

---

7) (원저자 주) 중국의 총공회청사(總工會大樓)에 해당함.
8) (원저자 주) 일본으로 송환된 일본군 포로를 가리킴.

소개하였다. 또한 '난징대학살'에 대한 자신의 생각을 피력하였다. 그리고『라베 일기』의 중문판에 대해서는 매우 긍정적인 평가를 내린 반면, 일문판에 존재하는 문제점들, 이를테면 일기 내용이 너무 많이 삭제된 것이라거나 원문의 일부 뜻이 제대로 전달되지 못한 점 등에 대해서는 따끔한 일침을 가했다. 그녀의 연설은 꽤 길게 지속되었다. 하지만 그녀의 발언은 세상 사람들이 주목하는 '난징대학살'의 역사적 사실에 대한 증언이었으므로 여전히 많은 관심과 환영 속에 진행되었다.

다음 순서는 기조강연이었다. 나와 덕망 높은 후지와라 아키라(藤原彰) 교수가 중일 양국을 대표하여 강연을 하였다. 나의 강연 제목은「한 중국학자의 '난징대학살' 인식과정」이었다. 나는 중국 사람들이 흔히 쓰는 격앙되고 분노에 찬 성토 방식을 지양한 채, 비교적 차분하고 객관적이며 학술적인 태도로 '난징대학살'에 대한 자신의 인식 과정을 설명했다. '난징대학살'에 대해 잘 모르던 내가 '난징안전구역국제위원회'의 원본 자료들을 찾아 읽으면서 그 역사적 진상을 알게 된 과정을 차근차근 말해 나갔다. 그리고 일본군국주의자들의 포악하고 잔인한 성격이 형성된 사회적, 역사적, 그리고 문화적 근원에 대해서도 심도 있게 분석하였다. 아울러 온갖 수단으로 침략전쟁의 책임을 회피하고, 역사적 진상을 왜곡 은폐하려는 일본 우익분자들의 후안무치(厚顔無恥)한 행위를 질책했다.

　"냉혹한 현실은 우리에게 역사는 잊어서도 안 되고 뜯어고쳐서도 안 된다는 진리를 가르쳐 주고 있습니다. 저는 역사학자로서, 반드시 역사적 진실과 역사적 존엄을 수호하는 일에 앞장서야 한다고 생각합니다."

1997년 12월 12일, 기자 회견이 끝난 후, 『라베 일기』 소장자인 라베의 외손녀 라인하르트 여사, 그리고 그녀의 남편과 친절하게 이야기를 나누고 있다.

1997년 12월 13일, '난징대학살 60주년 기념 도쿄국제대회'에서 기조강연을 하고 있다.

나는 높다란 강단에 서서 빼곡히 들어앉은 일본 청중들을 마주한 채, 열심히 강연 원고를 읽어 내려갔다. 회의장은 쥐죽은 듯 조용하였다. 순간 이런 느낌이 들었다. 지금 강단에 서서 연설을 하고 있는 사람이 나 자신이 아니라, 중국의 모든 역사학자들과 국민들, 그리고 긴 세월 동안 수많은 고난을 이겨낸 위대한 조국인 듯했다. 나는 그 어떤 권한을 부여받거나 위탁받은 적이 없었다. 하지만 그 순간 내 마음은 이 강단에서 우리 민족의 정의의 목소리를 전 세계에 전달해야겠다는 생각으로 가득 차 있었다. 나는 가노 유미코 씨에게 큰 고마움을 느꼈다. 그녀는 나의 원고 내용은 물론 문장에 담긴 정서의 완급(緩急)에 대해서도 아주 정확하게 파악하고 있었다. 그녀의 빈틈없고 조리 있는 통역 덕분에 나는 강연을 완벽하게 마칠 수 있었다. 나는 비록 일본어를 모르지만 청중들의 눈빛과 반응을 통하여 그녀의 통역이 얼마나 내실이 있었는지, 또 강연자와 이국 청중들 사이의 교감을 얼마나 잘 이끌어 냈는지를 알 수 있었다. 그녀의 통역은 정확하고도 숙련되면서도 여유 있고 리드미컬하면서도 차분하면서도 우아했다. 이 모든 것이 가미힌 사도시 씨를 비롯한 대회 조직자들의 주도면밀한 일처리에서 나왔음을 느낄 수 있었다.

　마지막으로 나는 두 고인(故人)의 말을 인용하여 강연을 마무리했다. 하나는 베이츠 교수가 그 고난에 찬 시간 속에서 간절하게 호소한 한 마디, "세계에 평화를, 인류에게 자비를!"이었다. 또 하나는 바다 속에 고이 잠든 소년 학도병이 남긴 시, "왜 일본인의 죽음은 일본인들만의 슬픔인가요? 왜 타국인의 죽음은 타국인들만의 슬픔인가요? 왜 인류는 같이 기뻐하고 같이 슬퍼할 수 없는 건가요?"였다. 가노 유미코 씨가 통역을 마치고 감사의 인사말을 올린 뒤에도 청중들은 그냥 우리를 바라만 보고 있었다. 마치 나의 강연이 아직 끝나지 않기라도 한 것처럼. 하지만 다음 순간, 청중석에서 우레와 같은 박수소리가 터져 나왔다. 그 박수 소리는 내가 여러 번 허리 굽혀 인사하고 강단을 내려올 때까지 지속되었다.

1997년 12월 13일, '난징대학살 60주년 기념 도쿄국제대회'에서 나의 기조강연을 경청하고 있는 전 중국 침략 일본군 장병들

내 뒤를 이어 후지와라 아키라 씨가 강연을 하였다. 그는 외국대표에게 더 많은 시간을 내주기 위해서인지, 주최 측의 입장에서 이번 대회의 취지와 간곡한 바람에 대해서만 간략하게 언급하였다. 그리고 "귀에 거슬리는 충언으로 정곡을 찔렀다(忠言逆耳, 切中要害)"는 성어로 나의 강연을 평했다. 그의 꾸밈없고 온후한 장자(長子)의 풍모는 많은 청중의 존경을 자아냈다.

대회의 세 번째 순서는 피해자와 가해자의 증언이었다. 피해자 증언은 중국에서 온 우쩡시 씨가 했고, 가해자 증언은 일본군 사병이었던 아즈마 시로(東史郎) 씨가 했다. 우쩡시 씨는 난징 토박이로, 1937년 겨울 온 가족이 일본군에게 살해되는 참변을 당했다. 당시 열 살밖에 안된 그는 다행히 살아남긴 했으나, 몸과 마음에 크나큰 상처를 입었다. 그는 자기가 목격한 일본군의 온갖 만행에 대해 낱낱이 폭로했다. 설움이 북받치는 대목에 와서는 목 놓아 울기까지 하였다. 통역도 울고 청중들도 따라서 눈물을 흘렸다. 증언이 끝나자, 비통한 과거에 잠겨 있던 청중들은 정겨운 눈길로 우쩡시 씨를 성원해 주었다. 그리고 곧 우레와 같은 박수갈채로 그의 증언에 화답했다. 그 순간, 바싹 마른 몸으로 높다란 강단에 꿋꿋이 서 있는 노인의 모습은 고난과 재난으로 가득 찼던 중국 민족의 역사를 대변하는 상징으로 다가왔다.

계속해서 중국 침략전쟁에 직접 참가하였던 옛 일본군 사병 아즈마 시로 씨의 증언이 이어졌다. 나는 올 여름방학 때 난징대회에서 그와 필담(筆談) 형식으로 이야기를 나눈 적이 있었다. 그는 격앙된 어조로 일본군이 난징에서 저지른 대학살의 만행과 기타 곳에서 저지른 폭행들을 남김없이 폭로하였다. 그의 증언은 자신이 겪었거나 직접 보고들은 사실에 근거한 것이었다. 그는 당시 일본군이 저지른 참상은 보기만 해도 끔찍한 전대미문의 죄악이라 했다. 이루다 형용할 수 없는 상황에 대해 무거운 마음으로 뼈저리게 참회하였다. 그는 또 일본군국주의가 저지른 악행에 대해 날카롭게 비판하였다. 특히 자기를 비방하고 모함하는 일본 우익분자들의 악독한 언사에 대해 여지없이 반박하였다. 아즈마 시로 씨는 여든이라는 고령이 믿기지 않을 정도로 정정했다. 혈색이 좋을 뿐만 아니라, 행동도 민첩하고 목소리도 우렁찼다. 그 자리에서 그는 자신의 지난 죄를 뼈저리게 뉘우치는 노병(老兵)이 아니었다. 그는 이미 자아(自我)를 초월하여 정의를 넓히고 사악한 것을 성토하는 용맹한 전사로 거듭나 있었다. 그가 백발을 휘날리며 두 팔을 휘두르고 비분강개해 하는 모습에 청중들은 크게 격동되었다. 그리곤 뜨거운 박수와 큰 소리로 화답했다. 대회의 분위기는 또 다시 고조에 달했다. 그때 갑자기 청중석에서 여든이 넘어 보이는 한 노병이 벌떡 일어났다. 그는 가슴을 쭉 펴더니 군대시절 비속어를 써가며 지금까지도 침략전쟁의 죄를 뉘우치지 않는 일본 정부를 호되게 꾸짖었다.

오후에 진행된 대회 네 번째 순서는 '난징대학살'을 저지른 일본군의 범죄에 대한 책임 논의였다. 발표자로는 히토츠바시대학(一橋大學)의 요시타 유타카(吉田裕) 교수, 리우차이핀(劉采品) 전 난징자금산천문대(南京 紫金山天文台) 연구원, 장기간 독일에서 활동한 일본 언론인 가지무라 타로 (梶村太一郎) 씨 등 세 사람이었다. 가지무라 씨는 라베 가족과 친분이 있는 사이로, 이번에는 라인하르트 부부의 길동무 겸 통역으로 왔다. 주로 『라베 일기』와 관련한 보충 설명을 하였다. 대만인 리우차이핀 연구 원은 일본 유학생 출신으로 한동안 중국 대륙에 돌아와 자금산천문대에 서 일한 적이 있었다. 적극적이고 활발한 그녀는 일본의 침략 행위를 폭로하고 배상금을 청구하기 위해 동분서주 많은 의미 있는 일들을 해 왔다. 그녀는 중국어, 일본어, 영어 3개국 언어에 능통하였다. 때문에 그녀의 발언은 상당한 감화력과 호소력을 가지고 있었다. 그녀는 발언을 마치면서 청중들을 지휘하여 노래 「송화강상(松花江上)」9)을 합창했다. 그 처량하고도 묵중한 노랫소리는 사람들에게 폐허로 가득 찬 비참한 세월 을 떠올리게 했다. 이내 일본군국주의와 그것의 부활을 부추기는 역사 위조자(僞造者)들에 대한 분노로 퍼져나갔다. 그 순간, 그 자리의 모든 우호 인사들의 마음은 하나로 똘똘 뭉쳐졌다. 그리하여 무적(無敵)의 호연 지기(浩然之氣)는 회의장 안팎과 세상 밖으로 널리 퍼져 나갔다.

대회가 끝나자, 모든 참가자들은 신속히 회관(會館) 앞에 모였다. 난 징에서 특별히 제작해 온 초롱을 하나씩 들고, 긴 대열을 지어 거리에 나갔다. 일본 침략자들에 의해 처참하게 죽음을 당한 수많은 중국인 피 해자들을 추모하는 시위행진이었다. 시위대는 거칠 것 없는 기세로 여 러 갈래의 큰 길을 지나 사람들로 북적대는 번화가인 신주쿠(新宿)까지 가서야 해산되었다. 길가의 많은 행인들이 가던 걸음을 멈추고 구경하 면서 열정적인 성원을 보내 주었다.

---

9) (역자 주) 1936년 작곡가 장한후이(張寒暉, 1902~1946)에 의해 창작된 노래. '918사 변' 이후, 고향을 등지고 타향으로 떠난 중국 동북군(東北軍) 장병들의 고향에 대한 그리 움과 일본 침략자들에 대한 적개심을 잘 표현하고 있다. 이 노래는 중국의 광범한 대중 및 장병들의 항일의식을 불러일으키는 데 중요한 역할을 하였다.

12월 14일(일요일), 대회 장소가 요라미찌(永樂町) 근처에 있는 세이링회관(星陵會館)으로 옮겨졌다. 주된 대회 내용이 학술보고와 학술토론으로 되어 있었다. 그러므로 참가자가 꽤 줄긴 했지만 많은 시민들의 적극적인 참여가 돋보였다.

대회는 3개조로 나뉘어 진행되었다. 첫 번째 조에서는 우츠노미야대학(宇都宮大學)의 가사하라 도쿠시(笠原十九司) 교수, '난징사건조사연구소'의 오노 켄지(小野賢二) 씨와 내가 각각 「난징 근교(近京近郊)의 대학살진상」, 「야마다(山田) 부대의 난징대학살」, 「난징대학살과 외국인」이란 제목의 논문을 발표하였다. 두 번째 조에서는 장쑤성 사회과학원의 순짜이웨이 연구원, 일본의 사토 유타카(齋藤豐) 변호사, 중국제2역사기록보관소의 후쥐룽 연구원이 각각 「난징대학살의 규모와 인원수」, 「난징사건의 피해 상황과 국제법 위반」, 「난징대학살과 난징군사법정」이란 제목의 논문을 발표했다. 그리고 세 번째 조에서는 출판노련(出版勞聯)[10]의 선언문인 「난징대학살과 교과서 문제」 등의 보고가 발표되었다.

1997년 12월 13일 저녁. 도쿄 시위행진 출발에 앞서 일본 청년들의 모습

10) (역자 주) 출판계노동자연의회(出版界勞工聯合會)의 약칭.

1997년 12월 13일 저녁, 도쿄 시위행진 출발에 앞서.
초롱은 난징에서 특별히 제작해서 보낸 것임

가사하라 도쿠시 교수도 저명한 역사학자인 노자와 유타카(野澤豊) 교수의 학생이었다. 다년 간 줄곧 중국을 침략한 일본군의 만행에 대해 연구해 왔는데, 어느덧 호라 도미오(洞富雄) 교수, 후지와라 아키라(藤原彰) 교수의 뒤를 잇는 중진 학자로 성장했다. 그는 해마다 '난징대학살' 관련 전문 연구서를 출간할 뿐만 아니라, 역사적 진실을 수호하고 우익분자들의 궤변(詭辯)에 반격하기 위한 정의로운 투쟁에도 참여한다고 한다. 역사 전공자가 아닌 오노 켄지 씨는 별도의 직업을 갖고 있었다. 그런 그가 해마다 꾸준히 '난징대학살'에 관한 연구에 정진하는 주된 원인은 인간으로서의 양심 때문이라고 한다. 그는 일찍부터 실증적 연구를 위해 난징 곳곳을 누비고 다녔다고 한다. 신중하고도 성실한 그의 학술 태도를 엿볼 수 있다. 오노 켄지 씨와 가사하라 도쿠시 교수 두 사람의 '난징대학살' 진상에 대한 총체적 이해와 세부적인 부분에 대한 빈틈없는 진술은 청중들의 한결같은 칭찬을 자아냈다. 순짜이웨이 연구원은 '난징대학살' 연구 분야에서 상당한 권위를 가지고 있는 중국학자 중 한 사람이고,

후쥐룽 연구원은 다년간 '난징대학살'과 관련된 문헌 연구에 종사해 온 연구자이다. 그래서 '난징대학살' 사망자 수(數)에 대한 일부 일본 학자들의 질의에 대해 그들은 충분한 논거(論據)를 들어 답변할 수 있었다. 토론이 너무 진지하게 진행되는 바람에 대회는 한 시간 이상 지연되었다. 하지만 전반적으로 화기애애하면서도 원만하게 마무리되었다.

'난징대학살' 60주년을 맞는 이 때, 우익분자들도 가만히 있을 리 만무했다. 대회 첫날, 그들은 20대 가량의 선전차(宣傳車)를 동원하여 고음용 확성기로 대회의 진행을 방해했다. 그리고 시위대를 조직하여 회의장 주변을 맴돌았다. 그들은 도처에 군국주의 색채가 짙은 플래카드와 깃발을 늘어놓았다. 그 기세등등한 모습은 당장이라도 뭔가가 터질 듯한 긴장감을 주었다. 하지만 대회 조직자들은 오래 전부터 이런 상황에 익숙해져 있었다.

1997년 12월 14일, 도쿄국제대회가 끝난 뒤, 가사하라 도쿠시 교수, 난징에서 온 순짜이웨이 연구원과 함께 기념사진을 남겼다. 왼쪽 첫 번째가 순짜이웨이 연구원

그들은 회의장 주위에 경계선을 설치하여 그들이 회의장 진입을 막았다. 한편 그들의 돌발적인 도발을 방지하기 위해 경찰관들과 협력 체제를 갖추었다. 한참이 지나자, 선전차도 보이지 않고 확성기도 울리지 않았다. '군중(群衆)' 몇몇만이 질펀하게 앉아서 플래카드와 깃발을 지키고 있었다. 중간 휴식시간이 되자 나는 궁금해 나가 보았다. 회의장 밖에 늘어놓은 경계선도 어느새 자취를 감추었다. 나는 사진기를 꺼내 남아 있는 몇몇 '군중'들을 찍었다. 이상하게도 그들은 아무런 반응이 없었다. 우리를 데리고 회의장 밖으로 나온 대회 측 직원의 설명을 듣고서야 그 '비밀'을 알 수 있었다. "이 사람들은 우익분자들이 고용한 사람들입니다. 진짜 우익분자들은 벌써 집에 돌아간 지 오랩니다." 우리는 서로를 바라보며 미소를 지었다. 중국인들이 흔히 쓰는 말 중에 "이상한 것을 보고도 이상하게 여기지 않으면, (그 이상한 것은) 저절로 없어지고 만다(見怪不怪, 其怪自敗)"는 말이 있다. 바로 이런 경우라 할 수 있다.

대회 기간에 마침 '일본신해혁명연구회'가 앵극원(櫻極園)에서 송년회를 열었다. 나도 초청을 받은 터라, 저녁 시간을 이용해 모임에 참석했다. 옛 친구, 새로 만난 친구 할 것 없이 함께 모인 화기애애한 자리에서 노자와 유타카(野澤豊) 교수가 먼저 환영사를 올렸다. 그는 나의 '난징대학살' 연구에 대해 언급하면서 내가 이 분야에서 거둔 업적을 높이 평가하였다. 그런데 다나카 마사토시(田中正俊) 교수가 발언할 때 난감한 상황이 발생했다. 그는 격동된 어조로, 남들은 도쿄에서 한창 '난징대학살'에 대한 추모활동을 하고 있는데, 우리는 여기에서 술을 마시며 새해를 맞이하니 너무 죄송한 느낌이 든다고 말하였다. 나는 나의 참여로 송년회의 분위기가 망쳐지진 않을까 내심 걱정하였다. 하지만 다행히 다들 다나카 선생의 가슴에 서려 있는 말 못할 아픔을 충분히 이해하고 있었고, 게다가 '난징대학살'은 60년 전에 벌어진 일인 데다가, 두 가지 모임 또한 우연히 겹쳤을 뿐 서로 대립되는 행사가 아닌지라, 다들 즐겁게 회포를 풀다가 자정이 되어서야 흩어졌다.

대회가 끝나자 우쩡시 씨는 외지로 순회강연을 떠났다. 12월 15일(월요일), 가사하라 도쿠시 교수가 순짜이웨이 씨, 후쥐룽 씨, 그리고 나를 데리고 황궁(皇居)[11], NHK[12], 해양공원, 야스쿠니신사(靖國神社)[13] 및 원동국제군사법정(遠東國際軍事法庭) 등 역사 유적지를 참관하였다. 저녁에는 도쿄만해빈화원(東京灣海濱花園)에서 식사를 하였다. 그림 같이 아름다운 야경을 보며 담소를 나누는 재미가 이만 저만이 아니었다. 호텔로 돌아오자 『용영(龍影)』의 기자가 또 인터뷰를 하러 왔다. 그리고 『시보(時報)』의 쉬징보(徐靜波) 기자가 전화로 작별 인사를 하면서 '미국의 소리'에서 벌써 『베이츠 문헌』에 관한 기사가 방송되었다고 알려주었다.

다음 날, 나는 간사이대학교(關西大學)에 가서 초청강연을 하였다. 거기서 나는 12월 13일, 오사카 우익분자들이 대규모가 시위행진을 했다는 소식을 들었다. 시위 참가자들이 기고만장하여 여러 번 학술세미나의 진행을 방해했다는 후문이다. 보아하니 일본 우익세력의 활동 능력은 절대 가벼운 것이 아니었다.

12월 18일, 오사카를 떠나 귀국하였다. 그 뒤로 몇 주 동안 국내외 매체의 빈번한 취재로 바쁜 일정을 소화하다 보니 어느새 한 해가 마감되었다.

---

11) (역자 주) 천황이 평소에 거주하는 장소로서 지금 일컫는 황궁은 원래 궁성(宮城)이라고 불리었던 도쿄 에도성(江戸城) 옛터의 일대를 가리킨다.

12) (원저자 주) 일본방송국.

13) (역자 주) 1869년 메이지천황(明治天皇) 시절 황군(皇軍)의 혼령을 위로한다는 목적으로 세운 것이다. 이곳에는 메이지유신(明治維新) 이후 제2차 세계대전까지 11차례에 걸쳐 전몰자(戰歿者) 246만여 명의 위패가 안치되어 있다. 그중에는 태평양전쟁을 일으킨 1급 전범 14명의 위패도 포함되어 있다.

중국학자의 '난징대학살' 인식과정

기조강연 원고(1997.12.13 도쿄)

올해는 '마관조약(馬關條約)'[1] 체결 100주년, 세계 반파쇼(fascio)전쟁 승리 50주년이 되는 해입니다. 이 뜻 깊은 나날에 많은 사람들이 지난 역사를 돌아보면서 심각한 반성을 하고 있습니다.

중국과 일본은 지리적으로 아주 가까운 이웃 나라입니다. 천년이 넘는 긴 세월 동안 친선의 왕래를 통해 수없이 많은 아름다운 추억을 쌓았습니다. 일부 일본 학자들의 말을 따르면, 일본 문화는 그 초기 단계에 중국 문화의 영양분을 다분히 흡수하면서 발전하였다고 합니다.

메이지유신(明治維新)[2] 이후 일본은 여러 세대 중국의 선각자들에 의해 변법강국(變法強國)의 본보기로 간주된 나라입니다. 또한 현재까지도 적지 않은 학자들이 아시아 국가들이 현대화로 나아가는데 있어 성공적인 케이스로 보고 있는 나라입니다. 하지만 모든 사물이 양면성(兩面性)을 가지고 있다는 사실을 간과해서는 안 됩니다. 역사적 사실이 말해주

---

1) (역자 주) 1894년(고종31) 청일전쟁에서 승리한 일본이 시모노세키(下關)에서 청(淸)과 체결한 강화조약(講和條約).

2) (역자 주) 도쿠가와 막부(德川幕府)를 붕괴시키고 왕의 친정(親政) 형태의 통일국가를 형성시킨 근대 일본의 정치·사회적 변혁. 메이지유신의 과정은 크게 개국(開國), 도쿠가와 막부의 붕괴, 왕 중심 통일국가의 형성과 그에 따른 신정책(新政策)의 실시로 나누어 볼 수 있다.

듯 바로 현대화한 일본은 아시아의 이웃 나라들에 끊임없는 재난을 가져다주었습니다. 제일 먼저 피해를 본 나라가 바로 한국과 중국이었습니다. 1894년에 발발한 갑오전쟁(甲午戰爭)[3] 이래, 50년도 안 되는 사이에 일본은 중국에 대해 세 차례 대규모 침략전쟁을 감행했습니다. 대만(臺灣)에 대한 침략을 시작으로 동북3성을 강점하였고, 화북(華北)에서 화동(華東), 화남(華南), 심지어 화중(華中), 서남(西南)까지 침략의 마수를 뻗쳤습니다. 제국주의 야심으로 가득 찼던 일본은 일거에 중국 땅을 자기의 손아귀에 넣으려고 시도하였습니다.

우리 세대 중국인들은 오랫동안 일본의 침략으로 고통에 시달렸습니다. 처음 노래를 배울 때, 선생님이 가르쳐준 노래가 바로 "918, 918, 비참한 그 시절부터"[4]이었습니다. 글짓기를 배운 후 선생님이 제일 처음 내준 작문 제목도 바로 '화북전선(華北前線)에서 싸우고 있는 항일 전사에게 보내는 위문편지'였습니다. 일본 침략자들의 무서운 악마의 그림자는 시시각각 우리의 어린 마음을 괴롭혔습니다.

1937년 가을, 제가 중학교에 입학한지 얼마 안 되었을 때, 전쟁의 봉화 때문에 저와 수많은 난민은 서쪽으로 피난길을 떠나야만 했습니다. 저는 고향을 등진 채 멀리 쓰촨(四川) 땅에서 8년 동안이나 정처 없이 떠돌며 힘든 나날을 보냈습니다. 저의 어린 시절 아름다운 꿈은 일본의 침략전쟁에 의해 산산조각이 나버렸다고 해도 과언이 아닙니다. 그 당시의 일본군국주의자들과 오늘날 그들의 계보를 이어받은 소수의 계승

---

3) (역자 주) 갑오전쟁은 19세기 말 일본이 중국과 조선을 침략한 전쟁이다. 전쟁은 1894년 7월 25일 봉도해전(蓬島海戰)의 발발을 도화선으로 하여 1895년 「마관조약」의 체결로 마무리되었다.

4) (역자 주) 가곡 「송화강상(松花江上)」의 한 구절. 918은 '918사변'을 말한다. '민주사변'으로도 잘 알려진 '918사변'은 1931년 9월 18일 중국 동북군과 일본 관동군(關東軍) 간에 폭발한 한 차례의 군사충돌과 정치적 사건이다. 일본군은 중국군이 일본이 구축한 남만(南蠻) 철도를 폭파했다는 '철도폭파사건'을 조작하여 선양(沈陽)을 점령하였으며, 중국 대륙을 침략하기 위한 발판으로 삼았다.

자들이 항상 입에 달고 있는 그 무슨 '공존공영(共存共榮)'이니, '상호협력(互相提攜)'이니, '대동아공영권(大東亞共榮圈)'이니 하는 따위의 허황된 미사여구는 우리 세대들에겐 고통의 기억만 되살려 줄 뿐입니다.

잘 믿기지는 않겠지만, 저는 과거에는 '난징대학살'의 진상에 대해 잘 알지 못했습니다. 저는 쓰촨의 빈궁한 농촌에서 오랜 시간을 보냈고, 그보다도 1943년 이전까지는 신문을 읽을 수도 라디오를 들을 수도 없는 그런 세상과 단절된 삶을 살았습니다. 그 뒤 나이를 먹으면서 견문이 넓어지긴 했지만, 실학(失學)과 실업(失業)을 반복하면서 생존을 위해 사회 최하층에서 헤맬 수밖에 없었습니다. 그러니 수천 리 밖의 난징에서 발생한 학살에 대해 알 리가 만무했습니다. 그러다 1946년 가을, 난징에 있는 진링대(南京金陵大學)에 입학하게 되었습니다. 그제야 '난징대학살'에 관한 이야기를 조금이나마 전해들을 수 있었습니다. 그러나 당시 중국 정부는 부패하기 짝이 없었고, 국민경제는 통화 팽창과 물가 폭등으로 붕괴 직전이었습니다. 그리고 우리와 같은 대학생들은 전심전력으로 민주운동에 투신하였습니다. 그런 상황에서 '난징대학살'의 진상에 대한 심도 있는 이해는 기대할 수가 없었습니다.

1949년 이후, 중국을 포함한 전 세계 정세에 큰 변화가 일어났습니다. 일본의 패배와 평화조약이 체결되었고, 이로써 '난징대학살'과 같은 비참한 과거는 사람들의 기억에서 점차 사라지게 되었습니다. 주지하다시피, 중국은 침략전쟁의 피해를 가장 많이 받은 나라였습니다. 그럼에도 불구하고 넓은 아량으로 침략전쟁의 장본인이자 패전국(敗戰國)인 일본을 용서하였습니다. 하지만 일부 일본인들은 패배 속에서 교훈을 배우는 것이 아니라, 아직도 패배를 인정하지 않고 아시아를 정복하고 세계를 지배하려는 꿈을 버리지 않고 있습니다. 그들은 온갖 수단을 다해 침략전쟁의 책임을 회피하고 군국주의의 만행을 미화하고 있습니다. 끊임없이 역사의 상처를 들춰내 피해국 국민들을 괴롭히고, 국제적 논쟁을 일으키고 있습니다. 이런 냉혹한 현실은 우리에게 역사는 잊어서도 안 되고 조작되어서도 안 된다는 진리를 가르쳐 주고 있습니다. 저는 역사학자로서, 반드시 역사적 사실과 역사적 존엄을 수호하는 일에 앞장서야 한다고 생각합니다.

일본에서 오늘날까지 군국주의를 고수하고 있는 사람들은 비록 상당한 활동 능력을 가지고 있지만, 결국은 극소수에 불과합니다. 제가 알기로 절대 다수의 일본 사람들은 군국주의의 부활을 반대한다고 합니다. 왜냐하면 그들 자신도 군국주의의 피해자이기 때문입니다. 저에게는 일본 학술계에서 활약하는 친구들이 꽤 많습니다. 그들은 모두 고상한 학문적 양심을 지닌 학자들입니다. 그들 중 일부는 전쟁 기간 중 어쩔 수 없이 중국 침략전쟁에 참여한 적이 있었습니다. 그들은 당시 아주 순진한 청년학생들이었습니다. 하지만 군대에 징집되어 전쟁터에 나갔다가 다행히 '총알받이' 신세를 면하고 살아남았습니다. 그들은 침략전쟁의 책임을 져야 할 아무런 의무도 없었습니다. 하지만 학자로서의 사회적 책임감과 양심의 가책 때문에 그들은 평생 적당한 시기가 오면 언제나 역사의 진실을 밝히고 공개적으로 중국 국민들에게 사죄하곤 합니다. 제에게는 또 전쟁 뒤에 태어났거나 성장한 일본 학계의 후배들이 있습니다. 그들은 전쟁을 몸소 겪은 적은 없습니다. 하지만 그들의 선배 학자들처럼 용감하게 나서 왜곡된 역사 교과서를 만드는 문부성의 그릇된 처사를 반대하고, '난징대학살'을 비롯한 일본 침략자들의 갖은 만행을 폭로하기 위해 꿋꿋하게 싸우고 있습니다. 그들 중 어떤 이는 우익분자들로부터 총알이 동봉된 협박 편지를 받기도 했습니다. 하지만 정의를 향한 굳은 의지는 지금도 변함이 없습니다.

바로 이런 영향 때문에 1988년 5월, 저는 뉴욕에서 '대일배상청구회(對日索賠會)'의 발족에 동참하였습니다. 그리고 그 뒤 미국에 머무는 3년 동안, 저는 '대일배상청구회'가 조직한 중일전쟁의 역사적 진실을 수호하는 각종 학술 활동은 물론, '난징대학살수난동포연합회'가 1991년 12월 12일 뉴욕에서 거행한 대규모 집회에도 참가하였습니다. 이 기간에 저는 또 예일대 신학대학 도서관 특별보관실에 소장된 『베이츠 문헌』에서 '난징안전구역국제위원회'[5]의 원본 공문서와 함께 베이츠 박사와 위원회의 기타 멤버들이 주고받은 사신(私信)을 대량으로 발견하였습니다. 이 자료들에는 당시 일본군이 난징에서 저지른 갖은 만행이 사실대로 상세하게 기록되어 있었습니다. 저는 이 자료들을 보고나서야 비로소 '난징대학살'의 역사적 진상에 대해 비교적 똑똑하게 알 수 있게 되었습니다. 베이츠 박사는 제가 진링대 역사학과를 다닐 때 저를 가르쳤던 미국인 선생님입니다. 그는 '난징대학살'이 벌어지던 그 무렵 '안전구역국제위원회'에서 조직한 각종 난민 구조 활동에 적극적으로 참여하고 있었습니다. 그는 '안전구역국제위원회'의 마지막 위원장을 맡기도 했었는데, 재임 기간 중 위원회의 대량의 공문서들을 자기 집에다 보관하였습니다. 그러다가 1950년 귀국할 때, 모두 미국으로 가지고 갔습니다.

저는 1946년부터 1948년까지 2년 남짓한 동안 진링대에서 공부했습니다. 그 동안 베이츠 선생님은 '원동국제군사법정'과 '난징중국군사법정'에서 열린 '난징대학살안건' 재판에 증인으로 출석한 바가 있습니다. 하지만 제 기억에 그는 학생들 앞에서 한번도 '비참한 과거사'에 대해 언급한 적이 없습니다. 베이츠 선생님은 늘 엄숙한 표정을 하고 있었습니다. 마치 마음속에 무거운 짐이라도 안고 있는 것처럼 말입니다. 양심이 있는 사람이라면, 누구나 할 것 없이 그런 참혹하기 그지없는 대참사를 겪으면 마음 속 깊은 곳에 영원히 지울 수 없는 고통이 남을 수밖에 없었을 것입니다.

전쟁이란 워낙 잔혹한 것입니다. 정의롭지 못한 침략전쟁에서 정복자들은 평소 감추고 있던 잔인성과 비열한 욕망을 쉽게 드러내곤 합니다. 하지만 세계적으로 유명한 법학가 메이루아오(梅汝璈)[6] 선생이 말한 바

---

5) (원저자 주) 나중에 '난징국제구조위원회(南京國際救濟委員會)'로 개칭.
6) (역자 주) 중국의 법학가(1904~1973). 후베이성 황메이현 사람으로서, 칭화대학을 졸업하고 국비생으로 미국에 유학을 가서 시카고대학에서 법학박사학위를 받았다. 1946~

와 같이 '난징대학살'의 잔인성과 포악성은 세계 역사에서도 그 유례를 찾아보기 힘듭니다. 그럼 왜 그렇게 잔인하고 포악했을까? 우리는 그 원인에 대해서 묻지 않을 수 없습니다.

저는 여기에 적어도 세 가지 원인이 있다고 봅니다.

첫째는 일본의 전략 방침입니다. 일본의 전략 방침은 속전속결(速戰速決)로 중국의 장기적인 항전을 와해시키는 것이었습니다. 당시 고노에 후미마로(近衛文磨) 일본 수상은 "중국인을 제압하여 그들로 하여금 무릎 꿇고 항복하게 하는 목적은 그들의 전투 의지를 소멸하기 위한 데 있다." 라고 말한 적이 있습니다. 일본군이 난징에서 광기어린 학살을 자행한 목적도 바로 중국 국민들의 항전 의지를 괴멸시키는 데 있었던 것입니다.

둘째는 일본의 교육입니다. '메이지유신' 이후부터 진행된 장기적인 군 국주의 교육은 일본군을 천황에게 충성하고 상급자의 명령에 맹목적으로 복종하는 '전쟁 기계'로 전락시켰습니다. 아울러 사병 개개인이 가지고 있던 일말의 인간성마저도 끊임없이 돌아가는 '전쟁 기계' 속에서 사라지고 말았습니다. 그리하여 참전 시간이 길어져 육체적으로 한계점에 도달한데다 군 내부 규율까지 느슨해지면, 사병들은 내면에 숨어 있던 잔인성을 마음껏 발산시켜 못된 짓이란 못된 짓은 다 저지르곤 했던 것입니다.

셋째는 사회적, 역사적, 문화적 원인입니다. 제일 먼저 '탈아시아론' 을 제기한 '메이지유신'의 사상적 지주였던 후쿠자와 유키치(福澤諭吉) 선생은, 일본은 서방의 선진 문명을 따라 배워 미개하고 낙후한 아시아 에서 벗어나야 할 것을 주장하면서, 서방 국가나 미국처럼 아시아 국가 들을 대하라고 했습니다. 일본의 현대화 과정은 기타 아시아 나라들을 침략하고 수탈하는 과정이었습니다. 일본이 이룩한 '번영(繁榮)'과 '부강(富強)' 속에는 아시아 국가 수많은 국민들의 굴욕과 피와 땀이 가득 차

1948년 사이에, 중국 국민정부의 파견을 받고 '원동국제군사법정'의 재판관으로 부임하여 일본군 전범 재판에 참여하였다.

있다고 해도 과언이 아닙니다. 일본의 통치자들은 자기들의 '생존 공간'과 '정치 무대'를 확장하기 위해, 각종 전통 신화(神話)들을 확대 해석하여 야마토(大和) 민족7)을 우수하고 신성한 민족이라고 추켜세웠습니다. 나아가 아시아 각국을 '해방'시키고 아시아를 넘어 세계까지 제패하는 것이야말로 자기들의 '천직(天職)'이라고 떠벌려댔습니다. 이러한 사회적 분위기 속에서 일본군국주의자들은 장병들에게 끊임없이 '중국인을 멸시하고 적대시하는 사상'을 주입시켰습니다. 전쟁 기간에는 심지어 중국인을 짐승으로 간주하고, 그들에게 온갖 만행을 다 저지르는 것을 방조했습니다.

이상의 분석을 통해 우리는 왜 '난징대학살'과 같은 끔찍한 대참사가 발생했었는지 알 수 있습니다. 게다가 일본의 일부 정치인들이 왜 아직까지도 전쟁 책임을 부인하고 있는지, 왜 역사에 대한 반성을 통해 교훈을 배우고 아시아 피해국 국민들에게 사죄하는 대신 상투적 수단으로 역사의 진실을 은폐하거나 왜곡하고 있는지도 알 수 있습니다. 저는 지금까지도 베이츠 선생님이 1938년 1월 10일자 편지에서 지인에게 했던 말을 기억하고 있습니다.

"만약 사실이 현대화 군대가 저지른 각종 야만적 행위를 그대로 보여줬다면, 그럼 사실로써 말하십시오."

그는 이렇게 말했을 뿐만 아니라 그 말대로 실천했던 사람입니다. 그와 '안전구역국제위원회'의 몇몇 멤버들은 바쁜 구조 활동 속에서도 매일같이 일본군의 만행에 대해 있는 그대로 기록했습니다. 그리고 끊임없이 일본군의 폭력에 항의하고, 각종 방법을 동원하여 전 세계에 일본 침략자

---

7) (역자 주) 현재 일본에서 다수를 차지하고 있는 민족을 이르는 말이다. 이 용어는 19세기 말에 일본 본토 즉 혼슈, 시코쿠, 큐슈와 홋카이도에 사는 사람들을 역사적, 정치적, 언어적으로 구분하여 일본에 사는 다른 민족과 구별을 하였다.

의 잔인성을 폭로했습니다. 『베이츠 문헌』은 바로 이러한 기록들입니다.

　반파쇼 전쟁에서 승리한 지 50주년 되는 지금, 냉전시대는 끝나고 평화와 발전이 새로운 시대적 조류가 되었습니다. 하지만 전쟁의 근본 원인은 여전히 남아 있습니다. 지금도 세계 곳곳에서 크고 작은 전쟁이 끊이질 않고 있습니다. 인류는 아비규환의 고통에서 벗어나지 못하고 있습니다. 신속히 발전하고 있는 과학 기술은 전쟁의 잔혹성(殘酷性)을 배가시키고 있습니다. 그러므로 역사를 통하여 국민들을 올바르게 교육하고, 그들을 일깨워 그들로 하여금 침략전쟁을 반대하게 해야 합니다. 이렇게 전쟁의 근원을 제거하기 위한 노력이야말로 우리가 짊어져야 할 시대적 사명입니다.

도쿄국제대회 포스터

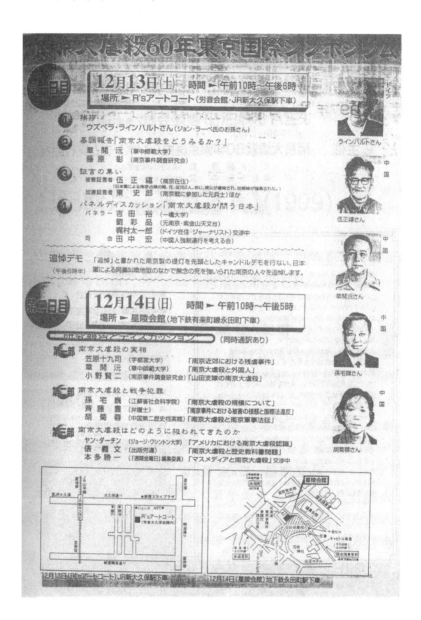

南京大虐殺60年東京国際シンポジウム

1997年 **12月13日**(土) R'sアートコート(労音会館)
10:00～18:00　　　　　＜会場は裏面・地図参照＞

12月14日(日) 星陵会館＜会場は同上＞
10:00～17:00

主催　南京大虐殺60年東京国際シンポジウム実行委員会

代　表　藤原　彰（南京事件調査研究会）
副代表　田中　宏（中国人強制連行を考える会）
副代表　荒井信一（日本の戦争責任資料センター）

後援　在日本国中国大使館

今年は、あの南京大虐殺から数えて60年目になります。
1937年12月13日、日本軍は当時の中国の首都・南京を
占領しました。その南京入城に前後して、恐るべき規模
の殺りく・強姦・爆撃・略奪・放火が繰り広げられました。
この事件は、内外の新聞記者をはじめ南京に滞在して
いたドイツのナチス党員をも驚かせ、全世界に発信され
ました。しかし、日本では報道管制がしかれ、この事実
は民衆に知らされず、各地で「南京陥落」を祝う盛大な
提灯行列が繰り広げられたのです。
以後、南京大虐殺は、東京裁判などで裁かれたほか、
日本軍による中国侵略を象徴する事件として、中国の
民衆と世界の人々の記憶から消え去ることはありません
でした。日本国内でも戦後、真相を明らかにする研究が
進み、加害や被害の体験も、広く日本国内につたえられ
るようになってきました。
それに反発する一部の人々は、「南京事件はまぼろし」
とか「虐殺数30万人というのは多すぎる」などと主張し、
事件の真相が明らかになることを妨害し、日本人の目を
そらせようとしてきました。今またそうした声が高まって
います。しかし、私たちは、中国の人々との真の友好の
ためには、南京大虐殺に目をそむけることなく、真摯に
向き合い、ふたたび同じことを繰り返さない努力が必要
だと考えます。
そこで南京大虐殺60周年に当たる12月13日・14日の
両日、わたしたちは日中共同の国際シンポジウムを開催
します。また、同時に、全世界と日本国内の南京事件に
心を寄せる人々にキャンドルデモをよびかけ、南京大虐
殺の被害者を追悼したいと思います。

実行委員会参加団体

■ 南京事件調査研究会
■ 南京大虐殺60ヵ年全国連絡会
■ アジア・太平洋地域の戦争犠牲者に
　思いを馳せ、心に刻む会
■ 中国帰還者連絡会
■ 中国人戦争被害者の要求を支える会
■ 中国人強制連行を考える会
■ ノーモア南京の会
■ 歴史教育者協議会
■ 日本の戦争責任資料センター

入場料
1日**1,000円**
（学生800円、高校生500円
　中学生以下無料）

連絡先:東京都中野区中央2-11-4 メゾン青和105　TEL03-3366-8261 FAX03-3366-8262
南京大虐殺60年東京国際シンポジウム実行委員会

제5장

일기문 발췌 및 「도쿄선언」(1999)

1999년 한 해가 저물어갈 무렵, 나는 또다시 도쿄에서 열린 '전쟁범죄와 전후배상문제에 관한 국제시민포럼'에 초청을 받았다. 아래는 이와 관련된 몇 편의 일기 내용을 발췌한 것이다.

11월 22일 (월요일)

오전에 '노자와 유타카 장학금(野澤豊獎學金)' 수혜자 명단을 논의하고 결정했다. 오후에 주관 부서로부터 일본 방문 공식 허가가 나와서 서둘러 필요한 수속을 밟았다. 저녁에는 왕쉬안에게서 전화가 왔다. 도쿄 측에서 회의 참가자에게 어떤 제공을 해줄 수 있는지에 대해 여러 모로 알아보고, 사전에 만반의 준비를 해 놓을 필요가 있다는 내용이었다. 나는 급히 샤오쯔핑에게 이메일을 보내 도쿄에서 묵을 숙소 예약을 부탁했다.

11월 26일 (금요일)

오후에 역사문화대 주최로 과학회관에서 '노자와 유타카 장학금' 수여식과 '노자와 유타카 강좌'가 진행되었다. 나는 '노자와 유타카 강좌'의 첫 번째 강연을 맡아 "난징대학살 연구의 새로운 진전"이란 제목으로 강연하였다. 이번 강연에서 나는 나와 화이위 씨가 작년에 예일대 문헌을 다시 검색하면서 새롭게 발견한 내용들과 『하늘도 용서치 못할 만행-미국 선교사 눈에 비친 난징대학살(1937-1938)』이란 책의 집필 과정을 집중적으로 소개하였다.

12월 02일 (목요일)

6종(種)으로 된 교회대학 사진집 출판 건 때문에 스좌좡(石家莊)에서 학교로 돌아왔다. 쯔핑에게 이메일로 답장을 보내 항공편 스케줄을 알려 주었다.

12월 06일 (월요일)

쯔핑이 전화로 회의하러 올 때 새로 출판한 책-『하늘도 용서치 못할 만행-미국 선교사 눈에 비친 난징대학살』을 가지고 와 달라고 당부하였다. 그리고 내년 뉴욕에서 열릴 학술대회에 관해서도 여러 가지 이야기를 나누었다.

12월 07일 (화요일)

우한시(武漢市) 통일전선사업부(統一戰線工作部)의 초청으로 '마카오 반환 환영 좌담회'에 참석했다. 오후에는 일본에 갖고 갈 회의 서류를 준비했다.

12월 08일 (수요일)

오전에 여장을 꾸리고, 오후에 항공편으로 상하이에 갔다. 저녁에는 화강호텔(華港酒店)에 묵었는데, 픽업 서비스가 잘 돼 있어 매우 편리했다.

12월 09일 (목요일)

오늘은 둘째 딸 쉐메이(雪梅)의 생일인데, 축하를 해주지 못했다. 내가 탄 비행기는 오전 9시에 홍차오(虹橋)를 출발하여, 12시 반에 나리타(成田) 공항에 도착했다. 도쿄대에서 박사과정을 밟고 있는 정즈농(曾支農) 군이 마중을 나왔다. 길에서 시간이 많이 허비되었다. "도쿄의집"이라는 여관에 여장을 풀었다. 여관 주인인 쇼무라 테루오(莊村輝雄) 씨는 대만인(臺灣人)으로 친절하고 입담이 좋았다. 그는 골목 근처에 있는 주점(酒店)에서 우리에게 음식까지 대접했다. 여관으로 돌아오니 또 몇몇 대만 여행객들이 투숙해 있었다. 우리는 밤늦게까지 이야기를 나누었다.

12월 10일 (금요일)

아침 7시, 쯔핑에게서 전화가 와 점심 때 회의장에서 만나기로 했다. 이어서 정즈농 군의 안내로 서둘러 회의장으로 가 개막식에 참가하였다. 그리고 저서『하늘도 용서치 못할 만행-미국 선교사 눈에 비친 난징대학살』의 대리 판매를 쯔핑의 도움을 받아 처리했다. 오후 5시에는 신주쿠에서 노자와 유타카(野澤豊) 선생과 만나 함께 서점을 구경했다. 우익분자들이 쓴 역사 왜곡 서적들이 서점 안을 가득 채우고 있었다. 이들의 책은 장정(裝幀)이 화려하고, 형태도 다양하였다. 이에 반해 정의를 지키려 애쓰는 분들이 쓴 책은 수량도 적은데다가 인쇄나 종이의 질이 차이가 많이 났다. 이런 눈앞의 현실에 나는 그만 탄식이 터져 나왔다. 저녁 식사는 일식집에서 하였다. 노자와 선생은 건강을 회복한 지 얼마 되지 않았지만 입심은 여전했다. 그는 이번 도쿄 세미나의 배경에 대해 자세히 설명하면서, 자기를 비롯해 가사하라 도쿠시(笠原十九司)도 참가하지 못한 이번 회의에 약간의 불만을 표시했다. 노자와 선생은 나에게 선물로 주기 위해 새로 나온『국민의 역사』라는 책을 일부러 샀다. 그는 이 책이 일본 우익 세력의 관점을 집대성한 대표작이라고 알려 주었다. 나도 저서『하늘도 용서치 못할 만행-미국 선교사 눈에 비친 난징대학살』을 주면서 그의 성의에 보답하였다. 그리고 '노자와 유타카 장학금' 수혜자 명단을 건네주었다. 숙소('도쿄의 집')로 돌아오니 중화서점의 우광이(吳廣義) 선생도 이미 투숙해 있었다. 그는 현재 중국을 침략한 일본군의 만행을 폭로하는 일에 모든 정력을 기울이고 있었다. 그는 연락망이 넓고 활동력이 대단했다. 역시 대견스러운 인재임에 틀림없다.

12월 11일 (토요일)

회의장에 가서 주제 발표를 들었다. 이어서 조별로 진행되는 토론에 참가하여 국내 학자들인 장렌훙(張連紅), 쑤즈량(蘇智良) 등과 이야기를 나누었다. 오후에는 전 중문판『타임즈』편집인 장징보(張靜波)[1]를 비롯해 기타 도쿄의 매체 관계자와 만나, 최근의 '난징대학살' 연구 진행 상황에 대해 소개했다. 가이후우사(凱風社), 가시와쇼보(柏書房) 등의 출판사에서 나의 저서『하늘도 용서치 못할 만행-미국 선교사 눈에 비친 난징대학살』의 일본어판 출판을 제의했다. 저녁에는 신주쿠에 갔다. 쿠보다 분지 씨의 초청으로 '금반(今半)'이라는 전통주점에서 식사를 했다. 음식이 굉장히 정갈했다. 우리는 마음껏 이야기를 나누다가 10시 쯤 헤어졌다. '도쿄의 집'에 돌아오니, 쯔핑이 이미 와 있었다. 우리는 자정이 넘도록 이야기를 주고받았다.

---

1) (원저자 주) 1997년에 알게 된 사람이다. 예전에『난징대학살의 역사적 증거』란 책의 일부 내용을 연재(連載)한 적이 있다.

12월 12일 (일요일)

오전 회의 내용은 주제별 토론이었다. 오후에 쯔핑이 후지와라 아키라(藤原彰), 아라이 신이치(荒井信一) 등과 좌담을 가지고 내년 뉴욕에서 열릴 기념회에 대해 이야기했다. 본격적인 논의라기보다는 서로 의견을 나누고 소식을 전하는 정도의 미팅이었다. 저녁에는 정즈농 군의 집에 가서 생선회를 곁들인 일본 가정식(家庭食)을 맛보았다. 자오쥔(趙軍)이 한 출판사 관계자를 데리고 왔다. 우리는 『하늘도 용서치 못할 만행-미국 선교사 눈에 비친 난징대학살』의 일본어판 출판을 놓고 여러 가지 이야기를 나누었다. 숙소에 돌아오니 11시가 넘었다.

12월 13일 (월요일)

아침에 일어나서 쯔핑과 Sharpe출판사에서 맡은 『하늘도 용서치 못할 만행-미국 선교사 눈에 비친 난징대학살』의 영문판 출판에 대해 이야기를 나누었다. 쯔핑은 넘치는 정력과 긍정적 마인드의 소유자다. 늘 의욕적으로 일을 추진해 일벌레라는 느낌도 든다. 10시에 즈농 군과 함께 우에노 역으로 가서 장렌훙을 만났다. 그리고 12시에 나리타에 도착해 출국 수속을 밟았다. 비행기는 오후 1시 55분 정시에 출발하여, 4시 15분에 홍차오(虹橋)에 도착했다. 잠시 공항에 머물다가 저녁 8시 10분 비행기를 갈아타고 우한으로 돌아왔다. 집에 오니 이미 10시가 다 되었다. 집에는 타이베이 동오대에서 보내온 팩스가 와 있었다. 내년에 열리는 개교 100주년 경축행사에 참석해 달라는 초대장이었다. 남강중앙연구원(南港中央研究員)과 국부기념관(國父紀念館)에서 이보다 먼저 보내 온 초청장까지 합치면, 내년 봄에는 5차례에 걸쳐 타이베이에서 열리는 각종 대회에 참가해야 할 판국이다. 논문도 3편을 제출해야 한다. 이를 어찌하면 좋을까!

12월 24일 (금요일)

오전에 화이위 씨와 함께 난징대학출판사에서 개최한 『하늘도 용서치 못할 만행-미국 선교사 눈에 비친 난징대학살』 출판 기념 언론 브리핑과 좌담회에 참석했다. 오후에는 나를 찾아 온 단웨핑(段月萍) 씨와 '난징대학살' 연구에 관한 이야기를 나누었다.

이번 대회의 중요한 성과는 주제 토론을 거쳐 최종적으로 수정 통과된 「도쿄선언」이다. 이 선언의 부제(副題)는 "화해와 평화를 위한 21세기"이다. 폐막식에서 중국어 선언문을 낭독한 사람은 전 중국과학원 자금산천문대 연구원 리우차이핀(劉采品) 여사였다. 그녀는 마지막에 격앙된 어조로 "우리는 20세기의 역사적 진실을 똑바로 바라봄으로써 화해와 평화의 21세기를 추구해 나갈 것을 이 자리에서 정중하게 선언합니다!"라고 외쳤다. 이에 회의장을 가득 메운 사람들이 일제히 일어나 뜨거운 박수로 화답했다. 축제와 같은 분위기 속에서 대회는 드디어 막을 내렸다.

다음은 「도쿄 선언」 및 기타 관련 문헌에서 뽑아 수록한 것이다.

「도쿄 선언-화해와 평화를 위한 21세기」

20세기가 서서히 막을 내리고 있는 지금 이 시각은, 우리가 지난 백년을 되돌아보아야 할 시간이기도 합니다.

20세기 전반기, 일본은 끊임없이 침략전쟁을 확대하여 아시아 여러 나라 국민들에게 막대한 고통과 슬픔을 안겨 주었습니다. 바로 63년 전 오늘, 일본군은 중국 난징(南京)에서 살인, 방화, 강간, 약탈 등의 만행을 자행(恣行)하였습니다. 하지만 '무조건 항복'을 선포한 뒤 50여 년이 지나는 동안, 일본은 단 한 번도 자신이 저지른 죄에 대해 진심어린 반성을 하지 않았습니다. 오히려 침략전쟁을 미화하는 사악한 바람을 일으켰습니다. 더 나아가 전쟁 준비를 목적으로 하는 '신방위지침법(新防衛指針法)'과 일본 국민에게 국가주의를 강요하는 "국기, 국가법(國旗, 國歌法)"을 강제로 통과시키기도 하였습니다. 이것은 일본이 지금까지도 과거와 결별(訣別)하지 못한 채 시대의 흐름에 역행하는 군국주의의 전철을 밟고 있음을 의미합니다.

이번 도쿄에서 개최된 '전쟁범죄와 전후 배상문제에 관한 국제시민포럼'에는 세계 각지에서 수많은 사람들이 참가했습니다. 그 속에는 전쟁의 직접적인 피해자, 전후 배상에 대해 관심을 갖고 지지하는 사회 활동가, 변호사와 학자, 그리고 과거 자신이 저지른 가해 행위를 통감(痛感)하는 사람들이 있습니다. 이들은 3일 간의 행사를 통해 폭 넓고 심도 있은 교류를 진행하였습니다.

회의 참가자들은 우선 일본의 전쟁 범죄 진상과 전후 배상 현황에 대해 진술했습니다. 특히 여러 나라에서 온 전쟁 피해자들은 자신이 몸소 겪었거나 보고 들은 사실에 근거하여 '난징대학살'을 비롯하여 일본군이 저지른 학살, 강간, 포로 학대 등 각종 전쟁 범죄에 대해 질책하였습니다. 그리고 전문가와 학자들은 이에 대해 객관적으로 논증하였습니다. 전쟁이 끝난 지 이미 반세기가 넘었습니다. 하지만 전쟁 피해자들이 입은 상처는 아직도 아물지 않았습니다. 1990년대에 들어서면서 그들은 일본 정부와 기업을 상대로 연이어 소송을 제기하면서 사죄와 배상을 요구하고 있습니다. 이에 대해 일본 정부는 배상 문제는 이미 해결되었다는 입장을 고수하고 있습니다. 일본 국회에서도 배상 문제에 대한 입법이 계속 미루어지며 진전을 보이지 않고 있습니다. 한편 일본 법원은 피해자들이 건 소송을 하나하나 기각하고 있습니다. 그들은 동시에 입법을 통해 배상 소송을 해결할 것을 일본 국회에 촉구하고 있습니다.

회의 참가자들은 또 제2차 세계대전 이후 유태인들이 피해 보상을 위해 제기한 배상청구 및 해당 국가에서 내놓은 해결책에 대해 소개하였습니다. 독일은 전후 반세기 동안, "과거와의 결별"이라는 슬로건을 내걸고 "가해 사실과 가해자 책

『하늘도 용서치 못할 만행-미국 선교사 눈에 비친 '난징대학살'』 표지

임 추궁", "피해자에 대한 지원과 배상", "역사적 비극의 재현 방지" 등을
위한 활동에 줄곧 힘써 왔습니다. 그리고 독일 정부와 기업은 지금도
"기억·책임·미래"라는 보상기금을 설립하기 위해 노력하고 있습니다.
미국 캘리포니아주 의회는 올해 나치와 그 동맹국에 대한 피해 보상 청구
권의 유효 기한을 2010년까지 연장하는 법안을 통과시켰습니다. 이와
더불어 일본의 가해 기업을 상대로 배상을 요구하는 소송이 제기되기도
했습니다. 아시아에서는 필리핀 의회 인권위원회에서 "위안부" 문제의
조속한 해결을 요구하는 결의가 통과됐고, 한국 국회의원이 "강제 징용
피해"에 관한 법안을 제기하기도 하였습니다.

우리는 세계 각국의 전쟁 피해자들이 인간의 존엄을 되찾기 위하여
제기한 정당한 요구를 전적으로 지지합니다. 이러한 요구는 일본의 "역
사"와 "인권 인식"에 대한 추궁이기도 합니다. 일본 정부가 전쟁 범죄에
대한 책임을 회피하고, 피해자들의 사과와 배상 요구를 거부한다면, 스
스로 나라의 존엄을 훼손하는 결과를 낳을 것입니다.

지난 반세기 동안 전쟁 피해자들은 줄곧 육체적 및 정신적 고통 속에
서 몸부림쳐 왔습니다. 우리는 반드시 피해자들을 위해 정의의 힘을 키
우고, 하루 빨리 그들에게 인간으로서의 존엄을 되찾아 주어야 합니다.
따라서 우리는 일본 정부와 기업이 즉각 피해자들에게 사과하고 배상
할 것을 강력하게 요구하는 바입니다.

우리는 일본 정부가 성심성의를 다해 역사적 진상을 일본 사회와 후
세 사람들에게 공개할 것을 요구합니다. 독일은 20세기 전반기에 일본
과 같은 길을 걸었습니다. 하지만 전쟁 이후 끊임없는 노력을 통하여
이웃 국가들과의 화해를 이루어 냈습니다.

전쟁 범죄를 규탄하고 전후 배상을 요구하며, 피해자들을 위해 정의
를 키우는 투쟁은 이미 전 세계적으로 발전 전개되고 있습니다. 앞으로
서로간의 협력을 강화함으로써 우리의 염원과 요구를 기어코 실현하고
야 말 것입니다.

우리는 20세기의 역사적 진실을 정시(正視)함으로써 화해와 평화의 21세기를 추구해 나갈 것을 이 자리에서 정중하게 선언합니다!

'전쟁 범죄와 전후 배상에 관한 국제시민포럼'
1999년 12월 12일

전쟁 범죄와 전후 배상에 관한 국제시민 세미나 일정

12월 10일 (금요일) 포럼 첫째 날 (도쿄우먼광장)

개막식

12:30~14:50 – 비디오 상영

(「The Rape of Nanking」, 「A Secret Buried for 50 Years」)

15:00~15:30 – 개회사

기조연설("전쟁 범죄와 전후 배상", "일본 정치의 현황")

18:00~20:30 – 주제 토론(1)

("일본의 전쟁 범죄와 전후 배상 – 국내외의 분석과 평가")

12월 11일 (토요일) 포럼 둘째 날 (사회문화회관)

9:30~12:30 – 주제별 분류 : 증언과 보고

("피해자가 현재 요구하는 것은 무엇인가? 직면한 문제는 무엇인가?")

A : '난징대학살'

B : 군부대 성노예와 여성에 대한 성폭력

C : 강제연행과 포로 학대

D : 생물, 화학 병기

E : 기타

13:00~14:00 – 각 분과 회의 결과 발표

14:00~17:30 – 주제 토론(2)

("일본의 전후 배상 재판 현황과 과제, 입법 운동 등 직면한 문제")

제1부 : 일본 측 변호사의 보고와 각국(미국, 독일, 중국, 한국) 법학자들
의 평론

제2부 : 각국 의원과 활동가들의 입법 운동 및 개법 운동에 관한 보고와
평론

18:00~20:00 – 환영회 (지하식당)

12월 12일 (일요일) 포럼 셋째 날 (사회문화회관)

10:00~12:30 – 주제 토론(3)

A : ("일본의 전쟁 체제의 탄생과 역사 인식 – 새로운 전쟁 위기와 평화 운
동의 과제")

B : ("전쟁 범죄, 피해자와 가해자 쌍방의 트라우마") (대담)

14:00~16:30 – 주제 토론(4)

("화해와 평화를 추구하는 21세기")

16:30~17:00 – 종합토론, 「도쿄 선언」 발표

주최 : 국제시민세미나실행위원회 (대표 : 츠치야 고켄)

협찬 : 세계항일전쟁사실수호연합회(Global Alliance for Preserving the
History of World War Ⅱ Asia)

전쟁 범죄와 전후 배상에 관한 국제시민 세미나 발기인

- 츠치야 고켄(土屋公獻) : 전 '일본변호사연합회' 회장, '전후처리를 위한 입법을 요구하는 법률가 유지인사회' 회장
- 스즈키 지로(鈴木二郎) : 도쿄도립대 명예교수, '조선인 강제연행 진상 조사단' 일본 측 대표
- 아라이 신이치(荒井信一) : 스루가다이대 교수, '일본 전쟁책임 자료센터' 대표
- 후지와라 아키라(藤原彰) : 히토쓰바시대 명예교수, '중국인 전쟁피해자 지원회' 대표위원
- 이시다 다케시(石田雄) : 도쿄대 명예교수
- 사카모토 요시카즈(阪本義和) : 도쿄대 명예교수
- 오가와 다케미쓰(小川武滿) : 의사, '평화유족회 전국연락회' 대표
- 오오시마 코우이치(大島孝一) : '전후보상실현 시민기금' 대표
- 이인하(李仁夏) : 목사, '재일전후보상요구회' 공동대표
- 야마구치 겐이치로(山口研一郎) : 의사, '현대의료사고회' 대표
- 하야시 이쿠조(林功三) : 교토대 명예교수, '평화오사카' 연구원
- 마츠타카 미쓰오(松高村夫) : 게이오대 교수
- 타나카 히로시(田中宏) : 히토쓰바시대 교수
- 요시다 요시히사(吉田義久) : 사가미여대 교수

· 시바 준시(司馬純詩) : 메이지학원대학 교수

· 마쓰이 에이스케(松井英介) : 기후대 교직원, '일본군 세균전 역사사
  실 규명회' 대표위원

· 가와다 후미코(川田文子) : 논픽션 작가

· 리우차이핀(劉采品) : 'NO MORE 난징회', 전 난징 쯔진산 천문대 교수

· 왕쉬안(王選) : '731부대 세균전 국가배상 소송 원고단' 단장

· 이치노세 케이치로(一瀬敬一郎) : '731부대 세균전 국가배상 소송 변
  호단' 사무국장

· 니이미(新美隆) : '화강사건 변호단' 단장, '네덜란드 POW와 민간억류
  자 보상청구 소송 변호단' 단장

· 이시다 요네코(石田米子) : 오카야마대 교수, '중국 산서성 성폭력 피
  해자 보상청구 재판 지원회'

· 시노주카 요시오(筱塚良雄) : '중국 귀환자 연락회'

· 다카하시 테츠로(高橋哲郎) : '중국 귀환자 연락회' 사무국장

· 츠다 미치오(津田道夫) : 작가, '장애인 교육권 실행회'

· 가와무라 이치노(川村一之) : 전 신주쿠구의원, '군의학교 원주소에서
  발견된 유골문제 규명회'

· 인옌쥔(殷燕軍) : 국제정치학자

· 우치다 마사도키(內山雅敏) : 변호사

· 마루야마 테루히사(丸山輝久) : 변호사, '전후처리를 위한 입법을 요구
  하는 법률가 유지인사회' 사무국장

· 이와푸치 타츠지(岩淵達治) : 가쿠슈인대 명예교수

· 에지리 미에코(江尻美穗子) : 츠다주쿠대 교수

· 강상중(姜尙中) : 도쿄대 교수

· 마에다 아키로(前田朗) : 도쿄조형대 교수

· 와타나베 켄지(渡邊健二) : 호세이대 '제2중고등학교 육우회 교육연구
  소' 소장

· 도미나가 쇼죠(富永正三) : '중국 귀환자 연락회' 회장
· 니시카와 시게노리(西川重則) : '평화유족회 전국연락회' 사무국장
· 니시사토 후미코(西裏扶甫子) : 뉴스 종사자
· 기노 무라데미(木野村照美) : '재일위안부 재판 지원회'
· 김영희(金英姬) : 배상 국제선전 활동 1999
· 마스다 히로미츠(增田博光) : '군의학교 원주소에서 발견된 유골문제 규명회'
· 후쿠다 아키노리(福田昭典) : '중국인 강제연행 조사회' 사무국장
· 아리미스 겐(有光健) : 전후 배상 온라인 연락인

『생루이뉴스』에 보도된
'난징대학살' 관련 기사 두 편

『난징대학살 – History Undercover : The Rape of Nanking』
생루이에서 개봉

【생루이뉴스 보도】중국계 미국인이며 저명한 역사 다큐멘터리 제작자인 루다루(陸達路, Lou Reda) 씨가 제작한 영상물『난징대학살–History Undercover : The Rape of Nanking』이 8월 7일, 미주리주 생루이 Overland 지역 타운에서 개봉되었다.

'생루이 항일역사수호회'와 '세계 항일역사 수호연합회'가 공동으로 주최한 개막식에는 제작자 루다루 선생이 초대되어 직접 사회와 작품 소개를 맡았다. 제2차 세계대전 후 뉘른베르크에서 열린 대판결에 미국 측 검찰관으로 참석했던 휘트니 해리스(Whitney Harris) 씨가 축사를 했다. 그는 축사에서 이 영상물에 대해 높이 평가하였다. 주최 측인 '생루이 항일역사수호회' 회장 리우런하오(劉人豪) 씨와 '세계 항일역사 수호연합회' 회장 탄루치엔(譚汝謙) 박사도 각각 축사를 했다. 개막식에는 전 '일리노이주 미국 퇴역군인협회' 총지휘관 커미트 호그린, 그리고 Overland 시정부 공무원 다수가 참석하여, 국내외에서 온 손님 70여 명과 함께 이 영상물을 관람하였다.

루다루 씨가 제작한 45분짜리 『난징대학살』은 전 세계 최초로 해외 화교에 의해 제작된, '난징대학살'의 비참한 현장을 담은 다큐멘터리이다. 『난징대학살』은 7일 생루이에서의 개막식에 이어 오는 8월 22일 서부 시간으로 저녁 7시, 미국 유선방송 역사채널을 통해 처음 공식적으로 미국 전역에 방송된다. 그리고 같은 날 저녁 11시에 재방송된다.

『난징대학살』의 개막식을 생루이에서 가진 데는 그럴만한 사연이 있었다. 2년 반 전에 '생루이 항일역사수호회' 회원인 가오화아이(高華藹) 씨가 루다루 선생이 제작한 일본군 관련 다큐멘터리 「Murder under the sun」을 '생루이 항일역사수호회' 및 '항일역사수호회 총회' 회원들에게 소개하고 관람시켜 준 적이 있었다. 그 뒤 그는 같은 회원인 펑츠청(彭滋成) 박사와 함께 펜실베니아에 있는 루다루 선생을 찾아가 총회를 대표하여 그에게 상을 수여하면서, 기회가 닿으면 '난징대학살'과 관련된 다큐멘터리를 제작해 줄 것을 부탁했다. 루다루 선생은 그들이 제공한 자료에 큰 흥미를 느꼈다. 즉석에서 그들의 부탁을 수락했고, 곧바로 다큐멘터리 제작 준비에 들어갔다. 오늘날 이 영상물이 드디어 세상 사람들 앞에서 선보일 수 있게 된 데는, 가오화아이와 '생루이 항일역사수호회'의 적극적인 노력도 큰 몫을 했음을 물론이다.

루다루 선생은 『난징대학살』의 제작 과정에 대해 설명했다. 이 영상물은 기본적으로 당시 난징에 머물던 미국인 윌리엄 마기 목사가 가정용 카메라를 이용해 촬영한 실제 인물과 사건을 주요 내용으로 한다. 거기에 그가 30여 년 동안 찍은 250여 편의 역사 다큐멘터리와 그가 가지고 있던 각종 역사 관련 신문영상 자료, 그리고 장춘루, 윌리엄·마기의 아들 데이비드 마기(당시 그는 겨우 11살이었고, 역시 난징에 있었다)를 방문했을 때 남긴 자료, 그밖에 '난징대학살'에 참여했던 일본군 병사와 군의관 등의 반성과 참회에 젖은 증언을 덧붙여 만든 것이라고 하였다.

루다루 선생은, 자신은 독립 프로듀서로서 여태껏 역사 다큐멘터리를 만들어 오면서 단 한 번도 관련 정부나 단체의 간섭과 지원을 받아 본

적이 없다고 하였다. 『난징대학살』은 완전히 객관적 역사 사실에 입각하여 1937년 12월 13일부터 2개월에 걸쳐 일본군이 난징에서 자행한 학살 만행을 진술하고 있다. 당시 일본군은 포악하고 잔인했다. 그들은 35만이 넘는 난징의 중국군과 일반 대중들을 대상으로 살인, 학대, 강간 등 온갖 만행을 다 저질렀다. 만약 얼마 안 되는 서양 상인과 선교사들이 안전구역을 세워 일부 난민들을 보호하지 않았던들, 성 안에 있던 중국인들은 전부 몰살당했을 지도 모른다.

월리 하리스는 우리가 오늘 『난징대학살』이란 다큐멘터리를 보는 것은, 현재를 살고 있는 일본인들에게 복수하거나 그들을 원망하기 위함이 아님을 밝혔다. 하지만 한 가지 명확한 것은 『난징대학살』은 그야말로 인도주의를 위배한 중대한 역사 사건에 대한 기록이라는 것이다. 당시 일본군은 상급자의 명령을 따라 맨손의 무고한 대중을 향해 폭행 테러를 감행함으로써 그들의 생존권을 무자비하게 짓밟았다. 일본군이 저지른 이 끔찍한 만행은 결코 잊혀져서는 안 된다. 그것이 폭군의 집정이 가져온 결과임을 시시각각 세인들에게 일깨워주어야 한다. 이를 통해 그 어떤 폭군의 폭정도 더 이상 이 세상에서 용납될 수 없게 해야 할 것이다.

개막식이 끝난 뒤, 참가자들은 함께 경원식당으로 이동하였다. 그리고 '생루이 항일역사수호회' 회장이자 경원식당 주인인 리우런하오 씨가 마련한 식사를 함께 했다. 영상물 『난징대학살』은 구입이 가능하며, 한 부에 20원씩이다. 구매 상담 전화는 314-878-4774으로 하면 되며, 연락처는 취심꽃집 펑따챵(彭大强)이다.

『생루이뉴스』 1999년 8월 12일

'베이징중국인민항일전쟁기념관' 웨이용왕(魏永旺) 부관장, 양홍핑(楊洪萍) 사장 및 장리단(張麗丹) 주임 생루이 방문

【생루이뉴스 보도】7월 24일, 베이징 루고챠오(盧溝橋)에서 온 '중국인민항일전쟁기념관'의 웨이용왕(魏永旺) 부관장, 양홍핑(楊洪萍) 사장과 장리단(張麗丹) 주임 일행 세 명이 생루이를 친선 방문했다. '생루이 항일역사수호회' 리우런하오 회장과 가오화아이 선생이 협회를 대표해 멀리서 온 귀빈들을 맞이하였다. 이날 정오에는 『미국화교포럼』 총편집장 펑츠청(彭滋成) 박사와의 특별 회담이 마련되었다.

25일(일요일) 오후, 리우런하오 회장과 가오화아이 선생은 손님들을 모시고 현지에 있는 '유태인 수난 박물관'을 참관했다. 그들은 입구에 전시된 사진 액자들을 보고 깊은 인상을 받았다. 그것들은 철판을 용접해서 만든 것으로, 확실한 증거라는 철증(鐵證)을 의미했다. 가오화아이 선생은 독일이 계획적으로 유태인을 수용소에 감금했던 사실로부터 전시물 하나하나의 의미까지 간략하게 소개하였다. 나치 독일군은 수감자들을 유태인, 집시인, 동성애자, 여호와의 독실한 신자 등으로 나누고 색깔로 구분하였다. 수감자들을 식별하기 위하여 그들에게 항상 색깔 표시를 몸에 지니도록 하였다. 독일군의 살인 방법은 총살, 생매장, 독가스 중독 등으로 다양했다. 당시 피난길에 올랐던 유태인들은 악마의 손아귀를 벗어나 배를 타고 미국에 왔다. 하지만 미국 당국으로부터 입국을 거절당한 일부는 다시 유럽으로 돌아가야 했다. '호랑이 아가리에 던져진 양'이 된 그들은 결국 비참한 죽임을 당하고 말았다. 그리고 유럽으로 돌아가지 않은 사람들 가운데, 일부분은 남미로 발길을 향했고 일부분은 동반구(東半球)에 있는 중국으로 건너가 상하이(上海)와 한코우(漢口) 일대를 떠돌았다.

웨이용왕 부관장은 박물관 참관을 마친 후, 앞으로 유태인을 본받아 생존자들의 모습과 증언을 영상에 담아 보존하여 후세 사람들을 교육하고 경각심을 일으키도록 하겠다고 밝혔다. 일본군이 저지른 비인간적 만행으로부터 살아남은 중국 생존자들은 대부분 고령이라 사망자가 늘어나고 있는 실정이다. 따라서 빠른 시일 내에 그들이 경험한 참혹한 일들을 온전한 기록으로 남기는 것이 급선무다. 이것은 중화민족에게 주어진 간곡하고도 막중한 역사적 사명이기도 하다.

그날 밤, 리우런하오 회장 부부는 펑츠청 부부, 가오화아이 부부, 뤄밍지우(駱銘九) 부부, 펑따챵 박사, 레이우바이(雷戊白) 여사, 허웨이치(何偉麒) 선생 등 여러 회원들을 초대하여 좌담회를 열었다. 좌담회에서는 '생루이 항일역사수호회'가 그 동안 걸어온 길에 대해 이야기를 나누었다. 리우런하오 선생은 1994년 일황(日皇)이 미국을 방문했을 때, '미국 일황 항의 행동회' 회장을 맡고 있었다. 마침 일황이 생루이를 방문하자, 화교와 한국 교민을 조직하여 항의 시위를 주도하기도 했었다. 1995년과 1997년에는 '일본군 만행 사진전'과 '일리노이 퇴역군인 연례회'를 각각 개최하였고, 또 2회에 걸쳐 '난징대학살' 추모회를 열기도 하였다. 그리고 작년에는 장쩌민(江澤民) 주석에게 '방일 비망록(訪日備忘錄)'을 작성해 올렸고, 올해에는 각 학교와 공립 도서관에 책과 비디오테이프 등을 기증하였다. 자리를 함께 한 웨이용왕 부관장은 '생루이 항일역사수호회'가 지난 몇 년간 꾸준히 각종 행사를 벌여온 데 대해 존경을 표시함과 동시에 지지와 성원을 보냈다.

웨이용왕 부관장은 좌담회 참가자들에게 현재 중국 정부는 민간 차원의 대일본 배상 청구를 허용한다는 뜻을 전했다. 말하자면, 강제노역 종사자, 위안부, 731부대 피해자, 홍콩(香港)군표 소지자 등이 일본 정부에 직접 배상 청구를 할 수 있다는 것이다. 웨이용왕 부관장은 또 그 자리에 있는 여러 회원들에게 진심으로 항일 사료(史料)를 부탁하는 한편, '중국인민항일전쟁기념관'을 방문해 줄 것을 당부하였다. '생루이 항일역사수호회'는 웨이용왕 부관장에게 일황의 친필 지시 문서를 증정하였다. 그것은 일황이 정부 각 부서의 대신들에게 강제 투항을 명령한,

일황의 옥새가 찍힌 문서의 부본(副本)이었다. 이는 미국에 소장된 문헌 가운데 매우 소중한 문서였다.

한편, 좌담회에 참가한 사람들은 화교 대학생들이 11월에 "난징 전문 안건" 세미나를 개최한다는 소식을 들었다. 그들은 모두 자신들의 뜻을 잇는 사람들이 있다는 사실에 매우 기뻐했다. 그리고 가오화아이 선생 이 사전에 루다루 선생에게 부탁한 덕분에 『난징대학살』 영상물을 관람할 수 있게 되었다. 그들은 일본군의 만행이 세상에 공개되어 미국 대중들을 교육할 수 있게 된 것에 큰 의미를 두었다. 아울러 전 세계 최초로 열리게 될 『난징대학살』 개막식이 성공리에 마무리되기를 진심으로 기원했다.

웨이용왕 부관장 일행 3명은 28일(월요일) 아침, 샌프란시스코와 로스앤젤레스를 거쳐 중국으로 돌아갔다. 한편, 8월 22일(일요일) 저녁에 루다루 선생이 제작한 다큐멘터리 『난징대학살』이 유선방송의 역사 채널을 통해 첫 방송 된다.

『생루이뉴스』 1999년 8월 5일

'항일전쟁사실수호회' 발간
『항전사실통신』(1999년 9월)에서 밝힌 일본군 만행

"AJR27의안 캘리포니아주 하원의회에서 압도적으로 통과"

산호세 지역 일본계 주 하원의원 마이클 혼다가 제시한 「AJR27 : 일본군 만행 책임 규명안」이 8월 23일 오후 캘리포니아주 하원의회에서 구두 투표 방식을 통해 압도적으로 통과했다. 24일에 주 상원의회에 제출 될 예정인데, 큰 무리 없이 순조롭게 통과될 것으로 보인다. 만약 이것이 주 상원의회를 통과하게 된다면, 제2차 세계대전 당시 일본군의 만행을 비판하는 세계 최초의 조례가 될 것이다.

「AJR27의안」은 반대 세력에 의해 두 번이나 보류를 당해야 했다. 이 의안은 찬반 의견이 비공개 석상에서 팽팽히 맞서는 바람에 각종 매체를 통해 여러 차례 크게 보도된 바 있다. 그 뒤로 '전미퇴역군인협회', '바단섬보위전협회(巴丹島保衛戰協會)'를 비롯하여 유태계, 한국계, 필리핀계, 인도네시아계와 일본계 인사들로부터 더욱 큰 지지를 얻게 되었다. 동시에 수많은 중국계 시민 조직들이 개인과 단체 명의로 이메일과 전화를 통해 캘리포니아주 하원의원들에게 해당 의안을 지지한다는 입장을 표명했다. 그 사이, 일본 당국과 일본계 소수 조직이 몇몇 하원의원들을 대상으로 대대적인 유세를 펼치기도 했었다. 하지만 강력한 지지 여론 앞에서 그것들은 별다른 역할을 하지 못했다.

「AJR27의안」의 주요 내용은 일본군이 제2차 세계대전 기간에 자행한 '난징대학살', 일본군 731부대의 생체실험 및 세균전, 일본군이 피해국 부녀자를 "위안부"로 삼고, 피해국 국민을 강제로 노역시킨 것 등을 규탄하는 것이다. 또한 이 의안에는 캘리포니아 정부가 미국 대통령과 연방정부를 통해 일본 정부에 압력을 가하여 일본군 만행 피해자들에게 정식으로 사과하고 배상할 것을 촉구하는 결의안도 포함되어 있다. 이 것은 지방 정부가 일본군이 제2차 세계대전에서 저지른 범행에 대해 공개적으로 비판한 전 세계 최초의 의안이다. '항일역사수호회'는 이 의안의 초안(草案) 작성에서부터 완성까지 전 과정에 동참했다. 이 의안의 통과로 말미암아 '항일역사수호회'는 "배상 청구"와 "기념비 건립"이라는 두 가지 큰 목표 달성을 향해 한 발짝을 내딛게 되었다.

"일본군 제2차 세계대전 중 윈난성에 세균탄 발포 콜레라로 21만 명 사망"

인지쥔(尹集鈞)이 이끄는 '일본군세균전죄상조사조직위원회(日軍細菌戰罪行調査小組委員會)'가 2년의 시간을 들여 당시 윈난성 피해 지역에 대해 깊이 있는 조사 연구를 하여 얻은 결과 보고서를 내 놓았다. 이 보고서에 따르면, 일본군은 1942년 윈난성에 생화학 무기 "세균탄"을 투하하여 적어도 21만 명이 콜레라로 사망하는 결과를 초래하였다. 일본은 반드시 이 천인공노할 범죄에 대해 정식으로 사죄하고 배상해야 한다는 것이 '일본군세균전죄상조사조직위원회'(이하 '죄상조사위원회'로 약칭)의 입장이다.

인지쥔은 18일 '차이나타운촉진위원회'에서 마련한 기자회견에서 화교 동포들에게 이 놀라운 보고서를 발표했다. 그는 1997년 베이 지역 민간단체인 '죄상조사위원회'가 결성된 뒤, 일본군의 "생화학 무기" 죄상을 폭로하기 위하여 곧바로 중국 대륙으로 건너가 관련 증거 수집을 시작하였다고 밝혔다. 그리고 1997년부터 지금까지 중국 윈난성 '전서항일전쟁유류문제바오산민간연구회준비위원회(滇西抗日戰爭遺留問題保山民間硏究會籌備組)'와 손잡고 중국 대륙과 미얀마(Myanmar)에서 수집한 관련 증거를 근거로 이 보고서를 작성했다고 하였다.

인지쥔에 의하면, 이번 조사는 누강(怒江)의 서쪽 지역과 동쪽 지역에서 동시에 진행되었다. 서쪽의 량허(梁河)와 텅충(騰沖)에서는 주로 페스트를 조사하고, 동쪽 지역에서는 콜레라를 조사하였다. 그러다가 조사 과정 중 콜레라의 전염 면적과 사망자 수가 페스트를 훌쩍 뛰어넘는다는 사실이 발견되자, 중점 조사 지역을 콜레라의 발병 중심인 바오산(保山)으로 옮겼다. 보고서에 의하면, 윈난성 66개 현에서 약 21만 명의 콜레라 사망자가 나왔다. 그 중에서 바오산 한 현에서만 콜레라 사망자가 6만 명을 넘었다.

인지쥔은 이번 조사가 비록 무척 촉박하게 이루어졌지만, 그 결과는 매우 놀랄 만하다고 지적하였다. 그리고 '죄상조사위원회'는 1942년부터 1943년까지 백만 명의 대형 사망자를 낸 광저우(廣州) 콜레라에 대해서도 계속해서 조사하여 일본군과의 관련 여부를 밝힐 것이라고 하였다.

(『국제일보』 1999년 8월 19일 발췌)

"위안부 특집보도 : 위안부 조사를 다그치자"

쑤즈량(蘇智良)

여성 국회의원 이토 히데코(伊東秀子)는 1992년 2월 일본 국회에서 전시(戰時) 일본군 "위안부" 문제를 제기하였다. 그 후로 괴로움과 처참함의 이미지로 가득 찬 이 "위안부"라는 명칭은 세인들을 경악케 하는 하나의 이슈로 떠올랐다.

1993년 6월, 나는 상하이로 돌아와 바로 현장 조사에 착수하였다. 그리고 이 조사는 4년 동안 지속되었다. 마침내 나는 위안소에서 14년 동안이나 위안부로 일한 노인을 비롯하여 위안소 목격자와 기타 피해자들을 찾아낼 수 있었다. …… 그리하여 베일에 싸였던 일본군 위안소의 진실이 내 눈 앞에 하나씩 드러나게 되었다.

1. "위안부"란 무엇인가?

"위안부(慰安婦)"란 강제로 일본군인에게 성 서비스를 제공하였던 부녀자들을 일컫는 말이다. 그녀들은 일본군의 전속(專屬) 성노예였다. "위안부"라는 이 명칭은 가해자인 일본 정부와 일본군 장병들에 의하여 만들어진 말이다. 따라서 지금까지도 아시아 각국의 많은 피해자들은 이 명칭의 사용 자체를 결사반대하고 있다.

일본군국주의는 중국 대륙, 대만, 한반도, 동남아 각지의 부녀자와 소수의 백인 부녀자를 강제로 일본군의 위안부에 동원했다. 이것은 분명히 자진해서 군부대 매춘부가 된 행위와는 본질적으로 다르다. 전자는 일본군의 조직적이고 계획적인 강제 또는 사기(詐欺)에 의해 징용되어 일본군의 창칼 아래서 불법적으로 행해진 행위이다. 반면 후자는 주로 일종의 경제적 이익을 챙기기 위하여 자발적으로 행한 행위이다.

일본군국주의가 저지른 "전쟁 성노예 동원"이라는 이 치 떨리는 범행은 지금까지도 여전히 파렴치한 일본 우익세력에 의해 은폐되어 있다. 따라서 철저한 폭로와 응분의 처벌로부터 자유롭다. 제2차 세계대전 당시, 일본군국주의는 아시아 통치를 넘어 전 세계를 제패하려는 야심을 실현하기 위하여 온갖 수단과 방법을 가리지 않았다. 그들은 독가스전, 세균전, 삼광정책(三光政策) 등을 펼쳐 점령지 국민의 굴복을 시도했었다. 그리고 일본군의 전투력을 높이기 위해 공개적으로 군부대에 위안소를 설치하고 강제로 위안부를 동원하였다. 일본군의 이와 같은 만행은 300만 일본군이 "짐승 집단"으로 전락하는 결과를 초래하였다. 이는 분명 인류 전쟁사에서 끔찍한 한 페이지가 될 것이다.

2. "중국P"

일본군 장병들은 위안부를 "P"라고 부르며 멸시했다. P는 매춘부를 뜻하는 영어 Prostitute의 약자다. 어떤 일본군 병사는 "P"가 중국어에서 여성 성기를 뜻하는 글자의 발음에서 왔다고도 말한다. 중국을 침입한 후, 일본군 고위층은 "식량은 적에게서 얻는다!"는 구호를 내세워 군대의 보급품을 중국 현지에서 수급하게 했다. 그 결과 모조리 불태우고, 모조리 약탈하고, 모조리 죽이는 "삼광" 정책이 점점 거세져갔다. 여기에는 물론 위안부 공급도 포함되었다.

중국에서의 위안부 공급은 대략 아래 몇 가지 루트를 통해서 이루어졌다.

첫째는 노략질이다. 일본군은 전쟁터나 이미 점령한 지역에서 공개적으로 중국 부녀자들을 노략질하여 위안부로 삼았다.

둘째는 포로이다. 전쟁 초기, 일본군은 전쟁터나 소탕(掃蕩) 과정에서 미처 피하지 못하고 포로로 잡힌 젊은 부녀자들을 위안부로 삼았다. 일본군은 위안부로 충원된 중국 여성 포로들을 비교적 경계했다. 이런 여성 포로들은 성도구로 더 이상 쓰일 수 없게 되면 보통 공지(空地)로 끌려가 신병들의 담력을 키우는 과녁으로 쓰였다.

셋째는 유괴이다. 세탁요원이나 종업원 등 대우가 좋은 직업을 준다는 명의로 여성들을 유괴하는 경우가 대부분이었다. 일본군 및 일본 교민들은 흔히 점령지에서 직원을 모집한다는 공고를 내고 이를 명분으로 중국 부녀자들을 유괴했다.

넷째는 매춘부 징용이다. 일본군은 대도시에서 종종 기존의 매춘부들을 징용하여 위안부 대열에 합류시켰다. 상하이(上海), 난징(南京), 우한 (武漢), 광저우(廣州) 등지에서 적지 않은 매춘부들이 "강제로" 일본군의 위안부 대열에 합류하게 되었다.

3. 중국은 위안부 제도의 가장 큰 피해국이다

위안부가 된 중국 부녀자들은 짧게는 몇 주에서 길게는 몇 년에 걸쳐 위안부로 일하였다. 중국 위안부 중에는 한족(漢族) 이외에도 각 소수민족 이 포함되어 있었다. 하이난의 여족(黎族)이나 윈난의 태족(傣族) 등 소수 민족 소녀들이 여기에 속한다. 일본군이 중국 대륙에 설치한 위안소는 수천 개에 달했다. 위안부들이 위안소에 머무른 시간은 길게는 14년에서 짧게는 몇 주까지 제각각이었다. 한 위안소에서 수용하고 있던 위안부의 수는 많게는 300명에서 500명에 달했고, 적게는 1명이었다. 1939년 7월 1일자 일본군 화북경무부(華北警務部)의 일부 통계에 따르면 위안부가 8,931명에 달했다. 1937년 말, 항저우 일대에서 한꺼번에 잡힌 중국 부녀 자만 해도 20,000명에 이르렀고, 상하이의 77개 위안소에 수용된 중국 위안부도 수만 명에 달했다. 따라서 가장 보수적으로 계산하더라도 중국 위안부 수는 총 200,000명 이상이었을 것으로 짐작된다. 물론 여기에는 일본군에 의해 강간당한 부녀자 수는 포함되지 않았다.

4. 중국 위안부 생존자 현황

근래에 산시성(山西省), 안후이성(安徽省), 후난성(湖南省), 하이난성(海 南省), 동북3성(東北三省), 내몽골자치구(內蒙古自治區), 윈난성(雲南省) 그 리고 상하이 등지에서 전시 일본군 위안부 생존자들을 추가로 발견했 다. 산시성 타이위안(太原)의 만아이화(萬愛花) 할머니는 그중 제일 먼저 나서 증언을 한 피해여성이다. 현재까지의 자료를 종합해 보면, 중국

대륙에 있는 전 일본군 위안부 생존자 수는 100명을 넘는다.

최근 몇 년간, 일본군에 의해 강제로 위안부가 된 중국의 일부 노인들이 용감하게 나서, 잔인무도(殘忍無道)했던 위안부 제도에 대해 폭로하고 있다. 리시우메이(李秀梅) 할머니 등은 도쿄 지방 법원에 위안부 제도를 실시한 일본 정부를 고소하고 배상을 청구했다. 유감스럽게도 고소한 지 이미 3~4년이 지났지만, 아직도 심리 단계에 머물러 있다.

전쟁이 끝난 지 이미 50여 년이라는 세월이 흘렀다. 전 위안부 생존자와 경험자 및 목격자들은 대부분 여생이 얼마 남지 않은 고령자(高齡者)들이다. 이 시점에서 우리가 만약 "위안부" 조사를 보다 적극적으로 나서지 않는다면, "위안부"에 관한 역사적 진실은 그대로 영영 땅속에 파묻혀 버리고 말 것이다.

(『화성』 9월호 발췌)

"대만척식주식회사 서류 – 위안부 연구 보고"

중앙연구원 부연구원인 주더란(朱德蘭) 여사는 대만척식주식회사(臺灣拓植株式會社) 문서보관실에서 위안부 제도에 관한 서류를 발굴했다. 그 결과를 「대만 위안부 서류 조사 및 역사 진상 연구–대만척식주식회사 서류를 중심으로」라는 글로 발표했다. 대만척식주식회사 서류는 전 세계에서 유일하게 위안소 경영에 대해 자세히 기록해 놓았다. 그러기에 대만총독부 시대부터 지금까지 보존되어 온 이 서류는, 그 사료적 가치가 굉장히 크다고 하겠다. 서류에 찍힌 관인(官印)을 비롯해서 인쇄 문서, 붓으로 쓴 필적(筆跡), 그리고 첨부된 공문 및 전보(電報), 이 모든 것이 사료의 신빙성을 말해 주고 있다.

대만척식주식회사의 관련 서류에 대한 발굴 및 연구는, 위안부가 전시(戰時) 일본군 작전 시스템 중의 중요한 부분이며, 군부대에 없어서는 안 될 군수품(軍需品)이었다는 사실을 확인할 수 있는 계기가 되었다. 해당 서류와 연구물을 통해 위안부 제도와 관련된 위안소 설립 및 경영, 위안부 모집, 출입국 수속, 위안부 관리 등 모든 부분이 일본군과 일본 당국, 그리고 기업체의 긴밀한 협조와 적극적인 참여를 통해 이루어졌음이 밝혀졌다. 일본군이 해남도를 점령하자, 대만총독부는 일본군의 수요를 만족시키기 위해, 대만척식주식회사에 위안소 설립을 위한 각종 경제활동을 위임하였다. 대만 내 위안부 모집은 대만척식주식회사의 자매회사인 '복대회사(福大公司)'에서 맡았다. 그녀들을 운송한 "금령호(金鈴號)"는 대만총독부의 도움으로 해군(海軍)으로부터 임대한 것이었다.

주더란 여사는 이번 위안부 연구가 일으킨 여러 가지 파문에 대해 언급했다. 이번 연구는 일본이 전쟁 기간에 식민지에서 감행한 인적 및 물적 착취, 그리고 국가 기관의 힘이 현지 여성들을 상대로 한 성범죄에 개입한 역사적 사실을 보여 주었다고 했다. 뿐만 아니라, 그 범죄의 이면에 숨어 있는 정치, 사회 및 경제 분야의 긴밀한 상호 협조 관계에 대해서도 소상히 밝혀냈음을 강조했다.

일본군이 대만 위안부들에게 저지른 폭행을 증명할 수 있는 서류들이 최근에 비로소 체계적으로 정리되었다. 이 때문에 오늘에야 그 역사적 진상을 전 세계에 공개할 수밖에 없었다. 이어서 주더란 여사는 대만 당국이 반드시 정식으로 일본 정부와 국제법정에 고소장을 제출할 것을 주장했다. 그리하여 일본 정부로 하여금 당시 위안부들과 평화를 사랑하는 전 세계인에게 공개적인 사과와 적절한 배상을 해야 할 것이라고 강조했다.

(『뉴신문주보』 1999년 7월 17일 발췌)

"제2차 세계대전 일본군 성폭행에 대한 부녀자 재판이 내년 도쿄에서 열린다"

'일본부녀자자원센터' 국제팀 팀장 쿠보다 마키코(Makiko Kuboda) 씨는 며칠 전 럿거스대학 '글로벌 여성지도자 양성센터'에서 개최한 좌담회에 참석하였다. 그녀는 그 자리에 모인 20여 개 국가의 여성 지도자들에게 2000년 12월 8일부터 10일까지 도쿄에서 열리는 '일본군 성폭행에 대한 부녀자 국제 전쟁 범죄 재판(Woman's International War Crimes Tribunal on Japan's Military Sexual Slavery)'에 참가하여, 제2차 세계대전 기간 일본 군에게 성폭행을 당한 20만 명의 아시아 "위안부"들을 위해 정의를 되찾아 줄 것을 호소했다.

쿠보다 씨는 1931년부터 1945년까지 지속된 태평양 전쟁기간 중 일본 군은 약 20만 명에 달하는 젊은 부녀자들을 강제로 "위안부"로 삼아, 사병들의 성적 욕구를 만족시킴으로써 그녀들의 심신(心身)을 무참하게 유린했다고 주장했다. 그녀는 또한 전쟁이 끝난 후, 전범 심판을 맡은 도쿄법정에서는 일본군의 만행에 대해 어떤 징벌도 내리지 않았으며, 수십 년간 침묵을 지키던 피해 여성들이 10년 전부터 용기를 내어 일본 정부에 보상을 촉구하고 있지만, 일본 정부는 시종일관 법적 책임을 회피하고 있다고 지적하였다.

쿠보다 씨는 일본의 '전시 부녀자 폭행 연맹(戰時婦女子暴行聯盟)'을 위시해서 중국 대만과 대륙, 남북한, 필리핀, 인도네시아 등지의 "위안부" 지원 조직의 적극적인 추진으로, 마침내 2000년 연말 재판이 성사되었다고 밝혔다. 피해 여성들은 "잔학한 범죄자를 징벌하지 않는다면, 우리의 존엄과 정의를 영원히 되찾을 수 없습니다."라고 울부짖었다. 쿠보다 씨는 그녀들에게 마침내 마음 속 깊이 새겨진 상처를 치유할 수 있는 기회가 생기게 되었음에 안도했다.

쿠보다 씨는 위에서 언급한 아시아 여러 나라의 적극적인 참여 외에도,

미국, 캐나다, 호주, 아르헨티나, 독일, 인도 등의 여성 인권 인사들도 '도쿄 재판'을 성원하기 위해 '국제고문위원회'를 결성했다고 말했다. 마지막으로 그녀는 이번 좌담회에 참석한 각 나라의 여성 지도자들에게 '도쿄 재판'에 참여하여 일본군 성폭행 만행을 징벌하는 의거(義擧)에 힘을 보태 줄 것을 호소했다.

(『세계일보』 1999년 6월 17일 발췌)

"『대만 위안부 보고서』 출판, 10여 명의 할머니 피눈물로 성토"

어제 상무인서국(商務印書局)에서 『대만 위안부 보고서』의 출판 발표회가 열렸다. 이 행사는 대만 출신의 위안부 할머니들이 인권과 존엄을 쟁취하기 위해 일본으로 건너가기에 앞서 거행되었다. 발표회 관계자는, 50년 전에 벌어진 잔인한 전쟁으로 말미암아 대만 출신의 위안부들은 극심한 정신적 및 육체적 고통뿐만 아니라, 평생토록 지울 수 없는 상처를 안고 살아가고 있다고 지적하였다.

이 책은 10여 명의 위안부 할머니들이 전쟁 기간 일본군에게 당한 온갖 굴욕과 학대를 사실 그대로 기록하고 있다. 병약한 몸으로 모욕감과 열등감에 시달리면서 하루하루를 지탱해야 했던 고달픈 일상, 이것이 바로 그녀들이 보여준 공통된 모습이었다.

'부녀구원기금회(婦女救援基金會)' 이사장 좡궈밍(莊國明) 선생은, '부녀구원기금회'가 1992년부터 실시해온 대만 위안부에 대한 조사 결과가 '유엔인권위원회'의 것과 별다른 차이가 없다는 사실, 그리고 일본군의 위안부 모집과 위안소 생활에 대한 피해자들의 진술은 일본 정부가 위안부 문제에서 피할 수 없는 법적 책임을 가지고 있음을 증명한다고 주장하였다. 그리고 그 이유를 다음과 같이 구체적으로 밝혔다. 첫째, 구청과 경찰 등 공무원이 위안부 모집 업무에 관여했다. 둘째, 위안부들은 일본군함에 실려 각 작전 구역의 위안소로 운송되었다. 셋째, 위안소의 기획과 건설은 일본군 측에서 제정하고 관리했으며, 비용도 지불했다. 넷째, 위안소는 장교급 군관이 통제했다. 다섯째, 위안부는 군대를 따라 이동했다. 여섯째, 위안부의 건강은 군의관이 책임지고 관리했다.

왕칭펑(王淸峰) 변호사는『대만 위안부 보고서』는 여성을 집단적으로 폭행한 역사적 사건을 기록한 증거물로서, 이 보고서의 출간은 유럽과 아시아의 수십만 피해 여성들의 고통을 국제 사회에 널리 알림으로써 그녀들에게 정의와 존엄을 되찾아 주고, 여성들이 더 이상 전쟁의 피해자가 되지 않기를 바라는 데 그 목적이 있음을 지적했다.

(『중국시보』 1999년 10월 7일 발췌)

"신간 서적 –『양심에 부끄럽지 않다』"

전 미국 해군 고위급 장교 레이몬드 데이비스(Raymond Davis)와 댄 윈 (Dan Winn)이 쓴『양심에 부끄럽지 않다(Clear Conscience)』가 8월에 출판되었다. 이 책은 정책 결정에 대한 상세한 역사 기록과 치밀한 분석으로 사회 각계로부터 높은 평가를 받고 있다. 제2차 세계대전 때 미국 해병대에서 근무한 데이비스와 조지아주 은퇴 법관인 댄 윈은, 이 책에서 당시 미국이 일본에 원자폭탄 투하를 결정하게 된 과정을 상세히 기록했다. 그들은 머리말에서 다음과 같이 지적했다. "이 책은 당신에게 일본에 원자폭탄을 투하한 것이 어찌하여 100% 정확한 결정이었는가를 알려 줄 것이다. 당시 일본군은 중국에서 가는 곳마다 불을 지르고 3,000만이 넘는 남녀노소 민간인들을 학살하고 약탈하였다. 그러므로 당시의 결정은 조금도 양심에 부끄럽지 않다."

'항일역사수호회'는 '918사변[2] 68주년'을 기념하기 위하여 '사우스베이 화교문교센터(南灣華僑文教中心)'에서 좌담회를 가졌다. 주최 측의 초청으로 좌담회에 참석한 댄 윈은 항일역사에 관심을 갖고 있는 화교 사회 인사들과 이야기를 나누는 한편, 신간 저서『양심에 부끄럽지 않다-원자폭탄과 대학살(Clear Conscience-the Atom Bomb vs. the Super Holocaust)』을 소개했다. 댄 윈은 조지아주 아틀란타 법관을 지낸 적이 있으며, 제2차 세계대전 기간에는 미국 해병대 소령으로 근무했다.

이 책을 원하는 독자들은 본회에 기부 수표로 19원을 송금하면 된다.

(우송료 포함)

대일손해배상청구 급물살 제2차 세계대전 범죄 발뺌 불가, 대일손해배상청구 소송 빗발쳐

최근 미국 캘리포니아주에서 2개의 법안이 통과됨에 따라, 일본에게 침략 받은 아시아 태평양 국가의 피해자들이 미국에서 일본 측에 손해배상 청구를 할 수 있게 되었다. 최근에 통과된 이 2개의 법안 중, 하나는 남가주 하원의원 헤이든이 제기한 '추소기한 연장안(追訴期延長案)'이고 다른 하나는 베이 지역 하원의원 혼다가 제기한 법안, 즉 일본 측에 제2차 세계대전에서 저지른 범죄에 대해 사죄하고 배상할 것을 요구하는 법안이다. 이 2개의 법안은 7월 22일과 8월 24일 통과되었다. 이 법안들이 주 의회를 통과한 뒤, 피해 배상 청구 소송이 캘리포니아주에서만 벌써 3건이 나왔다.

그리고 며칠 전, 제2차 세계대전 때 필리핀에서 일본군에게 포로로 있었던 전 미군 병사가 캘리포니아의 한 법원에 소송을 제기했다. 9월

---

2) (역자 주) '918사변'은 일본 관동군이 1931년 9월 18일 '류타오후(劉條湖) 사건'을 조작해 중국 동북(東北) 지방을 침략한 전쟁을 말한다. '918사변'은 이후 중일전쟁의 발단이 되었다.

7일에는 한국계 인사가 워싱턴주 Tacoma시의 연방지구법원에 '일본강철(Nippon Steel Corp)'과 '미쓰비시중공업(Mitsubishi Heavy Industries)'을 상대로 고소장을 제출했다. 원고는 소장(訴狀)에서 이 두 회사가 전쟁 기간 중 자신에게 강제 노역과 정신적·육체적 학대를 가했다고 밝혔다. 또 다른 미군 퇴역 군인은 오는 9월 11일 로스앤젤레스에 가서 일본의 전쟁 범죄를 기소하기로 결정했다. 그리고 9월 14일에는 500명이 넘는 사람들이 뉴욕에 모여 '일본강철'과 '미쓰비시중공업'을 상대로 집단 소송을 결정했다. 그들은 집단 소송을 통하여 제2차 세계대전 때 강제 노역에 대한 임금 지불을 요구할 예정이다.

제2차 세계대전 기간, 미국만 해도 50,000명에 달하는 전쟁 포로가 일본군에게 학대를 당했다. 그 중 3분의 1이 일본군의 모진 학대를 못 이겨 세상을 떠났다. 그들과 그들의 가족들은 한시도 이 원한을 잊은 적이 없었다. 그들은 일본에서만 37건의 관련 소송을 제기했다. 그 중에서 비교적 규모가 큰 것으로는 당시 미군 전쟁 포로와 일반인 및 그들의 가족 총 33,000명으로 구성된 소송단이 7년에 걸쳐 일본 법원에 집단소송을 한 것이었다. 일본 법원은 다음과 같은 세 가지 이유를 들어 원고(原告)들의 피해 배상 청구를 기각하였다. 첫째, 일본의 법적 기소 유효 기간은 20년이다. 둘째, 1951년의 '샌프란시스코협약' 및 1972년의 '중일우호조약(中日友好條約)'에서 이미 일본은 이 부분에 대해 배상할 필요가 없음을 확인했다. 셋째, 일본 회사들의 주장으로, 자신들은 당시 일본 정부에 고용되어 노동자들을 관리하였을 뿐, 모든 책임은 일본 정부에 있다는 것이다. 일본 법원이 내세운 이유는 교활한 변명에 불과하다. 하지만 바로 이런 이유 때문에 일본 법원에 제기된 배상 청구 소송은 대부분이 기각되거나 장기간 보류 상태이다.

그러나 미국 땅에서 일본을 상대로 배상 청구 소송을 걸면 일본의 제약을 받지 않는다. 또한 미국은 살인이나 인권 문제에 대해서는 기소 유효 기간이 없다. 한편 8월 26일, '유엔인권위원회'는 법령을 통과시켜 어떤 국제 조약도 개인의 이익보다 우선할 수 없음을 천명했다. 따라서 일본은 더 이상 이전의 국제 조약을 핑계로 오리발을 내밀 수 없게 되었다.

'세계항일역사수호회'의 대표 딩웬(丁元)과 로스앤젤레스 국제인권변호사 피셔(Barry Fisher)는 이달 초 일본 도쿄를 방문했다. 그곳에서 그들은 전시(戰時) 일본의 만행에 대한 소송을 책임진 일본 변호사와 배상 청구 지지자들을 만나, 현재 일본 각 법원에 제기한 37개의 배상 청구 소송에 대해 토론했다. 이들 소송에는 일본군과 일본 기업이 아시아 태평양 국가의 국민들을 대상으로 강제 노역을 시킨 것, 일본군이 전쟁 포로 구제 기금을 횡령한 것, 일본군이 국제법 및 국제공약을 위반한 채 전쟁 범죄를 저지른 것 등에 대한 배상 청구 내용이 포함되어 있다.

딩웬과 피셔가 이번 일본을 방문한 주요 목적은, 일본 법률계 인사와 인권 운동가들과 함께 어떻게 하면 의회(議會) 입법화(立法化)를 이룰 것인가? 그리고 어떻게 하면 소송을 통해 일본과 기타 나라에서 제2차 세계대전 당시 일본군으로부터 폭행을 당한 피해자들에게 사회적 정의를 되찾아 줄 수 있는지를 검토하는 것이었다.

'세계항일역사수호회'는 현재 중국인 피해자들이 미국 법원에 피해 배상 청구 소송을 할 수 있도록 도와주는 방법을 모색하고 있다. 이에 인권변호사 피셔가 '수호회'의 무보수 법률 고문을 자청해 나섰다. 피셔는 전쟁 범죄를 추궁하는 소송에서 여러 번 승소한 적이 있는 베테랑 인권 변호사이다. 그가 지금까지 피해자들을 위해 받아 낸 배상금만 해도 30억 달러를 넘는다. 배상금은 스위스 은행, 오스트리아 은행, 그리고 12개의 독일 재단을 통해 피해자들에게 지급되었다.

올해 12월, 일본에서의 배상 소송을 지지하고 일본 정부에 국제적 압력을 가하기 위해 '전쟁 만행에 대한 책임 및 배상-새로운 세기의 평화를 위하여'라는 주제의 국제대회가 도쿄에서 열리게 된다. 이번 대회의 주최 측은 배상 청구 소송을 맡은 일본의 변호사 단체와 학자, 그리고 과거를 참회하는 일본군 노병(老兵) 등 정의파(正義派) 인사들로 구성되었다. '세계항일역사수호회'는 이번 대회의 후원(後援)을 맡았다.

(『항전사실통신』 1999년 9월)

새로운 세기의 평화를 위한 대회가 일본에서 열린다
'세계항일역사수호회' 전력 후원

'전쟁 만행에 대한 책임 및 배상-새로운 세기의 평화를 위하여'라는 주제의 국제대회가 올해 12월 10일부터 12일까지 일본 도쿄에서 개최된다. 이번 대회의 주최는 배상 청구 소송을 맡은 일본의 변호사 단체와 학자, 그리고 과거를 참회하는 일본군 노병 등이다. '세계항일역사수호회'에서는 후원을 맡았다.

금세기에 벌어진 전쟁 만행은 명백한 기록으로 역사에 남아 있다. 독일 나치의 유태인 학살, '난징대학살', 오키나와 참사, 세균전 등은 글로는 다 표현할 수 없을 만큼 참혹한 금세기의 전쟁 범죄들이다. 바야흐로 새로운 세기를 맞이하는 오늘, 지난 역사에 대한 평가와 그것을 통한 교훈이 하나의 중요한 과제로 떠오른다.

독일은 가해자로서 죄값을 치렀다. 그들은 "오늘의 내가 어제의 나를 시정한다"는 자세로 기금을 설립하고, 54년 전에 저지른 범죄에 대한 보상을 진행했다. 하지만 일본의 경우, 정부 차원에서 이웃 나라인 한국과 중국 및 기타 국가에서 자행한 천인공노할 범죄를 감추거나 미화하고 있다. 그 뿐만 아니라, 최근에는 몇몇 법안까지 통과시켜 당사국들의 분노를 자아내고 있다. 그들은 '미일방위조항(美日防衛條款)'을 새롭게 제정하고, '정보도청방지법안(防止竊聽情報法案)'을 완화시켰으며, '히노마루'와 「기미가요」[3]를 국기(國旗)와 국가(國歌)로 삼았다. 일본의 이러

---

3) (역자 주) 일본의 국기는 일장기로서, 해의 원이라는 뜻의 "히노마루(日之丸)"라고도

한 행동은 잘못을 뉘우치지 않겠다는 의지를 넘어서서 다음 세기까지도 침략 야욕을 이어가겠다는 의지의 표현이라고도 할 수 있다.

　침략자는 자신의 잘못을 덮어 감추려 하겠지만, 피해자 입장에서 그것은 죽어도 잊을 수 없는 생채기다. 현재 일본법정에서는 40개에 달하는 피해 배상 청구 소송이 벌어지고 있다. 일본 국민 중에서도 교양과 식견을 갖춘 사람들은 전쟁 피해자들에게 끝없는 동정을 느끼고 있다. 그리고 그들의 손실을 배상하는 것이 가장 좋은 속죄(贖罪)의 방법이라고 생각하고 있다. 소송을 제기한 나라들로는 중국, 한국, 필리핀, 네덜란드, 미국, 영국 및 기타 연방국 등이 있다. 배상 소송에 대한 심리를 끝난 일본의 지방법원과 고등법원에서는 머지않아 판결이 나올 것이다. 최근 야마구치지방법원에서는 위안부 관련 배상 소송을 심리하는 과정에서 일본 정부에 입법(立法)을 통해 배상 문제를 해결할 것을 건의했다. 이와 동시에, '유엔인권위원회'와 '국제노동자조직전문가위원회(國際勞工組織專家委員會)' 등 국제기구들은 잇달아 일본 정부가 속히 나서서 전쟁 범죄에 대한 책임을 지고 입법 절차를 통해 배상을 진행할 것을 촉구했다. 전쟁 피해자들은 이미 고령(高齡)이라 여생이 얼마 되지 않는다. 그러므로 전쟁 피해자들에 대한 일본 정부의 배상은 한시도 지체되어서는 안 될 것이다.

　이런 상황 속에서 올해 12월 '전쟁 만행에 대한 책임 및 배상-새로운 세기의 평화를 위하여'라는 주제의 국제대회가 도쿄에서 열리게 된다. 이번 대회는 배상 청구 소송을 맡은 일본의 변호사 단체와 학자, 그리고 과거를 참회하는 일본군 노병 등 정의파 인사들이 주최하고, '세계항일역사수호회', '난징대학살 피해동포 기념연합회', 유태인계 조직 'Simon Wiesenthal Center' 등 북미 민간 조직에서 공동으로 후원한다.

　'세계항일역사수호회' 회장 탄루치엔(譚汝謙) 교수는 다음과 같이 말했다.

부른다. 현재 일장기는 일본군국 시절보다 붉은 원의 색이 더욱 진해졌다. 「기미가요(君之代)」는 일본군국주의 시대의 일본 국가로 사실상 현재도 국가로 사용하고 있다.

"전쟁을 없애고 화해와 평화의 새로운 세기를 맞이하기 위해서는, 이제부터라도 묵은 빚을 청산하고, 역사의 상처를 치유하며, 피해자들에게 정의를 되찾아 줌으로써 진정한 평화와 친선을 도모해야 합니다."

이번 대회에서는 일본이 전쟁 당시 저지른 만행과 피해자 소송의 진행 상황에 대해서 상세한 논의를 진행하게 된다. 그리고 또 이와 관련된 개별 주제 토론이 있을 예정이다. 여기에는 비인도적인 만행의 심리 사례 연구, 미국 내 일본군 만행과 관련된 배상 청구 소송, 사죄와 화해의 실질적 의미, 전쟁 사실 수호를 위한 교육의 구체적 조건, 평화 운동에 대한 국제시민의 지지 등의 내용이 포함된다.

이번 대회의 순조로운 진행을 위하여 일본 측 준비위원회에서는 8월 22일 세 명의 대표를 로스앤젤레스로 특파하였다. 그들은 북미 각 '수호회' 대표와 만나 대회의 세부적 사항에 대해 협의하였다. 협의가 끝난 후, '수호회' 이사회는 이번 대회를 적극 후원하기로 결정하고 캐나다 지회 부회장 리에궈웬(列國遠)을 일본 측과의 연락을 전담하는 정식 대표로 위임했다. 그리고 '수호회' 대변인 딩웬과 '중국을 사랑하는 모임'의 부회장 천완치우(陳婉秋)를 대회 업무팀에 합류시켰다. '수호회' 이사회는 각 소속 지회에, 재정 지원과 회원들의 대회 참여를 포함한 적극적인 후원을 부탁하였다. 올해 12월 도쿄에서 열리는 국제대회에 참여할 의향이 있는 사람은 '세계항일역사수호회' 비서장(415-513-8214, citania@aol.com) 또는 리에궈웬(604-439-7738, bcalpha@bigfoot.com)과 연락해 자세한 상황을 문의하기 바란다.

(『항전사실통신』 1999년 9월)

제6장

간사이 순회강연(2000)

나는 1999년 이전에는 주로 도쿄에서 열린 역대 '난징대학살' 관련 기념 행사와 학술행사에 참가하였다. 그러다가 2000년 12월에 와서야 처음으로 간사이(關西)지역의 행사에 참가하게 되었다. 이를 통해 이 지역의 행사 추진 인력들과 일반 관계자들에 대해서도 어느 정도 이해할 수 있게 되었다. 도쿄 행사는 대부분 학술계와 법률계, 그리고 일부 정계 인사들에 의해 개최되었다. 하지만 간사이지역 행사는 주로 평범한 시민들로 구성된 민간단체에 의해 추진되었다. 이 점은 나에게 더 큰 감동을 주었다.

오사카(大阪) – 오카야마(岡山)

나는 '난징명심회(南京銘心會)'와 '재일화교중일교류촉진회(旅日華僑中日交流促進會)' 등 일본 민간단체의 공동 초청을 받고, 2000년 12월 6일 점심 비행기로 오사카로 날아갔다. 재일화교 출신 작가 쉬구이궈(徐桂國, 필명 墨面) 씨와 일본 지인 구로다(黑田) 씨가 마중 나와 신오사카회관(新大阪會館)으로 안내했다. 저녁에는 '촉진회'와 '명심회'의 책임자들인 린보야오(林伯耀) 씨, 마츠오카 다마키(松岡環) 씨 등과 중경 사천 요리집에서

2000년 12월 12일 린보야오(林伯耀)의 수행을 받으며 오사카 기차역을 빠져 나가고 있다.

식사를 했다. '난징대학살' 피해자인 천원후이(陳文惠, 81세) 여사와 펑샨롱(彭善榮, 80세) 여사, 그리고 난징시 대외교류협회 부비서장 저우타오(周濤) 선생도 자리를 함께 했다.

1997년 12월, '난징대학살 기념 국제학술대회'가 도쿄에서 열리기에 앞서, 나는 린보야오 씨와 여러 차례 편지와 전화로 대화를 나눈 적이 있었다. 그는 그때 나와의 연락책을 맡고 있었다. 하지만 우리는 서로의 목소리만 들었을 뿐 얼굴은 보지 못했다. 왜냐하면 그는 당시 오사카 지역에서 여러 가지 행사의 집행부에서 일하고 있었고, 나는 계속 도쿄에 머물러 있었기 때문이다. 이번에 그를 직접 만나 보니 그가 굉장히 전통적인 서구 신사 스타일임을 알게 되었다. 그는 큰 키에 점잖고 우아한 기품을 지녔으며, 예의는 바르되 상투적이지 않았다. 그리고 말씨 또한 간결하고 명확하여 과연 재일화교 출신의 걸출한 지도자로서 손색이 없었다.

마츠오카 다마키 씨는 내가 오래 전부터 흠모해 온 일본의 여류 사회
활동가이다. 그녀는 이번 간사이지역 행사의 주요 기획자였다. 나에 대
한 특별 초청도 그녀에 의해 이루어졌다. 그녀는 1997년 12월에 있었던
도쿄 대회에서 나의 주제 강연을 들은 적이 있었다. 그 자리에서 그녀는
간사이지역에서 미쳐 날뛰는 우익세력에 맞서기 위해 내 도움이 꼭 필
요하다고 생각했던 모양이었다. 우리는 함께 했던 몇몇 중국인 고령자
들의 건강을 생각해 식사 자리에서는 별다른 얘기는 나누지 않았다.

이튿날(12월 7일) 오전, 린보야오 씨가 아들과 며느리 그리고 포대기에
싼 손자를 데리고 여관으로 찾아 왔다. 잠시 인사를 나눈 뒤, 중국에서
온 우리 몇몇 남자들은 린보야오 씨의 건의에 따라 거리 구경을 나갔다.
린보야오 씨 일가족은 남아서 난징대학살 피해자 천원후이 여사와 이야
기를 나누었다. 나중에 안 일이지만, 천원후이 여사는 난징대학살 때
일본군에게 윤간을 당했다고 한다. 보수적인 전통 관념을 가진 그녀는
여전히 약간의 심리적 장애를 안고 있
었다. 린보야오 씨는 우리가 자리를 비
운 동안 그녀와 허심탄회하게 이야기를
나누었다. 과거를 떠올려야만 하는 그
녀의 심리적 부담을 조금이나마 덜어
주려고 했다. 우리는 점심 무렵 여관으
로 돌아왔다. 표정이 한층 밝아진 천원
후이 여사는 린보야오 씨 일가와 가족
처럼 친해져 있었다. 나는 속으로 린보
야오 씨가 부인과 동행하지 않은 것이
몹시 궁금했었다. 하지만 혹시나 하는
생각에 그 이유를 묻지는 않았다. 역시
나 나중에 보니 그의 부인은 암과 투병
하느라 거동이 힘든 상황이었다. 이런

오카야마 강연회 포스터

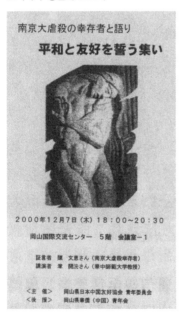

상황에서도 침착하게 행사에 집중하고 있는 린보야오 씨의 모습을 보며 감탄이 절로 나왔다.

그날 오후, 우리는 빡빡한 일정 탓에 서두를 수밖에 없었다. 여관에서 점심을 간단히 한 뒤, 곧바로 차를 타고 오사카 시청 뉴스센터로 이동해 언론 브리핑을 가졌다. 언론 브리핑에는 도쿄의 몇몇 대형 신문사를 포함한 10여 개 언론 매체 기자들이 참석하였고, 텔레비전 방송국에서 현장을 녹화했다. 이번 행사가 현지 정부와 사회 각계로부터 얼마나 관심을 받고 있는지를 피부로 느낄 수 있었다. 먼저 린보야오 씨가 몇 마디 인사말을 했다. 그 뒤 주요 강연자인 우리는 기자들과 문답시간을 가졌다. 브리핑에 임하는 기자들의 태도는 매우 진지했다. 듣기로는 우익 성향의 기자들도 현장에 있었다. 하지만 기자로서의 본분 때문인지 언론 브리핑은 시종 평화롭고 열띤 분위기 속에서 진행되었다.

오후 4시 쯤, 우리는 두 팀으로 나누어 이동했다. 나와 천원후이 여사는 구로다 씨의 안내로 신칸센(新幹線)을 타고 오카야마로 향했다. 조타오 부비서장과 펑샨롱 여사는 다케구치(竹口) 씨를 따라 가나자와(金澤)로 갔다가 다시 차를 갈아타고 도쿄로 갔다. 구로다 씨는 '명심회'의 핵심 멤버로서, 순박하고 정숙한 가정주부였다. 그녀는 마치 평소 집안일을 하듯이 묵묵히 각종 사회 봉사 활동에 참여했다. 말이 통하지 않는 구로다 씨와 우리는 그저 미소로 화답하거나 간단한 손짓으로 의사소통을 했다. 하지만 그녀가 항상 우리의 안전에 각별한 신경을 쓰고 있음을 느낄 수 있었다.

1시간 쯤 달렸을까, 오후 5시 우리는 오카야마에 도착했다. 오카야마는 이번 간사이 순회강연의 첫 번째 목적지였다. 우리가 차에서 내리자 한 젊은이가 달려와 맞았다. 구로다 씨와는 잘 아는 사이인 듯 했다. 그녀는 잠시 그와 인사말을 주고받고는, 우리에게 그와 직접 중국어로 대화해도 된다고 했다. 알고 보니 그 젊은이는 '일중우호협회전국청년위원회(日中友好協會全國靑年委員會)' 사무국장 및 '오카야마현 일중우호

협회청년위원회(岡山縣日中友好協會靑年委員會)' 위원장을 맡고 있는 요코미 유키노리(橫見幸賢) 씨였다. 그는 중국어가 유창하였다. 그래서 여러 차례 대표단을 인솔하여 중국을 방문한 적도 있었다. 그의 명함을 보는 순간, 나도 모르게 친근감을 느꼈다. 그도 그럴 것이 '문화대혁명'이 일어나기 전, 나도 전국구(全國區) 및 성, 시 지역구(地域區) '청년연합회'에서 10년 가까이 활동한 적이 있기 때문이다. 개인 여가 시간을 이용한 사회 활동이라는 점에서 우리는 동업자였다. 시간 관계상 우리는 자세한 이야기를 나누지 못한 채 서둘러 기차역을 빠져나와 국제교류센터 회의실로 이동했다. 회의실에 도착하니 일부 청중들이 벌써 회의장에 앉아 우리를 기다리고 있었다. 내가 막 회의실 문에 들어서자, 한 여성이 다가와 팩스 한 장을 건네주었다. 알고 보니 그것은 오카야마대 이시다 요나코(石田米子) 교수가 보낸 것이었다. 원래 우리는 올 겨울 오카야마나 도쿄에서 재회(再會)하기를 고대했었다. 그런데 뜻밖에도, 그녀가 이번 대형 기념행사의 조직위로부터 '도쿄 성폭력 국제법정'의 재판관으로 배정되어 도쿄로 가는 바람에 길이 엇갈리고 말았다. 그녀는 팩스를 통해 미안한 마음을 전했다. 아울러 행사장을 찾은 많은 사람들이 자신의 친구란 사실도 알려 주었다. 비록 그녀와 만나지는 못했지만, 같은 시각 도쿄와 오카야마에서 각자 같은 목표를 향해 정의의 투쟁을 하고 있다고 생각하니 그녀와의 우정이 더욱 따스하게 다가왔다.

강연회가 시작되자, 먼저 천원후이 여사가 발표를 했다. 그녀는 중국을 침략한 일본군의 성폭행에 대해 폭로하였다. 그녀의 발언은 여느 피해자들과는 사뭇 달랐다. 말투가 부드럽고 온화하였으며, 분노하여 질책하거나 마구 눈물을 흘리지도 않았다. 마치 눈 내리는 겨울밤 할머니가 어린 손자에게 들려주는 먼 옛날 이야기 같았다. 그러나 그 자리에 있던 모든 청중들은 그녀의 마음속에 맺힌 원한과 분노, 그리고 슬픔을 충분히 느낄 수 있었다. 난징대학살 당시, 그녀는 연약한 임산부의 몸으로 아무런 이유 없이 일본군 병사들에게 겁탈을 당했다. 이로 인해 그녀의 몸은 물론 마음에까지도 평생 치유할 수 없는 심각한 상처가 남겨졌다. 게다가 이 슬프고도 굴욕적인 과거사(過去事)는 항상 악몽으로 되살아나 그녀를 괴롭혔다. 그녀의 가족들 역시 수십 년 동안 떨쳐버릴 수 없는 참담한 기억 속에서 살아왔다. 오늘 드디어 그녀는 용기를 내어 연단(演壇)에 섰다. 그녀는 60여 년 전 침략전쟁을 일으킨 일본에서, 수많은 선량한 일본 국민들 앞에서 일본 제국주의가 난징에서 저지른 만행을 떳떳이 고발하고, 자신이 직접 경험한 참혹한 사례를 들어 일본군국주의와 그 추종자들이 꾸며낸 거짓말을 낱낱이 고발했다. …… 강연회장은 쥐 죽은 듯이 조용했다. 하지만 청중들의 마음은 세찬 파도처럼 일렁였다. 천원후이 여사가 발언을 마치자 청중들의 열렬한 박수로 응답했다. 그녀는 천천히 연단을 내려 왔다. 흥분과 피곤이 겹쳐진 표정이었다. 81세의 고령에 처음 해외로 나왔고, 또 처음으로 이렇게 많은 외국인들 앞에서 자신이 수십 년간 가슴 속에 묻어 둔 떠올리기도 싫은 옛 일들을 털어놓았으니 그럴 법도 하였다. 그런데 갑자기 한 여학생이 자리에서 일어나 천원후이 여사에게 달려갔다. 그리곤 그녀를 꼭 껴안았다. 그 여학생은 자기는 어릴 적부터 중국의 저우언라이(周恩來) 전 총리를 존경했고, 중국을 사랑하였으며, 일본이 일으킨 중국 침략 전쟁을 몹시 원망했다고 말했다. 그녀는 중국에서 온 할머니를 꼭 껴안은 채 울음을 터뜨렸다. 애써 참고 있던 천원후이 여사도 끝내 눈물을 보이고 말았다. 이를 지켜보던 청중석에서는 우레와 같은 박수가 터져 나왔다. 많은 사람들이 감정에 북받쳐 우리의 손을 부여잡고 뜨거운 눈물을 흘렸다.

나는 우리를 위해 통역을 맡아 준 왕팡(王芳) 여사가 정말로 고마웠다. 그녀는 당시 오카야마에서 박사 과정을 다니고 있었다. 그녀는 바쁜 학업 스케줄에다 또 다른 도시에 살고 있어 여유가 많지 않았다. 하지만 우리를 위해 귀중한 시간을 내주었다. 만약 그녀의 능숙하고도 정확한 통역이 없었다면, 천원후이 여사의 발표가 그렇게 큰 반응을 얻지 못했을 것이다. 이어서 내가 「미국 선교사 눈에 비친 '난징대학살'」이라는 주제로 강연을 했다. 이 강연에서 나는 '예일대 소장 문헌'에 대해 간략하게 소개한 다음, 내가 이 문헌들을 발견하게 된 과정과 그것의 신뢰도(信賴度)에 대해 상세히 설명하였다. 그리고 '난징대학살' 사실을 극구 부인하는 일본 우익세력의 터무니없는 주장을 조목조목 반박하였다. 원래 이번 강연회처럼 일반 시민들이 많이 참석한 자리에서 학술강연을 하기란 쉬운 일이 아니다. 다행히도 주최 측의 빈틈없는 준비 작업 덕분에 강연 원고가 사전에 일본어로 번역되어 배포되었다. 게다가 왕팡의 유창하고도 친근 감 있는 통역까지 더해져, 나의 강연도 청중들의 뜨거운 반응을 이끌어낼 수 있었다. 일부 청중들은 원래 '난징대학살'과 같은 잔인한 범죄가 존재했다는 사실 자체를 믿지 않았었는데, 오늘 우리의 발표를 듣고 비로소 그것이 엄연한 역사적 사실임을 알게 되었다고 말했다.

강연회가 끝난 뒤, 구로다 씨는 혼자서 오사카로 돌아갔다. 우리는 요코미 유키노리 씨를 따라 일본식 샤브샤브집으로 가서 식사를 했다. 요코미 씨의 몇몇 친구들도 자리를 함께 했다. 우리는 서로 이야기가 굉장히 잘 통했다. '오카야마일중우호협회'의 핵심 멤버는 대부분이 청장년층 근로자들이었다. 그들 가운데는 회사원이 있는가 하면 우체국 직원도 있었다. 그들은 모두 개인 여가 시간을 활용해 사회 활동을 하는 열성 멤버들이었다. 그들은 자발적인 것은 물론 능숙한 일처리 솜씨를 가지고 있었다. 요코미 씨 본인도 직장생활을 하면서 이 활동에 참가하고 있었다. 그는 정치권과 밀접한 관계가 있는 듯한 느낌을 주었는데, 앞으로 좋은 신세대 정치가가 될 가능성이 다분했다. 식사를 마치고 우리는 작별 인사를 나누었다. 왕팡은 혼자서 아마가사키 미즈도쵸(尼崎水堂町)에 있는 숙소로 돌아갔고, 우리는 현지의 로얄호텔(Royal Hotel)에 묵었다.

12월 9일 8시쯤, 요코미 씨와 우체국 직원 시바다 마사토(柴田正人) 씨가 호텔로 찾아 왔다. 우리는 그들의 차에 앉아 근처에 있는 레스토랑에 가서 아침 식사를 했다. 요코미 씨가 웃으며 나에게 말했다. "제가 선생님의 이력서를 봤습니다." 그는 어제 저녁에 중국 허난대학(河南大學)의 마샤오췐(馬曉泉) 선생이 만든 개인 홈페이지-중국근대사 홈페이지에서 나와 관련된 자료를 보고 그것을 출력해 왔다. 아마도 내가 다년간 미국에서 생활했기에 서양식 음식에 익숙할 것이라고 생각했던 모양이었다. 식사를 마친 뒤, 우리는 차를 타고 코즈마(Kojma)에 가서 바다를 보았다. 바다 위에는 혼슈(本州)와 시코쿠(四國)를 이어주는 세토대교(瀬戸大橋)가 가로 놓여 있었다. 세토 내해(瀬戸內海)는 파도가 잠잠했다. 산 위에 서서 멀리 맞은 시코쿠를 바라보았다. 찬란한 햇살 아래 곱게 물든 단풍이 눈에 들어왔다. 평일이라 그런지 바닷가는 관광객이 별로 많지 않았다. 유난히 조용하고 아름다웠다. 천원후이 여사나 나처럼 전란을 겪어 본 사람들이야말로 비로소 평화의 소중함을 알 수 있다. 60년 전, 나의 할아버지는 비분(悲憤)에 차서 "난세(亂世)에 사는 사람은 태평세월(太平歲月)에 사는 개보다도 못하다."라고 말씀하신 적이 있다. 당시 할아버지도 일본군이 강점한 중국 강남 지역에서 생활하고 계셨다. 고요한 바닷가에 서 있으려니 할아버지의 말씀이 또 다시 귓전을 맴돌았다.

우리는 바다와 숲의 아름다움을 만끽했다. 한참 뒤, 멀지 않은 곳에서 2명의 유치원 여교사가 20명이 넘는 아이들을 데리고 소풍을 나와 있었다. 그들은 바닷가 잔디밭에 삼삼오오 모여 앉아 도시락을 맛있게 먹고 있었다. 나는 아이들의 천진난만한 모습을 남기고 싶어 여교사에게 협조를 부탁했다. 친절한 여교사는 나의 부탁을 기꺼이 들어주었다. 아이들은 여교사의 지시에 따라 가로 세 줄 씩 앉더니, 중국어로 "환영합니다! 감사합니다!"라고 큰 소리로 외쳤다. 아마도 여교사가 가르쳐 준 모양이었다. 내가 사진기를 들고 찍을 준비를 하는데, 갑자기 몇몇 아이들이 웃으며 나에게로 달려왔다. 내가 급히 뒤로 물러서자, 여교사가 나서서 겨우 다시 아이들을 제자리에 눌러 앉혔다. 내가 다시 사진기를 들고 촬영 자세를 취하자, 또 몇몇 아이들이 까르르대며 나에게 달려들었다. 그러자 이번에는 신나게 웃고 있던 모든 아이들이 나를 향해 달려왔다. 내 사진기는 와이드 렌즈가 달리지 않은데다가 촬영 실력도 그리 높지 않은지라 초점을 맞추기 위해 재빨리 뒤로 물러서는 수밖에 없었다. 그런데 이때 등 뒤의 작은 바위가 있는 것을 미처 보지 못하고 급하게 뒤로 물러서다가 그만 걸려 넘어지고 말았다. 다행히도 몸을 솟구쳐 바위를 넘어 엉덩이가 먼저 풀밭에 닿았기에 망정이지, 하마터면 그대로 아래로 굴러 떨어질 뻔했다. 정말 웃긴 것은 그렇게 다급한 순간에도 필름이 망가질까봐 내가 사진기를 높이 쳐들고 있었다는 사실이다. 그건 아마 내가 해외에서 찍어 온 아이들 사진을 좋아하는 아내를 생각해서 한 본능적인 행동이었을 것이다.

요코미 씨와 여교사는 내가 넘어지는 것을 보고 황급히 나에게로 달려왔다. 나는 냉큼 일어나 옷을 툭툭 털며 아무렇지도 않은 척했다. 실은 엉덩이가 뜨끔뜨끔 아팠다. 점심시간이 다가오자, 시바다 씨는 우리를 차에 싣고 산 아래로 질주했다. 우리는 해변 가에 위치한 오래된 시골 음식점에 들어가 현지 어민들이 자주 먹는 탕면(湯麵)을 먹었다. 오후에는 또 구라시키시(倉敷市)에 가서 그곳의 번화가를 구경했다. 그곳은 고색창연한데다가 맑게 흐르는 시냇물까지 있어, 마치 중국의 강남에 온 듯한 느낌이었다. 요코미 씨는 중학교 시절을 보낸 곳이라 그런지 감회가 남달라 보였다.

고베(神戸) - 오사카(大阪)

12월 9일 오전, 우리는 요코미 씨의 안내를 받으며 신칸센(新幹線)을 타고 고베로 갔다. 고베까지는 약 1시간이 걸렸다. 기차역에 나와 우리를 마중한 사람은 '샤오양춘(小陽春)'이란 음식점의 사장 린 여사(林女士)였다. 요코미 씨는 우리를 린 여사에게 부탁한 후 그길로 돌아갔다. '샤오양춘'은 작은 식당이었지만, 기차역에서 멀지 않은 사거리 육교 아래에 위치하고 있어 장사가 비교적 잘 되었다. 린 여사는 고베에 온 지

꽤 오래 된 대만 사람이었다. 그녀도 제2차 세계대전 때 일본군이 저지른 만행을 고발하는 활동에 발 벗고 나서는 열성분자였다. 그녀가 운영하는 '샤오양춘'은 그 활동의 베이스캠프 또는 연락소와도 같은 곳이었다. 그녀는 늘 이곳을 다녀가는 인사들에게 숙식을 제공하곤 했다. 점심을 간단히 치른 뒤 린 여사는 우리를 근처에 작은 여관으로 안내했다. 방에서 잠깐 휴식을 취한 뒤, 우리는 린 여사를 따라 이른바 '차이나타운'이라 불리는 번화가에 갔다. 주말이라서 그런지 거리는 온통 사람들로 붐볐다. 우리는 인파에 떠밀려 다니느라 정신이 없었다.

저녁 6시 반, 우리는 '고베학생청소년회관(Kobe Student Youth Center)'에서 두 번째 강연을 시작하였다. '고베난징명심회' 사무국장 히다 유이치(飛田雄一) 씨가 사회를 보았다. 그는 '고베학생청소년회관' 관장으로, 중국으로 치면 청년회 간사장에 해당했다. 키가 크고 호리호리한 히다 유이치 씨는 독실한 기독교 신자로서 겸손하고 점잖았다. '고베학생청소년회관'은 소박하고 자그마한 건물이었지만, 작은 서점과 몇 개의 전람실도 갖추어져 있었다. 회관의 모든 방은 청소년 학생들을 위한 각종 과외 활동에 활용되고 있었다. 마침 크리스마스가 다가온 탓에 크리스마스트리와 색 전등 아래서 많은 학생들이 레크리에이션 프로그램 리허설을 하고 있었다. 외진 산림 속 자그마한 건물은 학생들의 열기로 활기가 넘쳤다. 히다 유이치 씨는 일찍 도쿄에서부터 나를 알고 있었다고 했다. 그러면서 일본학자인 사카모토(阪元) 여사가 방금 도쿄에서 나에게 보낸 팩스를 전해 주었다. 그런데 나는 만난 지 너무 오래되어 솔직히 그녀가 누구인지 잘 생각나지 않았다. 그녀에게 너무 미안했다.

강연회는 '고베난징명심회' 부대표인 린퉁춘(林同春, 재일화교 대표) 씨의 개회사로 시작되었다. 개회사에 이어 마기 목사가 제작한 '난징대학살'에 관한 다큐멘터리가 상영되었다. 린보야오(林伯耀) 씨가 직접 해설을 맡았다. 그 뒤로 천원후이 여사의 발표와 내 강연이 이어졌다. 통역은 린보야오 씨의 며느리가 맡았다. 한편, 린보야오 씨의 아들은 우리를 위해 운전기사 노릇을 해 주었다. 그러고 보니 이번 강연회 역시 린보야오 씨의 온 가족이 총출동된 셈이었다. 강연회는 '고베난징명심회' 부대표인 사토 가에(佐藤加惠) 씨의 폐막사로 막을 내렸다. 이번 강연회의 청중들은 대부분 일본 중학교 교사들이었다. 그들은 일본 문부성의 역사 교과서 왜곡에 반대 입장을 갖고 있었다. 청소년들을 올바른 길로 인도하고자 하는 순결한 마음으로 이번 강연회에 참석했던 것이다. 따라서 강연회에 임하는 태도는 사뭇 진지해 많은 질문과 답변이 오고갔다. 강연회가 끝나자 20~30명이나 되는 청중들이 무리를 지어 '샤오양춘'에서 함께 식사를 했다. 우리는 술잔도 기울이며 솔직하고도 진지하게 서로의 의견을 나누었다. 우리는 비록 나이와 직업, 그리고 정치적 성향은 달랐다. 하지만 역사의 정의를 지키고, 중일 우호 관계를 발전시켜야 한다는 공통된 인식을 갖고 있었다. 마침 그날은 토요일이라 출근 부담이 덜해 너도나도 주흥에 겨워 마음껏 이야기꽃을 피워 나갔다. 모두 밤이 깊어서야 자리에서 일어났다.

오사카(大阪) - 교토(京都)

12월 10일 오전, 우리는 린보야오 씨의 차를 타고 오사카로 떠났다. 이번에는 『위안부 : 일본군 성폭행』이란 대형 사진집의 사진작가 장궈통(張國通) 씨도 동행하였다. 장궈통 씨는 핑딩산(平頂山)에서 왔다. 그는 '핑딩산 촬영가협회' 부회장 겸 '중국위안부문제연구센터' 객원연구원으로 활동하고 있었다. 우리는 뜻을 같이 하는 동지로서 오사카로 가는 내내 공통의 관심사에 대해 의견과 각지의 관련 정보들을 주고받았다. 도중에 우리는 고베의 인공섬에 들러 잠깐 휴식을 취하였다. 장궈통 씨는 천원후이 여사를 모시고 이곳저곳을 다니며 구경을 했다. 나는 린보야오 씨와 함께 바다를 마주한 창가의 긴 의자에 앉아 이야기를 나누었다.

본관(本貫)이 푸젠성(福建省)인 린보야오 씨 집안은 일본에 정착한 지 이미 몇 세대가 지났다. 대학교에서 첨단기술을 전공한 린보야오 씨는 졸업 후 고국에 돌아가 일을 하려고 했다. 하지만 중국 국내 정세의 변화 때문에 뜻을 이루지 못했다. 한편, 전공이 국방과 관련되다 보니 일본에서 직업을 구하기도 여간 어렵지 않았다. 결국 그는 경영학으로 전공을 바꿀 수밖에 없었다. 대신 여가 시간, 때로는 많은 "업무 시간"을 내 사회봉사 활동을 하고 있었다. 여러 가지 사회봉사 활동 가운데 그가 가장 심혈을 기울이고 있는 부분이 바로 일본군의 만행을 폭로하고, 피해 동포들을 위한 배상청구와 관련된 일이었다. 그는 다가오는 12월 22일 저녁, '고베 학생청소년회관'에서 '하나오카 사건(花岡事件)'1)과 관련된 '긴급 강연회'를 열고, 얼마 전 일본 법원에서 내린 판결에 대해 논평할 예정이라고 했다. '하나오카 사건'은 처음으로 승소 판결을 받아 일부 피해 보상을 얻어낸 사건이었다. 하지만 린보야오 씨는 여전히 그 사건에 대한 판결에 큰불만을 가지고 있었다. 그것은 일본 정부에서 그 사건에 대해 직접적인 책임을 지지 않았을 뿐만 아니라 사죄도 하지 않았기 때문이다. 그는 지난 과정을 돌아보며 감개무량한 표정으로 이렇게 말했다.

　"제가 '하나오카 사건'을 위해 싸워온 지도 어느덧 20년이 넘었습니다. 이
　번 판결이 쉽게 이루어질 성격의 것이 아니라는 것을 저는 잘 알고 있습니다.
　하지만 이번 판결은 어디까지나 원고와 피고 사이의 모종의 타협을 통해 합
　의에 이른 것이죠. 그러기에 진정한 승소라고 말하기 어렵습니다. 따라서 우
　리는 포기하지 않고 계속하여 옳고 그름을 밝히고 정의를 되찾을 것입니다."

---

1) (역자 주) '하나오카 사건'은 제2차 세계 대전 말기였던 1944년~1945년 사이에 일본 아키타현(秋田縣)의 광산 하나오카에 끌려간 986명의 중국인 포로가 불과 1년 사이에 아사, 혹사, 사형 등으로 절반 가까이 목숨을 잃은 참사를 말한다. 이들은 전시 증산을 위한 수로 변경이나 댐 공사에 투입돼 인간 이하의 대우를 받았고, 이에 반발해 집단봉기를 일으켰다가 학살됐다.

오사카 시청에서 진행된 언론 브리핑.
가운데가 천원후이 여사. 오른쪽 첫 번째가 '난징대학살기념관' 관장 주청산(朱成山)

일본 시민들이 빗속에서 우익세력의 집회에 항의하고 있다.

그의 말투는 온화했지만, 그 속에는 꺾이지 않는 기개가 서려 있었다. 한 점의 거리낌도 없는 정의롭고 늠름한 모습은 역시 중국의 대장부다웠다.

오사카 시내에 들어서자 억수같이 비가 퍼부었다. 우리는 서둘러 중식당(中食堂)으로 들어가 간단하게 요기를 한 뒤, 곧장 '부락해방동맹(部落解放同盟)'에 설치된 회의장으로 이동했다. 오사카는 '명심회'의 주요 활동 기지였다. 마츠오카 다마키 여사와 그녀가 이끄는 여성모임(주로 초등학교와 중학교 및 유치원 교사, 그리고 사회 참여 정신이 강한 가정주부들로 구성)은 자연스럽게 이번 대회, 즉 '1937-2000년 세계적 증언'의 핵심 멤버가되었다. 이번 대회는 '난징대학살 60주년기념 오사카실행위원회'에서 주최했다. 마츠오카 다마키 여사는 이 위원회의 사무국장 겸 '일본 난징대학살 60주년기념 전국연합회'의 책임자로 활동하고 있었다. 그녀가 이번 대회를 직접 주재한 탓에 오사카는 우리의 이번 간사이 순회강연의 가장 중요한 무대가 되었다. 강연회에 참석한 청중 수도 여타 도시를 훨씬 초과했다. 대회의실은 물론 몇 개의 작은 강연장도 방청객들로 넘쳐났다.

대회는 오후 1시에 시작되었다. 첫 번째 순서로『난징대학살실록』이라는 대형 영상물을 관람했다. 그리고 다음 순서로 마기 목사(당시 일본군의 만행을 현지에서 비디오카메라로 촬영했음)의 아들 데이비드 마기(퇴직 은행가) 씨와 내가 강연을 하였다. 데이비드 마기 씨는 주로 부친인 마기 목사가 영상물을 촬영한 과정과 영상물 복사본이 세상에 전해진 경위에 대해 소개했다. 나는 이번에도 「미국 선교사 눈에 비친 '난징대학살'」이란 주제로 강연을 했다. 쉬구이궈(徐桂國) 씨가 순수하고도 유창한 일본어로 통역을 해 주었다. 그는 나와 호흡이 잘 맞았고 목소리와 감정 표현이 좋아 이번 순회강연에서 반응이 가장 좋았다. 이어서 천원후이 여사와 아즈마 시로(東史郎) 씨가 각각 피해자와 가해자를 대표하여 증언을 하였다. 천원후이 여사는 오카야마와 고베에서의 두 차례 경험을 통해 발언에 큰 자신감을 얻은 듯했다. 그녀는 많은 청중들 앞에서도 조금도 주눅 들지 않았다. 다소 격앙된 어조로 일본군의 만행을 차근차근 폭로하였다. 아즈마 시로 씨는 심장 수술을 받은 관계로 이번 대회에 참석하지 못했다. 그리하여 대회 주최 측에서는 그의 증언을 녹음한 테이프를 틀어 발언을 대신하였다. 녹음테이프에서 흘러나오는 노인의 목소리는 큰 종소리처럼 우렁찼다. 마치 고산대하(高山大河) 같이 드높은 기백이 느껴졌다. 강연장은 쥐 죽은 듯 조용했다. 그러다가 노인의 말이 끝나기 무섭게 또 한번 뜨거운 박수 소리가 터져 나왔다. 그칠 줄 모르는 뜨거운 박수 소리에 강연장 분위기는 최고조에 달하였다.

강연이 끝난 후, 마츠오카 다마키 여사와 린보야오 씨 등은 사람들과 거리로 나갔다. 그들은 우산을 들고 빗속에서 시위행진을 하였다. 나도 원래는 시위 행렬에 끼려고 했었다. 하지만 마츠오카 다마키 여사를 비롯한 행사 관계자들은 나와 천원후이 여사의 나이를 고려해서인지 아니면 안전 문제를 고려해서인지, 어쨌든 우리를 작은 버스에 태워 시위 행렬을 쫓아가도록 하였다. 큰 비는 거의 멈췄지만 거리에는 여전히 행인이 드물었다. 단지 시위 행렬만이 비에 젖은 대로를 걷고 있을 뿐이었다. 사전에 시위 신청을 해둔 덕택에 경찰들이 시위 행렬의 앞뒤와 양옆에서 질서를 유지해 주고 있었다. 덕분에 시위 행렬은 통행에 막힘이 없었다. 꼬리에 꼬리를 물고 오가는 차량들도 잠시 길을 비켜 주었다. 시끌벅적하던 시내가 이상할 만큼 조용해진 가운데, 마츠오카 다마키 여사가 이따금씩 팔을 휘두르며 외치는 구호 소리와 시위자들의 화답 소리만이 도시의 밤하늘을 맴돌았다. 거리는 사뭇 비장하면서도 어딘가 모르게 고요하고 쓸쓸한 분위기에 휩싸여 있었다.

거리가 이런 분위기를 연출한 것은 날씨에다 행인이 드물었던 탓도 있지만, 무엇보다 우익세력의 미친 듯한 도발이 없었기 때문이다. 오사카는 우익세력이 집중된 도시 중 하나다. 나는 1997년 12월 도쿄에서 열린 '난징대학살 60주년 기념행사'에 참가했을 때 이미 오사카 우익세력의 기세가 아주 거칠다는 사실을 알았다. 그들은 당시 수많은 선전차와 폭력배들을 동원해 시위를 막으려 했다. 그들은 공개적으로 집회에 참가한 오사카 시민들을 모욕하고, 시위행진을 방해했음은 물론 심지어 마츠오카 다마키 여사를 협박하기도 하였다. 하지만 우익세력의 이와 같은 도발은 오히려 '명심회'가 조직한 시위대와 일반 거리 응원자들의 마음에 불을 지르는 결과를 초래했다. 당시 마츠오카 다마키 여사는 마치 적진으로 돌격하는 용사처럼, 시위 행렬의 맨 앞에 서서 가슴을 펴고 걸어갔다. 그리고 팔을 휘두르며 선창 구호를 외쳤다. 칼날같이 예리하면서도 차가운 눈길로 우익세력의 도발에 맞섰다. 그녀가 보여 준 당당한 모습은 그 후로도 줄곧 시위 참가자들 사이에서 회자되었다. 그런데 이번 시위행진 때에는 우익세력의 모습을 찾을 수 없었다. 아마 어딘가에 숨어서 이를 갈며 악담을 퍼붓고 있을 것이다. 게다가 이번 시위행진 때에는 큰 비까지 내리는 바람에 길가에서 구경하는 사람도 얼마 되지 않았다. 시위행진은 찬바람이 불고 가랑비가 내리는 가운데 막을 내렸다. 모두들 다정하게 작별인사를 나누며, 서로의 노고를 위로했다. 시위 참가자들이 흩어진 뒤, '명심회'의 핵심 멤버들만 남아 우리와 작은 일식집에서 때늦은 저녁 식사를 하였다.

우리는 하루 종일 긴장 상태였다가 잠시나마 쉴 수 있는 시간을 갖게 되었다. 모두들 편안한 마음으로 마음껏 마시고 즐겁게 이야기를 나누었다. 그런데 나는 갑자기 허리에 심한 통증을 느꼈다. 이틀 전 세토대교 해변에서 넘어진 후유증이었다. 지난 이틀 동안 빡빡한 일정 탓에 크게 통증을 느끼지 못하고 있었다. 가끔 뻐근한 느낌이 있기는 했지만, 그때마다 진통제를 먹으며 그런대로 넘어갈 수 있었다. 그런데 오늘은 점심때부터 큰 비를 맞았고, 또 강연회장이 좀 썰렁하다 보니 접질린 곳에 요통이 몰려온 것이다. 진통제를 연이어 먹어도 차도가 없었다. 처음에는 좋은 분위기를 망칠까봐 최대한 참으려 했었다. 그러나 이튿날 교토에서 있게 될 강연이 걱정되어 결국 통증 사실을 털어놓았다. 밤은 이미 깊었고, 근처에 병원도 없는지라 모두들 속수무책이었다. 나는 애써 미소를 지으며 괜찮은 척 했다. 그런데 이때 우리를 위해 차를 운전하던 '명심회' 비서장인 유치원 여교사가 벌떡 일어나 밖으로 나갔다. 혼자서 약을 사러 나간 그녀가 한참 지나서도 돌아오지 않자, 모두들 불안해하는 눈치였다. 약 30분 쯤 지난 뒤에야 드디어 그녀가 들어왔다. 그녀의 손에는 평소 자주 쓰는 타박상 파스가 들려 있었다. 근처 상점이 모두 문을 닫아, 할 수 없이 차를 끌고 번화가의 여러 군데 약국을 들른 끝에야 겨우 살 수 있었다고 했다. 나는 그녀가 정말 고마웠다. 숙소로 돌아온 뒤, 나는 욕조에 뜨거운 물을 받아 놓고 오랫동안 몸을 담갔다. 그리고는 박하와 송진향이 나는 시원한 파스를 허리에 붙였다. 한결 가벼워진 느낌이었다. 그날 밤은 그렇게 편안하게 잠들 수가 있었다.

이튿날(12월 11일) 오전에는 스케줄이 비어 있었다. 나는 다시 뜨거운 물에 30분 정도 몸을 담갔다. 오후에 쉬구이궈(徐桂國)의 누나인 쉬췌전(徐翠珍) 씨가 '부락해방동맹' 오사카연합회 아사카지부 부지부장 야마모토 히토(山本幹夫) 씨와 함께 우리가 묵고 있는 숙소로 찾아 왔다. 췌전 씨는 아사카지부 사무실에서 미술 디자인을 담당하고 있었다. 그녀는 작은 체구에다 강남 여성의 섬세하고 아름다운 기질이 고스란히 몸에 배어 있었다. 옷차림은 소박하면서도 우아해 보였다. 그녀가 준 명함의 오른쪽 상단에는 한 떨기 꽃문양이 그려져 있었다. 담박한 그녀의 기풍과 잘 어울렸다. 두 사람은 우리를 데리고 교토행 신칸센을 탔다. 야마모토 히토 씨가 중국어를 못하는 바람에 차 안에서는 췌전 씨와 주로 이야기를 나누었다. 그녀는 우리에게 '부락해방동맹'은 전국적인 인권 조직으로, 많은 지역에 지부를 두고 있다는 사실을 알려주었다. 이 조직의 취지는 사회에서 소외받는 약소 집단의 사회적 평등과 권익을 쟁취하고 보장해 주는 것이었다. 당시 그들은 「부락해방기본법」의 국회 통과를 추진하기 위한 과정으로 인권 지식 보급을 위한 각종 대중강좌를 열고 있었다. 재일화교 역시 일본 사회에서 약소 집단에 속해 있기에 '부락해방동맹'과 여러 공감대를 가지고 적극적으로 함께 활동하고 있었다. 이 때문에 '재

교토 집회 강연
(2000년 12월 11일. 나의 오른쪽이 천원후이 여사. 뒤쪽이 야마우치 사요코 씨)

일화교중일교류촉진회(在日華僑中日交流促進會)'와 '명심회'가 '난징대학
살'과 관련된 각종 기념활동을 가질 때마다 항상 '부락해방동맹'의 적극
적인 지지를 받을 수 있었다.

우리가 탄 기차는 어느새 교토에 도착했다. 교토는 나에게 매우 익숙
한 곳이면서 또 내가 좋아하는 곳이기도 하다. 그러나 이번 교토행에서
나는 일부러 평소 가깝게 지내던 학술계 지인들을 찾지 않았다. 대신
나는 모든 시간과 정력을 '명심회'와 '부락해방동맹'에서 벌이는 행사에
쏟았다. 교토는 오사카보다 훨씬 추웠다. 삭풍이 몰아치고, 떨어지는 물
방울이 곧바로 얼어버릴 정도로 혹한이었다. 다행히 '부락해방동맹' 교
토연합회 청사는 난방이 잘 되어 있었다. 그렇지 않았더라면 나의 허리
통증은 더욱 심해졌을 것이다.

교토의 기념 행사는 '아즈마시로소송후원회(東史郎訴訟後援會)'에서 주
최하고, '부락해방동맹' 교토연합회와 '부락해방교토지방공투회의(部落

교토 집회 강연(2000년 12월 11일)

解放京都地方共鬪會議)'에서 후원했다. 구체적인 업무는 '아즈마시로소송
후원회'의 사무국장이자, 교토지역 '명심회' 책임자인 야마우치 사요코
(山內小夜子) 씨가 맡아 처리하였다. 나는 3년 전에 난징에서 그녀를 알
게 되었다. 사요코 씨와 마츠오카 다마키(松岡環) 씨는 모두 간사이지역
의 걸출한 여성 사회 활동가였다. 그녀들은 각기 다른 스타일과 개성의
소유자였다. 마츠오카 다마키 씨가 남자에게 뒤지지 않는 여장부 스타
일이라면, 사요코 씨는 동양적 요조숙녀 스타일이었다. 마츠오카 다마
키 씨는 몸도 다부지고 정력이 넘쳤으며, 성격이 시원시원하고 활동적
이라 모든 일에 앞장섰다. 이에 반해 사요코 씨는 차분한 성격에 외유내
강(外柔內剛)의 기질이 다분했다. 마츠오카 다마키 씨가 용맹한 기개로
군중들을 사로잡는다면, 사요코 씨는 항상 인자한 마음으로 사람들을
감화시켰다. 사요코 씨는 말수가 적은 편이었다. 하지만 사람들은 오히
려 그녀의 다소 우울한 눈빛을 통해 그녀의 마음속에서 타오르는 순결
한 불꽃을 느낄 수 있었다. 그녀는 혼겐지(本願寺)에서 근무하는 까닭에

불교 신자로서의 독실함과 교양까지 갖추고 있었다.

　기념행사의 사회는 사요코 씨가 직접 보았다. 첫 번째 순서로 가해자 증언이 있었다. 그런데 가해자 증언을 맡은 아즈마 시로 씨가 병환 중이라 그의 영상이 담긴 비디오를 상영하는 것으로 대체했다. 수사자를 방불케 하는 아즈마 시로 씨의 용맹한 모습과 우렁우렁하고 확신에 찬 목소리가 비디오 영상을 통해 흘러나오자, 회의장 분위기는 삽시간에 고조되었다. 다음 순서로 피해자 증언이 이어졌다. 이번에는 사요코 씨와 천원후이 여사가 대담하는 형식으로 진행되었다. 사요코 씨가 차근차근 야야기를 유도해 나가자, 천원후이 여사는 비통함 속에 과거 기억을 하나하나씩 더듬어 갔다. 두 사람의 대담은 느릿느릿한 리듬 속에서 진행되었다. 천원후이 여사는 자신이 당시 임신 7개월의 몸으로 5명의 일본군 병사들에게 윤간을 당했던 가슴 아픈 일을 비롯, 부친이 일본군에게 살해당하는 광경을 직접 목격한 일, 장강 기슭으로 황급히 도피하던 80명의 난민이 일본군의 기관총 세례를 받았던 참혹한 풍경 등에 대해 상세하게 이야기하였다. 회의장 분위기는 급속도로 무거워졌다. 그 뒤 나의 강연이 이어졌다. 나는 주로 실증자료를 토대로 '난징대학살'에 대한 총체적인 해설을 진행하였다. 강연을 마치고 나는 『하늘도 용서치 못할 만행―미국 선교사 눈에 비친 '난징대학살'(1937–1938)』이란 책을 사요코 씨에게 선물하였다. 우리 두 사람이 서로 손을 굳게 잡자, 열렬한 박수 소리가 온 장내를 흔들었다. 자유발언 시간에는 한 일본 베테랑 기자가 자리에서 일어나 발언하였다. 그는 내가 중국인 학자로서 '난징대학살' 연구에 그렇게 많은 실증 연구를 진행한 것에 대해 크게 탄복한다고 했다.

　간사이 순회강연은 이렇게 원만하게 마무리되었다. 행사를 마치고 우리는 일식집에서 회포를 풀었다. 불교계의 재정 상황이 넉넉해서인지, 주최 측에서 준비해준 신세계호텔은 아주 고급스러웠다. 우리는 호화로운 호텔 시설을 보며 한편 불안하기도 했다. 민간단체의 경제적 부담이 그만큼 늘어나기 때문이다. 그런데 나는 이렇게 쾌적한 환경 속에서도 도저히 잠을 이룰 수가 없었다. 저녁 식사 때 두 시간 동안이나 책상다리를 하고 앉아 있었던 탓에 요통이 다시 도졌기 때문이다. 심지어 두 다리를 구부리기조차 힘들었다. 뜨거운 물에 몸을 담그고 진통제를 먹어도 아무런 소용이 없었다. 다행히 아침에 일어나 조식을 먹고 나니 통증이 조금 가라앉았다. 나는 우리를 수행하는 야마모토 씨에게 서둘러 사정을 설명했다. 그래서 오전 관광 일정을 취소한 뒤, 급히 오사카로 돌아갔다. 사실 교토는 아름다운 도시이지만 여러 번 방문했기에 다시 관광할 필요는 없었다. 다만 아쉬운 점이 있다면 사요코 씨의 호의를 저버렸다는 점과 그녀와 직접 만나 작별을 고하지 못했다는 점이다. 그녀는 오전에 건강 검진을 받아야 했기에 점심 때 송별회를 갖기로 했었다. 귀국 후 얼마 지나지 않아, 나는 사요코 씨가 보내 온 연하장을 받았다. 사요코 씨는 연하장에 하이쿠(俳句)[2]를 적어 당시의 석별의 정을 표현했다. 그녀를 쏙 빼닮은 아름다운 글씨체와 간결하면서도 깊은 뜻을 가진 문체가 유난히 돋보였다.

12월 12일 오전, 오사카로 돌아온 나는 예전과 마찬가지로 신오사카 야요이회관에 여장을 풀었다. 마음씨 고운 저우타오(周濤) 씨가 능란한 솜씨로 나를 위해 경혈 안마를 해주었다. 그리고 모몐(墨面) 씨도 급히 병원에 있는 정형외과 의사를 찾아가 사정을 설명하고 고약을 받아왔다. 이렇게 전통 치료를 받고 나니 뜻밖에도 요통이 호전되기 시작했다. 오후에는 마츠오카 다마키 씨가 난징에서 온 손님들을 모시고 오사카성(大阪城)을 구경했다. 나는 예전에 가본 적이 있었기에 회관에 남아 휴식을 취하였다. 저녁에는 린보야오 씨와 마츠오카 다마키 씨가 일식 소고기 샤브샤브로 송별회를 열어 주었다. 문병을 온 간사이대(關西大學)의 타오더민(陶德民) 교수도 자리를 함께 했다. 나는 그들의 호의에 큰 감동

---

2) (역자 주) 일본의 시 형식 가운데 하나로, 도쿠가와 시대에 단카와 더불어 유행하기 시작했다. 마쓰오 바쇼가 이 시 형식을 매우 세련되고 의식 있는 예술로 승화시켰다.

을 받았다. 저녁을 먹은 뒤 린보야오 씨가 직접 우리를 데리고 근처에 있는 기차역 상점가로 갔다. 그곳에서 우리는 일본 각지의 특산품을 구경하고 쇼핑도 하며 오사카의 아늑한 밤을 마음껏 즐겼다.

다음날 나는 귀국길에 올랐다. 나의 일본 간사이행은 이렇게 막을 내렸다.

에필로그

일주일에 걸쳐 진행된 이번 간사이 순회강연은 단지 '명심회'와 '재일화교중일교류촉진회' 등 우호단체에서 주최한 기념행사 중 한 부분에 지나지 않았다. 내가 알기로 우리가 귀국한 뒤인 2000년 12월 22일, 린보야오 씨는 또 '고베학생청년회(神戸學生靑年會)'에서 '하나오카사건(花岡事件)'과 관련해 긴급 강연회를 가졌다. 그리고 2001년 2월 8일에는 류코쿠대(龍穀大學) 다나카 히로시(田中宏) 교수가 '고베학생청년회'에서 중국인 강제노역 문제를 주제로 강연을 하며 일본 외무성에서 제시한 관련 보고서에 대해 비판하였다. 같은 시기에 '중국인 전쟁피해자 손해보상청구회' 등의 단체들도 도쿄에서 일련의 활동을 진행하였다. '핑딩산사건(平頂山事件)' 소송 제12회 구두 변론 재판 보고 집회(2000년 12월 10일), 리시우잉(李秀英) 명예훼손 소송 제1회 재판 보고 집회(2000년 12월 17일. 보고인 : 가사하라 도쿠시(笠原十九司), 다와라 요시후미(俵義文)), 강제노역 니가타(新潟) 소송 제1회 구두 변론 재판 보고 집회(2000년 12월 24일), 리우렌런(劉連仁) 제1차 소송 제16회 구두 변론 재판 보고 집회(2001년 1월 13일), 유기 독극물·폭탄 피해사건 제2차 소송 제6회 구두 변론 재판 보고 집회(2001년 1월 20일), 유기 독극물·폭탄 피해사건 제1차 소송 제11회 구두 변론 재판 보고 집회(2001년 1월 31일), 중국인 '위안부' 제1차 소송 제16회 구두 변론 재판 보고 집회(2001년 2월 22일), '핑딩산사건' 소송 제13회 구두 변론 재판 보고 집회(2001

'핑딩산사건' 공청회 포스터

년 2월 25일), 중국인 '위안부' 제2차 소송 제14회 구두 변론 재판 보고 집회(2001년 3월 3일), 강제노역 제2차 소송 제6회 구두 변론 재판 보고 집회(2001년 3월 10일), 강제노역 나가노(長野) 소송 제6회 구두 변론 재판 보고 집회(2001년 3월 16일), 유기 독극물·폭탄 피해사건 제2차 소송 제7회 구두 변론 재판 보고 집회(2001년 3월 23일) 등이 그 주요한 활동 내용이다. 이처럼 일본에서는 매달 두세 차례씩 군국주의 우익세력과 투쟁하는 공개 활동이 벌어졌다. 이런 활동의 조직자이자 참여자인 일본의 우호인사들은 비록 그 숫자는 많지 않았다. 하지만 거의 매일같이 중국인 피해자들의 권익을 위해 동분서주하고, 전 세계에 정의와 평화를 호소하고 있었다. 그들의 정의로운 행동은 그야말로 나에게 깊은 감동을 주었다.

마츠오카 다마키 씨와 그녀가 이끄는 여성 단체는 우리를 떠나보낸 뒤 잠시도 쉬지 않고 곧바로 '제5회 고베·난징명심회 중국방문단' 조직을 시작했다. 그들은 중국 방문 기간을 2001년 8월 13일부터 18일까지로 잡았다. 앞서 언급한 바와 같이, 이 여성 단체는 초중고 및 유치원 교사가 큰 비중을 차지하고 있었다. 그녀들은 원래 '난징대학살'과 같이 일본군이 전쟁 중에 저지른 만행에 대해 잘 알지 못하였다. 그러다가 난징을 방문한 길에 '난징대학살기념관'을 참관하게 되었는데, 전시된 유물과 사진들을 통해 참혹한 역사적 현장을 목격하고 엄청난 충격을 받았다. 귀국한 뒤, 그녀들은 양심과 소신에 따라 수업 시간을 이용하여 중국을 침략한 일본군의 만행에 대해 사실대로 설명하기 시작했다. 천진난만한 아이들로부터 "선생님이 말씀하신 역사는 왜 교과서(문부성에서 편찬한 일본군의 중국침략 만행을 덮어 감춘 일부 교재를 가리킴)와 다르죠?"와 같은 질문을 받을 때마다, 인내심을 갖고 차근차근 설명을 해주곤 하였다. 그녀들은 또 학생들을 데리고 '명심회중국방문단'에서 조직한 '중일학생여름캠프'에 참가하기도 했다. '난징대학살기념관' 및 기타 역사 유적지를 참관하는가 하면, '난징대학살' 피해자 혹은 유족들과 만나 이야기를 듣는 등 아주 의미 있는 활동을 벌이기도 하였다. 이런 활동은 점점 더 많은 초중고 학생들의 관심을 끌게 되었고, 심지어 학부모들에게까지 영향을 미치게 되었다. 그리하여 일부 학부모들은 직접 자녀들을 데리고 중국을 방문하여 기념활동에 참가하기도 하였다.

1997년 8월 중순, 나는 '난징대학살기념관'에서 '중일학생여름캠프' 깃발 수여식에 참가하였다. 그 자리에서 나는 일본 초중고 학생들과 사이좋게 이야기를 나누고, 사진 여러 장을 찍어 주었다. 같은 해 12월 13일, 나는 도쿄에서 진행된 '난징대학살 60주년 기념대회' 회의장에서 뜻밖에도 4개월 전에 만났던 두 명의 중학생과 재회하였다. 그 학생들은 부모와 함께 이번 기념대회에 참가했다고 했다. 이번 간사이행에서도 나는 얼마 전에 난징에서 만났던 몇몇 익숙한 얼굴들을 만날 수 있었다. 이 어린 학생들은 인생에서 기쁨과 행복의 정취를 만끽할 나이였다. 그럼에도 불구하고 중일우호와 세계평화를 위해 자신들과는 직접적인 연관이 없는 60여 년 전의 역사적 현안에 특별한 관심을 갖고 그것의 공정한 해결을 위해 힘을 보태고 있었다. 과연 이 어린 영혼들이 이렇게 무거운 역사적 사명을 어느 정도 감당할 수 있을까? 아이들의 꽃처럼 찬란한 작은 얼굴과 물처럼 맑고 투명한 눈빛을 바라보노라니 내 마음 속에서는 뜨거운 눈물이 솟구쳐 올랐다.

마츠오카 다마키 씨가 정의를 위한 투쟁에 뛰어든 것은 단순히 개인적인 양심과 소신에서 비롯된 것이었다. 그런데 그녀의 이러한 행동은 간사이지역에서 큰 호응을 얻으며 연쇄반응을 일으켰다. 그녀가 지핀이 투쟁의 불길은 마치 한 점 불꽃이 요원의 불길로 번지듯이 고베, 오사카, 오키나와, 교토, 나고야 등으로 일제히 타올랐다. 각지의 불길을 낱개의 진주알에 비유한다면, 명심회는 그 무수한 진주알들을 하나로 연결시키는 명주실 같은 존재였다. 쥐 죽은 듯 고요함 곳에서 천둥소리가 터져 나오듯이, 평소에 침묵을 지키던 사람들도 일단 각성하게 되면 무궁무진한 힘을 발산할 수 있다. 우리 인간의 역사에가 가장 강한 자는 누구였을까? 왕후장상(王侯將相)도 영웅호걸도 아니었다. 그것은 바로 수억을 헤아리는 우리 민중들이었다. 민중은 물과 같은 존재이다. "물은 배를 띄울 수도 있지만 뒤집을 수도 있다(水能載舟, 亦能覆舟)." 이것은 천여 년 전 중국의 어느 현명한 황제가 깨친 이치다. 민중은 끝없이 넓은 바다와도 같다. 일단 바람이 불고 파도가 일면 바다 속에 숨어 있던 거대한 에너지가 분출된다. 그리고 역사의 흐름을 거스르며 제멋대로 날뛰는 그 어떤 포악한 것도 죄다 삼켜 버리고 만다. 히틀러, 무솔리니, 도조 히데키(東條英機) 등 한 때 기세등등하게 세계를 제패하던 소위 '강자'들도 결국 하나같이 역사의 심판대에 올라 자기의 죗값을 치르고야 말았다. 그리고 그들이 의존했던 철권통치도 삽시간에 무너졌다. 마츠오카 다마키 씨 개인의 힘은 분명 한계가 있다. 하지만 정의와 평화를 위한 그녀의 투쟁이 갈수록 많은 일본 민중들의 지지를 받게 될 것이다. 그리고 그녀를 성원하는 일본 민중들의 마음과 중국, 한국, 북한, 미얀마, 인도, 파키스탄, 방글라데시, 스리랑카, 필리핀, 말레이시아, 싱가포르, 인도네시아, 그리고 더 나아가 세계 각국 민중들이 하나로 연결될 때, 그것은 기필코 거대한 힘과 세찬 기세를 만들어낼 것이다. 이것이 바로 린보야오 씨와 마츠오카 다마키 씨를 비롯한 정의의 사도들이 항상 자신감을 갖고 용감하게 앞으로 전진할 수 있는 이유이기도 하다.

2002년 8월 중순, 마츠오카 다마키 씨는 또다시 '명심회 중국방문단'을 인솔하여 중국을 방문하였다. 그녀에게 있어서 이번 방문은 17번째

중국방문이었다. 1987년부터 계산해
보면, 그녀는 거의 해마다 1~2번 씩 중
국을 방문한 셈이었다. 이를 두고 많은
사람들은 입을 모아 말했다. "그녀는
'난징대학살사연구회'에도 참여하고,
'난징대학살' 생존자와도 인터뷰를 했
습니다. 난징의 거리와 골목, 그리고
교외에 있는 시골집에도 그녀의 그림
자와 발자취가 남아 있습니다." 그녀의
이번 중국 방문 일정에는 우한(武漢)이
추가되어 있었다. 그래서 그녀는 일찌
감치 나에게 편지를 보내 다시 한 번
'명심회 중국방문단'을 위해 강연을 해

『난징전-숨겨진 기억을 찾아서』 표지

줄 것을 부탁했다. 그런데 공교롭게도 나는 8월 중순 서울에서 학술대회
에 참가해야만 했었다. 할 수 없이 나는 함께 '난징대학살'을 연구하는
리우쟈펑(劉家峰) 박사와 우한대 역사학과 박사생인 주창이(朱長義) 군에
게 방문단 접대와 일본군이 우한에서 벌인 각종 만행을 주제로 좌담회를
갖도록 부탁해 놓았다. 그녀들의 집념과 진정성은 젊은 세대 중국 역사
학자들에게 많은 가르침을 주었다. 동시에 일본군이 우한에서 벌인 각종
만행에 대한 연구에 박차를 가하는 좋은 자극제가 되었다. 우한을 떠나
며 마츠오카 다마키 씨는 '명심회 중국방문단'을 대표하여 리우쟈펑 박사
를 통해 나에게 선물 두 개를 전달했다. 하나는 그녀가 새로 펴낸 저서
『난징전-숨겨진 기억을 찾아서』였고, 또 하나는 방문단 전체 멤버가 붉
은 깃발 위에 남긴 서명과 짧은 글이었다.

　『난징전-숨겨진 기억을 찾아서』란 책에는 "중국 침략 전쟁에 참가한
일본군 병사 102명의 증언"이라는 부제가 달려 있었다. 이 책은 중국
침략 전쟁에 참가했던 전 일본군 사병들의 머릿속에 반세기 이상 숨겨져

있던 기억을 되살린 기록이었다. 이를 위해 '명심회', '재일화교중일우호촉진회' 등의 민간단체는 1997년 가을부터 도쿄, 나고야, 오사카, 히로시마 등 6개 도시에 '난징대학살 정보핫라인'을 설치하여 천신만고 끝에 그들을 찾아냈다. 얼마나 어렵고 손이 많이 간 작업인지를 짐작할 수 있었다. 이 책은 '일중평화연구회'가 기획하고, '도쿄사회평론사'에서 2002년 8월 15일에 출판했다. 마츠오카 다마키 씨는 이제 막 세상에 나온, 온갖 심혈을 기울여 완성한 이 책을 이번 중국 방문의 귀중한 선물로 가져온 것이다. 책의 첫머리에는 '일본평화학회' 우쓰미 아이코(內海愛子) 씨가 쓴 서문을 필두로, 세 단락의 본문으로 구성되어 있었다. 첫 번째 부분은 전 일본군 사병 조사에 관한 마츠오카 다마키 씨의 소개와 분석이었고, 두 번째 부분은 '난징대학살' 역사 배경에 관한 린보야오 씨의 논술이었으며, 세 번째 부분은 이 책의 핵심 내용을 이루는 사병들의 증언이었다. 사병들의 증언에는 다음과 같은 내용들이 포함되어 있었다. 1) 난징 함락 후, 양자강 일대에서의 집단 학살. 2) 난징 함락 전후, 성 안과 성문 근처에서의 학살. 3) 난징 함락 후, 지속적으로 진행된 집단 학살. 4) 중국 여성들에게 가한 성폭행. 5) 징발, 방화와 강제노역.

이 책은 나오자마자 일본 각계의 많은 관심을 받았다. 이 책이 출판된 후 일본 국내에서 일으킨 반응에 대해 주즈링(朱志淩) 씨는 다음과 같이 소개했다.

"『난징전-숨겨진 기억을 찾아서』의 일본어판은 그 내용이 갖는 진실성으로 말미암아 독자들의 큰 관심을 끌었다. 그리하여 출판된 지 3개월이 채 안 되는 사이에 벌써 7번이나 추가 인쇄를 하는 쾌거를 이루었다. 이에 일본의 우익세력은 몹시 당황하여 앞뒤를 가리지 않고 마츠오카 다마키 여사와 증언에 참여한 전 일본군 사병들을 비난하고, 그들을 '매국노(賣國奴)'로까지 매도하였다. 뿐만 아니라 마츠오카 다마키 여사가 제공한 인터뷰 테이프를 방영한 아사히방송국까지도 비판했다. 하지만 그들의 도발 행위는 이 책의 영향력을 약화시키지 못했다. 아사히방송국의 프로그램은 연간 2000만 명에 달하는 시청자들을 TV앞으로 불러 모으는 기염을 토했다. 일본 우익세력의 광기 어린 도발은 마츠오카 다마키 여사의 집념을 꺾을 수 없었다. 그녀가 지난 4년간 바쁜 일상에도 불구하고 심혈을 기울여 완성한 전 일본군 사병에 대한 조사는 참으로 보람 있는 작업이라고 생각한다. 왜냐하면 수많은 어려움을 극복하면서 전 일본군 사병들의 숨겨진 기억을 기록으로 남겼기 때문이다."[3]

지성이면 감천이라고 했다. 마츠오카 다마키 여사여! 당신은 정녕 그 어떤 어려움과 역경에도 굴하지 않는 금강환(金剛環)[4]입니다(이 말은 2년 전 오사카에서 작별을 앞두고 내가 그녀에게 했던 말이다).

붉은 깃발에는 마츠오카 다마키 여사를 필두로 한 '명심회 중국방문단' 멤버 20여 명의 서명과 짧은 글이 적혀 있었다. 그 내용을 소개하자면 아래와 같다.

> 마츠오카 다마키(松岡環) : 역사는 반드시 명백해야 한다.
> 사카야마 노보루(崎山昇) : 피해자의 고통을 마음에 새겼기에 한사코 전쟁을 반대한다.
> 코치요 유키오(高地良由經) : 생명을 소중히 여기고, 역사를 중시하자.
> 신카이 도모히로(新海智廣) : 아름다운 미래를 창조하기 위해서는 과거를 잊지 말아야 한다.
> 타카구치 에츠코(高口悅子) : 역사적 진실을 영원히 전해 가자.
> 기무라 츠카사(木村司) : 무엇보다도 사실을 똑똑히 정시해야 한다.
> 다카자네 야스노리(高實康稔) : 역사에 대한 공통된 인식을 일중우호의 기초로 삼자.
> 모리 이치죠(森一女) : 침략자의 군화(軍靴) 소리가 힘찬 반전(反戰)의 외침소리에 매몰되었다. 잊지 말자 난징!

---

3) (원저자 주) 『중화독서보(中華讀書報)』 2002년 12월 11일 제5면.
4) (역자 주) 마츠오카 다마키의 중국명은 송강환(松岡環)이다. 저자 장카이웬은 그녀의 굳세고 꿋꿋한 성품을 표현하기 위해 그녀의 이름을 금강환(金剛環)으로 바꿔 불렀다.

아사다 요시노부(淺田義信) : 유사법제(有事法制)5)를 반대한다. 일본은 지금 또다시 전쟁의 길을 가려고 한다.

구로다 가오루(黑田薰) : 일본 시민은 다시는 침략의 무기를 들지 않을 것을 맹세한다.

하시바 노리코(橋場典子) : 우리가 알고 있는 것, 우리가 토론한 것, 잊지 말자, 회피하지 말자, 이것은 역사에서 비롯된 무거운 책임이다.

나가사키 모야이[長崎門更月] : 전쟁과 무력은 아무것도 해결할 수 없다. 평화와 우호만이 현재 우리가 추구해야 할 바이다.

모리 요시(森正義) : 전쟁을 강력히 반대한다.

마스다 미노루(增田實) : 세계에 평화를.

깃발의 정중앙에 남겨진 단체 서명과 짧은 글은 다음과 같다.

일중우호의 날개, 명심회난징 : "지난 일을 잊지 말고 미래의 교훈으로 삼자."

---

5) (역자 주) 전쟁 등 유사시를 대비한 일본의 법률 및 특례조치로, 일본이 외국으로부터 무력 공격을 받았을 경우에 대비한 자위대 활동과 국민보호 등을 규정한 법조항.

방문단 연구원과 생존자들의 일정

訪問される研究者・幸存者の日程

12月6日（水）
午後　　　関西国際空港入国 ｛周濤・章開沅・陳文恵・彭善栄｝
　　　　　伊丹空港から ｛朱成山｝
16:00　宿舎到着、日程説明
18:30　歓迎会

【Aコース】
12月7日（木）
　9:00　聞き取り
13:30　記者会見

16:00　新大阪発岡山へ担当黒田
　　　　｛章開沅・陳文恵｝
　　　　岡山、岡山泊
集会名　原爆の辛存者と計り平和と友好を誓う集い
会場名　岡山国際交流センター
時　間　18:00～

12月8日（金）

12月9日（土）
神戸　神戸泊 ｛章開沅・陳文恵｝
集会名　原爆辛存者の証言を聞く会in神戸
会場名　神戸学生青年センター
時間　　18:30～

12月10日（日）
午前中大阪へ大阪泊 ｛章開沅・陳文恵｝
集会名　世界は見ていた―南京レイプ
会場名　部落解放研究教育センター
時　間　13:00～17:00
　　　　集会後ピースウォーク

【Bコース】
12月7日（木）
　9:00　聞き取り
13:30　記者会見
　　　　大阪発　東京ｖａｗｗ朱成山
16:00　大阪発　金沢へ　担当竹口
　　　　｛周濤・彭善栄｝
　　　　金沢、金沢泊

12月8日（金）｛周濤・彭善栄｝
金沢、金沢泊
金沢集会名「証言・原爆展」辛存者による証言とビデオの監
会場名　石川県教育会館
時間　　18:30～21:00

12月9日（土）
東京、東京泊
　　　　座談会

12月10日（日）
東京、東京泊 ｛周濤・彭善栄｝楊明貞？
集会名　「ノーモア藏 2000年東京会」
会場名　星陵会館（永田町）
時　間　13:00～17:00
集会後追悼デモ

A

B

１２月１１日（月）
　京都　京都泊　〔章開沅・陳文恵〕
　集会名　「語り伝える南京大虐殺」加害と被害の証言集会
　会場名　京都府部落解放センター
　時　間　18:00~

１２月１１日（月）
東京→大阪　大阪泊〔周濤・彭善栄〕

１２月１２日（火）
　京都→名古屋送迎担当徐桂国
　名古屋→大阪泊〔陳文恵〕
　集会名　21世紀へ「南京1937」名古屋証言集会
　会場名　愛知県中小企業センター
　時　間　18:30~21:00

１２月１２日（火）

大阪　大阪泊〔周濤・彭善栄・章開沅〕

１２月１３日（水）
　朝　関西国際空港より帰国
　　〔周濤・章開沅・陳文恵・彭善栄〕

来日される方の生年月日と所属または単位

周　濤　男　１９５１年７月生まれ　南京市対外交流協会副秘書長
朱成山　男　１９５４年７月生まれ　侵華日軍南京大屠殺偶難同胞紀念館館長
章開沅　男　１９２６年７月生まれ　元華中師範大学学長、現歴史系教授
陳文恵　女　１９１９年10月生まれ　南京大虐殺幸在者
彭善栄　男　１９２０年８月生まれ　南京大虐殺幸在者

7

고베(神戶)에서의 '난징대학살' 생존자 증언 공청회

南京大虐殺幸存者の証言を聞く会 in 神戸

日時　2000年12月9日(土)午後6時30分
会場　神戸学生青年センター(阪急六甲、北東徒歩3分)

司会　神戸・南京をむすぶ会事務局長　飛田　雄一

開会のあいさつ　　　　　神戸・南京をむすぶ会副代表 林　同　春

デビット・バギーよりのメッセージ (解説／林伯耀さん)
(南京大虐殺の現場を撮影したジョン・マギー牧師の次男)

証言　南京大虐殺幸存者 陳文恵さん

講演　華中師範大学教授 章開沅さん

閉会のあいさつ　　　　　神戸・南京をむすぶ会副代表 佐藤　加恵

主催／神戸・南京をむすぶ会

〒657-0064 神戸市灘区山田町 3-1-1 (財)神戸学生青年センター内
TEL 078-851-2760　FAX 821-5878 E-mail rokko@po.hyogo-iic.ne.jp
ホームページ http://www.hyogo-iic.ne.jp/~rokko/nankin.html

●緊急講演会●
「花岡事件」講演会ー歴史的和解をうけて（仮題）
講演：林伯耀さん
　　２０００年１２月２２日（金）午後６時３０分
　　神戸学生青年センターホール
　　参加費：５００円

●講演会／予告●
「中国人強制連行ー『外務省報告書』をめぐって」
　　　　　竜谷大学教授　田中宏氏
　日　時　2001年2月8日(木)18:30
　会　場　神戸学生青年センター
　参加費　１０００円
　主催：神戸港における戦時下朝鮮人・中国人強制連行を調査する会
　　　　（代表・安井三吉）

●まだまだ先の第５回神戸・南京をむすぶ会訪中団／予告●
２００１年８月１３日（月）～１８日（日）
※ 詳細は後日。

1937년~2000년, 세계가 증언한 '난징대학살'

独外交文書と一致

THE RAPE OF NANKING

입으로 전하는 '난징대학살'-가해자와 피해자의 증언 집회

語り伝える南京大虐殺
加害と被害の証言集会

　1937年12月当時の中国の首都・南京で起こった南京大虐殺事件は、日本軍の対中国侵略戦争を象徴する大残虐事件でありました。その南京において、日本兵により性暴力を受けた被害者・陳文恵さん、歴史研究者の章開沅さんを南京よりお招きして証言をお聞きします。

　京都16師団の一員として南京攻略戦に参加した東史郎さんに、当時の南京戦を証言していただきます。どうか参加してください、ご案内いたします。

日　時:2000年12月11日(月)午後6時～

会　場:京都府部落解放センター　二階学習室
　　　　(京都地下鉄「鞍馬口」駅下車　徒歩3分)

証言者:被害証言　陳文恵さん(南京在住の生存者・女性)

　　　　加害証言　東史郎さん(『わが南京プラトーン』著者)

歴史研究者:　　章開沅さん(華中師範大学教授)

陳　文恵(ツェンウェンフェイ)	章　開沅(ツァンカイユェン)
1919年生まれ。南京市在住。妊娠7ヶ月の身重でありながら、他の五人の女性たちと一緒に日本兵に捕まり、「輪姦」される。その時抗議した老婆はその場で殺害される。父親は日本軍に命じられて、7、80名の中国人と一緒に塔橋から揚子江一帯に放置されていた死体二ヶ月間に渡って「処分」させられた。	1926年生まれ。前華中師範大学学長。金陵大学(歴史学部)を卒業後、1951年ら今日まで華中師範大学にて歴史学部の教授。主に辛亥革命に関する研究に従事。『辛亥史』『南京大虐殺の歴史検証』など。

主催:東史郎さんの南京裁判を支える会
後援:部落解放同盟京都府連合会
　　　部落解放京都地方共闘会議
連絡先:向日町郵便局私書箱19号

재판 일정-중국인 전쟁 피해자를 위한 사과와 배상

裁判日程

中国人戦争被害者に謝罪と補償を！

日本の侵略戦争の被害を受けた中国人たちが、謝罪と補償を求めて日本国と企業に
対して裁判を起こしています。ぜひ傍聴に来て、この裁判を支えてください。

■平頂山事件訴訟第12回口頭弁論
　12月10日（金）13：20～東京地裁709号法廷
　裁判報告集会：弁護士会館10階1002号室
■強制連行新潟訴訟第1回口頭弁論
　12月24日（金）新潟地裁
■強制連行第一次訴訟（劉連仁）第16回口頭弁論
　1月13日（木）13：30～16：00東京地裁626号法廷
　内容：北海道大学教授の奥田安弘さんが国際私法について話
　裁判報告集会：弁護士会館10階1003CD号室
■遺棄毒ガス・砲弾被害事件第二次訴訟第6回口頭弁論
　1月20日（木）10：30～東京地裁709号法廷
　裁判報告集会：弁護士会館10階1002号室
■遺棄毒ガス・砲弾被害事件第一次訴訟第11回口頭弁論
　1月31日（月）16：00～東京地裁703号法廷
　裁判報告集会：弁護士会館10階1002号室
■中国人「慰安婦」第一次訴訟第16回口頭弁論
　2月22日（火）13：10～東京地裁103法廷
　内容：陳林桃さんの本人尋問の代わりとなる証言ビデオを上映
■平頂山事件訴訟第13回口頭弁論・原告本人尋問
　2月25日（金）14：00～16：00東京地裁103号法廷
　内容：平頂山事件の原告2人が来日し、法廷で証言
■中国人「慰安婦」第二次訴訟第14回口頭弁論
　3月3日（金）14：00～14：30東京地裁709号法廷
■強制連行第二次訴訟第6回口頭弁論
　3月10日（金）10：00～東京地裁706号法廷
■強制連行長野訴訟第6回口頭弁論
　3月16日（木）11：00～12：00長野地裁
■遺棄毒ガス・砲弾被害事件第二次訴訟第7回口頭弁論
　3月23日（木）10：30～東京地裁709号法廷

朽ちていく731部隊ボイラー室跡

中国人戦争被害者の要求を支える会
〒170-0005東京都豊島区南大塚2-33-10ラパスビル6階
TEL03-3942-8591　FAX03-3942-8593
電子メール suopei@tky.3web.ne.jp
ホームページ http://www.threeweb.ad.jp/˜suopei

천황의 생일 – '경축일'을 규탄하다(12월 23일 교토 집회)

제3부

난징대학살 목격자 증언

제1장

베이츠의 증언

벗에게 보내는 편지(1938년 1월 10일)[1]

친애하는 벗들에게

아래의 글들은 난징에 입성한 일본군이 거리낌 없이 총칼을 휘두르며 강간과 살육을 자행하고 있는 와중에, 내가 직접 보고 들은 사실들을 짤막한 글로 두서없이 적은 것이다. 나는 일본군의 입성으로 정세가 바뀐 이래 그나마 이용이 가능한 외국 선박 – '파나이'호 인양 작업에 쓰이는 미국 해군의 예인선 – 을 통해 이 글들을 밖으로 전하고자 한다. 이를 통해 상하이에 있는 친구들이 총영사로부터 이 글들을 입수하여, 그것을 다시 검열을 받지 않는 외국 선박을 이용해 바깥세상으로 전하리라 믿는다.

새해 들어 대량의 일본군 주력 부대가 철수하면서 혼잡하던 안전구역 내의 정세는 많이 호전되었다. 하지만 일본군의 '기강회복(紀綱恢復)'은 여전히 오락가락이다. 심지어 헌병마저도 강간과 약탈을 일삼으며 직무

---

1) (원저자 주) RG10, B4, F52. 이 편지는 아주 중요하다. 이 편지는 팀버리에 의해 『외국인이 목격한 일본군 만행』이라는 책에 수록된 외에, 그 복사본이 아직 일본군에게 점령되지 않은 많은 지역에 전해졌다. 왕스제(王世傑) 선생이 갖고 있는 복사본도 그가 화중대학교 교육학원 원장 황푸(黃溥) 교수가 베푼 연회에 참석했을 때 입수한 것이다. 본 역문은 편지 원문에 근거하여 새로 번역한 것이다.

를 소홀히 하고 있다. 또한 인사이동이 잦고 원칙이 확고하지 못하다보니 언제든지 새로운 사태가 발생할 수 있는 상황이다. 그리고 이곳에는 아직 명확한 정책도 없다. 외교관들이 드디어 이번 주부터 성 안으로 돌아올 수 있게 되었다. 이 역시 정세 안정을 보여주기 위한 일본군의 속셈으로 보여진다.

일본군은 비무장 중인 만여 명의 민중들을 잔인하게 살해했다. 내가 신뢰할 수 있는 대다수의 친구들은 만여 명이 훨씬 넘을 것이라고 했다. 일본군은 무기를 내려놓았거나 포로가 된 중국 병사들을 살해한 것은 물론, 부녀자와 어린이를 포함한 수많은 민간인들을 향해 무자비하게 총대를 겨누고 총검을 휘둘렀다. 여기에는 상대가 적병이기에 죽여야 한다는 변명도 통하지 않았다. 유능한 독일인 동료들(국제위원회에서 일하는 라베 등을 가리킴-역자)은 이미 발생한 강간 사례가 어림잡아 2만 건은 될 것이라고 했다. 내가 보기에도 최소한 8천 건, 아니 그보다 훨씬 많을지도 모른다. 이는 진링대 부속 건물 – 우리 교직원 기숙사와 현재 미국인들이 살고 있는 집을 포함 – 구역에서 발생한 사례만 보더라도 짐작할 수 있다. 내가 내막을 상세히 알고 있는 것만 100건이 넘고, 확신할 수 있는 것도 약 300건이나 된다. 11살짜리 여자아이에서부터 53살의 중년 여성에 이르기까지 무차별로 겁탈을 당했다. 신학원(神學院)에서는 대낮에 17명의 일본군 병사들이 한 여성을 윤간한 사건이 발생했다. 사실 부녀자 겁탈 사건의 삼분의 일은 환한 대낮에 발생했다. 난징 밖의 사람들은 결코 피해자들의 고통과 두려움을 상상조차 할 수 없을 것이다.

일본군은 여러 차례에 걸쳐 미국, 영국, 독일의 대사관이나 대사 관저를 포함한 성 안의 거의 모든 건물에 난입해 재물을 약탈하였다. 물론 상당한 비중을 차지하는 일반 외국인들의 물건도 그들의 끊임없는 약탈에서 자유로울 수 없었다. 일본군의 주요한 갈취 품목은 차량, 식품, 옷, 이불, 돈, 시계, 그리고 카펫과 그림을 포함한 각종 귀중품이었다. 약탈은 끊임없이 지속되었다. 특히 안전구역 이외의 지역은 그 피해가 더욱 심각했다. 현재 난징은 국제위원회의 쌀가게와 군사상점을 제외하고는 문을 연 가게가 없다. 대부분의 상점들은 처음엔 난입한 민간인들의 절도에 시달리다가 나중에는 일본군에게 약탈당해야만 했다. 일본군의 약탈은 계획적으로 진행되었다. 장교의 지휘 아래 병사들이 트럭을 끌고 와서 가게의 물건을 깡그리 털어 낸 뒤 가게를 불 질러 버렸다. 지금도 매일 여러 건물이 불타고 있는 광경을 쉽게 목격할 수 있다. 주택가 역시 일본군에 의해 소각되었다. 우리는 일본군이 방화용(放火用)으로 쓰는 화학제(化學劑) 샘플을 몇 개 얻어 방화 과정에 대한 실상 조사를 벌이기도 했다.

일본군은 난민들의 재물도 강탈했다. 그들은 심지어 난민들의 변변찮은 옷가지나 이불, 그리고 먹을 것마저 닥치는 대로 빼앗아 갔다. 일본군의 약탈은 그야말로 잔혹했다. 약탈이 시작된 지 불과 열흘도 안 되어 사람들의 얼굴에는 절망의 기색이 역력했다. 이 도시의 작업 환경과 생활환경은 참담 그 자체이다. 상점이 없어지고 기계가 훼손되었으며, 지금까지도 은행과 통신 시스템이 갖추어지지 않았다. 몇 군데 주요한 구역은 불에 타버렸고 나머지는 죄다 약탈당했다. 남은 것이라고는 굶주림과 추위에 떠는 난민뿐이다. 이곳에는 약 25만 명의 난민이 있다. 그들 거의 모두가 안전구역에 머물고 있다. 그중 무려 10만 명에 달하는 사람들이 국제위원회에서 제공하는 숙식에 완전히 의존해 목숨을 이어 가고 있다. 다른 사람들은 얼마 안 되는 나머지 쌀로 겨우 입에 풀칠하고 있는 상황이다. 요즘 들어 일본 공급기관에서 금융과 정치적인 이유로 소량의 맵쌀을 난민들에게 나눠 주고 있다. 이 쌀은 일본군이 중국 정부가 비축한 공급물자 가운데서 몰수해 온 것이다. 그런데 중국 정부가 비축한 적지 않은 공급물자가 일본군에 의해 소각되는 바람에 그것마저도 여의치 않다. 더욱 한심한 것은 우편 서비스다. 내가 일본인 관계자들에게 여러 번 물었지만, 그들은 한결같이 아직까지 계획이 없다고 했다.

국제위원회의 활약은 기적이라고 불릴 만큼 대단했다. 그 중에서도 특히 세 명의 독일인의 활약이 가장 돋보였다. 그들과의 파트너 관계를 유지하기 위해서라면, 나는 나치 휘장도 달 수 있다고 생각할 정도였다.[2] 덴마크인 한 명과 영국인 세 명도 초기에 많은 도움을 주었다. 하지만 아쉽게도 그들은 중국 정부가 난징에서 철수하기 전 이미 자국 회사와 정부의 지시에 따라 다른 곳으로 떠나갔다. 그리하여 안전구역의 대부분 업무는 미국 선교사들이 짊어지게 되었다. 병원은 총칼에 맞은 부상자들로 꽉 차 있었다. 선교사들은 부상자들을 응급 처치하느라 동분서주하다 보니 다른 것에는 신경 쓸 겨를이 없었다. 그 과정에서 자연스럽게 우리 몇몇 사람은 여러 가지 직책을 떠맡게 되었다. 우리는 또 그렇게 해야 할 의무감을 갖게 되었다. 우리가 이 일을 시작할 때부터, 상당히 많은 중국인들로부터 도움을 받았다. 사실 대부분의 사소한 일들은 중국인들이 직접 하거나 그들을 통하지 않고서는 할 수가 없었다. 반면 중대한 고비 때마다 용감하게 뛰쳐나와 일본군의 총칼에 맞설 수 있는 외국인이 없었다면 아무 일도 이룰 수 없었을 것이다. 심지어 쌀을 실은 트럭 하나를 운반하는 데에도 외국인이 없이는 불가능하였다. 우리는 큰 위험을 무릅썼고, 그 와중에 심각한 충격을 받은 적도 있었다(여기에는 실제로 겪은 부분도 있고 비유적으로 표현한 부분도 있다). 하지만 다행스럽게도 우리는 가능한 범위를 훨씬 뛰어넘어 많은 성과를 이뤄냈다. 우리는 이곳에서 발생하는 모든 일에 주의를 기울이고 관심을 가졌다. 난민을 위해 숙식을 제공하고, 보호 조치를 취하며, 일본군과 담판을 진행하고, 그들에게 항의를 제기하는 등 일반적인 업무를 수행했다. 그 외에 일본군의 약탈 행위를 막고, 일본군의 집단적인 강간 행위와 그 의도를 사전에 저지시키는 등의 특수한 역할도 함께 수행했다. 이에 일본대사

---

2) (원저자 주) 이 말은 라베 등 독일인들을 칭찬하기 위한 해학적인 표현으로써, 단순하게 글자만으로 이해해서는 안 된다. 베이츠는 종교의 자유와 정교 분리(政敎分離)를 일관되게 주장하였는데, 이것은 나치주의와 대립된다.

관의 한 직원은 우리에게 일본군 장교들의 불평을 전해주었다. 그들은 자신들이 중립국 관찰자들(Neutral Observers, '국제위원회' 멤버를 가리킴–역자)의 "감시" 속에서 난징을 점령하는 임무를 수행해야 하는 상황에 대해 분노하고 있으며, 세계 역사상 이런 경우는 한 번도 없었다(세계 역사에 대한 무지에서 비롯됨)고 불평하고 있다고 하였다.

우리의 업무는 실패하는 경우도 있었지만, 전체적으로 볼 때 성공 확률이 아주 높았다. 이것은 우리가 기울인 수많은 노력이 그만큼 보람이 있다는 것을 말해 준다. 비록 기대에는 못 미쳤지만, 일본대사관은 일본군과 다른 나라 사이의 충돌을 완화시키기 위해 노력을 기울이고 있었다. 그리고 우리를 상대하는 일본영사관 경찰들(인원수가 매우 적었고 모두 다 착한 것은 아니었음)도 기본적인 예의를 지켜 주었다. 게다가 우리 단체('국제위원회'를 가리킴–역자)의 주요 멤버들은 '공산주의 제3국제협정'을 반대하는 독일인과 자국 선박이 일본군의 야만적인 공격에 의해 피해를 입은 미국인으로 구성되어 있었다. 그러기에 우리의 업무는 매우 순조로운 진행 속에 많은 성과를 거두게 되었다. 하지만 그 사이에도 일본인은 대량의 재산 관련 안건과 국기 훼손 사건을 문제 삼아, 미국 측에서 우리를 통해 전달한 미국대사관 직원의 난징 귀환 요청을 두 번이나 거절했다. 비록 이번 주에 들어와 상황이 조금 나아졌지만, 우리는 여전히 마을과 강변 쪽과는 단절되어 있다. 오직 미 해군만이 미국대사관을 통해 제한된 범위 내에서 정보 교환을 할 수 있을 뿐이다.

12월 1일쯤부터 우편물이 끊겼다. 대부분의 우편물이 도중에 지체된 채 송달되지 않고 있다. 우리가 사는 집의 전등은 발전소 직원이 어제 밤에 특별히 설치해 준 것이다. 그 직원은 우리 중 한 명과 개인적인 친분이 있는 사람이었다. 일본인은 54명의 발전소 기술자 중 43명을 중국 정부의 고용 인원으로 낙인찍고 무참하게 살해했다. 여기에다 비행기 폭격과 대포 포격 그리고 총탄 사격으로 인한 피해까지 더해져, 도시의 공공시설 복구는 답답할 정도로 진전이 없다. 하지만 무엇보다도 실무자와 그 가족들이 생명과 안전을 수시로 위협 받고 있는 것이 가장 큰 문제였다. 식수는 동력 펌프를 통해 얻고 있는데, 요즘 들어 도시의 저지대에 실개천이 졸졸 흐르기 시작했다. 전화나 버스는 말할 것도 없고, 인력거마저 꿈도 꿀 수 없다. 안전구역의 면적은 약 2평방마일인데, 아직 완전한 모습을 갖추지는 못했다. 이곳에서는 눈에 띄는 큰 화재가 한 번도 발생하지 않았다. 그리고 일본군이 저지른 만행 이외에 다른 범죄는 일어나지 않았다. 이번 주 들어 일본군 병사들은 또다시 안전구역 밖으로 눈길을 돌리기 시작했다. 그들은 문이 열려 있는 집들을 찾아다니며 닥치는 대로 약탈을 감행했다. 특히 연료를 많이 강탈해 갔는데, 이를 저지시켜야 할 무장 경찰은 보이지도 않았다.

3만 명에 달하는 난민들이 진링대 건물 곳곳에서 살고 있다. 이들을 관리하기란 여간 힘든 일이 아니다. 최저 수준의 생활을 유지하는 것조차 상당히 버겁다. 우리 가운데는 진링대에 근무하는 교직원이 많지는 않았다. 하지만 대부분 일을 아주 야무지게 한다. 자원 봉사를 하려는 사람들이 많지만, 그들 가운데는 동기가 불순한 사람도 적지 않다. 심지어 일본인에게 간첩으로 매수된 사람도 있다. 요즘 들어 나는 여러 번이나 황당하고 불쾌한 일을 겪었다. 지난 3일 동안 두 가지 사건이 발생했다. 그 두 가지 사건으로 인해 내가 작성한 진링대 부속중학교 피해 사건에 관한 보고서에 약간의 착오가 있는 것을 발견할 수 있었다. 일본인들은 그 틈을 파고들어 내가 일부러 자기들을 기만했다고 무함하면서 나는 물론 난민촌의 다른 책임자인 동료까지 멸시하고 공격하였다. 한편 일전에 안전구역에서 통역을 맡았던 사람이 일본인들에게 끌려간 불미스러운 일이 발생했다. 일본인들은 그에게 진링대 부속중학교 난민촌을 떠나 자기들을 위해 일할 것을 요청했다. 하지만 고상한 인품을 소유한 이 통역은 끝까지 일본인들의 요청을 거절했었다. 결국 사형장으로 끌려가는 죄수처럼 일본인들에게 잡혀갔다. 나는 그의 소식이 궁금해 수소문을 하러 갔다가 그만 다른 사람에게 밀려 무시무시한 일본 헌병대 사무실로 들어서게 되었다. 공교롭게도 그 사무실에 있던 헌병은 어제 밤 진링대의 한 건물에서 부녀자 몇 명을 끌고 가 잔인하게 강간했던 사람이었다. 어제 범행 현장에서 그들은 우리 중 R이라고 불리는 사람에게 총검을 들이대며 위협했다. 왜 이 시간에 여기에 있는지를 적반하장 격으로 물었다. 나는 여러 번 황당하고 불쾌한 일에 부딪치다 보니 일본인들이 진링대와 나를 궁지에 빠뜨리려고 하는 게 아닌가 하는 생각까지 들었다. 사실 불쌍하면서도 참을성 많아 호감이 가는 사람들을 위해 무언가를 열심히 해주는 것이 우리의 일상이다. 우리는 이 평범한 일상 속에서 나름대로 소소한 행복을 느끼고 있다.

난징에 있는 일본군 헌병은 고작 17명에 불과하다. 그것도 며칠씩이나 코빼기도 안 보이는 때가 많다. 그렇다 보니 5만여 명에 달하는 일본군 병사들은 마치 굴레 벗은 야생마마냥 제멋대로였다. 나중에 일부 병사들에게 헌병 완장을 나눠 주어 임시 헌병으로 충당하기도 했다. 하지만 그것은 고양이에게 부뚜막을 맡긴 격이었다. 우리는 일부 일본군이 강간을 저지르다가 장교에게 발각된 뒤 질책만 받고 그냥 풀려나는 것을 본 적이 있다. 또 일부 일본군은 재물을 약탈하다가 장교에게 걸리면 황급히 경례를 올려붙여 위기를 모면하기도 하였다. 한번은 일본군 병사들이 밤중에 오토바이를 타고 진링대에 와서 약탈을 감행한 적이 있었다. 사실 그 약탈은 장교의 지휘 아래 계획적으로 진행된 것이었다. 그들은 우리의 경비원을 위협하여 벽에 바짝 붙어 서게 하고는 부녀자 세 명을 강간하였다. 그리고 나중에 그 중의 한 명을 끌고 갔다(다른 한 명은 12살 먹은 여자아이였다).

L(Lilliath의 약칭, 베이츠의 아내)은 내가 '파나이'호에 탑승해 죽었거나 다쳤을 것이라고 확신하고 있었다. 그녀는 내가 여전히 난징에 있다는 소식을 그때까지 접하지 못하고 있었다. 게다가 도쿄의 각종 신문들은 외국인들이 모두 '파나이'호에 탑승했다고 보도했었다. 이틀 동안이나 슬픔에 잠겨 있던 아내는 한 신문을 통해 난징이 함락된 지 얼마 안 되

어 두 명의 남자가 내 행방을 알아냈다는 소식을 접하게 되었다('파나이' 호는 12일에 침몰하였고, 일본인은 13일에 입성했다). 그들은 아내를 돕기 위해 나를 찾아 나선 그녀의 지인들이었다. 정월 초하루 날, 나는 일본대사관 으로부터 사진 한 장과 편지 한 통을 받았다. 물론 이 우편물들은 본업 에 충실한 일본대사관의 검열을 거쳐 나의 손에 전달된 것이었다. 여하 튼 우리 부부는 이를 계기로 서로에 대한 걱정을 덜 수 있었다. 사실 아내는 그동안 각종 루트를 통해 나에게 많은 편지와 전보(電報)를 보냈 었다. 그러나 나는 11월 8일 이후로 이 편지 외에는 다른 어떤 소식도 받지 못했다. 12월 17일, 아내는 정월 첫 번째 주에 상하이에 도착할 것 이라고 전해왔다. 하지만 그밖에 더 이상 다른 소식은 없었다. 아내가 새로 투입된 포함(砲艦)을 통해 나에게 보낸 무선 전보(無線電報)라도 보 면서 상하이 소식을 접할 수 있기를 기대해 본다.

일본인들은 내가 난징을 떠나는 것을 허락하지 않고 있다. 아내 역시 상하이를 떠나 서쪽으로 가는 것이 금지되었다. 이런 상황이 얼마나 더 지속될지는 그 누구도 모른다. 중국인들은 미국인이나 모든 외국인들이 난징에서 쫓겨날까봐 매우 두려워하고 있다. 지금까지 중국인들은 우리 가 남아 있는 것보다 떠나는 것을 더 두려워했다. 나는 일본대사관 직원 과 정부와 관계를 맺고 있는 일부 일본인들, 심지어 조금 덜 흉악하고 간사한 일부 일본 경찰 및 병사들과 좋은 관계를 유지하고자 나름대로 애쓰고 있다. 하지만 상황은 별로 진전된 것이 없다. 오늘까지 벌써 4주 가 지났지만, 우리는 여전히 바깥세상이 어떻게 돌아가고 있는지 알 길 이 없다. 만약 미래에 대해 알 수만 있다면, 더 이상 이 포격들 때문에 불안해하지는 않을 것이다. 그야말로 앞날을 예측하기가 어렵다.

추신 : 이 편지를 쓰는 것은 일본 국민에 대한 적개심을 자극하기 위한 것이 아니다. 이 점에 대해서는 별도의 설명이 필요 없다. 만약 위에서 언급한 사실들이 현대 군대 – 사람을 기만하는 선전 수단으로 그 죄를 덮어 감추려는 군대 – 가 저지른 여러 가지 만행을 그대로 설명해 줄 수만 있다면, 나는 그것으로 만족한다. 내가 보기에 중요한 것은 이 정복 전쟁이 가져온 무수한 고통이다. 현재 이 고통은 일본군의 방종(放縱)과 어리석음 때문에 가중되고 있다. 미래 또한 더욱더 어두워지고 있다.

제2장

피치의 증언

일기[1]

내가 하고자 하는 이야기는 유쾌한 이야기가 아니다. 유쾌하기는커녕 차마 끝까지 다 읽기조차 힘든 이야기다. 이 이야기는 도저히 상상할 수도 없는 너무도 많은 죄악과 공포로 가득 차 있다. 이 이야기는 타인을 해치는 데 급급한 극도로 야만스럽고 비열한 강도들에 관한 이야기이다. 그들은 이 모든 만행을 평화를 사랑하고 법을 수호하는 선량한 사람들을 대상으로 무자비하게 저질렀다. 설사 이 이야기가 극소수의 사람들만 알고 있는 이야기라 할지라도, 나는 꼭 그것을 기록하여 세상 사람들에게 널리 알려야 한다고 생각한다. 불행인지 다행인지는 모르겠

---

1) (원저자 주) RG11, B9, F202. 이 일기는 팀버리가 쓴 『외국인이 목격한 일본군 만행』과 쉬수씨(徐淑希)가 편찬한 『난징안전구역문헌』에 각각 수록되어 있다. 하지만 이 일기가 최초로 공개된 것은 피치가 상하이에 있을 때의 동료 말로니(John Maloney)가 'Ken' 잡지사에 발표한 문장에서이다. 이 문장의 제목은 「난징에서의 수탈 : 난징에 20년 간 거주하였고, 난징 함락 후에도 난징에 남은 미국인이 윌리엄·말로니에게 전한 이야기(The Sack of Nanking, as Told to after Its Fall)」이다. 1938년 7월호 『독자발췌』에 전문을 옮겨 실었는데, 많은 독자들이 이것을 사실로 받아들이기 어렵다고 하였다. 예전의 번역문에 정확성이 떨어지는 부분이 있어, 편집자가 원본에 의거하여 다시 번역하였다. 또한 피치의 『중국에서의 80년』 제10장에 근거하여 소량의 내용을 덧붙였으며, 다른 글씨체로 구별해 놓았다.

으나, 나는 그 극소수 사람 중의 하나다. 따라서 세상 사람들에게 이 이야기를 널리 알려야 할 책임을 가지고 있다. 또 그렇게 해야만 나 스스로도 마음의 안정을 찾을 수 있을 것 같다. 내가 이야기하고자 하는 내용은 전체 사실 중 일부분에 불과하다. 오직 하나님만이 지금의 상황이 언제 끝날지 알고 있다. 나는 이러한 상황이 앞으로 몇 달 동안 지속되어 이곳뿐만 아니라 중국의 다른 지역까지도 피해를 입을까봐 걱정된다. 그래서 그것이 하루 빨리 종식되기를 매일 같이 기도한다. 현대 역사에서 이런 전례는 찾아보기 힘드리라 나는 확신한다.

오늘은 크리스마스이브다. 지난 12월 10일부터 이야기를 시작해 보자. 짧디 짧은 2주 사이에 우리는 참 많은 것을 경험했다. 난징이 포위되자 중국군은 퇴각하기 시작했고, 마침내 일본군이 난징에 입성했다. 예전의 난징은 법이 있고 질서가 정연한 아름다운 도시였다. 우리는 늘 이곳에서의 생활을 자랑스럽게 생각했다. 그러나 지금의 난징은 대부분 시설이 불타 버리고, 도처에서 살인과 약탈이 난무하는 지옥의 도시로 변해 버렸다. 완전히 무정부 상태가 된 지도 이미 열흘이 지났다. 이곳은 생지옥이다. ……

내 목숨도 언제든지 심각한 위험에 빠질 수 있다. 이곳에는 술 취한 병사들이 야수적인 음욕을 채우기 위해 민가에 난입하여 부녀자를 겁탈하는 일이 비일비재하다. 그 누구도 자신의 운명이 어떻게 될지 알 수가 없다. 사람들은 총검이 자신의 가슴을 향해 있거나, 혹은 권총이 자신의 머리를 겨누고 있음을 발견했을 때에야 비로소 자신의 운명이 다른 누군가의 손에 달려있음을 깨닫게 된다. 일본인들은 우리가 이곳에 남아 있는 것을 싫어한다. 그들은 외국인들에게 이곳을 떠날 것을 요구했었다. 하지만 우리는 그들의 요구를 따르지 않았다. 일본인들은 목격자를 원하지 않았다. 그럼에도 불구하고 우리는 계속 이곳에 남아 있을 것이다. 그들이 극빈자(極貧者)의 손에서 마지막 남은 동전 한 닢, 이불 한 채(이미 엄동설한이었음), 그리고 인력거꾼의 인력거마저 빼앗아 갈 때, 무장 해제를 당한 채 우리에게 피난처를 요구하던 수천 명의 중국 병사들이 수백 명의 죄 없는 민간인들과 함께 우리의 눈앞에서 끌려가 총살을 당하거나 총검술 훈련용으로 쓰일 때, 수천 명의 부녀자들이 우리 앞에 꿇어앉아 자신들을 야수들의 유린에서 벗어나게 해달라고 울부짖으며 사정할 때, 조국의 국기가 찢겨진 채 짓밟히는 것을 보면서도 아무 것도 할 수 없을 때, 자신이 살고 있는 집이 약탈당하고 사랑하는 도시와 청춘을 바쳤던 학교가 계획적으로 하나씩 불태워지는 것을 눈을 뻔히 뜨고 보고만 있을 수밖에 없을 때, 우리는 이 도시가 전례 없는 그리고 유일무이한 지옥으로 변해 있음을 실감하게 된다.

우리는 자신에게 늘 이렇게 묻는다. "이런 상황이 얼마나 더 지속될까?" 일본 당국은 매일 마다 모든 것이 하루 빨리 호전될 것이며, 상황을 호전시키기 위해 최선을 다하겠다고 말한다. 하지만 이곳의 상황은 날이 갈수록 더욱 심각해지고 있다. 우리는 2만 명으로 구성된 새로운 사단(師團)이 난징에 거의 도착했다는 보고를 전해 들었다. 그들도 약탈과 살인, 그리고 강간을 통해 자기들의 사욕(私慾)을 채우려 할 것인지? 이 도시는 이미 약탈을 당할 대로 당해 더 이상 약탈할 수 있는 물건도 남지 않았다.

지난 일주일 동안 일본군은 트럭을 끌고 가게로 와서 자신들이 필요로 하는 물건을 약탈한 뒤, 가게를 전부 불태워 버렸다. 무엇보다 가슴 아픈 것은 이제 우리에게는 20만 명의 난민들에게 제공할 3주 분의 쌀과 밀가루, 그리고 열흘 치의 석탄밖에 남지 않았다는 사실이다. 당신은 뭔가에 놀라 잠에서 깬 뒤 다시 잠들지 못하는 상황을 상상할 수 있는가? 설령 우리에게 3개월 치의 식량이 남아 있다 하더라도 크게 달라질 것은 없다. 이곳에 있는 난민들은 집이 다 불타 버려 갈 곳이 없는 사람들이다. 이들을 더 이상 이렇게 비좁은 환경에 내버려 두어서는 안 된다. 이대로 두었다가는 각종 질병과 전염병에 모두 쓰러질 것이다.

우리는 매일 일본대사관을 찾아가 항의와 호소를 하는 한편, 일본군이 저지른 만행에 관한 보고서를 전달했다. 이 보고서들은 전부 사실 확인을 거친 후 작성한 것들이었다. 일본대사관 직원들은 항상 우리를 공손하게 대했다. 사실 그들도 뾰족한 방법은 없었다. 승리를 거둔 일본군은 어떻게든 보상을 받으려고 했다. 그 보상이란 바로 자기들이 전 세계를 향해 보호 대상이라고 공언했던 중국 민중들을 상대로 약탈과 살인, 강간 등의 만행을 저지르는 것이었다. 그들은 도저히 믿기 어려운 각종 야만적이고 잔인한 범죄를 서슴지 않았다. 일본군이 난징에서 저지른 그런 끔찍한 만행은 현대 역사 어디에도 없을 것이다.

지난 열흘 동안 발생한 일들을 다 이야기하려면 긴 시간이 필요하다. 안타까운 것은 세상 사람들이 이 이야기의 진상을 알게 되었을 때는 그것이 더 이상 "뉴스"가 아니라는 것이다. 따라서 사람들의 뜨거운 관심도 기대하기 어려울 것이다. 하지만 일본인들이 전 세계를 향해 자신들이 약탈하고 소각시킨 도시에 이미 새로운 법률과 질서를 구축하였고, 현지인들이 두 팔을 벌려 깃발을 흔들며 황군(皇軍)을 환영하고 있다고 선포한 이상, 나는 그 동안 발생한 보다 끔찍한 일들을 글로 기록하지 않을 수 없다. 마치 내가 일기를 쓰는 것처럼 말이다. 적어도 내 친구들은 나의 이 글에 관심을 가질 것이다. 나 또한 이 악몽 같은 날들이 영원한 기록으로 남을 수 있다는 것에 만족한다. 나는 이 편지가 제 시간에 발송될 것이라는 기대는 하지도 않는다. 아마도 이 편지를 받았을 때는 많은 날들이 지났을 것이다. 일본인의 검열 제도가 이 편지의 발신과 수신 시기를 결정하게 될 것이다. 난징이 함락되기 전, 불운한 '파나이'호와 모빌사(社)의 석유선, 그리고 기타 선박에 탑승했던 우리나라 및 다른 나라의 대사관 직원과 일부 상인들은 난징을 떠나면서 1주일이면 다시 돌아올 수 있을 것이라고 믿었었다. 그러나 지금 그들은 여전히 강 위에 떠 있거나 혹은 어느 항구에서 도움을 기다리고 있다.(일본군의 포탄과 기관총에 맞아 죽거나 다치지 않은 사람들을 가리킴) 우리가 보기에 적어도 2주일은 더 있어야 비로소 돌아올 수 있을 것 같다. 이것은 그들이 우리를 난징에 고립시킨 시간보다 더 길다. 우리는 이곳에서 정말로 감옥 속 죄수(罪囚)나 다름없다.

난징이 함락되기 2주 전, '난징안전구역위원회'는 안전구역 문제로 일본 측 및 중국 측과 별도의 협상을 진행했다. 그 결과 다음과 같은 합의를 보았다. 첫째, 중국군과 군무원(軍務員)은 안전구역에 들어오지 못한다. 둘째,

일본군은 안전구역을 폭격하지 못한다. 셋째, 상황이 악화될 경우 100만 난징 인구 가운데의 20만 명(난민)을 안전구역에 수용할 수 있다. 이와 같은 협상을 하게 된 것은 상하이에서 오랫동안 방어전을 벌이던 중국군이 더 이상 버틸 수 없게 되었기 때문이다. 일본군은 선진 기술로 무장한 대포와 탱크, 그리고 비행기를 동원하여 중국군을 향해 파상 공격을 퍼부었다. 뿐만 아니라 항저우만(杭州灣)에 성공적으로 상륙하여 중국군의 좌우 양측과 후방을 맹렬하게 공격했다. 결국 중국군은 붕괴 직전에 이르게 되었고 병사들의 사기도 크게 떨어졌다. 난징은 머지않아 함락될 것이다. 이것은 그 누구도 바꿀 수 없는 불가피한 현실이다.

12월 1일, 수요일

마차오쥔(馬超俊) 시장이 우리가 안전구역을 설립하겠다는 제안을 정식으로 받아들였다. 그는 450명의 경찰, 3백만 근(2,000톤)의 쌀[2], 1만 포대의 밀가루와 약간의 소금을 제공해 주었다. 그리고 10만 원의 현금을 주기로 약속했는데, 실제 받은 것은 8만 원이었다. 앞에서 언급한 바와 같이, 탕성즈(唐生智) 장군은 수도의 방위를 책임지고 있었다. 그는 몹시 힘든 상황에서도 우리를 도와 일본군이 입성하기 전(12월 12일 전)까지 안전구역 내의 군대와 방공시설을 철수하고 비교적 양호한 질서를 유지해 주었다.

극소수의 중국군들이 보급품 부족으로 약탈 행위를 저지른 것 외에는 약탈이 거의 발생하지 않았다. 자연 성 안에 있는 외국인들의 재산도 피해를 입지 않았다. 이곳은 10일까지도 물이 끊기지 않았고, 전기는 그 이튿날에도 쓸 수 있었으며, 전화는 일본군이 입성할 때까지도 막힘없이 잘 통했다. 일본군은 우리가 있는 난민촌만은 공습과 포탄 공격을 받지 않도록 배려하는 것 같았다. 그리고 이곳은 일본군이 중국을 침략한 이래 도처에 나타난 지옥

---

2) (원저자 주) 사실 3백만 근은 1,500톤과 맞먹는다.

과 같은 모습에 비하면 아직은 안전한 천국과 같았다. 그래서 우리는 그다지 심각한 위기를 느끼지 못하고 있었다. 다만 화물을 운반하는 데에는 확실히 여러 가지 어려움이 따랐다. 우리의 맵쌀은 모두 성 밖에 저장되어 있었다. 현재 교전 중이라 일부 기사들은 그곳에 가려고 하지 않았다. 맵쌀을 운반하는 과정에 우리는 두 가지 피해를 입었다. 기사 한 명이 산탄(霰彈)에 맞아 한 쪽 눈을 실명하였고, 트럭 두 대를 일본군에게 빼앗겼다. 하지만 이 정도의 시련은 우리가 예전에 겪은 고난에 비하면 아무 것도 아니다.

12월 10일, 금요일

대량의 난민들이 밀물처럼 안전구역으로 몰려들었다. 이미 사용하고 있는 진링여자문리대학, 군사학교와 기타 학교의 건물만으로는 더 이상 수용이 불가능해졌다. 그리하여 대법원과 법대 건물, 그리고 외국인들이 거주하던 건물에 경비원을 보내 잠긴 문을 열고 난민들을 수용하도록 하였다. 쯔진산(紫金山) 밖에서는 두 대의 일본 비행정이 날고 있었다. 아마도 포병들의 포탄 발사를 위해 목표지점을 잡아주는 듯했다. 남쪽 성벽이 맹렬한 포화 세례를 받았고, 그 와중에 포탄이 성 안으로 떨어졌다. 이튿날 아침, 포탄 몇 발이 안전구역과 성 남쪽 사이에 떨어져, 진링여자신학대학과 푸창(福昌)호텔 근처에 있던 민간인 약 40명이 목숨을 잃었다. 우리 단체에서 시찰원(視察員)으로 일하던 독일인 스펠링(Mr. Sperling) 선생이 자신이 머물고 있던 푸창호텔에서 가벼운 부상을 입었다. 장강(長江)에 정박하고 있던 미국의 포함(砲艦) '파나이'호가 출발하기 전, 대사관의 팩스턴(Paxton) 선생이 전화로 난징에서 마지막으로 받은 두 통의 해군 전보 내용을 말해 주었다. 당시 우리는 마지막 성문마저 닫혀 버리는 바람에 '파나이'호 탑승을 놓쳤었다. 물론 그는 성 밖에서 전화를 걸어왔다. 그 전보는 윌버(Wilbur) 선생과 보인턴 선생이 보낸 것이었다.

우리 단체는 미국인 18명, 독일인 5명, 영국인 1명, 그리고 오스트리아인 1명과 러시아인 2명, 총 27명으로 구성되어 있다. 현재 많은 사람들이 성 밖 강 위에 떠 있는 선박에 머무르고 있다. '파나이'호에는 우리 대사관 측 체류자인 팩스턴 선생과 애치슨(Acheson) 선생을 포함해 8명이 있고, 모빌사와 아시아석유사의 발동선에 독일 대사관의 로섬 선생을 비롯한 약 20명의 외국인과 400여 명의 중국인이 있다. 이 발동선은 원래 수상호텔로 쓰려고 준비 중이던 폐선(廢船)이었다. 이 밖에 다른 선박에도 탑승객이 있다. 모든 사람들이 하루 빨리 이곳으로 돌아올 수 있기를 바라고 있다. 그들 가운데 얼마나 살아남게 될 지는 알 수 없다. 하지만 누구든 집에 돌아오려면 반드시 많은 시간이 필요할 것이다. 그들이 앞으로 만나게 될 난징은 어떤 모습일까?

12월 12일, 일요일

난민촌 총간사[3]인 나는 하루 종일 사무실에서 바삐 보내고 있다. 우리는 현재 외교부 장관인 장췬(張群) 장군의 저택을 본부 사무실로 사용하고 있다. 장관 저택이라 그런지 인테리어가 잘 돼 있고 실내 환경이 쾌적하다. 게다가 난징에서 가장 좋은 방공호(防空壕)까지 가지고 있다.

지난 이틀 동안 비행기가 자주 출몰했고 또 폭격도 아주 끔찍했다. 하지만 지금은 아무도 그것에 신경 쓰지 않는다. 공습과 폭격에 의해 성벽이 많이 파괴되었는데, 남쪽 성벽의 파손이 유달리 심각했다. 중국인이 입은 인명 피해에 대해 정확히 아는 사람은 아무도 없었다. 아마도

---

3) (원저자 주) 여기에서 언급한 피치의 직함은 『라베의 일기』에 근거한 것으로, 항리우(杭立武) 선생이 만년에 회상한 것과는 약간의 차이가 있다. 항리우 선생의 말에 따르면, 원래는 자신이 주임을 맡고 피치가 부주임을 맡아오다가, 자신이 난징을 떠난 후에야 피치가 비로소 주임 대행을 맡았다고 했다. 역자의 소견에 의하면, 어쩌면 당시 중국인과 외국인 가운데 각각 한 명씩 총간사를 두었을지도 모른다. 소위 "부(副)"는 영문에서 "vice"가 아니라, 바로 "co", 즉 "coordinate"이며, "협동"과 "동등"이라는 두 가지 뜻을 가지고 있다.

그 숫자가 어마어마할 것이다. 일본 측 말로는 일본군이 난징을 공략할 때 4만 명의 희생자를 냈다고 했다. 본격적인 소란은 오늘 오후부터 시작되었다. 중국군은 성 남쪽을 통해 성 밖으로 빠져나갔다. 많은 병사들이 안전구역을 통과했지만 소란을 피우는 등 질서를 어지럽히는 현상은 일어나지 않았다.

탕 장군이 우리에게 일본군과의 휴전 협상을 도와 달라고 부탁했다. 그래서 스펠링 선생이 백기를 들고 편지를 전달해 주겠다고 대답했다. 하지만 때는 이미 너무 늦어 버렸다. 탕 장군은 그날 밤으로 도망을 가 버렸다. 이 소식이 빠르게 퍼지면서 난징 전체가 혼란에 빠지고 말았다. 병사들은 성 밖으로 빠져나와 샤관(下關)과 강변으로 가는 도중이었지만, 두려움에 휩싸였다. 그들은 길거리 아무 데나 소총과 탄약, 혁대와 군복 그리고 차량을 내팽개쳤다. 길에는 별의별 군사 물자들이 어지럽게 버려졌다. 찌그러진 차량이 있는가 하면 뒤집혀진 차량도 있고 불에 타버린 차량도 있었다. 성문 쪽에는 찌그러지고 불에 탄 차량이 더욱 많았다. 그리고 시체가 몇 피트씩이나 높이 쌓였다. 그야말로 끔찍한 "대참사"(holocaust)였다. 성문이 굳게 닫히자 최악의 공포가 시작되었다. 병사들은 성벽 위에 기어올라, 밧줄이나 각반, 혹은 가죽 혁대나 옷을 찢어 만든 끈을 이용하여 성벽 밖으로 몸을 던졌다. 그 와중에 적지 않은 사람들이 떨어져 죽거나 깔려 죽었다. 하지만 이보다도 더 애처로웠던 것은 강 위에서 벌어진 참상이었다. 강북으로 가는 피난민을 태운 큰 범선 한 척이 과적 때문에 결국 전복되어 수천 명이 익사하는 사고가 발생했다. 그리고 수천 명의 사람들이 강가의 목재로 뗏목을 만들어 타고 가다가, 결국 같은 재앙을 당한 일도 있었다. 이밖에도 비록 탈출에는 성공했지만, 그중 대부분은 하루나 이틀 후면 일본군의 공중 폭격을 당했을 것이다.

세 개 연대의 패잔병들이 한데 모여 친화이허(秦淮河) 입구의 산차허(三汊河) 쪽으로부터 돌진해 오는 일본군을 막으려 했다. 하지만 결국 중과부적(衆寡不敵)으로 전멸되고 겨우 한 명만 살아서 돌아왔다. 그는 마침 내 친구의 동생으로, 이튿날 아침 내 사무실에 와서 당시의 상황을 이야기해 주었다. 원래는 장교 한 명과 함께 살아남았는데, 함께 뗏목으로 양쯔강 지류를 건너다가 그 장교는 물에 빠져 죽었다. 혼자 남은 그는 감시가 소홀한 새벽 무렵 성벽을 기어올라 성 안으로 들어왔던 것이다.

우리가 난징에서 보내던 즐겁고 평화로운 세월은 이제 끝나 버렸다. 우리는 난징에서 더 나은 미래를 꿈꾸곤 했었다. 하지만 일본군의 입성으로 인해 공포와 파괴, 그리고 죽음이 이 모든 것을 바꿔놓았다.

12월 13일, 월요일

오전 11시, 우리는 처음으로 일본군이 난징에 입성했다는 보고를 받았다. 나는 위원회 동료 두 명과 함께 차를 몰고 일본군을 만나러 갔다. 우리는 안전구역 남쪽 입구에서 일본군 소부대와 마주쳤다. 그들은 우리에게는 별로 적의(敵意)를 드러내지 않았다. 하지만 잠시 뒤 그들은 무서워 도망가는 난민 20명을 무자비한 사살했다. 일본군 내부에서는 1932년 상하이에서부터 도망치는 자는 반드시 총살하거나 척살한다는 관례가 만들어진 것 같다.

도망갈 수 없게 된 중국 병사들은 난민촌에 보호를 요청했다. 우리는 그들에게 당신들이 무기를 내려놓기만 하면 일본군은 반드시 관용을 베풀어 줄 것이라고 확신한다고 했다. 그리고 서둘러 그들이 무장 해제하는 것을 도왔다. 하지만 우리의 이러한 확신은 우리의 어리석은 바람에 불과했다. 중국 병사들은 무장 해제를 하였음에도 불구하고 일본군에게 끌려가 총살당하거나 난도질을 당했다. 심지어 총검술 훈련용으로 쓰이기까지 하였다. 나는 중국 병사들이 이렇게 죽임을 당하느니 차라리 전쟁터에서 맞서 싸우다가 전사하는 것이 훨씬 더 낫지 않았을까 하는 생각도 들었다.

이날도 여전히 약간의 포격은 있었지만, 포탄이 안전구역으로 떨어지는 일은 거의 없었다. 오전에 우리는 병원에서 유산탄(榴散彈) 파편 몇 조각을 발견했다. 그중 한 조각이 윌슨(Dr. Wilson) 선생의 수술실을 관통했다. 그때 마침 윌슨 선생이 수술 중이었는데, 다행히 아무데도 다치지 않았다. 그리고 포탄 한 발이 새로 지은 진링대 기숙사에 떨어졌으나, 역시 사상자는 나오지 않았다. 이밖에 교통부 건물이 불에 타버렸다. 일본군의 포격에 의한 것인지 아니면 중국 패잔병들의 방화에 의한 것이지 현재로서는 알 수 없다. 정교한 로비를 가진 이 건물은 난징 전역에서 가장 아름다운 건물이었다.

12월 14일, 화요일

탱크, 포병, 보병, 트럭 등으로 구성된 일본군 대오가 대거 성 안으로 진입했다. 일본군은 중국의 수도이자 장제스(蔣介石) 정권의 근거지인 난징을 점령한 가증스러운 정복자였다. 입성 후 열흘 동안, 그들의 잔혹함과 포악함은 갈수록 더해 갔다. 온 도시가 공포에 떨고 있다. 일본군은 상부의 명령이라면 그 어떤 행위도 서슴지 않았다. 그들은 비행기로 온 성 안에 전단지를 살포했다. 이를 통해 그들이야말로 중국인의 유일무이한 친구이며 선량한 민중의 수호자라고 선전했다. 물론 말도 안 되는 허튼소리였다. 그들은 자기들의 "진정성"을 보여 주기라도 하듯이, 가는 곳마다 강간과 약탈, 그리고 학살을 일삼았다. 많은 사람들이 일본군에게 끌려갔다. 우리는 처음엔 그들을 강제노역에 동원하는 줄 알았다. 하지만 그 뒤로 소식이 끊기고 결국은 생사마저 알 수 없게 되었다. 한 일본군 대령이 부하를 데리고 내 사무실로 찾아 왔다. 그는 한 시간 동안이나 내 사무실에 머물며 무장 해제를 당한 중국 병사 6천 명의 행방을 물었다. 그날따라 일본군이 네 번이나 우리를 찾아 왔다. 그 때마다 우리 차량을 강제로 뺏어가려고 했다. 같은 시각, 일본군은 다른 곳에서 우리 차량 세 대를 훔쳐 갔다. 그리고 한 일본군은 휴버트 목사[4] 집에 기어들어가 성조기를 찢어 땅에 버린 뒤, 창문을 깨고 도망쳤다. 휴버트 목사가 잠시 스미스(Prof. Smith) 교수의 집을 방문한 5분 사이에 벌어진 일이다. 일본군은 우리 트럭을 훔치려고 미리 계략을 꾸몄다(사실 그들은 이미 두 대나 손에 넣었다). 그 트럭들은 두 미국인이 주로 쌀과 석탄을 운반할 때 사용하는 필수 도구였다. 두 미국인과 차량 절도에 급급한 일본군 사이에 벌어진 공방전은 그 자체만으로도 참 재미있는 이야깃거리이다. 일본군은 대학병원[구러우(鼓樓)병원을 가리킴-역자]에서 간호사의 시계와 만년필을 훔쳐가기도 했다.

『뉴욕타임즈』의 더딘(Durdin) 선생이 그날 차를 몰고 상하이로 떠났다. 나는 서둘러 쓴 편지를 그에게 주며 전달을 부탁했다. 물론 우리 중 누구도 그가 순조롭게 도착할 것이라고는 믿지 않았다. 아니나 다를까 그는 쥐롱(句容)까지 갔다가 되돌아오고 말았다. 『시카고뉴스(Chicago News)』의 스틸(Steele) 선생은 일본군 구축함 여러 척이 금방 도착한 사실을 보도하기 위해 성 밖에 있는 강변으로 가려고 했다. 그때 한 일본군 장교가 그에게 '파나이'호가 침몰했다는 소식을 전해주었다. 하지만 침몰한 기타 선박에 대한 언급은 해주지 않았다. 그들은 우리가 탈출할 수 있도록 온갖 노력을 다했다. 하지만 밧줄 하나를 남겨 주는 데 그치고 말았다. 그 밧줄로 성벽을 타고 내려가면 강변에 닿을 수가 있었다. '파나이'호는 폭격에 의해 침몰했지만 우리는 아직도 무사하다. 이것은 틀림없는 사실이다.

우리의 회장이자 '시먼스' 중국지사장인 라베 선생은 그의 비서 스마이스 선생과 함께 일본군 사령부를 방문했다. 그들은 일본군 사령관을 직접 만나, 도저히 용납할 수 없는 일본군의 무질서한 행위를 제지시켜 줄 것을 부탁하려고 했다. 하지만 사령관이 아직 입성하지 않아 그들은

---

4) (원저자 주) 진링신학대학의 휴버트(Rev. Hubert L. Sone) 목사를 가리킨다.

내일까지 기다려야 했다. 그들의 이번 방문은 아무런 수확도 없었다.

12월 15일, 수요일

우리 집은 안전구역 밖에 있었다. 그래서 나는 차를 몰고 집 주변을 돌면서 별 탈이 없는지 살펴보았다. 오늘 보니 옆문이 부서지고, 남문 역시 열려 있었다. 나는 집 안에 들어가 살펴볼 시간이 없었다. 얼마 전 길 맞은편으로 이사 온 한 일본군 소령에게 집을 좀 봐 달라고 부탁했다. 착해 보이는 그 소령은 흔쾌히 승낙했다. 사무실에서는 한 일본 해군 장교가 나를 기다리고 있었다. 그는 '파나이'호가 입은 손해에 대해 큰 관심을 가지고 있었다. 하지만 그 역시 '파나이'호에 관한 자세한 정보를 주지는 못했다. 그는 미국인 가운데 이곳을 떠날 의향이 있는 사람이 있으면 일본 해군이 구축함으로 상하이까지 보내 줄 수 있다고 했다. 그리고 사적인 전보도 대신 보내 줄 수 있다고 했다. 나는 짤막하게 쓴 전보를 그에게 건네주었다. 전보 내용이 너무 간단해서인지, 그의 얼굴에는 실망한 빛이 떠올랐다. 내가 쓴 전보 내용은 다음과 같다.

> 윌버 선생 및 상하이청년회 국제위원회:
> 난징에 있는 외국인들은 모두 무사하니, 관련 단체에 이 사실을 알려 주시오.

나는 또 그에게 몇몇 신문 기자를 제외한 모든 외국인들이 난징에 남아 있기를 원한다고 알려 주었다. 그러자 그의 얼굴에는 또다시 실망한 빛이 역력했다.

세키구치(關口)라고 하는 이 해군 장교는 구축함 세타함(漱田艦)에서 근무하고 있었다. 여기서 세타함까지는 40리 가까이 떨어져 있었다. 나는 차로 그를 바래다주기로 했다. 절반쯤 갔을까 한 일본군 소령이 우리를 가로 막았다. 그는 일본군이 중국군을 계속 수색하고 있기에, 더 이상 북쪽으로 가면 위험하다고 했다. 당시 우리 차가 멈춘 곳은 국방부와 아주 가까운 곳이었다. 국방부에서는 무장 해제를 당한 수백 명의 중국 병사와 수많은 무고한 민간인들이 한창 처형을 당하고 있었다. 우리 일행을 막은 진짜 이유는 바로 여기에 있었다. 세키구치 선생은 하는 수없이 차에서 내려 걸을 수밖에 없었다. 돌아오는 길에 나는 근엄한 표정을 하고 있던 그 일본군 소령을 감쪽같이 속이고 샤관(下關)쪽으로 차를 몰았다. 성문에 이르자 우리 차는 또다시 일본군에 의해 저지당했다. 다행히 차에 함께 타고 있던『로이터사(社)』의 스미스 선생과『시카고뉴스(Chicago News)』의 스틸 선생이 구축함 탑승권을 가지고 있었기에 성문을 통과할 수 있었다. 성문 근처의 상황에 대해서는 이미 앞에서 언급한 바 있다. 우리는 정말 2, 3피트 높이와 90피트 길이로 쌓인 시체 더미 위로 차를 몰고 지나갔다. 그야말로 끔찍하기 그지없었다. 나는 그 참상을 영원히 잊지 못 할 것이다.

'제티(Jetty)'호에서 우리는『뉴욕타임즈』의 더딘 선생과 '파라마운트 (Paramount)영화사'의 아트·먼콘(Art Menkon) 선생을 만났다. 우리는 그들과 함께 서북 지역의 산시(山西)와 시안(西安)에 갔었다. 그런데 그들이 계속 여행을 하겠다는 바람에, 내가 더딘 선생의 차를 미국대사관까지 대신 몰고 오는 수밖에 없었다. '제티'호에는 금방 상하이에서 온 일본대사관의 오카무라 선생도 있었다. 그는 우리에게 '파나이'호와 모빌사의 우편선에서 조난당한 사상자 명단을 알려 주었다. 나는 오카무라 선생을 차로 성 안까지 데려다 주기로 했다. 그런데 성문에 이르자 일본군 위병이 길을 가로 막았다. 그는 그 어떤 외국인도 성 안으로 들어갈 수 없다고 딱 잘라 말했다. 우리 일행이 방금 성 안에서 나왔다고 호소해도 아무런 소용이 없었다. 심지어 세키구치 선생의 간청에도 그들은 아랑곳하지 않았다. 사실 일본대사관은 일본군의 업무에 관여할 수 있는 권한이 없었다. 우리는 오카무라 선생이 차를 몰고 국방부에 가서 특별통행증을 발급받아 올 때까지 기다리는 수밖에 없었다. 오카무라 선생이 돌아오기까지는 약 한 시간 반이 걸렸다. 마침 나는 『리더스 다이제스트』 11월호를 가지고 있었다. 그것은 내가 외부로부터 받은 마지막 우편물이었다. 그 읽을거리 덕분에 나는 기다리는 시간이 그리 지루하지는 않았다. 도시 일대는 악취가 하늘을 찔렀다. 가는 곳마다 사람의 시신을 뜯어 먹는 들개들이 득실거렸다.

그날 밤 직원들과 회의를 하고 있는데, 나쁜 소식이 전해왔다. 일본군이 곧 우리 본부와 아주 가까운 곳에 위치한 난민촌에 와서 난민 1300명을 전부 총살할 것이라는 것이었다. 우리는 그들 중 중국 병사들이 끼어 있는 사실을 알고 있었다. 그러나 그날 오후 라베 선생이 한 일본군 장교로부터 그들을 헤치지 않겠다는 약속을 받았기에, 어느 정도 안심하고 있었다. 하지만 모든 것이 우리의 예상을 벗어가고 말았다. 확실한 것은 그들이 곧 일본군에 의해 처형당한다는 사실이었다. 그들은 약 백 명씩 밧줄에 묶인 채 줄을 지어 걸어갔다. 옆에서는 총검을 든 일본군 병사들이 그들을 감시하고 있었다. 그들이 쓰던 모자는 갈기갈기 찢어져 아무렇게나 땅에 버려져 있었다. 우리는 자동차 헤드라이트 불빛을 빌어 마지막 순간을 향해 걸어가는 그들의 모습을 볼 수 있었다. 그들은 묵묵히 발길을 옮겼다. 그들을 지켜보는 우리의 마음은 납 조각처럼 무거웠다. 산 넘고 물 건너 먼 광둥(廣東)에서 왔다는 네 명의 병사는 어제서야 마지못해 나에게 무기를 건넸었다. 저 행렬 속에 그들도 있는지 알 수가 없었다. 그리고 북쪽에서 왔다는 한 중사(中士)는 부상으로 온 몸에 붕대를 감고 있었다. 그는 죽는 순간까지도 여전히 흐릿한 눈빛으로 주위를 둘러보며 구원을 청했다. 나는 일찍이 그들에게 일본군이 그들의 생명을 보전해 줄 것이라고 말했었다. 또한 진심으로 일본군이 약속을 지켜주길 바랐다. 그리고 일본군이 입성하면 적어도 혼란에 빠진 도시의 질서가 어느 정도 회복되기를 바랐다. 하지만 이 모든 것은 우리의 어리석은 희망사항에 불과했다. 우리는 세상 어디에도 없을 잔학함과 흉폭함을 직접 목격하게 되리라고는 상상도 못했다. 보다 참혹한 날들이 계속 이어질 것 같다.

12월 16일, 목요일

일본군이 계속 트럭과 승용차를 훔쳐가는 바람에 교통 문제가 심각해지기 시작했다. 나는 차를 빌리러 미국대사관을 찾아갔다. 거기에는 아직도 중국 직원들이 남아서 일하고 있었다. 나는 애치슨 선생의 차를 빌려 밀스 선생이 석탄과 쌀이 떨어진 큰 난민촌 한 군데와 저우창(粥廠)5) 세 군데에 석탄을 운반할 수 있게 했다. 현재 우리 책임 하에는 25개의 난민촌이 있다. 각 난민촌은 적게는 2백 명에서 많게는 1만2천 명의 난민들을 수용하고 있다. 진링대 캠퍼스의 경우 특별히 부녀자와 아이들로만 3만 명이 수용되어 있다. 최근 수용 인원이 3천 명에서 9천 명으로 급증하는 바람에 광장에까지 사람들로 가득 차게 되었다. 애당초 우리는 일인당 거주 면적을 16평방피트로 예상했었다. 하지만 실제로는 훨씬 더 비좁을 수밖에 없었다. 안전한 곳을 찾기 힘든 상황에서, 우리는 진링여대와 진링대 순으로 안전 구역을 설정, 관리하고 있다. 보트린(Miss Vautrin) 양과 트위넴 부인(Mrs. Twinem)6), 그리고 천(陳) 선생의 부인7)이 나서서 부녀자들을 전력으로 보호하고 있다.

아침부터 강간 소식이 전해져 왔다. 100명이 넘는 부녀자들이 일본군 병사들에게 끌려갔다. 그중 7명은 진링대 도서관에서 끌려갔다고 했다. 그리고 이보다 몇 배 많은 부녀자들이 자택에서 강간을 당했으며, 수백 명에 달하는 사람들이 길가에서 안전한 곳을 찾아 헤매고 있다고 했다. 점심을 먹고 있는데, 건물 관리를 책임진 릭스(Riggs) 선생(부총책임자)이 울면서 들어왔다. 그는 일본군들이 법학원과 대법원의 물건들을 싹쓸이

---

5) (역자 주) 난민에게 죽을 쑤어 나눠 주던 곳.
6) (원저자 주) Mrs. Twinem, 또는 P. D. Twinem·Mary Twinem이라고도 하며, 중국어로는 평소에 따이라이산(戴籟三) 부인이라고 불렸다. 진링대의 교수로, 난징 함락 기간에 진링여대 문리대학에서 보트린 양을 도와 난민들을 보살폈다. 나중에는 중국 국적을 취득했다.
7) (원저자 주) 천 선생의 부인(Mrs. Chen)은 보트린 문헌에서 Tsen(증)으로 나와 있는데, 진링여대 문리대학의 사감이었다.

해 갔을 뿐만 아니라 사람까지 잡아갔는데, 그들의 생사를 알 수 없다고 하소연했다. 그의 말에 의하면 난민촌 안전을 책임진 50명의 경찰들도 함께 잡혀갔다고 했다. 그가 나서서 항의를 했으나 오히려 두 번이나 일본군 장교에게 구타를 당했다고 했다.

일본군들은 난민들에게서 금품을 포함한 모든 재물을 닥치는 대로 빼앗아 갔다. 심지어 마지막 남은 침구(寢具)마저도 그냥 넘어가지 않았다. 오후 4시에 직원회의를 하고 있는데, 근처에서 중국인들을 처형하는 총소리가 연거푸 들려왔다. 우리들에게 오늘은 그냥 무서운 하루에 불과했지만, 불쌍한 난민들에게는 형용할 수조차 없이 끔찍한 하루였다. 나는 벅 교수의 집(나는 다른 6명과 함께 이곳에 살고 있다)에서 점심 식사를 할 때 서둘러 내 방에 들어가 살펴보았다. 두 개의 성조기가 여전히 펄럭이고 대사관 게시물도 문에 붙은 채였다. 하지만 옆문이 망가지고 출입문이 열려진 방은 이미 엉망이 되어 있었다. 모든 서랍과 옷장, 그리고 트렁크가 열려져 있었고, 자물쇠는 비틀어져 있었으며, 다락방에는 쓰레기가 산더미처럼 쌓여 있었다. 그들이 무엇을 가져갔는지 자세히 살펴 볼 겨를은 없었다. 얼핏 침구와 옷가지, 그리고 음식 같은 것들이 보이지 않았다. 왕정팅(王正廷) 박사가 선물해 준 복숭아꽃 무늬 탁자보는 가장자리가 찢겨져 나갔고, 참나무로 만든 무거운 식탁은 윗면이 파손되어 있었다.

마지막까지 난징에 남아 있던 『AP통신사』(Associated Press)의 저널리스트 예츠·맥다니엘(Yates Mcdaniel) 선생도 오후에 다른 구축함을 타고 상하이로 떠났다. 나는 그에게 짧은 편지 한 통을 부탁했다. 부디 잘 전해지기를 간절히 바랄 뿐이다.

12월 17일, 금요일

살인, 약탈, 강간 등 만행이 끊임없이 난무하고 있다. 어제 하루에만 어림잡아 천여 명의 부녀자들이 강간을 당했다. 한 가엾은 여성은 37번이나 강간을 당하기도 했다. 그리고 5개월 된 아이를 둔 여성도 강간을 당했는데, 아이가 크게 울자 일본군은 잔인하게 아이를 질식시켜 죽였다. 일본군은 저항하는 모든 자에겐 무조건 총검을 들이댔다. 병원은 어느새 일본군의 야수적인 악행에 의해 상처를 입은 사람들로 가득 찼다. 유일한 의사인 윌슨 선생은 과도한 업무로 손이 퉁퉁 부어올랐지만, 여전히 밤늦게까지 환자들을 돌봐야 했다. 일본군은 생계 수단인 인력거, 가축, 돼지, 당나귀까지 전부 빼앗아 갔다. 우리의 저우창(粥廠)과 쌀가게도 피해를 입었다. 결국 쌀가게는 문을 닫을 수밖에 없었다.

우리는 매일 밤 사람들을 곳곳에 배치해서 당직을 섰다. 저녁식사 후, 나는 베이츠 선생과 맥카룬 선생을 각각 진링대와 구러우(鼓樓)병원으로 바래다주었다. 오늘 밤 그곳에서 숙직을 서야하기 때문이다. 그 다음 나는 또 밀스 선생과 스마이스 선생을 진링여대로 바래다주었다. 우리 차가 진링여대 문 앞에 이르자 수색대처럼 보이는 일본군 병사들이 앞을 막았다. 그들은 총검을 우리에게 들이댄 채 거칠게 우리를 차에서 끌어내렸다. 그리고는 차 키를 빼앗고 한 줄로 세워 놓고 우리 몸을 수색했다. 그 바람에 쓰고 있던 모자가 땅에 떨어져 나뒹굴었다. 그들은 손전등으로 우리 얼굴을 비춰 보고 여권을 검사한 뒤 우리가 그곳에 온 목적을 따져 물었다. 우리 맞은편에는 보트린 양, 트위넴 부인과 천 선생의 부인이 서 있었다. 그리고 그녀들 뒤에는 한 무리의 난민 부녀자들이 땅에 꿇어앉아 있었다. 프랑스어를 좀 한다는 일본군 중사(실력이 나와 비슷했다)가 그곳에 중국 병사들이 숨어 있다고 한사코 주장했다. 내가 약 50명의 학교 직원들 외에는 그 어떤 외부인도 없다고 여러 번 말했으나, 그는 끝까지 믿지 않았다. 심지어 그는 그곳에서 외부인이 발견되는 날엔 모조리 총살해 버리겠다고 으름장을 놓았다. 일본군 중사는 또 우리(부녀자들을 포함)에게 당장 그곳을 떠날 것을 요구했다. 보트린 양이 이를 거절하자, 그는 그녀를 마구 차 안으로 밀어 넣었다. 잠시 뒤 일본군 중사는 마음을 고쳐먹었는지 여성만 그곳에 남고 남자들은 떠나라고 했다. 우리는 한 사람이라도 남으려고 애써 보았으나, 결국 떠날 수밖에 없었다. 우리는 떠나기 전까지 그곳에서 한 시간 넘게 서 있었다. 이튿날 우리는 야수 같은 일본군이 학교에서 12명의 처녀를 끌고 갔다는 사실을 알게 되었다.

12월 18일, 토요일

릭스 선생은 안전구역과 거리 하나를 사이에 두고 살고 있다. 자주 우리와 함께 식사를 하곤 했다. 오늘 아침 식사 때 그는 간밤에 일어난 사건을 우리에게 알려 주었다. 그의 말에 의하면, 어제 밤 우리가 저녁을 먹는 사이 부녀자 두 명이 그의 집에서 일본군에게 강간을 당했다고 했다. 그 중 한 명이 우리 청년회 간사 왕팅(Wang Ding) 선생의 외사촌 동생이라고 했다. 윌슨 선생은 병원에 실려 온 다섯 살 남자아이와 한 여자에 대한 이야기를 했다. 남자아이는 총검에 18군데나 찔렸고, 부녀자는 얼굴 17군데와 다리 몇 군데가 칼에 찍혔다고 했다. 오후에는 잔뜩 겁에 질린 4~5백 명의 부녀자들이 우리 본부로 몰려왔다. 그들은 노천에서 밤을 지낼 수밖에 없다.

12월 19일, 일요일

혼란이 극에 달한 하루였다. 일본군이 여러 군데에 불을 질렀다. 비록 소수의 병사들이 저지른 행위지만, 상부의 허락이 없이는 불가능한 것이었다. 성조기가 찢겨진 채 여기저기 바닥에 내동댕이쳐져 있었다. 미국 학교는 종종 이유 없이 유린을 당했다. 학교 경비는 자기가 계속 이 일을 하다가는 죽임을 당할지도 모른다고 했다. 일본대사관은 외국인 보호 차원에서 미국인과 기타 외국인들의 건물에 게시물을 붙여 놓았다. 하지만 일본군은 그것을 거들떠보지도 않았으며 심지어 일부러 찢어버리기도 하였다. 어떤 건물은 하루에 5~10번씩이나 일본군의 행패에 시달렸다. 일본군은 건물에 난입하여 가난한 사람들을 약탈하고, 부녀자들을 겁탈했다. 어떤 사람들은 심지어 아무런 이유도 없이 잔혹한 죽임을 당했다. 어느 한 구역에 7명으로 구성된 우리의 위생 소대(Sanitation Squads)가 있었는데, 그중 6명이 살해당하고, 나머지 한 명만이 겨우 도망쳐 나왔다. 그는 몸에 부상을 입은 채 달려와서 우리에게 이 일을 알렸다. 오늘 해질 무렵, 우리 측 두 사람이 비틀러 박사(그는 이미 떠났다)의 집으로 달려가, 강간범으로 보이는 녀석 넷을 쫓아내고, 그곳에 있던 부녀자들을 전부 진링대로 이동시켰다. 스펠링 선생은 하루 종일 이런 일들을 처리하느라 바빴다. 나는 우리 대사관에서 근무하던 더글라스 · 젠킨스(Douglas Jenkins) 선생8)의 집을 찾아갔다. 집을 지키던 하인 두 명이 참사(慘死)를 당한 채 각각 주차장과 침대 아래에 쓰러져 있었다. 방안은 엉망진창이었다. 거리에는 아직도 많은 시신들이 널려 있었다. 죽은 사람은 모두 민간인이었다. 홍만자회(紅卍字會)에서 시신을 수습해 주려고 했지만 그것도 여의치 않았다. 트럭을 도난당하고, 시신을 담아 화장터에 운반할 관(棺)도 빼앗기고, 휘장을 착용한 인부들마저 쫓겨났다.

나는 스마이스 선생과 함께 새로 증가된 55건의 폭행 사건(모두 사실 확인을 거쳤음)을 기록한 공문 서류를 가지고 다시 일본대사관을 찾아갔다. 우리는 메서즈(Messers) 선생, 다나카(田中) 선생 그리고 후쿠이(福井) 선생에게 오늘 상황이 더욱 악화되었음을 알려주었다. 그들은 상황이 "신속하게" 호전되기를 바라며, 이를 위해 최선을 다하겠다고 약속했다. 하지만 분명한 것은 그들이 일본군에게 행사할 수 있는 힘은 아주 작거나 전무하다는 사실이었다. 게다가 일본군사당국은 병사들을 전혀 단속하지 않았다. 우리는 17명의 일본 헌병들이 최근에 입성한다는 소식을 접했다. 날로 어지러워지는 도시의 질서를 회복하기 위한 일본군사당국

---

8) (원저자 주) 젠킨스 선생은 미국대사관에서 3급비서직을 맡고 있었다.

의 궁여지책임에 틀림없다. 하지만 고작 17명으로 약 5만 명에 달하는 일본군을 대처한다는 것은 사실상 불가능한 일이다. 우리는 그래도 일본대사관의 그 세 사람이 마음에 들었다. 그들은 어쩌면 정말 최선을 다하고 있는지도 모른다. 그런데 뜻밖에도 그들은 나에게 자동차 한 대와 수리공 한 명을 구해 달라고 부탁했다. 우리의 이미 수많은 차량을 일본군에게 도둑맞은 상황이었다. 나는 그의 부탁에 실소를 금치 못했다. 나는 그들에게 당신네 군사당국을 찾아가는데 빠르지 않겠느냐고 따질까하다가 순간 마음을 고쳐먹었다. 나는 그들을 데리고 미국대사관으로 가서 대사와 다른 두 직원의 차를 빌려 주었다. 잠시 뒤에는 러시아에서 온 자동차 수리공을 보내 주었다.

12월 20일, 월요일

아무런 제지도 없이 반달리즘 행위(Vandalism, 제멋대로 문화를 파괴하는 것을 뜻함-역자)와 각종 만행이 계속되고 있다. 시내 전체가 일본군에 의해 계획적으로 불타고 있다. 오후 5시, 나는 스마이스 선생과 함께 차를 몰고 시내로 나갔다. 시내에서 주요 상권(商圈)인 타이핑루(太平路) 전체가 불에 타고 있었다. 우리는 불에 탄 목재가 널브러진 사이로 차를 몰았다. 사방에서 불꽃이 튀어나왔다. 길 남쪽에서 폭도들이 가게에 불을 지르고 있었다. 그리고 좀 더 떨어진 곳에서는 폭도들이 한창 약탈한 물건들을 트럭에 싣고 있었다. 청년회(이곳도 불이 났다) 근처는 약 한 시간쯤 전에 불이 난 것 같았다. 주변 건물들은 아직까지 멀쩡했다. 우리는 눈앞의 광경을 더 이상 볼 수가 없어 앞으로 달렸다. 창문 너머로 내다보니, 어림짐작으로 14군데 정도에서 불이 나고 있었다. 그중 몇 군데 화재는 그 규모가 상당히 컸다.

사태가 극도로 긴박해졌다. 우리는 상하이에 있는 미국 총영사에게 외교 대표를 즉각 파견해 줄 것을 요청하는 편지를 썼다. 그리고 일본대사관에다 그것을 해군 전보로 전송해 달라고 부탁했다. 물론 이 편지가 부쳐질 리 만무했다.

12월 21일, 화요일

오후 2시 반, 우리 14명은 다나카 선생을 찾아가 22명의 외국인 모두가 서명한 편지 한 통을 전달했다. 도시를 불 지르고 혼란을 지속시키는 일본군에 대한 항의의 표시였다. 맞은편 길가에 있는 건물들이 불에 타자, 라베 선생은 자신의 집을 걱정하기 시작했다. 4백 명이 넘는 난민들이 그의 집 정원에서 노숙하고 있었다. 식량 문제는 날이 갈수록 심각해졌다. 진링대에 머물고 있는 일부 난민들은 배고픔을 견디다 못해 소란을 피우기도 했다. 난민촌의 석탄이 바닥이 나기 시작했다. 릭스 선생이 여러 모로 애쓰고 있지만, 일본군이 석탄과 쌀 공급을 모두 차단해 버리는 바람에 여의치가 않다. 오늘 일본군이 우리가 외출한 틈을 타서 담을 넘어 들어와 차를 훔쳐가려고 했다. 지난번에는 휴버트 목사의 차가 하마터면 도난당할 뻔 했다. 라베 선생은 오늘 다나카 선생을 통해 독일대사관의 로섬 선생이 보낸 편지를 받았다. 로섬 선생은 아직까지 상륙 허가를 받지 못해 사관에 정박하고 있는 '꿀벌'호에 머물고 있다고 했다. 그리고 난징에 거주하는 독일인들의 재산 상황에 대해 물어보았다. 라베 선생은 대사관 건물을 비롯해 자신의 집 두 채가 다행히 약탈을 면했고, 자동차 두 대도 아직은 무사하다고 회답했다(난징에는 50여 명의 독일 교민이 거주하고 있다).

12월 22일, 수요일

오늘 새벽 5시경, 한 무리의 폭도들이 우리 근처에 불을 놓았다. 약 백여 발의 총성도 울렸다. 일본군은 밤사이에 두 차례나 진링대에 난입하여 행패를 부렸다. 그들은 총검으로 경비를 가로 막은 채 대문을 박차고 안으로 들어갔다. 최근 이 일대에서 당직 근무를 서고 있는 일본 헌병들은 매일 잠만 자고 있다. 새로 부임한 일본 헌병대 책임자가 전화를 걸어와 새해에는 질서를 회복하겠다고 약속했다. 그들은 또 자동차와 트럭을 빌려 달라고 했다. 나와 스펠링 선생은 본부에서 동남쪽으로 120m 가량 떨어진 흙구덩이에서 50여 구의 시체를 발견했다. 그들은 모두 민간인들이었는데, 양손이 등 뒤로 결박되어 있었다. 그리고 그중 한 사람은 목이 완전히 잘려 나갔다. 아마도 그들(일본군을 가리킴-역자)이 총검술 연습을 한 건 아니었을까 하는 생각이 들었다. 점심 먹으러 돌아오던 길에, 우리는 술에 취한 일본 병사가 칼로 청년회 서기의 부친을 위협하고 있는 것을 발견했다. 옆에 있던 불쌍한 모친은 잔뜩 겁에 질려 어찌할 바를 모르고 있었다. 우리는 급히 차를 세우고 그를 막았다. 집에 돌아와 밥상에 마주앉기도 전에 나는 또 두 명의 동료와 함께 치 선생[9]과 다니엘 선생[10]의 집으로 달려가야 했다. 우리는 그 곳에서 부녀자를 강간하려던 일본군들을 내쫓았다. 가시 달린 철조망을 넘어 도망가는 그들의 모습에 실소가 터져 나왔다.

　베이츠 선생과 릭스 선생은 점심을 다 먹지도 못한 채 주변 건물 안에 있는 일본군들을 내쫓아야 했다. 그중 몇몇은 술에 잔뜩 취해 있었다. 나와 라베 선생이 막 사무실에 들어서는데, 스펠링 선생과 크로거(Kroeger) 선생[11]으로부터 전화가 걸려왔다. 그들은 다급한 목소리로 현재 술에 취한 일본 병사에게 총검으로 위협을 당하고 있다며 구조를 요청했다. 다행히도 일본대사관의 다나카(田中) 선생과 장군 한 명이 우리와 거의 동시에 그곳에 도착했다. 장군은 일본 병사의 따귀를 두 번이나 세차게 갈겼다.

---

9) (원저자 주) 치자오창(齊兆昌)을 가리키며, 그는 진링대 학교재산관리사무실의 책임자이자 기술자이다.

10) (원저자 주) 다니엘은 바로 J. H. Daniel을 가리킨다. 그의 중국어 이름은 탄허둔(談和敦)으로 진링대 병원 원장이다.

11) (원저자 주) 크로거는 바로 Christian Kroeger를 가리킨다. 그는 독일 사람으로 칼로 비츠사(社)의 난징 대표이자 예전에 국제위원회 재무관리를 맡았다.

그러나 나는 그 일본 병사에게 더 이상의 처벌은 없을 거라는 것을 알고 있었다. 지금껏 우리는 규율을 위반한 병사가 중징계를 받았다는 소리를 들어본 적이 없었다. 장교나 헌병이 규율을 위반한 병사를 적발했을 경우, 그들은 단지 앞으로 그러지 말라는 가벼운 경고 정도의 조치만 취할 뿐이었다. 저녁을 먹은 뒤, 나는 릭스 선생과 걸어서 집으로 갔다. 우리가 집에 도착하기 얼마 전, 54세의 부녀자 한 명이 그의 집에서 일본군에게 겁탈을 당했다. 나약한 부녀자들이 속수무책으로 당하는 것을 그대로 내버려 둔다면, 그것은 너무나도 잔인한 것이다. 하지만 우리 역시 모든 시간을 들여 그녀들을 보호하기에는 역부족이었다. 샤관에 있는 발전소의 우 기사(吳技師)가 우리에게 나쁜 소식을 전해 주었다. 마지막 날까지 용감하게 발전소를 지켰던 54명의 직원이 영국 회사―허치슨사(社)에 피신해 있었는데, 어느 날 그중 43명이 일본군에게 끌려가 총살당했다고 했다. 일본군은 그들을 중국 국영 사업체의 직원으로 간주하고 살해했다는 것이었다. 사실 발전소는 국영 사업체가 아니었다. 한 일본 관원이 매일같이 우리 사무실로 찾아와 터보 발전기를 다룰 줄 아는 기술자를 내놓으라고 했다. 나는 그에게 일본군이 대부분의 전기 기술자들을 살해했다고 말해 주었다. 이 말을 하는 순간 나도 모르게 일종의 쾌감이 느껴졌다.

12월 23일, 목요일

오늘 휴버트 목사가 일본군에게 횡포를 당했다. 그가 스탠리·스미스 (Stanley Smith) 선생의 집에 갔을 때, 일본 장교와 병사가 성조기를 찢어 버리고 강제로 난민들을 쫓아낸 뒤, 그곳을 등록 센터로 사용하겠다고 떠들어 댔다. 그는 일본 장교와 한참 동안 실랑이를 벌였다. 그러다가 결국에는 일본군의 협박에 못 이겨 건물을 2주 동안 빌려주기로 약속하고 사인까지 하였다. 그러나 휴버트 목사는 그렇게 호락호락한 사람이 아니었다. 그는 곧바로 일본대사관에 항의를 했고 일본군은 결국 그곳에서 철수하고 말았다. 일본군은 우리가 농업전문대에 설치한 난민촌에서 난민 70명을 끌고 가 처형해 버렸다. 아무런 이유도 없었다. 일본 병사들은 의심이 가면 누구를 막론하고 잡아갈 수 있었다. 손바닥에 난 굳은살은 군인이었는지를 판단하는 증거가 되었고, 또한 그 사람을 총살하는 정당한 이유가 되었다. 그리하여 인력거꾼, 목공 및 기타 노동자들이 주로 잡혀 갔다. 점심 무렵 머리 부위가 새까맣게 타버려 눈과 귀가 없어지고 코의 형태조차 분간하기 힘든 부상자 한 명이 본부로 후송되어 왔다. 정말 끔찍했다. 나는 그를 차에 태워 병원으로 데려 갔다. 하지만 그는 몇 시간 뒤에 사망하고 말았다. 일본 병사들은 수백 명의 사람들을 한데 묶어 놓은 채 가솔린을 뿌리고 불을 붙였다. 그는 바로 그 수백 명 피해자 가운데 한 사람이었다. 그는 바깥쪽에 위치한 관계로 머리에만 가솔린이 뿌려진 것 같았다. 잠시 뒤 그와 비슷하면서도 상태가 더욱 심각한 부상자가 후송되어 왔다. 그 역시 곧 죽고 말았다. 첫번째 사람의 몸에는 상처(총검에 찔리거나 총에 맞은 상처를 가리킴-역자)가 없었지만, 두 번째 사람의 몸에는 상처가 나 있었다. 그 뒤 나는 머리와 팔에 화상을 입은 채 우리 집 근처의 길가에 쓰러져 있는 사람을 발견하였다. 그는 내가 본 세 번째 피해자였는데, 이미 숨을 거뒀다. 그가 구러우(鼓樓)병원 맞은편까지 온 것을 보아, 살기 위해 얼마나 애를 썼는지 알 수 있었다. 일본군의 잔인함은 그야말로 믿기 어려울 정도였다.

12월 24일, 금요일

미국대사관의 탕(唐) 선생이 어제 밤 대사관의 중국 직원과 그 가족들이 일본 장교와 그 부하들에게 약탈당한 사실을 보고했다. 일본군은 팩스턴 선생의 사무실 문에 구멍을 냈고, 주차장에서 자동차 두 대를 훔쳐 갔다. 그들은 심지어 오늘 아침에도 두 대를 더 훔쳐갔다. 잠시 뒤 나는 다나카 선생에게 도둑맞은 자동차 가운데 어제 빌려 주기로 약속한 차도 들어있다고 알려주었다. 약간은 통쾌한 기분도 들었다.

오늘부터 양민(良民) 등록이 시작 되었다. 일본군 당국은 안전구역 내에 아직도 2만 명의 중국군이 숨어 있다면서, 반드시 이 "마귀"들을 색출해야 한다고 고집했다. 내가 보기에 이곳에 있는 중국군은 다 합쳐야 백 명도 되지 않을 것 같았다. 어쨌든 더 많은 무고한 사람들이 화(禍)를 입게 될 상황이라 모두가 마음을 졸일 수밖에 없었다. 그저께 다나카 선생의 요청으로 '중국자치위원회(The Chinese Self Governing Committee, 매국노 조직)'가 만들어졌다. 이를 통해 작은 도움이라도 받을 수 있을지 모르겠다. 이곳에서는 진작부터 일본 간첩들이 활동하고 있었다. 나도 그 중 한 명을 잡은 적이 있었다. 그가 폭행을 당할까 걱정되어 지하실에 가두었다가 나중에 중국 경찰에 넘겨주었다. 중국 경찰은 그를 어떻게 처리할까? 목을 매달아 죽일까? 나는 그들에게 신중하게 처리할 것을 권유했다. 오늘 일본군은 끊임없이 우리를 방해했다. 그들은 우리 측 위생팀 팀원과 대학 정문을 지키던 경비원을 잇달아 잡아 갔다. 또 항상 우리 트럭을 훔칠 기회를 엿보고 있었다. 우리 측 석탄보급소 한 곳이 일본군에 의해 폐쇄되었지만, 릭스 선생이 겨우 설득하여 다시 문을 열게 되었다.

오늘은 크리스마스이브이다. 우리는 크로거 선생, 스펠링 선생, 트리머 의사와 함께 저녁 식사를 하였다. 바베큐와 달콤한 감자가 곁들어진 성대한 만찬이었다. 일본군이 하루에도 몇 번씩 담을 넘어 난입하는 바람에, 라베 선생은 쉽게 자기 집을 떠날 수 없었다. 라베 선생은 항상 난입한 일본 병사에게 들어올 때와 똑같은 방법으로 나가라고 했다. 만약 거절을 하면, 그는 나치 완장을 제시하고 나치 휘장을 가리키며 그것이 무슨 의미를 지니고 있는지를 물어보았다. 그리고는 그 휘장이 독일에서는 최고의 권력을 상징한다고 알려 주었다. 이 방법은 주효했다. 조금 늦게 만찬에 동참한 라베 선생은 그 자리에 있는 모든 사람에게 가죽 덮개로 된 시먼스 수첩을 나눠 주었다. 우리는 윌슨 선생이 연주하는 피아노에 맞춰 크리스마스 캐롤을 불렀다.

오늘은 무척이나 아름다운 크리스마스 날이다. 날씨도 유난히 맑고, 상황도 어느 정도 호전되어 보였다. 길거리는 노점상들과 행인들로 제법 북적거렸다. 그런데 점심 무렵, 손님으로 온 보트린 양, 바우어(Bouer) 양, 블랑쉬·우 양, 우쩐주(Miss Pearl Bromley Wu) 양[12]과 함께 거위 구이를 먹고 있는데, 세 통의 구조 요청 전화가 다급히 걸려왔다. 우리는 지체 없이 펜(Fenn) 선생[13] 등 중국 교사들의 저택과 양잠과(養蠶科)에 달려가 일본군을 쫓아냈다. 이날, 농업전문대에 걸린 성조기가 찢겨졌다. 어제 밤과 오늘 밤, 7명의 일본군이 진링여대 신학원에서 부녀자를 겁탈했다. 사건 발생 장소는 바로 우리 근처였다. 우리가 서둘러 구조하러 갔지만 때는 이미 늦었다. 12살 먹은 여자 아이가 세 명의 일본 병사에게 윤간을 당한 뒤였다. 또 다른 피해자는 13살 소녀였다. 이밖에 총검 상해(傷害) 사건도 굉장히 많이 발생했다. 월슨 선생의 보고에 따르면, 병원에 입원한 피해자만 해도 240명에 달했다. 그중 75%가 일본군이 마구잡이로 휘두른 폭력의 희생자들이었다. 진링대에서 신분 등록이 시작되었다. 일본인은 예전에 군인이었던 사람은 모두 앞으로 나오라고 하더니, 노동자팀에 가입하면 생명을 보장 받을 수 있다고 했다. 그렇게 사람들은 무더기로 끌려갔다. 그 사람들 중 2~3명이 부상을 입고 죽은 척을 하다가 병원으로 도망쳐 왔다. 그들은 우리에게 끔찍했던 상황을 들려주었다. 당시 끌려간 사람들은 모두 일본군 처형(處刑) 부대에 넘겨져 비참하게 처형되었다고 한다. 그리고 그중 몇 사람만 부상을 입은 채 간신히 도망쳐 나오거나 혹은 하루 종일 동포들 시신 속에 숨어 있다가 밤이 되어서야 비로소 병원이나 친구 집으로 피신했다고 한다. 일본군에게 있어서 이것은 아주 작은 실수에 불과했다.

---

12) (원저자 주) 바우어 양은 진링대 병원의 직원이다. 블랑쉬·우(Blanche Wu) 양은 중국인으로 진링여자문리대학 생물학과 강사이다. 우쩐주 양도 중국인이지만 미국 침례교 해외선교회의 브롬리 부부(Charles. L. Bromley)가 일찍이 그녀를 딸로 입양하였다.

13) (원저자 주) 진링대 영어학과 교수이다.

12월 27일, 월요일

이곳이 일본군에 점령된 지 오늘로 3주째다. 닛신기선(日淸汽船)사의 배가 승리를 경축하기 위해 상하이에서 난징으로 왔다. 4개 회사(기선회사를 가리킴-역자)의 대표가 우리 사무실을 방문했다. 그들은 우리에게 머지않아 정상 서비스가 제공될 것이라고 했다. 한 무리의 일본 여성들이 승리를 경축하는 파티에 참석했다. 그리고 짬을 내 도시 관광도 했다. 관광 도중 그녀들은 몇몇 아이들에게 과자를 조금씩 나누어 주기도 했다. 그녀들은 시종 일본군의 승리에 한껏 도취되어 있는 모습이었다. 물론 그녀들은 성 안에서 벌어진 일본군의 만행에 대해서는 아무것도 모르고 있었다. 그것은 외부 세계도 마찬가지였다. 일본군은 여전히 아무런 구속도 받지 않았으며, 일본군 당국과 대사관은 서로 협력하지 않았다. 일본군 당국은 일본대사관의 지시에 따라 설립된 자치위원회도 인정하지 않았다. 일본군 당국은 자치위원회 회원들을 무시했다. 심지어 "당신들은 피정복민으로 그 무슨 혜택이라도 받을 수 있을 거라 기대하지 말라"고 그들을 윽박지르기까지 했다. 소란과 폭행에 관한 보고서는 날이 갈수록 늘어났다. 하지만 일본군 당국은 아무런 조치도 취하지 않았다. 오늘도 몇 건의 사건이 발생했다. 2주 전, 일본 병사가 13살 남자 아이를 끌고 갔다. 일본군은 그 아이의 일하는 것이 마음에 안 든다며 철봉으로 때리고 총검으로 찔렀다. 어제 밤, 일본군 장교가 병사 두 명을 데리고 진링대에 난입해 부녀자 세 명을 강간하고 그 중 한 명을 끌고 갔다. 일본군은 진링여자신학원에도 여러 번 난입하여 난민들의 재물을 약탈하고 20명의 여자들을 겁탈했다. 일본군은 또 바우어 양의 항의에도 불구하고, 병원 야간부 총책임자를 잡아갔다. 성 안의 건물들은 하나씩 둘씩 계속 불에 타고 있다. 오늘은 성 남쪽에 있는 교회 학교 두 군데와 독일 레스토랑 키슬링(Kiesling & Baders)이 불에 탔다. 일본대사관에서 경호(警護) 업무를 책임진 다카야(高穀) 선생이 전화를 걸어왔다. 지금부터 모든 외국인의 재산을 보호하고 스펠링 선생과 함께 독일 재산 조사에 착수하겠다는 약속을 덧붙였다. 내가 보기에 다카야 선생의 약속은 그의 권한 밖의 일이었다. 지금까지 우리가 일본 당국에 보낸 보고서는 아무 소용도 없었다. 난징에 있는 수백 개의 외국 업체는 거의 모두 일본 병사들에게 약탈을 당했고, 승용차도 도둑을 맞았다. 하마터면 잊을 뻔 했는데, 어제 나는 스마이스 선생과 함께 영국대사관을 방문했다. 영국대사관은 안전구역에서 멀리 떨어진 도시 서북쪽에 위치해 있었다. 우리는 그 곳에서도 일본군의 약탈 행위를 확인할 수 있었다. 일본군은 영국대사관에서 보유하고 있던 승용차 11대 모두와 트럭 2대까지도 약탈해 갔다. 다행히 그 곳에서 일하는 중국인 고용자들의 처지는 괜찮아 보였다. 길거리마다 차들이 버려져 있었는데, 훔쳐가 쓰다가 고장 나자 내팽개친 것들이었다. 대부분의 차들은 타이어와 배터리, 그리고 기타 필요한 부품들이 털린 채 거꾸로 뒤집혀 있었다.

오늘은 한 줄기 서광이 비쳤다. 쾅푸줘 박사(Dr. Fong Soo)[14]의 편지가 일본대사관을 거쳐 닛선기선사의 상선을 통해 이곳에 도착했다. 3~4주 만에 처음으로 받은 편지였다. 그는 우리가 국제로터리클럽(Rotary International)을 통해 보낸 요청에 따라 약간의 돈을 보내줬을 뿐만 아니라, 우리가 하고 있는 난민구제사업에 기금(基金)이 얼마나 필요한지를 물었다. 역시 쾅푸줘 박사답게 일처리가 철저했다. 우리는 정말 기금이 필요하다. 많이, 그것도 아주 많이 필요하다. 기금 문제는 항상 악몽처럼 우리를 괴롭히고 있다. 하지만 어디서 그것을 구할 수 있단 말인가?

---

14) (원저자 주) 쾅푸줘(鄺富灼, 1869-1938), 광둥인. 13세 때 한 중국 목사의 지원을 받아 노동자 신분으로 미국에 갔다. 일찍이 캘리포니아 포모나 대학에서 수학했고, 1906년 캘리포니아 사범대학에서 석사학위를 받았다. 그 후 상무인서관(商務印書館)에서 영문부 편집주임을 맡았다. 그는 청년회 전국협회에서 30년 동안 일을 했는데, 그 중에 6년 동안 회장을 맡았고, 또한 많은 기독교 및 자선단체에서 직책을 맡았다.

12월 28일, 화요일

오늘은 우리가 걱정하던 날씨였다. 비가 구질구질 내리더니 눈으로 바뀌기 시작했다. 가엾은 난민들은 대부분 개집보다 조금 큰 판잣집에 살고 있다 보니, 비를 막기가 여의치 않았다. 그래서 오늘 같은 날씨엔 더 힘겹게 지내야 했다. 길바닥은 어느새 진창이 되어 버렸다. 다행히 어제까지는 날씨가 꽤 괜찮은 편이었다. 많은 난민들이 비좁고 더러운 환경에서 비참하게 지내고 있다. 우리 난민촌의 관리자 및 조수들은 모두 자원봉사자들(Volunteer Workers)이다. 우리는 질서를 유지하고 식사와 의약품을 제공하는 등에 혼신의 노력을 다하고 있다. 하지만 어떻게 해야 난민촌을 계속 유지해 나갈 수 있을까? 이들은 언제쯤 자기 집으로 돌아갈 수 있을까? 이 중에 자기 집을 갖고 있는 사람은 몇 사람이나 될까? 이곳의 질서는 언제쯤이나 회복될 수 있을까?

나는 오늘 처음으로 숙소에서 그다지 멀지 않은 곳에 있는 청년회 학교에 갔다. 물건들이 온통 뒤엎어져 있었고, 물리 실험기구들은 거의 다 망가져 있었다. 죽은 소 한 마리의 시체가 들개들에게 절반이 뜯겨진 채 운동장에 누워 있었다. 문에 붙어 있던 대사관의 게시물도 찢겨져 나갔다.

12월 29일, 수요일

오늘은 날씨가 조금 호전되고, 운도 그다지 나쁘지 않았다. 신분 등록은 계속 되었지만 사람들은 언제 어디서 등록을 해야 하는지 몰라 우왕좌왕했다. 소위 "예전에 군인이었던" 사람들이 또 잡혀갔다. 부녀자들과 노인들이 우리를 찾아와 무릎을 꿇고 울면서, 남편과 아들을 찾아 달라고 애원했다. 일본군이 우리가 간섭하는 것을 극도로 싫어했기에, 우리는 극소수의 안건만 겨우 해결할 수 있었다. 중국적십자회 대표가 샤관

(下關)의 강변에 약 2만 명의 난민이 있다는 소식을 전해왔다. 샤관의 난민들은 난민촌에서 그들을 받아 주기를 바랐다. 하지만 여기 난민촌도 벌써 난민들로 꽉 차 있는 상태였다. 일본인은 난민들이 난민촌에 들어오거나, 우리가 나가 그들을 도와주는 것이나 일절 용납하지 않았다. 따라서 샤관의 난민들은 스스로 살 길을 찾을 수밖에 없었다.

일본군은 마침내 각국 대사관에 경비원을 두었다. 이렇게 할 수 있는 걸 왜 2주 전에는 하지 않았던 것일까? 하지만 우리가 있는 주택은 여전히 보호를 받지 못하고 있다. 난민촌에 배치된 일부 경비원들은 전혀 도움이 되지 않을 뿐만 아니라 외려 나쁜 짓만 일삼았다. 그들은 난민들로부터 연료, 식품, 침상과 기타 물품들을 갈취해 갔다.

12월 30일, 목요일

오늘 나는 청년회에서 일하고 있는 16명의 중국인 고용자들에게 다음 달 15일 이후는 다른 일자리를 찾을 것을 통지했다. 사실 이것은 굉장히 힘든 결정이었다. 그들 중 몇몇은 오랫동안 우리와 함께 일한 동료였다. 모두들 성품이 좋고 충성심이 강한 사람들이었다. 예전에 나와 왕팅(王廷)[15] 선생은 질서가 회복되면 바로 옛 학교 건물에서 일을 다시 시작하려고 했었다. 그러나 이제 남아있는 회원들이 많지 않았고, 난징에서 새로운 후원자를 찾기는 더 어려운 일이었다. 왕팅 선생은 자신이 맡은 "건물보좌총괄"직을 훌륭하게 수행했었다. Y. S.장 선생 역시 난민촌의 감독관으로서 열심히 일했으며, 기타 고용자들도 모두 자신이 맡은 일

---

15) (원저자 주) 왕팅 선생은 중화기독교청년회의 간사였다. 『라베의 일기』에는 그가 '안전구역관리위원회'에 부속된 건물위원회의 주임이고, Y. S.장 선생은 이곳의 위원이라고 되어 있다. 이 부분은 피치가 여기서 말한 것과 맞지 않는다. 역자는 피치의 이 편지 내용에 따르는 것이 맞다고 생각한다. 그것은 피치가 안전구역을 구체적으로 관리했던 총간사였기 때문이다.

에 최선을 다하였다.

오후에 일본대사관을 방문했다. 마침 그들은 60명의 중국인들에게 새해맞이 행사를 어떻게 할 것인지에 대해 한창 지시를 내리고 있었다. 그 자리에 있던 중국인 대부분이 우리 난민촌의 관리요원들이었다. 일본 당국은 국민정부의 국기를 대체해서 새해 경축에 쓸 "오색기(五色旗)"(난징 괴뢰정부의 "국기") 천 개와 일본국기 천 개를 만들고 있었다. 그리고 천 명이 넘는 규모의 난민촌에서는 20명씩, 규모가 작은 난민촌에서는 10명씩을 반드시 경축 행사에 참가시킬 것을 지시했다. 새해 첫 날 새벽 1시가 되면 "오색기"가 구러우(鼓樓)에 걸릴 것이고, 연설과 음악이 순서에 따라 적당히 흘러나올 것이다. 물론 사람들이 흥겨운 얼굴로 깃발을 흔들며 새로운 통치자를 환영하는 모습도 영상으로 찍을 것이다. 한편, 도시는 계속해서 불에 타고, 부녀자들에 대한 성폭행도 끊임없이 발생하고 있다. 일본군은 12~13살 먹은 여자 아이 세 명을 강간하거나 납치했다. 일본군이 "탈주범 추격"과 같은 작업을 벌일 때면, 양잠과(養蠶科, 진링대의 일부분, 미국 재산) 주위에 폴리스 라인이 처지곤 했다.

12월 31일, 금요일

오늘은 비교적 조용한 하루였다. 처음으로 야간 사건 보고가 없었다. 일본인들은 새해맞이 행사 준비에 여념이 없었다. 이틀 간 휴가가 선포되었다. 혹시나 이 기간 중 술에 취해 난동 부리는 일본 병사가 더 많이 생길까 걱정되어, 난민들에게 실내에 머물 것을 권고했다. 라베 선생은 우리를 집으로 초대해 파티를 열었다. 그는 크리스마스트리에 불을 켜고, 우리에게 캠프 마크가 새겨진 새해 카드를 선물했다. 캠프 마크는 적십자가 들어 있는 동그라미 모양이었다. 카드에는 난징에 있는 외국인 22명의 사인이 들어 있었다. 라베 선생은 남아프리카에서 겪은 일들을 재미나게 이야기해 주었다. 집안 벽면에는 그가 사냥해서 얻은 휘황

찬란한 전리품들이 걸려 있었다.

　새해 전날 밤이다. 고향과 가족에 대한 그리움이 마음속에 사무친다. 집에서 보내오는 편지를 받을 수만 있다면 얼마나 좋을까? 아내로부터 마지막으로 받은 편지는 그녀가 막 '후버대통령'호를 타고 요코하마를 떠나던 10월 28일거였다. 마리안(피치의 딸-역자)도 같은 날 엄마와 함께 승선하기 전 편지를 보내왔다. 알버트와 에디슨(피치의 또 다른 자녀-역자)의 편지를 받은 지는 훨씬 더 오래 되었다. 11월 하순, 나는 시안(西安)에서 돌아오는 길에 비행기에서 켐톤(Kempton) 선생을 만났었다. 그는 아마 지금도 창사(長沙)에 있지 않을까 싶다. 일본대사관에서는 앞으로 몇 주 뒤에나 우편 서비스가 정상으로 회복될 것이라고 한다. 우리는 아무래도 계속해서 인내심을 가져야 할 것 같다. 그들은 또 우리에게 적어도 한 달은 더 지나야 이곳을 떠나 상하이를 방문할 수 있을 것 같다고 했다. 우리는 이곳의 포로나 마찬가지 신세다!

　내가 이렇게 잔혹한 범죄 행위를 기록하는 것은 별다른 의도가 있어서가 아니다. 오늘은 1월 11일이다. 사태가 조금 호전되기는 했지만 하루도 범행이 없는 날이 없었다. 어떤 때는 폭동이나 다름없는 사태가 벌어지기도 했다. 지난 6일 미국대사관 대표 세 명이 이곳에 도착했고, 9일에는 영국과 독일대사관 대표(각각 세 명)도 이곳에 들어왔다. 덕택에 사태는 조금 더 호전되었으며, 어느 정도의 안전을 보장받을 수 있게 되었다. 그러나 마음 놓고 지내기에는 아직도 멀었다. 어제 밤 나는 차를 몰고 외출하다가, 네 군데서 큰불이 막 번지기 시작하는 것을 보았다. 그리고 일본군이 또 다른 상점에 불을 지르고 있는 것을 목격했다. 그것은 일본군이 놓은 다섯 번째 큰불이었다. 12월 19일부터 일본군은 거의 매일 건물에 불을 지르고 있다. 크로거 선생은 얼마 전에 동문을 통해 성 밖으로 빠져나간 적이 있다. 그는 자신이 목격한 도시 근교 20리 안의 광경을 우리에게 알려 주었다. 그에 의하면, 모든 시골 마을이 불에 타 버렸고 살아있는 중국인이나 가축은 아무 것도 볼 수 없었다고 한다.

지난 주 일요일에 우리가 사는 건물에 전기가 들어왔다. 그리고 마침내 라디오를 통해 외부 세계와 접촉할 수 있게 되었다. 이것은 정말 큰 행운이었다. 마침 우리가 가지고 있던 양초와 등유도 모두 바닥이 나려던 참이었다. 정말 다행이었다. 우리 위원회 본부에는 며칠 더 일찍 전기가 들어왔다. 당시는 일본인들만 전기를 쓸 수 있었기에 우리는 이 일을 입 밖에 내지 않았다. 우리는 상하이의 한 일본어 신문에 실린 기사 몇 편과 도쿄『마이니치신문』에 실린 기사 두 편을 본 적이 있었다. 그 기사에는 지난 12월 28일에 벌써 가게들이 문을 열고 정상적인 영업을 하고 있다고 적혀 있었다. 그리고 일본인과 우리 외국인이 협력하여 불쌍한 난민들에게 먹을 것을 제공하고 있으며, 중국인 약탈자들이 근절됨으로써 도시 전체가 질서 있고, 평화로운 분위기에서 생활하고 있다고 했다. 만약 난징에서 발생한 사건들이 그토록 비참하지만 않았다면, 우리는 그들의 거짓말에 한바탕 크게 웃었을 것이다.

내가 이 글을 쓰는 것은 그 어떤 복수(復讐)를 위한 것이 아니다. 전쟁은 잔혹한 것이다. 정복 전쟁일수록 더욱 그렇다. 나는 이번 일들과 1932년 '상하이사변'을 겪으며 분명한 사실을 알게 되었다. 일본군은 기독교 이상주의와는 전혀 다른 길을 걷는 잔혹한 파괴 세력이라는 점을 말이다. 그리고 언젠가는 동양을 넘어 서양까지도 위협할 것이라는 생각이 들었다. 그래서 나는 전 세계가 이곳에서 발생한 실제 상황에 대해 정확히 알 필요가 있다는 생각으로 이 글을 쓰고 있다. 현재 우리가 직면하고 있는 사태를 도대체 어떻게 대응해야 할 것인가? 나는 나보다 더 뛰어난 지혜를 가진 독자들이 판단해 주길 바란다.

물론, 내 이야기에는 긍정적인 부분도 있다. 중국인과 외국인 친구들이 함께 자원봉사활동을 하면서 보여준 숭고한 정신과 끈끈한 우정이 바로 그것이다. 또한 난민들이 받은 고통에 비하면 우리가 입은 손해와 겪은 불편은 미미한 것이었다. 그럼에도 불구하고, 난민들은 우리의 노력에 대해 끊임없이 좋은 평가를 해주었다. 덕분에 우리의 마음은 따뜻

해질 수 있었다. 특히 우리 위원회의 독일인 친구 세 명은 더 많은 호평을 받았다. 그들은 한때 어마어마한 힘(독일 국적과 나치 배경을 가리킴-역자)의 소유자였다. 그들이 없었다면 우리는 도저히 업무를 지속해 나가지 못 했을 것이다.

미국, 영국, 독일의 영사관 직원들이 모두 돌아왔다. 하지만 일본군 정부 측은 그들을 거들떠보지도 않았다. 그들 역시 일본군을 통제할 수 없는 것은 마찬가지였다. 미국 영사 존·엘리슨 선생은 일본군이 하는 일에 참견하려다 뺨을 얻어맞는 굴욕을 당하기도 했다. 그러나 우리에게 있어서 가장 큰 걱정거리는 난민들의 식량 문제다. 우리가 가지고 있는 소금은 이제 거의 바닥이 났다. 쌀은 아직 남아 있지만 그 역시 얼마 버티지 못할 것이다. 수마일 이내에 있는 주변 지역은 완전히 폐허가 되어 버린 지 오래다. 지금은 일본인에게 제공되는 물품 이외에는 그 어떤 물품도 성 안으로 들여올 수 없다. 사람들 사이에서 무좀이 퍼지기 시작했다. 바야흐로 도래할 재난을 막기 위해서도 대량의 물품을 구해오는 것이 급선무였다.

일본군 당국과의 장시간에 걸친 협상 끝에 나는 마침내 '꿀벌'호를 타고 상하이에 갈 수 있는 허가를 받았다. 영국 영사와 그의 수행원이 방금 '꿀벌'호에서 내렸다. 내가 이 영국 군함에 탑승한 정확한 날짜는 기억나지 않지만, 1월 말쯤인 것은 틀림없다. 상하이에서의 첫 번째 점심은 나중에 많은 사람들로부터 존경을 받게 된 해리·아놀드 사령관과 함께 그의 함대에서 먹었다. 그도 다른 사람과 마찬가지로 난징의 최신 상황에 대해 매우 궁금해 했다. 나는 이참에 몇몇 사람들을 만나야 했고, 그때마다 같은 이야기를 반복해야 했다. 동시에 나는 콩, 쌀, 밀가루와 기타 물품을 한가득 사서 최대한 빨리 난징으로 운송해야 했다. 일부 미국인들은 이 기회에 워싱턴으로 날아가 난징의 상황을 미국 정부에 보고하라고 나에게 충고했다. 하지만 나는 무슨 일이 있더라도 반드시 돌아오겠다고 일본군 당국과 약속했기 때문에(이것은 내가 난징을 떠나 상하이로 갈 수 있었던 전제 조건이었다) 미국으로 갈 수 없었다. 뿐만 아니라, 나는 애써 구한 식품들을 난징까지 안전하고 확실하게 운송해 가고 싶었다. 나는 친구들에게 난징에 돌아가자마자 바로 일본군 당국과 담판해 다시 난징을 떠날 수 있는 허가를 받아내겠다고 약속했다.

　나는 해리·아놀드 사령관이 마련해 준 미국 군함 '오하이호'호에 물품을 싣고 순조롭게 난징으로 돌아왔다. 그러나 배가 난징에 도착하자 나는 크게 실망할 수밖에 없었다. 일본군 당국이 약속을 어기고 화물을 내리지 못하게 한 것이다. 우리 배는 우후(蕪湖)에서 협상 결과를 기다릴 수밖에 없었다. 다행히 협상 결과가 좋았다. 우리 배는 난징으로 다시 돌아와 아무런 방해도 없이 성 안으로 물품을 옮길 수 있었다. 이것은 아마도 일본인이 온 성 안에 내붙인 홍보 포스터 덕분이 아닐까 싶다. 포스터에는 일본인이 현지 사람들의 복지를 위해 얼마나 많은 노력을 기울이고 있는지 잔뜩 적혀 있었다. 그 중 하나에는 일본 병사가 얼굴에 미소를 띠고 자기 앞에 꿇어앉은 중국인 모자(母子)에게 빵 한 조각을 건네는 장면이 그려져 있었다. 샛별이 그려진 또 다른 포스터에는 "이재민을 위로하는 일본군 덕분에 난징은 따스한 온정으로 가득차다"라는 제목이 붙어 있었다. 그리고 제목 바로 아래에는 "난징 사람들은 굶주림에 시달리고 의료 혜택도 제대로 받지 못하는 등 그동안 항일군으로부터 많은 피해를 받고 있었지만, 다행히 황군(皇軍)이 입성하여 총칼을 거두고 자비의 손을 내밀었다. …… 선량하고 착한 주민들에게 은혜가 내려졌다. …… 수많은 난민들이 생활을 보장 받을 수 있게 되자 예전의 터무니없던 반일 태도를 버리고 두 손 들어 황군을 환영하고 있다."라는 새빨간 거짓말이 적혀 있었다. 그 아래로 계속해서 역겨운 내용이 몇 단락 더 이어졌지만, 여기서는 제일 마지막 문구만 제시한다. "일본 병사와 중국 어린이가 공원에서 함께 놀고 있다. 난징은 현재 전 세계가 주목하는 가장 살기 좋은 곳이 되었다. 사람들은 이곳에서 안락한 생활과 즐거운 노동을 만끽하고 있다." 이것은 우리 직원이 번역한 것이다. 믿기 어렵겠지만 나는 이것이 틀림없는 사실이었다.

일본군이 난징을 점령한 지 2개월이 지났지만, 만행은 끊이지 않고 있다. 1월 18일, 팔에 총상을 입은 두 남자가 우리를 찾아 왔다. 일본군은 그들의 몸에서 돈을 찾지 못하자 그냥 팔에다 총을 쏘았다. 병원에 실려 온 한 사람은 위턱과 목 부위에 관통상을 입고 있었다. 힘에 부쳐 무거운 물건을 옮기지 못한 것이 그가 총을 맞은 이유였다. 또 한 사람은 머리 부위가 칼에 찍혀 큰 상처가 나 있었다. 일본군도 자신들의 만행에 싫증이 났을까? 아니면 일본군 당국에서 병사들에 대한 규제와 기강 단속을 과시하려는 것일까? 나로서는 알 길이 없었다. 나는 이제 곧 여기를 떠날 것이다. 상하이에 있는 윌버 선생이 나에게 23일 전에 상하이로 오라는 내용의 전보를 보내왔다(사전에 약속된 것이었다). 나는 이 전보를 핑계로 다시 한 번 난징을 떠날 수 있는 허가를 받았다. 이튿날 아침 6시 40분, 상하이로 가는 일본 군인열차에 몸을 실었다. 뻔뻔스럽고 부끄러움을 모르는 일본군과 한 자리에 붙어 앉은 나는 적이 불안했다. 내가 입고 있는 낙타털 외투 안감 속에는 일본군 만행을 담은 16밀리짜리 영화 필름 8개가 감추어져 있었기 때문이다. 이는 대부분 진링대 병원에서 촬영한 것이었다. 상하이에 도착하면, 내 가방은 틀림없이 구석구석 검사를 당하게 될 것이다. 만약 일본인들이 이 영화 필름을 발견하게 되면 어떻게 될까? 다행히 그들은 영화 필름을 발견하지 못했다. 나는 바로 상하이에 있는 코닥사를 찾아가 그것들을 모두 현상했다. 대부분의 영화 필름은 성공회의 존·마기 선생이 제작한 것이었다. 그는 나중에 워싱턴 성요한 성당의 주교가 되었다. 일본군이 저지른 만행은 너무 끔찍하여 실제로 보지 않으면 믿기 어려웠다. 코닥사의 대표는 서둘러 나에게 영화 필름 4세트를 복사해 주었다. 나는 사람들의 요구에 따라 미국 교회와 기타 지역에서 이 영화를 상영했다.

중재위원회(영국)에서 근무하던 뮤리엘·레스터(Murial Lester) 여사가 이 영화를 보고서 나를 찾아왔다. 그녀는 일본의 일부 기독교인과 정치 지도자들에게 이 영화를 보여주면, 분명 힘을 모아 전쟁 중지를 추진할 것이라고 했다. 그녀는 영화 필름 복사본을 한 부 줄 수 있는지 나에게 물었다. 영화 필름만 있으면, 자신이 직접 일본에 건너가서 몇몇 단체를 조직하여 영화를 상영하겠다고 했다. 결코 쉬운 일이 아니었기에 나는 그녀의 계획에 확신이 없었다. 그렇지만 복사본 한 부를 그녀에게 건넸다. 몇 주가 지난 뒤, 그녀에게서 부정적인 소식이 전해 왔다. 도쿄에 있는 일부 기독교 지도자들에게 영화를 보여 줬지만, 그들에겐 상처만 될 뿐 별다른 효과가 없는 것 같아 결국 포기하고 말았다고 했다.

많은 사람들이 나를 찾아와 난징에 관한 이야기를 나누었다. 나는 마지막으로 홍차오루(虹橋路)에 있는 우리 집에 가 보았다. 우리 집은 조계지 밖에 위치해 있어 사방에 일본군이 득실거렸다. 내가 여기에 온 것은 큰 모험이었다. 나도 모르게 간담이 서늘해졌다. 집에 도착해 보니, 정원 한 구석에 약 10피트 넓이 정도로 까맣게 그을린 곳이 있었다. 내가 소장해 온 책(난징에서 훼손된 책들을 제외)과 1902년부터 쓴 일기(모두 1500 권)가 전부 이곳에서 불태워졌다. 근처에 3층 욕실에서 끌어 내온 욕조가 보였다. 그들이 다른 곳으로 옮기려 했던 모양이다. 실내도 역시 엉망이었다. 나는 서둘러 그곳을 떠났다.

이곳의 앞날은 어떤 모습일까? 물론 가까운 미래는 결코 밝지 않을 것이다. 하지만 중국인은 쉽게 정복되지 않는 천성과 고통을 참아낼 줄 아는 인내심을 가지고 있어 결국에는 반드시 승리할 것이다. 어쨌든, 나는 그들과 함께 했던 시절을 영원히 자랑스럽게 여길 것이다.

피치(서명)

제3장

포스터의 증언

아내에게 보내는 편지[1]

　11월 2일, 우리는 상하이를 떠나 난징으로 가는 배에 올랐다. 양저우(揚州)로 돌아가는 그린 선생도 우리와 같은 배를 탔다. 우리는 다음 날 점심 때 퉁저우(通州)에 도착하여 그곳에서 정박해 있다 3일째 되는 날 저녁 무렵에야 다시 출발했다. 우리는 다른 외국인 세 명, 그리고 중국 세관 직원들과 함께 개인 보트 한 척을 빌려 길을 재촉했다. 그러나 무려 23시간 30분이 걸려서야 내륙 운하에서 양저우까지 도착할 수 있었다. 나와 포스터 선생은 물건을 다 운반해 갈 때까지 양저우에 머물기로 결정하고 바로 짐을 정리했다. 난징에서 우리는 마기 선생을 도와 집을 지켜야 했다. 그래서 중국 범선(帆船)의 한 쪽을 임대해 요리사에게 가구와 이부자리, 그리고 식품 등을 가지고 먼저 난징으로 출발하도록 했다. 남은 물건들은 양저우 집 지하에 있는 두 칸짜리 방에 보관해 두었다. 우리가 양저우에 머무는 동안 공습은 단 두 차례밖에 없었다.

　우리는 일주일을 양저우에서 머문 뒤, 곧바로 난징으로 이동했다. 당초 우리는 배를 타고 가려고 했다. 하지만 일기도 좋지 않은 상황에서

---

1) RG8, B263-5. 포스터 선생이 아내에게 보낸 편지의 앞부분은 포스터 부인이 쓴 것으로, 그녀가 난징을 떠나기 전에 일부 상황을 기록한 것이다. 해서체로 하여 구별을 하였다.

예인선도 없는 작은 동력선으로 강을 거슬러 올라가는 모험은 하지 않기로 했다. 예전에 포스터 선생이 양저우 지역의 장부를 난징으로 가져온 적이 있었다. 필드 선생도 우리와 함께 난징에 가기로 했다. 난징에 가서 포스터 선생과 함께 양저우 지역의 장부를 살펴보고, 그것을 다시 양저우로 가져오기 위해서였다. 우리는 11월 12일(금요일) 아침에 집을 나섰다. 그런데 전장(鎭江)에 도착해 보니, 저녁에 출발하는 기차 편밖에 없었다. 부득불 우리는 내륙선교회에 머물면서 낮 시간을 보냈다. 기차역에는 양쯔강(揚子江) 상류에서 온 군인들로 가득 차 있었다. 그들은 쑤저우(蘇州) 전선으로 향하는 중이었다. 그들 때문에 우리는 여러 번 발걸음을 멈춰야 했다. 전장(鎭江)에서 난징까지는 4시간이 걸렸다. 우리는 그날 밤 11시쯤에 샤관에 도착했다. 그곳에서 우리는 마이나르디 선생이 오늘 점심 때 막 쑤쩌우로 떠났다는 것과 우시(無錫)에 있는 우리 주둔지가 폭격을 당했다는 소식을 접하게 되었다.

마기 선생은 부상병 구조 업무 때문에 정신이 없었다. 부상병들이 기차역으로 몰려왔지만, 시설과 식량이 충분치 않았다. 우리는 겨울이 오면 샤관에서 마기 선생과 함께 연료와 식품을 절약하는 한편, 서로 협력해 일을 추진하기로 하였다. 포스터 선생은 서둘러 선교회의 장부 정리를 시작했고, 상황이 급박한 경우에는 상하이 서쪽 지역의 주요 업무도 맡아 했다. 그가 자리를 비울 때에는 아치·증 선생이 도움을 주었다. 금방 한코우(漢口)에서 온 아치·증 선생은 상하이에 갈 준비를 하고 있었다. 포스터 선생은 또 성바울 성당에 가서 그쪽 직원들과 교류하며 일을 시작했다. 그는 정부 관원, 적십자회 회원, 병사, 신문기자, 학생, 교구 직원 등 끊임없이 찾아오는 방문객들과 사적인 면담을 갖느라, 아침부터 밤늦게까지 쉴 틈이 없었다.

11월 15일 월요일, 일주일간의 여정 끝에 마침내 요리사와 가구 및 기타 물건들이 우리 주둔지 뒷문에 도착했다. 닥터 로버트, 델 선생, 린 하울 양, 그리고 시저 양은 닥터 리의 차를 타고 앞문으로 갔다. 그들은 그날 아침 5시에 우시를 떠나 난징에 왔다. 10명이나 되는 사람이 한 집에서 생활하다 보니, 우리 숙소는 목요일까지 몹시 어수선했다. 정부를 위해 홍보 활동을 하는 로브·수지 양도 어느새 우리 식구가 되었다. 11월 16일 화요일, 필드 선생이 양저우로 떠났다. 11월 18일, 우시에서 온 사람들도 배를 타고 상하이로 갔다.

당시 일본군이 시내와 샤관으로 진입하고자 했다. 나중에 일본군이 CTS지역을 점령하고 있다는 기사가 나왔다. 11월 21일(일요일), 우리는 그들을 찾아갔다. 자동차나 택시와 같은 교통수단을 구할 수 없는 상황이라 우리는 닥터 리가 선교회에 비상용으로 남겨 놓은 차를 몰고 갔다. CTS에 도착하자, 포스터 선생은 둥 주교(董主敎)와 함께 담당 장교를 만나, 부대를 다른 지역으로 옮겨줄 것을 부탁했다. 담당 장교는 아주 공손하게 우리의 부탁을 받아들였다. 그는 그곳이 중앙대학(中央大學) 소속인 만큼, 그 명칭을 고려해서라도 바로 옮기겠다고 약속했다.

외국인 친구들이 떠난 뒤, 우리의 관심은 기차역에 있는 부상병에게로 쏠렸다. 기차역은 플랫폼, 대합실, 매표소 등 그 어디에나 부상병들로 가득 차 있었다. 대부분의 부상병들은 멍석이나 이부자리도 없이 그냥 맨땅에 앉거나 누워 있었다. 그들은 해어진 옷을 걸친 채, 추위와 굶주림에 떨고 있었다. 저녁에 인부 두 명이 바닥을 한차례 청소했지만, 여전히 난잡하고 더러워 상황이 말이 아니었다. 마기 선생과 트윈넘 부인은 침구(寢具)를 구하러 갔다. 우리는 부상 정도가 심각한 사람들에게 작은 물품들을 나누어 주었다. 나는 포스터 선생과 함께 도움이 시급한 사람들에게 따뜻한 물 한 컵과 죽 한 그릇씩을 나누어 주었다. 또한 의사를 불러와 그 사람들을 보살피게 했다. 그리고 중환자들을 두 대의 앰뷸런스에 태워 대학병원으로 보냈다. 많은 부상병들이 더 이상 버티지 못하고 죽어나갔다. 하지만 시신을 치워줄 인부가 없어 부상자들 옆에 쌓아 둘 수밖에 없었다. 우리는 매일 밤 기차역에 갔다. 하지만 전쟁이 임박해지자 부상자 숫자가 급격히 늘어났다. 이제는 우리 힘으로는 도저히 감당할 수 없게 되었다. 기차에서 내린 수많은 난민들이 시체더미나 사경을 헤매는 부상병들의 옆을 지나면서 그들의 음식을 훔쳐갔다. 황(黃) 대령은 거액의 현금을 기부하여 부상병들에게 침구를 마련해 주었다. 또한 정부에서 위생 관리를 책임진 J·헝(Hueng)·리우(劉) 박사는 시간이 될 때마다 그의 조수와 인부들을 파견해 우리를 돕겠다고 약속했다. 나는 항상 우리 방에 뜨거운 커피를 준비해 두었다. 밤이 되면 수시로 누군가가 실려 올 수 있기 때문이었다. 한번은 부상을 입은 장교 두 명이 우리 집에 와서 밤을 지낸 적이 있었다. 그때 그들은 처음으로 진짜 침대와 맛있는 음식을 누릴 수 있었다.

모든 정부 관원은 양쯔강 상류로 철수해야 한다는 명령이 떨어지자, 난징은 공황상태에 빠지고 말았다. 난민들은 성 안으로 도망쳐 왔고, 다른 사람들은 성 밖으로 빠져 나갔다. 어느 방향으로 이동하든 이용할 수 있는 운송 수단은 없었다. 때문에 가정용품과 사무설비들이 모두 거리와 인도에 쌓였다. 외국 대사관도 철수하기 시작했고, 수많은 기독교인들도 떠날 채비를 하였다. 미국대사관의 팩스턴 선생은 모든 외국인 부녀자에게 이곳을 떠나라고 독촉했다. 나는 중국어를 모르는데다가, 다른 외국 및 중국 부녀자들이 모두 철수하는 것을 보니 나도 이곳을 떠나야 할 것 같았다. 그래야만 남자들이 더 편하게 업무를 볼 수 있을 것 같았다. 지난 이틀 동안, 나는 양저우에 여러 번 전화를 걸어보았다. 그곳의 상황이 어떤지 궁금하기도 하고, 브레멘 양에게 나와 함께 떠나자고 재촉했기 때문이다. 하지만 전화선이 이미 끊어진 뒤라 연락할 방법이 없었다. 나중에 알게 되었지만, 당시 그들은 이미 전장(鎮江)에 가 있었다고 한다. 일요일 저녁, 나는 독일 정부가 임대한 배에 탈 수 있을지도 모른다는 소식을 들었다. 그 배는 다음 날 오전 11시에 한코우(漢口)로 떠날 예정이었다. 그 밖의 유일한 희망은 바로 미국의 '파나이'호를 타는 것이었다. 난징에서는 아침 7시부터 하루 종일 공습이 이어졌고, 수많은 폭탄이 떨어졌다. 우리가 탄 배는 21일 자정이 되어서야 겨우 출발하였다. 하지만 항해 도중 폭격기의 공격을 피하느라 위아래로 심하게 흔들거렸다. 배가 우후(蕪湖)에 정박했을 때, 나는 콘스턴스 수녀, 클레이힐 선생과 의사인 안데르센을 만났다. 그들과 람펠 선생은 그곳을 떠나려 하지 않았다.

클레이힐 선생은 예전에 메리·파커에게 전보를 보내 난징에서 군함을 타고 지우강(九江)을 거쳐 구링(牯嶺)으로 가라고 했었다. 그래서 나는 메리·파커의 짐을 챙겨가지고 왔다. 독일 배는 정박이 자유롭기 때문에, 나는 적십자회의 간호사 9명에게 짐을 부탁했다. 그녀들은 지우강에서 내린 뒤, 작은 거룻배로 갈아타야 했다. 같은 배에 타고 있던 우리 성공회의 중국 의사가 배를 갈아타는 것을 도와주었다. 나는 그녀들에게 지우강에 있는 랄프·장(蔣) 목사의 주소를 알려 주었다. 그녀들은 내가 부탁한 짐을 지우강에 있는 중국여행사에 맡겨 놓겠다고 약속했다. 나는 추수감사절 날 점심 무렵 한코우에 도착했다. 나는 엘시·덱스터 양과 함께 한코우에 있는 언어학교에 묵었다. 2주일 뒤, 우리는 로버트 주교(主敎)로부터 부녀자들은 홍콩(香港)을 경유해 상하이로 돌아오라는 내용의 전보를 받았다. 나는 다른 사람들과 함께 홍콩(香港)으로 가는 국제열차에 올랐다. 그때는 난징이 함락되기 직전이었다. 그래도 그곳에서 보낸 편지는 아직은 정상적으로 전달되었다. 나는 전화통화도 두 번이나 할 수 있었다. 그래서 나는 아직은 상황이 괜찮다는 것을 알고 있었다. 내가 한코우를 떠나기 전, 궈(郭) 목사 부부와 난징 성바울 성당에서 온 신도 가족들도 한코우에 도착했다. 그들은 스튜워드(Dss. Steward)[2] 부인과 함께 있었다. 성바울의 전도사 샤(夏) 선생도 한코우에 왔다. 나는 또 길에서 가족들과 함께 한코우로 피난을 온 마한(馬漢) 학교의 학생들을 만났다. 그들은 내가 한코우를 떠나기 전에 나를 보러 오기도 했었다.

---

[2] (원저자 주) Dss는 아마도 CSS의 오해인 듯하다. CSS는 Celia Speak Steward의 줄임말로, 바로 스튜워드 부인을 가리킨다. 진링대 직원으로, 당시 자녀를 데리고 루산(盧山)에서 한코우로 왔고, 그 후 바로 광저우(廣州)·홍콩(香港)을 경유해 미국으로 돌아갔다.

아래는 포스터 선생이 아내에게 보낸 편지의 발췌문으로, 이후의 난징과 관련된 소식을 기록하고 있다.

11월 24일, 수요일

나는 차를 몰고 시내로 가서 메리·천(陳) 여사를 만났어. 그녀는 진링대 총장의 여동생[3]이야. 그녀는 나에게 난민 구제 경비를 전해 주고, 또 병사와 난민들에게 제공할 물자를 보여주었어. 오늘도 끊임없이 전화를 받고, 방문객들과 면담하고, 위원회 회의를 하느라 정신이 없었어. 샤오(邵) 양과 장(蔣) 양이 어제 밤 양저우에서 난징으로 왔어. 내가 방금 그녀들과 이야기를 나누었는데, 그린 선생, 필드 선생과 브레멘 양이 이미 양저우를 떠났다고 했어. 이곳에 중립지역을 세우는 일은 가능성이 있어 보여. 중국 당국은 이미 동의를 했고, 상하이에 있는 일본군 최고사령관 마쓰이(松井) 장군도 긍정적으로 생각하고 있다고 들었어. 난징시에서 성공했던 비슷한 전례를 볼 때, 진링대와 진링여자문리대학이 중립지역으로 지정될 것 같아. 경비가 허겁지겁 뛰어 들어와, 말을 탄 병사들이 우리 건물로 들어오려 한다고 보고했어. 내가 달려 나가 그들을 설득해 돌려보냈어. 얼마 안 지나, 나는 서둘러 차를 몰고 진링대로 갔어. 그곳에서 중립지역 설립에 관한 비준이 통과될 경우, 우리와 중국 인부들의 거주 범위를 어떻게 확정지을 것인지에 대해 의논했지. 그리고 시내에 있는 우리 거주지에 공고를 붙여 미국 재산임을 알리는 일도 함께 논의했어. 오늘 공습이 있었어. 9월 25일 이후, 처음으로 시내에 폭탄이 투하됐어. 이는 상황이 점점 더 열악해지기 시작했음을 의미하는 거야. 듣기로는 이번 공습으로 40명의 사상자가 발생했다고 해.

---

3) (원저자 주) 메리·천, 천위꽝(陳裕光) 총장의 여동생으로, 교육부 차장 항리우(杭立武)의 부인이다.

12월 3일, 금요일

오늘 나는 마기 선생과 함께 '중영문화협회(中英文化協會)'의 뉴스 브리핑에 참석했어. 난징시 시장과 난징 경비를 책임진 사령관의 대변인도 자리를 함께 했더군. 이렇게 많은 외국인들이 아직도 여기에 있는 것을 보니 얼마나 기쁘던지. 우리는 일본인들로부터 중립지역을 설립하겠다는 우리의 계획에 대한 답변을 받았어. 그들은 일부러 명확하지 않은 표현들을 골라 썼지. 하지만 우리의 계획이 무난히 실현될 수 있으리라는 믿음을 가지기에는 충분했어. '건물위원회', '식품위원회' 등의 기구는 이미 활동을 시작했어. 폭리 행위를 단속하기 위해, 시정부에서는 이미 대량의 쌀과 밀가루를 중립지역에 공급하여 고정 가격으로 판매하도록 유도했어. 트럭이 아주 귀하다보니 운송이 가장 큰 골칫거리야. 어제 우리는 일부 물품을 중립지역에 있는 한센 선생의 집으로 옮겨 왔어. 트럭이 성 안으로 들어올 때마다 물건을 조금씩 챙겨오고 싶었어. 그래서 이번에도 마기 선생과 나의 옷가지와 이부자리를 챙겨 넣었지만, 가구는 도저히 실을 수가 없었어. 칭다오(靑島)에서 온 10-15명의 사람들이 샤오(邵) 양과 장(蔣) 양을 도와 부상자들의 상처를 싸매고 붕대를 감아주고 있어. 중립지역은 독일인 한 명이 총책임을 맡게 될 것이고, 피치 선생은 간사를 맡을 예정이야.

대사관에서는 미국인들에게 난징을 떠날 것을 경고했어. 그리곤 다음세 가지 중 하나를 선택하게 했어. 첫째, 스스로 철수한다. 둘째, 미국의 '파나이'호를 타고 철수한다. 셋째, 성 안에 남는다. 나와 마기 선생은 성 안에 남기로 결정했어. 우리는 중립지역을 순조롭게 설립하기 위해 최대한 많은 외국 인사들의 협조가 필요하다고 생각해. 이것이 우리 직원들과 신도들이 선택할 수 있는 유일한 방법일 거야. 뿐만 아니라, 이곳에 남겠다고 한 우리의 결정은 간호사와 의료진들이 자신이 맡은 일에 더 충실할 수 있는 동기부여가 될 수도 있어. 우리는 우리의 결정을 번복할 수 없어. 우리의 존재는 많은 사람들에게 도움을 주었지. 그리고 지금 같이 위급한 상황에서는 더 많은 사람들에게 구원의 손길을 내밀 수 있을 거야. 팩스턴 선생이 막 전화를 걸어와 에르시야 씨, 스티븐 씨, 그리고 레슬리 씨가 11월 28일에 무사히 상하이에 도착했다고 알려주었어. 이 소식을 들으니 마음이 한결 놓이더군.

12월 14일, 화요일

도시가 함락되었어. 다행히 우리는 무사해. 하지만 부상자와 난민들을 돌보느라 눈코 뜰 새가 없어. 우리는 이미 '국제적십자회(國際赤十字會)'를 조직했어. 그러니 너무 걱정하지 말기를 바라. 이 편지는『뉴욕타임즈』의 두딩 선생에게 부탁해 당신에게 전달해 달라고 할 거야.

12월 15일, 수요일

『뉴욕타임즈』의 두딩 선생이 어제 상하이에 가지 못했어. 일요일에 일본군이 입성하기 시작하자, 중국군은 다급히 퇴각을 했거든. 토요일과 일요일에 많은 폭탄이 투하되었어. 듣기로는 외교부, 국방부와 철도부 이 세 정부기관의 건물이 파괴되었다고 해. 처음부터 많은 사람들이 부상을 입었어. 하지만 의사와 간호사가 없고, 먹을 것과 마실 물도 부족했지. 내가 문 앞에 있는데 누군가가 내 이름을 부르지 뭐야. 자세히 보니 양저우에서 온 인력거꾼이었어. 그는 얼룽묘(二龍廟)에 살고 있었는데, 일본군에게 끌려가 고된 일을 하다가 부상을 당했대. 나는 그를 집으로 데리고 들어가 이야기를 나눴어. 그리고 다시 구러우(鼓樓)병원으로 보냈어. 그는 그곳에서 한쪽 다리를 절단할 수밖에 없었대. 마기 선생은 국방부 사무실과의 업무를 조율하느라 바쁜 시간을 보내고 있어. 나는 중국인 리우(劉) 선생과 함께 철도부에서 일을 보고 있는 중이야. 나는 당신이 아래의 기록을 통해 중산루(中山路)의 상황을 조금이나마 알 수 있었으면 좋겠어. 한 마디로 혼란스럽기 짝이 없어. 어떤 곳은 포병의 트럭과 폭격기의 포탄을 끄는 말, 노새가 한데 뒤엉켜 빠져나갈 틈조차 없어. 그런가 하면, 한쪽에서는 폭격을 맞은 트럭에서 불길이 계속 타오르고 있어. 그리고 또 한쪽에서는 탄약을 실은 말과 수레바퀴, 자전거 등이 한데 뒤엉켜 무척 혼잡했지. 우리는 다치지 않은 가엾은 가축 한 마리를 풀어 주었어. 다른 한 마리는 이미 새까맣게 불에 타 있었고, 나머지는 우리도 어떻게 도와줄 방법이 없었어. 나는 여태껏 이렇게 혼란하고 무질서한 상황을 본 적이 없어. 일요일에 투하된 소이탄 때문인지 그렇게 멋지던 교통부 건물도 폐허가 되었어. 그날 밤낮으로 큰불이 나 쯔진산(紫金山) 정상과 그 주변의 숲도 재가 되어 버렸어.

어제는 하루 종일 바빴어. 우리 외국인 세 명과 중국인 통역 한 명이 함께 성 안에 있는 일본군 최고사령관을 찾아갔어. 그는 성바울 성당 근처에 있는 호텔에 묵고 있었어. 우리는 자전거를 타고 가서 그에게 안전구역과 적십자회의 근황에 대해 알려 주었지. 방문을 마치고 우리는 그 길로 성당에 가서 상황을 살펴보았어. 성당은 대체로 무사하더군. 하지만 창문 몇 개와 탑 아래의 문이 폭격으로 망가져 있었어. 그리고 폭탄 한 발이 앞문과 접대실이 있는 뒤쪽 방 지붕을 꿰뚫었더군. 들어가 보지는 않았지만, 대들보는 그냥 그대로 있는 것 같았어. 불이 나지 않은 게 천만다행이야. 우리는 로버트 선생의 집에서 두 명의 일본군을 발견했어. 한 명은 손에 도끼를 들고 있었고, 다른 한 명은 마침 3층에서 유모차를 끌어내리고 있더군. 그들은 나를 보자마자 잽싸게 도망쳤어. 서랍은 모두 뒤집혀져 있었지만, 금고는 그대로였어. 우리는 금고에서 돈과 문서를 꺼냈어. 방문과 대문은 모두 활짝 열려 있었어. 일단 상황이 호전되면, 사람을 이곳으로 파견해 관리하도록 해야겠어.

하루 빨리 질서를 찾길 바라는 마음에서, 우리는 오늘부터 지휘본부를 운영하기로 했어. 일본군은 사람들을 강제노동에 동원하고 있어. 어제 우리가 아는 일곱 명도 끌려갔지만, 그 중 세 명은 나중에 돌아왔어. 비록 아주 이상적이지는 않아도 안전구역은 수많은 사람들의 목숨을 지킬 수 있는 곳이야. 도시 남부의 폭격 피해가 가장 심각했어. 어제 우리는 길을 가다가 25구 가량의 시신을 보았어. 토요일부터 월요일까지 안전구역에 몰려든 난민 수가 급격히 늘어나, 이제는 최소한 10만 명 쯤 되는 것 같아. 우리는 원래 외교부 건물을 적십자회 병원으로 쓰려고 했었어. 하지만 어제 일본군이 먼저 그곳을 점령하고, 사람들의 출입을 막아 버렸어. 우리가 할 수 있는 일은 그저 그 안에 갇혀 있는 사람들을 위해 기도하는 것뿐이야. 일본군은 우리 외국인들이 옆에 있는 것을 아주 싫어해. 우리 때문에 행동의 제약을 받으니까 그래. 성문이 이미 닫혀버려 샤관에 있는 건물의 소식을 들을 수가 없어. 마지막 날, 그곳으로부터 이따금씩 총성이 들려왔어. 우리는 그곳이 온전할 것이라는 어떤 기대도 하지 않아. 다만 지금까지 우리가 계획한 대로 사람들을 보호해 왔다는 사실에 위로를 받을 뿐이야. 어려움이 닥칠 때마다 하나님께서는 항상 우리를 도와주실 거야. 나는 우리 신도들을 비롯해 다른 많은 사람들도 이것을 알고 있으며, 영원히 잊지 않을 것이라 믿고 있어.

12월 19일, 일요일

지난 번『뉴욕타임즈』의 두딩 선생에게 부탁해 당신에게 편지를 보낸 뒤로 아직 한 통도 쓰지 못했어. 그를 비롯한 모든 신문기자들이 이곳을 떠나 버린 뒤, 우리의 상황은 더욱 악화되었지. 여기서 벌어지는 모든 일들을 일일이 다 기록할 수도 없어. 나는 세상에 이런 짐승만도 못한 인간들이 존재한다는 것과 하필 우리가 그런 인간과 직접 부딪쳐야 할 줄은 꿈에도 생각해 본 적이 없었어. 그들은 우리 외국인들이 자신들의 온갖 만행을 지켜보는 것을 원하지 않아. 그럼에도 불구하고 우리가 계속 이곳을 지키고 있으니까, 그들은 우리를 굉장히 싫어해. 15일과 16일, 그들은 중국 병사들을 색출한다는 미명으로 수많은 사람들을 잡아갔어. 심지어 총을 잡아보았는지 여부도 따지지 않았단 말이야. 그들은 잡아간 사람들 대부분을 잔인하게 학살했어. 듣기로는, 그들은 2~3백 명 되는 한 무리의 사람들을 저수지로 끌고 가서 하나씩 총살하여 물속에 처넣었다고 해. 또 한 무리의 사람들은 사방에 기관총을 걸어 놓은 판잣집으로 끌려가, 어두컴컴한 집안에서 산 채로 불에 타 죽었다고도 해. 며칠 전, 그들은 천(陳) 선생이 모판춘(模範村)에서 주재한 종교 집회에서 14명의 남자들을 끌고 갔는데, 지금까지 돌아온 사람은 한 명도 없어. 그중에는 16살 정도 되는 천 선생의 장남도 있었대. 일본군은 또 제멋대로 물건을 약탈하고 부녀자들을 강간했어. 나와 마기 선생은 하루 종일 폭행당한 부녀자와 부상 입은 시민들을 병원으로 데려가고 있어. 그리고 우리 기독교 신자와 젊은 여성들이 주로 피난하고 있는 숙소 두 곳을 지키고 있지. 우리가 있으면 일본군을 쫓아내는 데 도움이 되기 때문에 우리는 여기서 밤을 지내기도 해.

코라 선생과 그의 타타르 친구 역시 여기에 남아 집을 지키고 있어. 우리 집에는 비구니를 포함하여 약 백 명의 난민이 살고 있어. 일본군의 강간이 수도 없이 자행되니까 수용 인원도 계속해서 늘어나고 있어. 그들은 이미 이성을 상실한 듯싶어. 오늘 오후, 장교들이 순찰을 돌자 상황은 조금 나아졌어. 그러나 오늘 오전에만 해도 그들은 끊임없이 민가에 난입하여 필요한 물건들을 빼앗아갔었어. 수많은 민간인들이 죽임을 당했어. 어제 오전, 마기 선생과 일본대사관의 비서 한 명이 샤관으로 갔어. 우리의 마지막 시설인 양쯔강여관(揚子江旅館)과 소코니(Socony Installation)마저 약탈을 당했기 때문이야. 마기 선생은 길거리에 몇백 구의 시신이 흩어져 있었다고 하더군. 그리고 일본대사관 직원은 사람은 괜찮아 보였지만, 군대 앞에서는 어쩔 수 없이 체면을 구기고 말았대. 일본군은 중국인의 재산이든 외국인의 재산이든 닥치는 대로 부수고 약탈해 갔어. 우리는 이런 상황이 조금이라도 호전되기를 바랄 뿐이야.

오늘 오후, 나는 한 일본 병사와 오랫동안 이야기를 나누었어. 그는 원래 요코하마(橫濱)의 상인이었는데, 지금은 Benton Dori에 있다고 했어. 그의 말에 의하면, 일본군이 이곳으로 올 때 벌써 식량이 턱없이 부족했대. 난징 입성을 눈앞에 두고도 군 당국에서 아무것도 제공하지 않아, 병사들은 며칠째 식량 보급에 크게 실망했대. 하지만 지금은 수로가 이미 개통되었고 도로를 정비하고 있어서, 식량 보급을 다시 받을 수 있게 되었대. 그는 아주 예의가 바르고, 또 나에게 재미있는 이야기를 많이 들려주었어. 우리는 다른 외국인들이 하루라도 빨리 허락을 받아 난징으로 돌아오기를 간절히 바라고 있어. 우리는 그들의 도움이 너무나도 필요하단 말이야. 우리 몇 명으로는 더 이상 이 막중한 업무를 감당할 수 없을 것 같아.

진링여대에는 삼천여 명의 부녀자가 모여 있었는데, 몇몇이 벌써 일본군에게 끌려갔어. 부녀자와 여자아이들이 진링대 도서관에서 강간을 당했어. 캠퍼스 안 다른 건물에는 난민들로 가득 차 있어. 어제 밤, 일본 병사 몇 명이 대학병원 간호사 기숙사에 난입했어. 많은 처녀들이 겁에 질려 어찌할 바를 몰랐지. 어제 오후, 무판춘의 한 여성이 일본군에게 겁탈을 당했어. 전에 몇몇 비구니들이 우리 건물 건너편에서 저녁을 먹은 뒤, 길에서 일본군이 다니는 것을 보고 무서워서 집에 돌아오지 못한 적이 있었어. 그런데 그 비구니들이 결국 어제 밤에 강간을 당했대.

우리는 외부와 완전히 단절되어 있어 현재 무슨 상황이 벌어지고 있는지 알지 못하고 있어. 외국 대사관의 직원은 아직 한 명도 돌아오지 않았어. 일본인들이 당분간 그들이 돌아오는 것을 막고 있는 것이 아닐까 하는 의심이 들 정도야.

오늘은 20일이야. 우리는 모처럼 평안한 밤을 만끽했어. 방금 내가 경비를 맡고 있는 건물로 돌아왔어. 의지만 약해지지 않는다면 이런 생활도 나름 괜찮은 것 같아. 일본인들은 코라 씨가 다시 전력회사를 운영해 주길 바라고 있어. 그는 아주 재미있고 똑똑한 젊은이야. 임기응변도 뛰어나지. 그는 항상 우리를 도와줄 수 있는 묘책을 짜내곤 해.

크리스마스[4]

난 당신이 어디에 있는지, 크리스마스는 어떻게 보내는지 정말 궁금해. 오늘은 날씨가 굉장히 좋았어. 우리는 막 25호 한센 선생의 집에서 예배를 드렸지. 이번 예배는 장(蔣) 목사와 둥(董) 박사더러 주관하라고 했어. 난 이곳에 일본군이 불법으로 들어오는 것을 막아야 하는 임무가 있거든. 더군다나 크리스마스를 맞아 중국 기독교인들 스스로 이 위대한 날의 의미를 직접 설명해야 한다는 생각이 들었어. 물론 예배를 드릴 때도 나는 나의 직책에 충실해야 했지. 그때 일본군 세 명이 이곳에 들어와 여기저기를 기웃거렸어. 그중에 영어를 조금 할 줄 아는 한 명이 이곳에 잠시 머물렀고, 나머지 두 명은 슬그머니 자리를 떴어. 예전에 나와 마기 선생이 없을 때, 그들은 여기에 와서 커피를 마시고 사람들의 이부자리를 훔쳐 갔다고 들었어. 오늘 오전에도 그들은 커피를 달라고 했지 뭐야. 한센 선생의 요리사가 커피가 없다고 하니, 남아 있던 사람은 잠시 머뭇거리더니 자기 손으로 차에 설탕을 넣어 마시더군.

상황이 하루가 다르게 조금씩 호전되는 기미가 보여. 내 생각에는 머지않아 사람들이 자기 집으로 돌아갈 수 있지 않을까 싶어. 도시 남부가 전부 불타버렸어. 하지만 놀랍게도 타이핑루(太平路)와 바이샤루(白下路)에 위치한 우리 건물과 주택 몇 채가 유일하게 아직도 건재해 있어. 화요일에 나는 우리 건물이 온전한지를 살펴보러 갔었어. 그 길에 일본군이 입성하기 전, 다른 사람들과 함께 떠나기를 거절했던 한 여신도를 만났어. 다행히도 그녀는 다친 곳이 없이 멀쩡해 보였어. 지지난 주에 우리는 그녀를 찾으러 갔었지만 결국 찾지 못했지. 그래서 그녀가 다른 곳으로 갔거나 아니면 죽었을 것이라고 생각했거든. 그녀는 지난 열흘간 일본군의 폭격, 방화, 살인, 약탈이 한창일 때, 교회에 숨어 있다가 다시 도망을 갔대. 그녀는 옛 성바울 성당 전도사의 미망인이야. 그녀

---

4) (원저자 주) 원본에 이렇게 쓰여 있기에 여기서도 그대로 따른다.

역시 정규 교육을 받은 간호사 출신이었지. 우리는 그녀가 부상자가 넘쳐나는 대학병원에서 일해 주기를 부탁했어. 목요일엔 비가 내렸어. 그래서 진링여자문리대학 난민촌에서 노천(露天) 또는 반노천(半露天)으로 지내는 난민들은 상황이 더욱 어렵게 되었지. 지금 그곳에는 수없이 많은 부녀자와 아이들이 살고 있어.

보트린 양과 트위넴 부인은 진링여자문리대학에 살면서 난민들을 보살피고 있어. 헌병이 당직을 선 뒤부터 상황이 조금씩 나아졌어. 오늘, 열흘 전에 병사들에게 잡혀갔던 남자가 돌아왔어. 그는 자신과 함께 일본군에 잡혀간 상하이 제성당(諸聖堂)의 한 신도가 지금도 성 밖에 억류되어 있다고 했어. 거기서 일본인에게 밥을 해주는 등 강제 노동을 하고 있다나. 그래도 일본군이 2주 후에는 풀어주겠다고 약속했다니 다행이야. 그의 이름은 쉬안성(徐安聲)으로, 제성당 전(또는 현재) 전도사의 조카야. 병사들에게 잡혀갈 당시, 그는 막 상하이에서 도망쳐와 우리와 함께 살고 있었지. 당신이 이 일을 제성당의 웨이(魏) 선생에게 알려줬으면 해. 누군가 살아 돌아왔다는 사실은 우리가 아는 사람이 아직 살아 있고, 또 돌아올 수 있다는 희망을 준 거나 다름없지. 이곳의 외국인들은 모두 무사해. 하지만 여전히 외부 소식을 전혀 들을 수가 없어. 나는 다른 외국인들이 하루 빨리 이곳으로 돌아오길 바라고 있어. 그들이 돌아오면 여러 모로 우리에게 큰 도움을 줄 수 있으니깐. 그런데 제일 큰 문제는 그들이 성 안으로 들어올 수 있는 허가를 받을 수 있는가 하는 것이야. 신문기자들이 떠난 뒤 아주 많은 일들이 생겼어. 하지만 우리는 그들이 잘 도착했을 거라고 믿고 있어. 일본인 이외에 다른 외교관들은 돌아오지 않았어. 일본 외교관들은 최선을 다했어. 그런데 군대 앞에서는 거의 속수무책이었어. …… 잠깐 펜을 멈춰야겠어. 일본 병사 두 명이 우리 집을 찾아왔어. 그들은 오늘 아침 우리가 예배를 드릴 때 왔던 세 명 중의 두 명이야. 그중 한 명은 오사카(Osaka)라는 경찰이었어. 그들은 지금 막 떠났어.

지극히 평온한 크리스마스야. 하나님이 우리에게 예수 그리스도를 보내주셨으니, 더 이상 바랄 게 없다고 생각해.

12월 28일, 화요일

나는 또다시 17호 건물과 25호 건물에서 경비를 섰어. 성가신 일이 생기지 않아 하나님께 감사했지. 요즘 나는 책 읽을 기회가 생겼어. 마기 선생은 25호 건물에서, 나는 여기 17호 건물에서 야간 당직을 섰지 (번갈아 가며 당직을 섬). 집에 돌아와 아침을 먹고 있는데, 마기 선생이 집으로 들어왔어. 그는 보통 8시 쯤 일어나는데, 난 그 시간에 아침을 먹지. 그가 교대하러 이곳에 오지 않아서 나는 집으로 가지 않고 여기서 중식(中食)으로 저녁을 먹기로 했어. 이곳의 하인 두 명은 사람들이 참 착해. 위푸(餘福) 씨는 건강을 거의 회복한 듯했지만, 여전히 마르고 창백해 보였어. 난민들이 방에 가득하다보니 하인들은 걸음을 옮기기조차 쉽지 않았지. 상황은 대체로 좋아지고 있는 편이야. 군대의 많은 수가 성 밖으로 나가서인지, 거리를 걷는 시민들의 발걸음이 많이 자유로워졌어. 그래도 불순한 병사들은 계속해서 약탈과 강간을 일삼고 있지. 그리고 군인이었을 것으로 의심 받는 중국인들은 여전히 잡혀가 사형에 처해지곤 해. 그래서 사람들은 아직도 공포에 떨고 있지. 하지만 여러 면에서 상황이 예전보다 많이 나아진 건 사실이야. 그 때문에 우리도 몹시 기뻐하고 있어. 더 많은 외국인들이 돌아와 협조를 해 준다면, 현재의 긴장된 상황이 많이 완화될 거라고 생각해. 진링여대에만 약 만 명이 넘는 부녀자와 어린이가 살고 있어. 언제쯤 시민들이 자유롭게 드나들 수 있을지 모르겠어. 이렇게 많은 사람들의 식량 문제를 해결하기란 절대 쉬운 일이 아니거든. 정말 큰 골칫거리야. 듣기로는 성 밖의 농민들도 곡식, 가축, 농기구 따위의 손실이 막대해 식량난에 시달리고 있대. 계속 이어진 도시 방화(放火)로 말미암아 성 남쪽은 거의 폐허가 되었어. 그래도 우리는 아직 괜찮으니, 너무 걱정하지 말았으면 좋겠어.

12일 29일, 수요일

매일 아침 우리는 모여서 기도를 드려. 나는 새해와 주일에 부르기 좋은 찬송가 몇 곡을 골라 연습도 해. 우리는 새해 전야에 예배를 올릴 계획이거든. 아마 연달아 기도문을 낭독하고, 참회실에서 묵도를 하며, 찬송가를 부르는 형식으로 진행될 거야. 우리는 이곳으로 피난 온 사람들을 다섯 조로 나누어 성경 공부반을 만들었어. 당신이 이 사실을 알면 분명 기뻐할 거야. 여기에는 신도들을 위해 만든 성경 공부반도 있어. 많은 사람들이 일본군에게 동복(冬服)과 이부자리를 빼앗겼지. 그래서 지금 많은 신도들이 속감을 덧댄 외투를 만들고 있는 중이야. 현재 우리에게 이보다 더 절실한 일은 없거든. 이런 상황은 부대가 다른 지역으로 이동함에 따라 조금씩 나아지고 있어. 일본군은 군인이었을 것으로 의심 가는 사람들을 적발하기 위해, 도시에 남아 있는 모든 남자들에게 군사 당국에 등록할 것을 명령했어. 어제 기관총 소리가 또 들렸어. 우리는 그것이 통상적인 군사훈련인지 아니면 중국의 군사시설에 대한 공격인지, 아니면 누군가를 총살하는 것인지 도무지 알 수가 없었지. 그동안 셀 수 없을 만큼 많은 민간인들과 군인들이 죽임을 당했어. 하나님께서 이 모든 것을 조속히 끝내 주실 거야. 우리는 이미 은혜로우신 하나님께 우리의 몸과 마음을 맡겼으니까 말이야.

1938년 1월 3일, 월요일

오늘 오전, '국제위원회' 멤버들이 난민촌 두 곳으로 시찰을 나갔어. '난징자치위원회'의 창립을 축하하기 위해 여러 곳에서 군중집회가 열렸어. 중앙정부의 깃발은 보이지 않고, 오색기와 일본국기가 함께 걸려 있는 모습이 제일 눈에 띄었지. 사실, 참석자가 거의 없었던 군중대회에서 연설자는 중앙정부의 모든 죄를 고발하면서, 새 정부가 제공할 복지에 대해 선전하느라 바빴지. 나와 마기 선생은 진링대에서 열리는 새해

맞이 연회에 초대를 받았어. 그런데 마기 선생은 남아서 집을 지키고 나만 참석하기로 했어. 그런데 피치 선생이 무슨 일이 있어도 꼭 연회에 참석해야 한다고 마기 선생을 설득하는 바람에 결국 모두 함께 연회에 참석하게 되었지. 우리가 막 식사를 마칠 무렵이었어. 판(範) 전도사와 바울·둥(董) 박사가 허겁지겁 뛰어 들어와, 일본군이 17호 건물에 난입하여 부녀자를 겁탈하고 있다지 뭐야. 나는 즉시 피치 선생의 차를 타고 그곳으로 달려갔어. 하지만 일본군은 약 3분 전쯤에 떠나 버리고 없더군. 우리는 그들을 뒤쫓으려 했지만 결국 포기하고 말았어. 내가 전해들은 바는 이런 거야. 일본 병사 두 명이 푸전(浦鎮)에서 온 중국인 장(蔣) 목사의 방에 난입하여 그의 셔츠와 장갑 한 켤레를 훔쳐갔대. 그 뒤 그들은 다시 돌아와 장(蔣) 목사의 부인을 겁탈하려 했지. 상황이 위급해지자, 장(蔣) 목사의 부인은 욕실 문을 통해 도망을 갔어. 그러자 병사 한 명이 3층으로 뛰어 올라가 처녀 한 명을 겁탈하려 한거야. 처녀는 죽기 살기로 반항했지. 결국 그 처녀는 병사를 넘어뜨리고 도망쳤대. 그러자 그들은 이번엔 2층으로 가 기혼 여성 두 명을 습격했어. 일본 병사 한 명이 총검으로 두 여성을 찔렀지. 그 중 한 명은 저우(周) 선생의 부인인데, 그녀는 자기와 함께 있던 여성을 보호하다가 총검에 찔렸대. 그래서 우리는 다친 그녀들을 병원에 데려가 치료를 받게 해줬어.

탕산(湯山)과 둥리우(東流)의 중국인 조수 루(盧)가 결국 자살을 하고 말았어. 12월 31일 아침부터 그는 계속 보이지 않았어. 이웃들이 근처의 저수지에서 루 선생으로 추정되는 시체 한 구를 보았다고 알려 주었어. 하지만 우리는 아직까지 당국으로부터 시체를 건져도 된다는 허가를 받지 못했어. 정말 가슴 아픈 일이야. 그는 진작부터 이럴 생각을 했나봐. 그러다 난징이 함락되어 사람들의 고통이 심해지자 결심을 굳힌 것 같아.

어제 나는 모범촌의 신자들에게 설교를 했어. 설교는 아주 좋았고, 사람들도 열심히 경청했지. 점심을 먹고 17호 건물에 있는 마기 선생과 교대를 하러 갔더니, 그는 이미 샤관과 성바울에서 온 기독교 신자들과 예배까지 마쳤더군. 나는 오후 시간을 이용해 우리가 진행한 조사보고서를 작성했지. 마기 선생은 25호 건물에 가서 야간 당직을 섰어. 그리고 돌아와 밤새 발생한 두 건의 사건을 나에게 말해 줬지. 4시 30분쯤, 한 일본 병사가 다섯 아이를 둔 여성을 겁탈하려 한 거야. 마침 집에 그녀의 남편이 있었는데, 그가 일본 병사와 사투를 벌였지. 그 사이에 부인은 도망을 가고. 그 일본 병사는 씩씩거리며 밖으로 나갔다가, 잠시 후 소총을 가지고 돌아와 남편을 쏴 죽인거야. 마기 선생은 라베 선생을 찾아가 이 일을 보고하려고 했지. 그런데 피치 선생이 한발 앞서 라베 선생 집에 가서 이 일을 보고하고 있었어. 그들이 한창 이 일에 대해 이야기 하고 있을 때였어. 이웃 사람이 달려와 일본 병사 한 명이 근처의 작은 건물에서 여성 한 명을 겁탈하려 한다고 알려줬어. 그래서 마기 선생과 피치 선생이 얼른 뛰어나가 그 나쁜 녀석을 쫓아 버렸지.

일본군은 진링여자신학원에서 닥치는 대로 재물을 약탈하고 부녀자들을 강간했어. 우리가 여러 번 항의하자, 일본 당국은 헌병 한 소대를 이곳에 주둔시켰어. 그런데 어느 날 밤, 헌병 한 명이 숙소에 난입하여 여성 한 명을 겁탈했지 뭐야. 어제 오후, 몇몇 남자들이 찾아와 한시먼(漢西門) 밖에 있는 석유회사-텍사코사(德士古公司)에서 발생한 사건을 말해줬어. 그곳에서 약탈을 감행하던 일본군은 건물 양쪽에 걸려 있던 2장의 성조기를 끌어내렸대. 미국은 일본의 적국(敵國)이기 때문에 그곳에 성조기를 걸어둘 수 없다면서 말이야. 뿐만 아니라, 그들은 총으로 하인들을 위협하면서 어떤 서류에 사인을 하고 지문을 찍게 했어. 그 서류는 일본군이 약탈한 물건이 하인들 스스로 돈을 받고 일본군에게 판 물건임을 증명하는 것이었어. 그들은 또 한 남자와 그의 63세 된 늙은 아버지를 협박하여 텍사코 석유회사의 차량과 트럭을 다른 곳으로 옮기게 했어. 사흘 동안 중국인들에게 겨우 한 끼를 먹이면서 말이야. 일본군은 회사와 그 주변에 있는 많은 사람들을 죽였어. 어떤 집은 아홉 식구가 있었는데, 여성 한 명과 어린 아이 하나만 겨우 살아서 도망을 쳤대. 일본군은 그들을 향해 총을 쏘고 그들이 숨은 벙커에 불을 질렀어. 하지만 그 여성은 끝내 두꺼운 솜이불로 자신과 아이를 감싼 채, 불길을 뚫고 도망치는 데 성공했다고 해. 이건 그곳에서 발생한 여러 사건 중의 하나일 뿐이야.

여전히 일본군 당국과 행정 관원들이 병사들을 제대로 통제하지 못하고 있지만, 그래도 상황은 조금씩 나아지고 있어. 이곳에서 발생한 사건들은 자주 반복되는 사건이지. 그래서 나는 일본군의 행군 노선을 따라 이런 일들이 계속 이어서 생길까봐 걱정이야. 어제는 중국 비행기가 샤관과 남문 밖에 있는 비행장에 폭탄을 투하했어. 일본군이 즉각 반격했지. 그런데 고사포가 몇 분간 발사되다가 곧 잠잠해졌어. 나는 양저우를 비롯해 타이저우(泰州), 이링(宜陵), 타이시엔(泰縣) 등이 이미 일본군의 손아귀에 들어갔다는 소문을 들었어. 그래서 앞으로 더욱 비참한 소식이 들려오지 않을까 몹시 걱정스러워. 오늘, 몇 주 만에 처음으로 다시 전등에 불이 들어왔어. 이것은 우리가 라디오를 들을 수 있게 되었음을 의미하지. 그런데 안타깝게도 마기 선생의 라디오가 고장 나고 말았지 뭐야.

나는 점심을 먹자마자 한 여성을 데리고 병원에 갔어. 그리고 루웬(茹遠) 씨와 함께 그의 인력거꾼 친구를 만나러 갔지. 그의 한 쪽 다리가 무릎 아래부터 절단되어 있었어. 하지만 다른 곳의 상태는 꽤 양호했어. 여러 모로 생각한 끝에, 나는 그를 우리 집 하인으로 쓰기로 했어. 그가 더 이상 인력거는 끌 수는 없겠지만, 다른 일은 충분히 할 수 있으니깐. 그는 우리가 자신을 위해 힘써준 모든 것에 대해 정말 고마워했어.

당연한 말이지만 나는 당신 소식을 너무나 듣고 싶어. 듣기로는 독일과 미국의 외교관들이 돌아왔다고 하던데, 어쩌면 곧 당신 소식을 듣게 될 지도 몰라. 크리스마스 때 라베 선생이 시몬스사(社)의 달력이 딸린 세련된 수첩을 우리에게 선물했어. 거기엔 시몬스사(社)의 축하 인사도 들어 있었어. 그는 또 새해에 아주 특별한 연하장을 만들었어. 정면에는 안전구역의 마크가 있고, 반대쪽에는 난징에 있는 외국인 22명의 사인이 새겨져 있어. 이것은 이곳에서의 우리의 삶을 기록하는 아주 괜찮은 기념품이 될 것 같아. 노가미(野上) 선생에게 부탁한 편지를 당신이 받았는지 모르겠어. 나는 또 일본 상인에게 부탁해서 우리의 안부를 당신에게 전했지. 부디 내 걱정은 하지 말길 바라.

1월 26일, 수요일

오늘은 북풍이 거세게 불어 날씨가 몹시 추웠어. 그래도 하루 종일 햇빛이 내리쬐어 약간이나마 한기를 덜 수 있었어. 보온복과 방한복이 부족한 난민들을 생각하면 이런 날씨는 그나마 다행이야. 헤드란(Headlan)이 쓴 『기독교신학』은 아주 훌륭한 책이야. 그 책에는 비기독교인, 특히 지식인들을 상대로 전도하는데 쓸 만한 자료들이 굉장히 많아. 오전에 나는 짬을 내서 메모를 했지. 우시(無錫)의 기독교 신자 리(李) 선생의 부인이 일요일에 병원에서 사망했어. 그래서 그들은 부인을 위해 간소하게 장례식을 준비했지. 우리는 부인의 관(棺)을 17호 건물 근처에 있는 대나무 숲으로 옮겨 가, 복음 전도사 루(盧) 선생의 관 옆에 묻고, 똑같은 절차로 장례식을 치러 줬어. 나는 벅 선생의 집에서 점심을 먹었어. 그곳에는 많은 미국인들이 거주하고 있어. 그들은 점심시간을 이용하여 우리 '복원위원회(復員委員會)'와 관련된 몇 가지 계획을 토론했어. 오후 2시까지 토론을 한 뒤, 나는 17호 건물로 돌아갔어. 그리고 어제 오후 우리 집 근처에서 발생했던 14살 여자아이의 총격 사건에 대해 조사했지. 그 여자아이는 어머니, 남동생과 함께 우시에서 왔는데, 난민촌에 살고 있었어. 여자아이와 남동생이 근처 밭에서 무를 캐고 있는데, 일본 병사가 불쑥 나타났대. 그 일본 병사가 여자아이를 잡으려고 하자, 여자 아이는 너무 놀라 도망쳤지. 그래서 일본 병사가 소녀를 향해 방아쇠를 당겼대. 총알이 머리를 관통했지만, 다행히 목숨은 건졌대.

일본군의 만행이 끊임없이 이어지자, 우리는 매일같이 일본대사관에 그 해결책을 따져 물었어. 그들은 가해자를 불러 심문했지만, 그저 시늉에 불과했어. 우리가 알기로 어떤 일본군도 서양 군대에서와 같이 적당한 처벌을 받지 않았어. 오늘 발생한 사건들을 적어 볼게.

오늘, 진링대 난민촌에 지내던 한 소녀가 일본 병사에게 끌려가 겁탈을 당했어. 소녀는 돌아와 이 사실을 미국 영사 앨리슨 선생에게 보고했지. 앨리슨 영사는 릭스 선생과 함께 소녀를 데리고 소녀가 끌려갔던 곳으로 갔어. 그곳은 헌병사령부에 해당하는 곳이었지. 헌병 몇몇이 영사를 데리고 밖으로 나왔어. 이윽고 가해자를 확인하기 위해 소녀를 건물 안으로 불러들였지. 그러나 앨리슨 영사와 릭스 선생은 소녀와 함께 들어갈 수 없었어. 그래서 두 사람은 할 수 없이 문 안쪽 약 2피트 떨어진 곳에 서서 기다렸지. 그러자 병사 한 명이 한사코 그들을 문 밖으로 밀어내려했어. 마침 그곳을 지나던 한 직원이 그들을 보고 미국인이라고 고래고래 소리를 질렀지. 그러자 바로 등 뒤에서 갑자기 병사 한 명이 툭 튀어나오더니 앨리슨 영사의 뺨을 때린 거야. 이때 앨리슨 영사와 안면이 있는 헌병이 나서서, 그에게 앨리슨 영사의 신분을 알려 줬어. 그러자 이번엔 다른 병사 한 명이 릭스 선생의 멱살을 잡고 그의 외투 옷깃이 찢겨나갈 때까지 마구 잡아 흔들었어. 그럼에도 불구하고 두 사람은 여자아이가 나올 때까지 거기서 기다렸지. 앨리슨 영사는 혹시 이번 사건이 양국 관계에 심각한 결과를 초래하지나 않을까 걱정 되어, 이 사건의 보고 여부를 두고 많은 고민을 했대. 엄밀히 말하면, 그가 헌병사령부에 들어간 것은 그의 잘못이 맞아. 하지만 그렇다고 해도 일본 병사와 일본 직원의 행동은 절대 용납할 수 없는 것이었지. 예전에도 일본군은 릭스 선생의 뺨을 때린 적이 있었어. 그리고 베이츠 박사를 아래층으로 밀쳐버린 적도 있지. 그 때가 베이츠 박사가 억지로 끌려가 일본군의 통역을 맡고 있던 진링대 부속중학교 졸업생을 위해 사정하러 갔을 때였지. 그 젊은이는 아내에게 보내는 편지에서 자신은 이제 곧 사형 당할 거라고 했대. 그가 여태 돌아오지 않은 걸 보니, 혹시 사형

당했을 수도 있겠다는 생각이 들어.

　오늘 오전, 사람들이 우리가 사는 거리의 한쪽 끝에 위치한 저수지에서 남자 시체 한 무더기를 건져 올렸어. 그들은 일본군이 입성한 지 얼마 안 되어, 중국 병사로 의심받아 총살당한 사람들이었어. 사실 그들 대부분은 민간인이었어. 오늘 마기 선생이 어떤 건물에 갔었는데, 그곳에 살고 있던 14명이 몰살을 당한거야. 그중 11명은 부녀자였는데, 모두 다 강간을 당하고 난 뒤에 살해되었대. 그들의 시체가 아직도 그곳에 남아 있어. 마기 선생은 이 사건과 관련된 충분한 증거들을 확보했어. 오후에 한 여성이 병원으로 찾아왔어. 그녀는 약 한 달 전에 성 남쪽으로 잡혀갔던 사람이야. 그때 그녀의 남편도 같이 잡혀갔지만, 아직까지 돌아오지 않았대. 어쩌면 영원히 돌아오지 못할지도 몰라. 그들은 결혼한 지 4년이 되었지만, 아이는 없었대. 일본군은 그녀를 하루에도 7~8번씩 강간을 했다고 해. 그녀가 더 이상 쓸모가 없게 되니까 그제야 풀어 준거지. 하지만 그녀는 이미 세 가지나 되는 성병에 걸려 있었고, 그것도 상당히 심각한 상태였어. 물론 일본군은 자기들이 저지른 만행을 인정하지 않겠지. 심지어 이 모든 것을 우리 외국인들이 중국인을 선동하기 위해 날조한 거짓말이라고 매도할 수도 있겠지. 이것만 보더라도 우리가 그들에게 얼마나 환영받지 못하는 존재인지, 당신은 짐작할 수 있을 거야. 다만 한 가지 명확한 것은, 우리가 만약 일본군의 만행을 방치한다면, 중국인들이 무슨 봉변을 당하게 될지 쉽게 상상할 수 있다는 거야. 나는 여자아이가 어제 총격을 당한 사건을 좀 더 자세히 조사한 뒤, '복원위원회(復員委員會)'의 회의에 참석했지. 회의는 오후 5시까지 계속되었어.

제4장

마기의 증언

부인에게 보내는 편지[1]

난징 뤄쟈루(珞珈路) 25호(1937년 12월 12일)

사랑하는 당신에게

　지난 며칠은 이 도시의 가엾은 주민들에게 정말 끔찍한 시간들이었습니다. 들기로, 오늘 오후 일본군이 수이시먼(水西門)을 돌파해 들어왔고, 중국군은 한창 중산루(中山路)와 다른 도로를 이용해 퇴각하고 있답니다. 이 편지를 쓰고 있는 동안에도, 성 안에서는 대포 소리, 기관총 소리, 그리고 소총 소리가 끊임없이 울리고 있습니다. 중국군은 일부 부대

---

1) (원저자 주) RG8, B263. 마기 선생의 편지 대부분은(1937년 12월 12일~1938년 1월 30일) 일찍이 양샤우(楊夏鳴) 선생이 번역을 하고, 탄리잉(談禮英) 선생이 교역을 해서 주청산(朱成山) 선생이 편집한『중국 침략 일본군의 난징대학살에 대한 외국인사 증언집』(강소인민출판사, 1998년 3월 제1판)에 수록되었다. 이 책을 편집할 때, 편집자는 예일대 원본에 따라 양 선생의 번역문에 대해 새롭게 교정을 하였다. 몇 군데 확연한 오역·누역 및 인쇄 불량을 고친 것 이외에, 명칭(인명·지명·기관명 등)에 대해서도 수정을 하여 이 책과 격식을 맞추고자 하였다. 이 밖에도 편집자는 이 원문 번역문에 대해서도 몇 글자 수정을 하였고, 나머지는 그 본래의 것을 따랐다. 본 책의 편집자는 원문 번역자·교역자 및 편집자에게 감사를 표하는 바이다. 마기 선생의 편지 가운데 1938년 2월 1일부터 2월 5일까지의 내용은 이 책의 편집자가 원본에 근거하여 보충 번역한 것이다.

가 계속해서 대항하고 있지만, 주력 부대는 현재 샤관으로 이동해 장강을 건너려 한답니다. 성 안 곳곳에서 화재가 발생하고 있습니다. 중국군이 불을 지른 것도 있고, 일본군의 폭격에 의해 발생한 것도 있습니다. 우리로서는 뭐가 뭔지 분간하기 어렵습니다. 폭탄 한 발이 우리 옆집 지붕 위를 스쳐 지나 길 맞은편에 떨어졌습니다. 나의 동료들과 성바울 성당에서 온 기독교 신자들은 얼마나 놀랐는지 모른답니다.

다음은 내가 수요일부터 해 온 일들입니다. 날마다 일기 형식으로 그날 보고 들은 것들을 기록할 수 있다면 얼마나 좋겠습니까. 하지만 해야 할 일들이 너무 많아서 도저히 그렇게 할 수가 없네요. 내가 당신에게 편지를 쓴 날짜가 잘 기억나지 않습니다. 하지만 항공편으로 그 편지를 부친 날짜는 아마 지난 수요일일 겁니다. 그날이 우체국에서 마지막으로 우편물을 접수한 날이거든요. 나는 우리 거주지에 있는 물건들을 성 안으로 옮겨오느라 무척 바빴습니다. 우리 피아노와 루이스·해몬드(Louise Hammond) 씨의 피아노는 성 안으로 운반해 왔지만, 아치·증(Archie Tsen) 씨의 피아노는 옮기 오지 못했습니다. 물건을 성 안으로 운반하려면, 반드시 경비 사령부의 특별허가를 받아야 합니다. 우리 물건도 겨우 가져올 수 있었습니다. 당시 많은 사람들이 샤관에서 몰려왔지만, 중국군은 그들을 성 안으로 들어가지 못하게 했습니다. 성문을 지키던 한 초병은 나까지도 못 들어가게 막았습니다. 나는 하는 수 없이 그를 피해 성문 앞에 있는 장교를 찾아가 사정했지요. 그래서야 겨우 성 안으로 들어올 수 있었답니다.

나는 그 때 성문 앞에서 쓰수오춘(四所村 : SuSoTs'uen)에서 온 기독교 신자들을 만났습니다. 나는 원래 그들과 아는 사이가 아니었습니다. 천루린(陳汝林) 양이 그들에게 나누어 준 '성공회'란 글자가 찍힌 표시를 보고서야, 그들이 기독교 신자임을 알게 되었지요. 그래서 나는 그들이 성 안으로 들어갈 수 있도록 보증을 섰답니다. 그 중국 장교는 간첩의 잠입을 걱정했습니다. 많은 다른 사람들이 기독교 신자들과 함께 들어 가고 싶어 했지만, 내가 그 모두를 보증설 수는 없었습니다.

이튿날(목요일, 12월 9일), 기차역에 부상을 입은 민간인들이 있다는 소식을 듣고, 나는 차를 몰고 갔습니다. 하마터면 잊을 뻔 했는데, 며칠 전 나는 우시(혹은 그 일대)에서 온 한 노부인을 만났습니다. 그녀는 두 손에 심각한 부상을 입고 있었습니다. 폭탄 파편에 맞아 상한 거라고 했습니다. 그래서 나는 노부인과 그녀의 딸을 구러우(鼓樓)병원으로 데리고 갔습니다. 결국 그녀는 손가락 하나를 절단할 수밖에 없었습니다. 그녀들은 현재 우시에서 온 난민들이나 쓰수오춘(四所村)의 기독교 신자들과 함께 지내고 있을 겁니다.

그날, 나는 또 J. L. 천(陳) 선생과 함께 성 밖으로 나갔습니다. 성문을 지키는 장교가 다시 돌아와도 된다고 허락해 주었기에 안심하고 성 밖으로 나갈 수 있었습니다. 그곳에는 부상자가 없었습니다. 돌아오는 길에 우리는 구러우(鼓樓)병원에 들러 부상자들에게 필요한 약품과 담요를 응급차에 가득 실었습니다. 그리고 포드 자동차를 몰고 쓰수오춘(四所村)으로 가서 몇 주 전에 다리를 다쳐 걷지 못하는 소녀와 머리를 다친 아이를 데려 왔습니다. 그들은 기독교 신자는 아니었지만, 가끔 성당에 나가곤 했습니다. 그곳에 살던 사람들은 대부분 도망을 갔지만, 근처에는 아직도 몇몇 사람들이 남아 있었습니다. 여자아이는 자기 집을 떠나기 싫어했습니다. 그러나 우리가 계속 설득을 하자 마지못해 따라 나섰습니다. 우리는 소녀에게 쓰수오춘(四所村)도 분명히 불에 탈 것이라고 말했는데, 이튿날 과연 불이 났습니다. 샤관에서도 그곳에서 난 불을 볼 수 있었습니다.

역시 그날, 내가 샤관에 있을 때였습니다. 병사들이 씽중먼(興中門 : Hsing Chung Men)[2] 밖에 있는 건물에 불을 지르고 있었습니다. 혹시 따차오(大

---

2) (원저자 주) 씽중먼(興中門)은 이장먼(挹江門) 북쪽에 있으며, 후닝(滬寧)역과 이웃해 있다. 강 부근에는 타이구(太古), 이허(怡和), 따반(大阪), 자오상(招商) 등의 선착장이 있고, 강 맞은편이 바로 푸커우(浦口)이다. 쟝쟈위(薑家圩) 역시 그 동쪽에 있으며, 도시 외곽에 있는 농촌이다.

橋)호텔도 불에 타버린 건 아닌지 모르겠습니다. 쟝쟈위(薑家圩)에 있는 아치 선생의 집 뒤쪽 건물에도 불이 났습니다. 아마도 내가 그곳을 막 떠난 뒤에 불이 난 것 같습니다. 내가 있을 때, 병사들이 아치 선생의 집 근처에서 뛰어다니고 있었거든요. 그리고 조금 뒤에 피치 선생이 그곳을 지나갔는데, 그때 이미 건물이 불에 타고 있었답니다. 이튿날, 그 건물은 다 타버리고 겨우 벽만 남아 있었습니다.

그 전날, 내가 샤관에 있을 때였습니다. 나는 우리 앞문 근처의 땅을 팔지 않겠다고 거절했던 궈쯔쐉(郭子爽 : Kwoh Tz-shuang) 씨를 만났습니다. 그는 크고 작은 짐들을 가득 들고 길가에 서서 울고 있었습니다. 그는 불에 타고 있는 자기 집을 가리키면서, 자기도 성 안에 들어가고 싶은데 방법이 없다고 울먹였습니다. 나는 최선을 다해 도와 줄 테니, 나와 함께 가자고 했습니다. 그런데 성문을 지키는 초병은 궈(郭) 씨는 커녕 나도 성 안으로 들어가지 못하게 막았습니다. 궈(郭) 씨는 절망에 빠져 돌아가고 말았지요. 그가 만약 내가 장교를 찾아 사정할 때까지 기다렸더라면, 나를 따라 성 안으로 들어갈 수 있었을 겁니다. 민가를 불사르는 것은 너무나도 냉혹하고 어리석은 짓입니다. 만약 그들에게 한 달 동안 이 도시를 맡긴다면, 그 결과는 정말로 상상조차 할 수 없을 겁니다. 물론 그런 일은 일어나지 않겠지만요.

나는 부상병 몇 명을 데리고 강가로 갔습니다. 그들은 최대한 빨리 푸코우(浦口)에서 오는 기차를 타고 철수해야 했기 때문입니다. 나는 또 그곳에 민간인 부상자가 있다는 소식을 듣고, 그들을 찾아보았습니다. 선착장에는 수천 명의 사람들이 모여 있었습니다. 그들 가운데는 강을 건너기 위해 벌써 며칠 째 기다린 사람들도 있었고, 또 며칠 동안 굶은 사람들도 있었습니다. 그 전날, 나는 피치 선생과 함께 경찰국장 대리를 찾아가 이 사람들이 강을 건널 방법을 강구해 달라고 부탁했습니다. 나는 연락선이 부상병을 운송하고 나서 민간인들을 실어 나르기 시작한 것을 보고 매우 기뻤습니다. 그런데 어제 들은 바에 의하면, 아직도 약

천오백 명에 달하는 사람들이 강가에서 기다리고 있다 합니다.

어제(토요일, 12월 11일), 나는 부상병들을 구러우(鼓樓)병원의 응급차에 태워 소오두극장(首都劇場) 앞에 있는 응급 치료소에 데려갔습니다. 우리가 도착하기 전, 폭탄 한 발이 길에 떨어져 약 11명이 사망하고, 수도극장 맞은편 푸창(福昌)호텔 앞에 주차되어 있던 차량 두 대에 큰불이 났습니다. 내가 막 부상자를 내려놓는 순간, 일본 폭격기 한 대가 머리 위로 날아갔고, 근처에서 고사포를 맹렬하게 발사했습니다. 우리는 재빨리 그곳을 떠나 구러우(鼓樓)병원으로 돌아왔습니다. 잠시 뒤, 누군가 와서 안전구역 안에서 적지 않은 사람들이 부상을 입었다고 알려 주었습니다. 우리는 바로 응급차와 차를 몰고 안전구역으로 갔습니다. 우리는 진링대 부속중학교를 거쳐 화차오루(華僑路)에 이르는 샛길을 이용했습니다. 우리는 화차오루에 이르기 전에 벌써 여러 구의 시체가 나뒹굴고 있는 걸 발견했습니다. 폭탄 한 발이 건물에 떨어져 약 20명이 죽었는데, 그중 7~8명이 폭발에 의해 길 밖으로 튕겨 나왔던 것입니다. 한 가엾은 노부부가 아들의 시신 앞에서 까무러칠 정도로 통곡하고 있었습니다. 그들은 너무도 슬퍼서 거의 실신한 상태였습니다. 그들 앞에 누워 있는 33살 먹은 아들은 얼굴에 큰 구멍이 나 있었습니다. 많은 사람들이 호기심에 못 이겨 빙 둘러서서 구경하고 있었습니다. 언제든지 또다시 폭탄이 날아올 수도 있었지만, 중국인들은 그런 것을 잘 알지 못하는 것 같았습니다. 그래서 나는 그들에게 빨리 그곳을 떠나 엄폐물을 찾아 숨으라고 소리쳤습니다.

오늘 아침에는 포스터 선생이 따오성(道聲 : Tao Sheng)과 성바울 교구 신도들을 위해 예배를 주재하였습니다. 이 신도들은 현재 내가 편지를 쓰고 있는 이곳—한센(漢森) 선생의 집에 머물고 있습니다. 나는 나와 포스터 선생이 살고 있는 슐츠·판틴(Schulze Pantin) 선생의 저택 1층에서 예배를 주재했습니다. 나는 설교 중 예수님이 부활할 수 있다는 희망을 이야기했습니다. 지난 주일과 달리 이번에는 사전에 아무런 준비도 하지 않았습니다. 하지만 하나님은 또 한 번 내게 설교할 수 있는 능력과 계시를 내려주셨습니다. 한창 설교를 하고 있는데 전화벨이 울렸습니다. 마침 전화기가 가까이에 있어서 전화를 받았는데(설교를 할 때 전화를 받은 것은 이번이 처음입니다!), 나더러 즉시 '국제안전구역위원회' 본부로 오라는 것이었어요. 나는 신앙개조(信仰個條)까지 설교한 뒤, J. L. 천(陳) 선생에게 나머지 부분을 계속 진행해 달라고 부탁했습니다. 그리고는 서둘러 본부에 가서 안전구역의 새 계획과 관련된 토론에 참가했습니다.

오늘 오후, 나는 무슨 도움이라도 줄 수 있을까 해서 진링대 병원에 갔습니다. 나는 본부에서 나올 때 벌써 일본군이 난징 입성을 눈앞에 두고 있다는 이야기를 들었습니다. 중국군은 성 안을 지키기 위해 구러우 (鼓樓)공원 근처에 방어시설을 구축하고 총과 대포를 걸어 놓았습니다. 사실 이곳은 안전구역에 속했기에 군사시설을 설치해서는 안 되는 지역이었습니다. 게다가 병원의 약국이 중국군이 구축하고 있는 공사 현장과 아주 가까운 곳에 있어 일본군의 포격이나 폭격에 의해 훼손될 가능성이 컸습니다. 그래서 우리는 약국에서 약품을 꺼내오는 일에 착수했습니다. 한참을 옮긴 뒤 나는 맞은편 슐츠·판틴 선생의 집으로 가서 저녁을 먹고, 다시 여기로 돌아왔습니다. 도시의 이쪽은 아직 전기가 끊기지 않아, 나는 이렇게 편지를 쓸 수 있답니다. 편지를 쓰는 사이에 총성이 점차 잦아들고 있네요. 중국군이 진지를 점령당했거나 아니면 무장을 해제당한 것이 아닐까 하는 생각이 들었습니다. 내일은 또 무슨 일이 일어날까? 그 누구도 알 길이 없습니다. 소총 소리가 이따금씩 들려옵니다.

12월 19일, 일요일

지난 한 주 동안의 공포는 그동안 내가 한 번도 겪어보지 못한 것이었습니다. 그야말로 학살과 강간이 난무한 일주일이었지요. 나는 일본군이 그토록 야만적일 줄은 꿈에도 생각하지 못했습니다. 인류 역사를 돌아보아도, 그렇게 잔학한 만행은 찾아보기 힘들 것입니다. 다만 터키인들이 아르메니아인을 상대로 저지른 대학살 만행만이 견줄 수 있을 뿐입니다. 일본군은 중국군 포로들을 죄다 살해했을 뿐만 아니라, 민간인들도 남녀노소를 불문하고 대량학살 했습니다. 그들은 마치 토끼 사냥을 하듯, 길가에서 수많은 사람들을 함부로 죽였습니다. 성 남쪽에서부터 샤관에 이르기까지 도시 전체에 시신들이 널려 있었습니다. 그저께 우리는 한 불쌍한 중국인이 우리 집 근처에서 일본군에게 살해당하는 것을 목격했습니다. 대부분의 중국인들은 겁이 많아 일본 병사를 만나면 바로 몸을 돌려 도망을 갔습니다. 이 사람도 도망을 가다가 일본 병사에게 잡혀 살해당한 것입니다. 살해 현장이 대나무 울타리 모퉁이 쪽에 있어서 우리는 그가 어떻게 죽임을 당했는지 똑똑히 볼 수가 없었습니다. 나중에 코라 씨가 현장에 가보았는데, 그의 말에 의하면 일본군은 그 중국인의 머리에 총을 두 발이나 쏘았다고 합니다. 뿐만 아니라, 현장에 있던 두 일본 병사는 아무렇지도 않은 듯이 담배를 꼬나 물고 웃고 떠들어댔다고 합니다. 그들에게 있어서 중국인을 죽이는 일은 쥐새끼를 죽이는 것과 별반 차이가 없었습니다. J. L. 천(陳) 선생의 맏아들 천창(陳昌) 군은 올해 중국 나이로 16살인데, 이틀 전 우리 집 근처에서 5백여 명의 사람들과 함께 끌려갔습니다. 그가 살아 돌아올 가능성은 크지 않아 보입니다. 끌려간 사람들 중에는 쓰수오춘(四所村)에서 온 11명의 기독교 신자들도 들어 있었습니다. 그날 이후로 누구도 그들의 행방을 알 수가 없었습니다. 어제 나는 일본군에게 끌려간 사람들의 명단을 이제 막 난징에 도착한 일본 총영사 다나카(田中) 선생에게 주었습니다.

5일 전, 우리 학교 요리사의 아들도 저수지에서 쌀을 씻다가 다른 백여 명의 사람들과 함께 일본군에게 잡혀 쓰수오춘으로 끌려갔습니다. 일본군은 모든 사람들의 양손을 끈으로 결박해 끌고 가다가, 쓰수오춘에 거의 이를 무렵 한 명씩 총으로 쏴 죽였습니다. 그와 구러우(鼓樓) 근처에 있는 상점의 점원은 운 좋게도 대열의 뒤쪽에 있었습니다. 게다가 그들의 손은 뒤쪽이 아닌 앞쪽으로 묶여져 있었습니다. 그들은 치아로 결박한 끈을 풀고 하수구인지 배수로인지로 피신했습니다. 그리고 거기서 꼬박 이틀 밤을 지새웠지요. 그곳에서 나올 때, 그들은 공교롭게도 술 한 통을 훔쳐서 힘겹게 들고 가던 일본 병사와 마주쳤습니다. 일본 병사는 그들에게 자기 대신 술통을 들라고 했습니다. 덕분에 그들은 안전하게 성 안으로 들어올 수 있었고, 나중에는 샤관에 있는 우리 숙소(한센의 집)까지 올 수 있었던 것입니다. 내 운전기사의 남동생 두 명도 천창(陳昌) 군과 함께 잡혀갔습니다. 그들이 잡혀간 곳은 우리가 사는 곳에서 무척 가까웠습니다. 운전기사의 아내가 혼자서는 못 찾아가겠다고 해서(이 점은 충분히 이해할 수 있음), 내가 그녀를 데리고 함께 가주었습니다. 결국 그녀는 사람들 사이에서 두 명의 시동생을 발견했습니다. 그래서 나는 중사(中士)로 보이는 장교에게 걸어가, 손가락 두 개를 내밀며 영어로 말했습니다. "저 두 사람은 군인이 아니라 일반인이오." 내가 가까이 다가가자, 그 장교는 극히 혐오스런 눈빛으로 나를 쏘아보며 상스런 말을 내뱉었어요. 아마도 "꺼져!"라고 하는 것 같았습니다. 나는 그녀를 돌아보며 말했지요. "전혀 희망이 없네요." 결국 우리는 그냥 돌아오고 말았습니다. 만약 천창(陳昌) 군도 그들 사이에 있다는 사실을 알았더라면, 나는 분명히 계급이 더 높은 장교를 찾아가 사정했을 것입니다. 그저께, 둥(董 : T'ung) 선생의 아들(그들은 三牌樓의 기독교 신자이다)이 근처에서 맞아 죽었습니다. 화요일 (12월 14일) 저녁 무렵, 나는 길에서 두 무리의 중국인들을 만났습니다. 한 줄에 네 명씩 한데 묶여 있었는데, 그중 어떤 사람은 바지도 입지 않고 있었습니다. 일본군은 약 5~6천 명(내가 첫 번째 무리를 만났을 때, 아직 날이 채 저물지 않아 또렷하게 볼 수 있었다)에 달하는 두 무리의 사람들을 가축 떼를 몰 듯이 데리고 갔습니다. 잠시 뒤, 먼 곳에서 기관총 소리가 들려왔습니다. 지난 며칠 동안, 우리는 매일 기관총 소리를 들을 수 있었습니다. 앞서 말한 5~6천 명 뿐만 아니라, 도시 기타 지역의 수많은 중국인들도 비참하게 살해되었습니다. 지금까지 얼마나 많은 사람들이 죽임을 당했는지 헤아릴 수는 없겠지요. 짐작컨대 길거리에서 죽은 사람까지 포함하여 약 2만여 명 정도는 될 것 같습니다. 어쩌면 더 많을 수도 있겠죠.

많은 중국 병사들이 일요일 밤을 틈타 도망을 쳤습니다. 일본군은 더 많은 중국 병사들을 잡지 못하게 되자 화가 많이 난 듯했습니다.

어제, 나는 새로 온 일본 총영사 다나카(田中) 선생과 함께 샤관으로 갔습니다. 그는 외국인의 재산에다 "이것은 미국인의 재산이다, 저것은 영국인의 재산이다"라는 식의 통지문을 붙이려고 했습니다. 샤관에 남아 있는 건물이라곤 우리가 사는 집과 모빌석유회사의 건물, 그리고 PNC은행 건물과 양쯔강호텔 뿐이었습니다. 우리 집 앞문은 박살이 났고, 집안은 난장판이 되어 있었습니다. 서랍들이 방바닥 한가운데에 나뒹굴고 있었고, 3층에 있던 트렁크가 전부 망가져 있었습니다. 다행히 양철피를 씌운 작은 트렁크와 나무로 만든 궤짝은 잠그지 않은 덕분에 그대로였습니다. 바닥과 침대, 그리고 마루에는 피가 낭자했고, 총대가 고장난 총 한 자루가 바닥에 버려져 있었습니다. 아마도 한 명 또는 여러 명의 중국 군들이 여기에 갇혀 있었거나, 적어도 여기에 몸을 숨기고 있었던 것 같습니다. 그런데 돈이 되는 물건들이 그대로 있는 걸 보면, 그들은 그저 군복과 바꿔 입을 옷을 찾고 있었던 모양입니다. 우리는 집에 불이 났을까 봐 늘 걱정이었는데, 이렇게 무사한 걸 보니 정말 기뻤습니다. 샤관 일대 는 난장판이 되었고, 따차오(大橋)호텔을 비롯해 익숙했던 모든 풍경이 사라졌습니다. 나는 심스(Sims) 부인이 참 안쓰러웠습니다. 중년에 이른 그녀가 모든 것을 다시 시작해야 한다는 것은 정말 허망한 일이기 때문입니다. 샤관 일대는 중국군이 불을 지른 게 분명합니다. 그들은 샤관을 멀쩡한 채로 일본인에게 남겨주기 싫었던 거지요. 또 방화 행위가 중국군의 퇴각을 엄호해 줄 거라고 생각했을지도 모릅니다. 방죽에는 검게 그을린 시체 세 더미가 있었는데, 그중 일부는 불에 타 있었습니다. 지난 4~5일 동안, 일본군은 가는 곳마다 불을 질렀습니다. 나는 그들이 불을 지르는 목적이 자신들이 학살한 시신을 태워버리기 위해서가 아닐까 하는 생각이 들었습니다. 편지를 쓰는 동안에도 두 군데에 불이 났습니다.

한 군데는 샤관 쪽이고, 또 한 군데는 도시 남쪽이었습니다.

일본군은 난징에 입성한 이래 매일같이 약탈을 감행했습니다. 가능한 모든 물건을 전부 다 약탈해 갔다고 해도 과언이 아닙니다. 그들은 심지어 독일대사관의 자동차도 빼앗아갔습니다. 그들은 미국대사관에도 몇 번이나 난입했지만, 그때마다 쫓겨나고 말았지요. 일본군 장교도 약탈 행위에 동참했습니다. 어제 일본 병사 몇 명이 "낭인(浪人)"(군인이 아닌 일본 불량배) 두 명을 데리고 우리가 사는 집(한센의 숙소)에 찾아왔습니다. 그들은 우리 자동차를 이미 두 대나 빼앗아가고도 성에 차지 않았는지 나머지 차량 한 대마저 내놓으라고 했습니다. 내가 일본 총영사가 붙여 놓은 게시물과 미국대사관의 표지판을 가리켜 보이며 대문을 닫으려 했습니다. 순간 한 일본 병사가 나를 밀치더니 곧바로 차고로 걸어갔습니다. 다행히 그 차는 이미 고장 난 차였기에, 그들은 포기하는 수밖에 없었습니다. 한 낭인이 유창한 영어로 내게 여권을 요구했습니다. 내가 여권을 보여주자 그는 "감사합니다"라고 말했습니다. 일본군의 약탈은 일주일 내내 지속되었습니다. 그들은 사람들의 손에서 얼마 안 되는 식품과 마지막 남은 이부자리까지 빼앗아갔습니다. 차를 가진 사람들은 단 1분도 차 곁을 떠날 수가 없었어요. 잠깐만 자리를 비워도 차가 없어지기 때문입니다.

지금 가장 두려운 것은 뭐니 뭐니 해도 부녀자들에 대한 성폭행입니다. 가는 곳마다 여자를 찾아 헤매는 일본군이 득실거리고 있습니다. 그들은 가장 몰염치한 방식으로 이 같은 만행을 저지르고 있습니다. 나와 포스터 선생은 두 사람이 함께, 아니면 둘 중 한 사람이라도 반드시 남아서 집을 지켜야 했습니다. 우리는 수시로 성바울 성당의 신도들과 우리를 따라 온 기타 난민들의 거주지 그리고 슐츠·판틴의 집을 오가며 경비를 섰습니다. 그곳에는 우리의 옷과 식품이 있었거든요. 코라 선생과 또 한 명의 터키 타타르족 기술자가 슐츠·판틴의 집에 살고 있었고, 쓰수오춘(四所村)과 산파이러우(三牌樓)에서 온 기독교 신자들이 그 옆집에 살고 있었습니다. 일본군은 하루가 멀다 하고 찾아와, 이들이 갖고 있는 얼마 안 남은 물건들을 약탈해 갔습니다. 끊임없이 찾아오는 일본군을 상대하기란 그야말로 악몽이었습니다. 우리가 물건을 두는 방에는 부녀자들이 꽉 차 있었습니다. 어떤 사람들은 심지어 부엌에서 밤을 지내기도 했습니다. 그녀들은 항상 불안에 떨었고, 겁에 질려 있었습니다. 며칠 전, 옆 거리에 있는 작은 절의 스님이 와서, 일본군이 비구니 두 명을 끌고 갔다고 했습니다. 그러면서 그는 남은 비구니들을 피신시켜 달라고 나에게 간청했습니다. 그래서 나는 그 스님의 청을 들어 주었습니다. 우리 집 아래위 층은 사람들로 꽉 차, 마치 정어리 통조림처럼 빈틈이 없었습니다. 나중에는 화장실에도 한 모녀가 와서 살기 시작했습니다. 구러우(鼓樓)병원의 간호사들이 열심히 일했지만 늘 일손이 달렸습니다. 그래서 일부 여자애들이 구러우(鼓樓)병원에 가서 간호사들을 돕기 시작했습니다. 어제 밤, 한 일본군이 그녀들의 숙소에 난입하여 세 여자아이의 침대에 슬금슬금 다가갔습니다. 그런데 여자애들이 갑자기 꽥 소리를 지르는 바람에, 그 일본군은 놀라서 잠시 멈칫했습니다. 이때 고함소리를 듣고 달려 온 윌슨 선생이 그 일본군을 내쫓았습니다. 공교롭게도 그 일본군은 예전에 윌슨 선생을 향해 총을 겨누고 위협했던 바로 그 녀석이었습니다. 현재 약 4천 명의 부녀자들이 진링여자문리대학에서 피난해 있습니다. 그런데 듣기로는 어제 밤에 12명의 부녀자가 일본군에게 잡혀 갔다고 합니다. 며칠 전 저녁 무렵, 내가 포스터 선생과 함께 근처를 산책하고 있는데, 한 여성이 울면서 우리한테 뛰어왔습니다. 그리고 그 뒤에서 한 일본군이 그녀를 부르는 소리가 들려왔고요. 우리는 일단 그녀를 숙소에 데려와 다른 부녀자들과 함께 2층에 머물게 했습니다. 이튿날, 그녀는 자신이 당한 일을 우리에게 들려주었습니다. 그녀는 28살 먹은 남편과 3개월 된 아이가 있는 유부녀였습니다. 어제 저녁 6시, 일본군 네 명이 그녀의 집에 뛰어들어 그녀를 끌고 갔습니다. 일본군은 그녀를 차에 태우고 3~4마일 쯤 떨어진 곳에 가서 그녀를 윤간했습니다. 그리고는 그녀에게 자기들이 약탈해 온 식량을 좀 주더니, 다시 차에 태우고 가다가 도중에 그녀를 풀어 주었습니다. 그녀가 내린 곳은 우리와 아주 가까운 곳이었습니다. 그녀는 어두운 밤에 집으로 가는 길을 찾아 헤매다가 우연히 우리를 만나게 되었던 것입니다. 만약 그녀가 우리를 만나지 못했더라면, 그날 밤새 능욕을 당했을지도 모릅니다. 이튿날 아침, 나는 그녀를 데리고 구러우(鼓樓)병원으로 갔습니다. 윌슨 선생이 그녀를 치료해 주었지요. 어제 오후, 나는 독일인 스펠링(Sperling, 원문에서는 Sherling으로 잘못 표기–역자 주) 선생과 함께 일본군이 부녀자를 강간했던 집 몇 군데를 돌아보았습니다. 한 집에 들어갔을 때, 여성 한 명이 바닥에 앉아 울고 있었습니다. 사람들은 그녀가 강간을 당했다고 말했습니다. 그리고는 위층을 가리키며 아직도 일본군 한 명이 위층에 있다고 말했습니다. 나는 사람들이 알려준 대로 3층에 있는 방 앞에 이르러 세차게 방문을 두드렸습니다. 그러자 방안에서 사람이 움직이는 소리가 들려오더군요. 나는 영어와 독일어로 "문 열어!"라고 크게 외쳤습니다. 뒤따라온 스펠링 선생도 문을 두드리며 "문 열어!"라고 외쳤지요. 마침내 일본군 한 명이 방에서 나왔습니다. 그가 아래층으로 내려갈 때, 나는 그의 등 뒤에 대고 중국어로 "짐승 같은 놈!"이라고 고함질렀지요. 이때 중국어를 좀 아는 일본군 하나가 위층으로 올라오다가 내 욕을 듣고는 매우 언짢아했습니다. 현재 가장 큰 문제는 이처럼 공포스런 일들이 도시 곳곳에서 자행되고 있다는 사실입니다. 내가 방금 미국에서 온 일본 총영사에게 일본군의 만행을 알려 주었습니다. 그러자 그의 대답은 "그건 어쩔 수 없는 일입니다."였습니다. 나중에 『아사히신문』 기자에게도 같은 사실을 알려 주었더니, 그도 역시 똑같은 대답을 했습니다. 그들의 대답은 한결같이 담담하고 매정했습니다. 그들은 일본군의 만행이 우리에게 준 크나큰 충격에 대해 전혀 의식하지 못하고 있었습니다. 아마도 제일 이해하기 힘든 게 일본인의 성격같습니다.

일본군은 평소 늘 중국군의 기강이 해이하다고 무시했습니다. 하지만 정작 일본군은 내가 여기서 본 가장 나쁜 도적들보다 훨씬 더 나빴습니다. 다나카 총영사는 일본 고위층에서 일본군의 만행을 금지하는 명령을 두 번이나 내렸다고 했습니다. 하지만 상황은 오히려 더욱 심각해졌습니다.

요즘 나는 줄곧 숙소 바닥에서 잤습니다. 그러다가 최근 이틀은 등받이 의자에 누워 잤는데, 몸이 아주 편안했습니다. 현재 나에게 가장 필요한 것은 바로 목욕입니다. 지난 번 미국인들이 살고 있는 벅 선생의 집에 가서 목욕을 했으니, 벌써 일주일이나 지났군요.

지금껏 당신에게 이야기한 내용은 내가 겪은 일 가운데의 일부분에 불과합니다. 어제 아침, 나는 그 여자를 병원에 데려다 주면서, 병원 측에 여성 피해자가 한 명 더 있다고 말했습니다. 그녀는 목을 심하게 다쳤습니다. 한 일본병사가 침대에 누워 있는 그녀에게 다가가, 이불을 들춰 올리고 총검으로 그녀의 목을 찔렀던 것입니다. 병원 직원이 나에게 "그 여성 피해자가 오늘 아침 병원으로 실려 왔어요."라고 말했습니다. 그래서 얼른 그녀의 침대에 다가가 보니, 다른 피해자였습니다. 나는 서둘러 병원을 떠나 그녀가 있는 곳에 갔습니다. 거기서 겁에 질려 실신하다시피 한 41살의 그녀와 그녀의 노모를 병원으로 데려왔습니다. 오늘 하인츠 양이 8살 남자아이가 배에 4~5군데나 총검에 찔렸다고 말해주었습니다. 물론 우리가 보고 들은 것은 이 도시에서 자행된 만행의 일부분에 불과합니다. 하지만 이것만으로도 당신은 이 도시 사람들이 겪고 있는 지옥 같은 고통을 충분히 이해할 수 있을 겁니다. 우리는 매일 악몽 같은 나날을 보내고 있습니다. 한밤중이나 아침에 깨어나면, 늘 이 모든 것이 결코 꿈이 아니라는 사실에 더 큰 공포를 느끼곤 합니다. 어제 나는 구이거후이(貴格會) 성당 뒤쪽에 처녀들이 있다는 소식을 듣고, 서둘러 병원 응급차를 몰고 달려갔습니다. 그곳에 이르러 보니, 처녀 3명은 이미 붙잡혀 갔고, 나머지 18명은 모두 겁에 질려 아무 말도 못했습니다. 나는 그녀들을 전부 차에 태워 구러우(鼓樓)병원으로 데려갔습니다. 어제 밤에 또 일본군 한 명이 그녀들의 방에 들어왔다고 합니다.

12월 20일(저녁 8시), 월요일

　지난 나흘 동안, 나는 대부분 사람들이 잠든 저녁 시간을 이용해 당신에게 편지를 썼습니다. 어제는 '성령강림절(聖靈降臨節)'이었지만 나와 포스터 선생은 예배에 참석하지 못했습니다. 나쁜 녀석들이 와서 우리 신도들의 물건을 훔쳐가고 여자들을 강간하는 것을 시시각각 경계해야 했기 때문입니다. 오늘은 날씨가 좋아 슐츠·판틴 선생의 정원에서 아침 예배가 열렸습니다. 쓰수오춘(四所村)과 산파이러우(三牌樓)에서 온 신도들이 예배에 참가하였습니다. 아침 예배는 J. L. 천(陳) 선생이 주재하고 설교까지 맡아 하였습니다. 그는 설교를 마치고 잔디밭에서 손풍금을 연주하기도 했습니다. J. L. 천(陳) 선생이 설교를 할 때, 나는 그 장면을 카메라로 녹화하였습니다.

　예배가 끝나갈 무렵, 누군가 대문을 두드렸습니다. 나가 보니, 일본 신문사에서 온 2명의 기자였습니다. 나중에 알고 보니 그들은 정직한 사람들이었습니다. 나는 그들을 정원 안으로 청했습니다. 그리고 그들이 원한다면 사진 촬영도 괜찮다고 했습니다. 그러자 그들은 성직자복을 입은 J. L. 천(陳) 선생이 손풍금을 연주하고 기타 사람들이 잔디밭에 앉아 구경하는 모습을 찍었습니다. 이어서 나는 영어를 할 줄 아는 『아사히신문』의 기자와 이야기를 나눴습니다. 나는 난징에서 일어난 끔찍한 일들을 그에게 일일이 알려 주었습니다. 이를테면, 우리 가운데 14명이나 되는 사람(처음에 나는 12명으로 알고 있었음)이 일본군에게 끌려간 사실, 그중에는 방금 설교를 마친 목사의 아들도 있었는데 이미 살해되었을 수도 있다는 것, 옆 거리에 있는 작은 절의 스님이 찾아와 비구니들을 피신시켜 달라고 간청한 일, 그 밖의 많은 피해 사례들을 그에게 알려 주었습니다. 그는 나의 이야기를 다 듣더니, 일본군의 만행 때문에 모든 일본인이 다 나쁘다고 생각해서는 안 된다고 했습니다. 나 역시 그것을 잘 알고 있으며, 또 일본에도 몇 번 다녀온 적이 있다고 말해 주었지요. 이어서 나는 부상병 문제, 일본군이 무고한 시민들을 학살하는 문제, 그리고 중국에서의 나의 생활에 대해서 이야기했습니다. 그는 내 이야기에 꽤 흥미를 가지는 것 같았습니다. 그는 점심 무렵이 되어서야 비로소 자리를 뜨면서, 다시 올 수 있었으면 좋겠다고 했습니다. 이에 나도 최선을 다해 도와주겠다고 말했지요. 하지만 우리는 서로 바삐 보내다 보니, 길에서 우연히 한 번 마주친 것 외에는 따로 만날 수가 없었습니다. 나는 평소대로 다른 외국인들과 함께 여러 가지 일들을 처리하느라 늘 바빴습니다. 특히 야욕을 채우려고 발광하는 일본군으로부터 부녀자들을 보호하느라 늘 정신이 없었습니다.

오늘은 일이 굉장히 많았습니다. 포스터 선생은 아침 일찍 슐츠·판틴 선생의 집으로 갔고, 나는 이곳에서 그가 돌아올 때까지 기다렸습니다. 나는 여기서 판(範 : Fan) 씨의 가족들과 함께 식사를 하였습니다. 나는 숙소로 돌아오자마자, 쓰수오춘(四所村)과 산파이러우(三牌樓)에서 온 신도들이 묵고 있는 숙소와 바짝 붙어 있는 두 채의 집에서 일본군을 쫓아냈습니다. 내가 돌아오기 전, 일본군은 벌써 우리의 여성 신도(신도 지망생일 수도 있음) 한 명을 강간했습니다. 나는 그녀와 또 한 명의 피해 여성을 병원으로 데려가 치료를 받게 했습니다. 내가 막 병원을 나서려고 할 때였습니다. 전에 잡혀갔던 우리 신도 14명 가운데 한 명이 기적같이 살아서 돌아왔습니다. 그는 함께 잡혀간 천여 명의 피해자들 속에서 성공적으로 탈출했던 거지요. 그는 일본군이 샤관 강변에서 대규모 학살을 감행하기 전에 천창(陳昌) 군을 풀어 주었다고 말했습니다. 아무래도 천창 군은 나이가 어린 덕분에 풀려난 것 같았습니다. 물론 천창 군과 비슷한 또래거나 그보다 훨씬 어린 소년들도 죽임을 당했지만 말입니다. 쑤콴웨이(蘇寬偉 : Su Kuan-wai, 음역)라고 하는 이 사람은 전력회사에서 천창 군을 보았다고 했습니다. 그래서 나는 내일 천창 군을 찾으러 전력회사에 가볼 생각입니다. 오늘 밤, J. L. 천 선생은 나에게 자기는 아들이 살아 있을 거라고 생각하지 않는다고 했습니다. 지난 번 사람들이 그의 아들을 목격한 뒤로 시간이 너무 많이 흘렀으니 말입니다. 쑤콴웨이 씨는 자신이 구사일생으로 살아남은 경위에 대해 이야기했습니다. 정리하면 아래와 같습니다. 당시 쑤콴웨이 씨는 천여 명의 피해자들과 함께 샤관 강변으로 끌려갔습니다. 일본군은 그들을 여러 줄로 세워 놓고 사격 준비를 했습니다. 쑤콴웨이 씨는 제일 뒤쪽에 섰는데, 한쪽 발이 거의 강물에 닿을 정도였습니다. 이윽고 요란한 총소리와 함께 사람들이 무더기로 쓰러졌습니다. 쑤콴웨이 씨는 비록 총에 맞지 않았지만, 앞사람들이 쓰러질 때 같이 쓰러지며 죽는 시늉을 했습니다. 마침 세 사람의 시신이 그를 덮치는 바람에 그는 시신 밑에 숨어 마지막까지 살아남을 수 있었습니다. 일본군이 떠나간 뒤, 쑤콴웨이 씨는 둑으로 올라와 도망을 쳤습니다. 그런데 얼마 못 가 그는 일본군에게 다시 붙잡혀 밥 짓는 일을 하게 되었습니다. 이틀 뒤, 일본군은 그를 풀어주며 임시통행증까지 써주었고, 비로소 그는 성 안으로 돌아올 수 있었던 것입니다.

오늘 오후, 여성 몇 명이 우리 숙소 근처에 와서 구조를 요청했습니다. 마침 포스터 선생도 그 자리에 있었습니다. 나는 그녀들을 데리고 진링대에 갔습니다. 현재 그곳에서는 헌병들이 보초를 서고 있어 안전하다고 생각했기 때문이지요. 그런데 우리가 그곳에서 이야기를 나누고 있을 때였습니다. 갑자기 근처에서 사람들이 나와 곧장 나에게로 달려왔습니다. 그들은 12살 여자아이(내가 보기엔 10살 내지 11살 정도 밖에 안 되었음)가 강간을 당했다며 나에게 도움을 청했습니다. 나는 서둘러 여자아이가 있는 곳으로 가보았습니다. 마침 일본군 세 명이 여자아이가 있는 집안으로 들어가려고 했습니다. 나는 일단 그들을 막아섰습니다. 그리고 안전을 고려해 그 집 사람들로 하여금 소녀를 병원에 데려가 치료를 받게 하였습니다. 그 뒤, 나는 작은 차량 한 대를 이용하여 몇 번에 걸쳐 우리 집에서 비좁게 살고 있는 젊은 부녀자와 처녀들을 딴 곳으로 이동시켰습니다. 우리 집에서 그녀들은 좁은 공간 때문에 아래층 바닥에 서 있거나 계단에 앉아 있을 수밖에 없었습니다. 아래층 바닥은 사람들로 꽉 차 있었고, 위층에도 빈 방이 없었습니다. 남자아이들은 침실 바닥에서 잠을 잤고, 어떤 여자아이들은 심지어 부엌에서 잠을 자기도 했습니다. 그녀들이 한창 짐을 챙기고 있을 때, 골목 남쪽에 있는 집으로부터 한 사람이 달려와 일본군이 그곳에서 여자를 찾고 있다고 말했습니다. 나는 지체 없이 그 집으로 달려갔습니다. 그리고 2층 복도에서 일본군 몇 명을 발견했지요. 나는 강한 말투로 그들을 제압한 뒤 계단을 가리키며 내려가라고 했습니다. 이때, 한 중국인이 같은 층의 다른 방을 가리키며 그 안에 일본군이 있다고 알려 주었습니다. 내가 문을 세차게 걷어차자 한 짐승 같은 녀석이 한창 여자를 겁탈하고 있었습니다. 나는 "이 짐승 같은 놈아!"라고 큰 소리로 욕했습니다. 그는 내 말을 알아들었는지, 내가 방으로 들어가기도 전에 밖으로 뛰쳐나가 도망을 쳤습니다. 나는 그가 골목을 완전히 벗어날 때까지 계속 뒤쫓아 갔습니다.

하마터면 잊을 뻔 했네요. 아침에 쓰수오춘(四所村)에서 온 장원밍(張文明) 씨가 허겁지겁 달려와 일본군이 자기 처제를 쫓고 있다고 했습니다. 내가 서둘러 그곳에 뛰어가 보니 과연 일본군 한 명이 처녀들의 방에 들어가 있었습니다. 나는 그 녀석을 보자 문을 가리키며 당장 나가라고 소리 질렀습니다.

점심식사를 막 마칠 무렵, 누군가 달려와 일본군이 산파이러우(三牌樓)에서 온 둥(董) 선생을 때렸다고 했습니다. 그의 말에 의하면, 둥(董) 선생을 비롯한 성경반 사람들이 점심을 먹은 후 성경을 읽고 있는데, 일본군 한 명이 찾아왔다고 합니다. 둥(董) 선생이 그 일본군에게 성경 책을 펼쳐 보이며 자기들은 성경을 읽고 있다고 알려 주자, 그 일본군은 다짜고짜 동으로 된 담배통이 딸린 곰방대를 집어 들어 둥(董) 선생의 머리를 힘껏 내리쳤다고 합니다. 내가 그곳에 도착했을 때, 둥(董) 선생은 온 얼굴이 피투성이가 된 채 수건으로 머리를 싸매고 있었습니다. 땅바닥 여기저기에도 핏자국이 묻어 있었습니다. 나는 바로 그를 데리고 응급병원으로 갔습니다. 그 응급병원은 진링대 병원 뒤에 있는데, 내가 사비를 털어 연 것입니다.

위에서 언급한 것들이 바로 오늘 내가 겪은 일들입니다. 성 안의 기타 외국인들도 매일 이와 비슷한 일들을 겪고 있습니다. 특히 외국인이 없는 수많은 지역에서도 이와 같은 일들이 벌어지고 있다는 사실입니다. 나는 당신이 이 글을 읽고 요 며칠간 온 도시를 휩쓴 공포를 상상할 수 있으리라고 생각합니다.

오늘 내가 병원에 있을 때, 두 명의 남자 환자가 찾아왔습니다. 두 사람 모두 일본군의 총검에 찔려 상처를 입었는데, 그 중 한 사람은 나에게 목에 난 상처를 보여 주었습니다. 처치실에서는 한 여성 환자가 얼굴에 난 상처를 치료하고 있었습니다. 그녀는 얼굴과 이마, 그리고 목에 칼자국이 나 있었는데, 아마도 겁탈을 시도하는 일본군에게 반항하다가 상처를 입은 것 같았습니다. 그녀 본인도 일본군의 칼에 찍혔다고 했습니다. 나는 남자 간호사들 앞에서 그녀가 난처해 할까봐 자세한 건 묻지 않았습니다. "오, 나의 하느님이시여! 이런 생활이 얼마나 더 지속되어야 하나요?"

12월 21일, 화요일

오늘은 일이 많지 않아서 정말 좋았습니다. 나는 기회가 되면 일본영사관 직원과 함께 샤관에 가서 천창(陳昌) 군의 생사(生死)를 확인해 보고 싶었습니다. 드디어 오늘 그 기회가 왔습니다. 나는 오전 9시에 출발하려고 했지만 그럴 수 없었습니다. 아침부터 이곳에 사는 부녀자들을 도와 여러 가지 일들을 처리하느라 말이죠. 이곳에는 부녀자가 너무 많아, 집 안을 다닐 때면 나는 항상 그녀들 사이를 비집고 다녔습니다. 안 그래도 바쁜데, 일본군 한 명이 옆집에 와서 우리 쪽 사람에게 인력거를 수리해 달라고 하는 바람에 출발 시간이 더욱 지연되고 말았습니다. 나는 면도도 제대로 하지 못한 채, 부랴부랴 집을 나섰습니다. 내가 일본

영사관에 도착했을 때는 이미 약속시간이 한참 지난 뒤였지요. 그리고 총영사를 만난 건 12시가 다 되어서였습니다. 물론 그 시간엔 샤관으로 갈 수가 없었죠. 그래서 나는 점심을 먹고 다시 찾아가기로 했습니다. 내가 한참 밥을 먹고 있는데, 스마이스 선생이 찾아왔습니다. 그는 나와 그 자리에 있던 코라 선생에게 청원서에 서명을 부탁했습니다. 인도주의적 입장에서 도시를 불사르는 방화 행위를 금지할 것을 일본 당국에 요구하는 청원서였습니다. 나에게는 다른 외국인과 함께 오후 2시에 일본대사관에 가서 청원서를 제출해 달라고 부탁했습니다. 청원서 일을 처리한 뒤, 나는 다나카(田中) 선생이 파견한 대사관 경찰과 함께 천창(陳昌) 군을 찾으러 샤관으로 떠났습니다. 그런데 그 경찰은 처음부터 비협조적인 태도로 일관했습니다. 우리가 샤관 기차역으로 가는 러허루(熱河路)에 도착했을 때였습니다. 그 경찰은 앞을 가리키며 더 이상 강변쪽으로 갈 수 없다고 했습니다. 그러자 내가 "발전소 근처에서 천창(陳昌) 군을 본 사람이 있어요."라고 하며 계속 가자고 고집했지요. 한참동안 실랑이를 벌인 끝에야 계속 갈 수 있었습니다. 그러나 양쯔(揚子)별장 근처에 이르자, 그는 또다시 더 이상 갈 수 없다며 생떼를 부렸습니다. 계속 앞으로 갔다가는 일본군에게 잡혀 죽을 수도 있다고 협박까지 했습니다. 그렇지만 나는 의지를 굽히지 않았지요. 차가 전염병 병원 앞길을 따라 전봇대 몇 개를 지나자 시체 한 구가 보였습니다. 그러자 그는 차를 세우더니, 반드시 돌아가야 한다고 했습니다. 내가 계속 앞으로 가자고 고집하자, 그는 다시 차를 몰고 샤관 기차역으로 가는 러허루(熱河路)에 들어섰습니다. 갈수록 더욱 많은 시체가 우리 앞에 나타났습니다. 그는 다시 차를 세우더니, 샤관에는 중국인이 없다고 딱 잡아떼면서 더 이상 가려고 하지 않았습니다. 결국 나는 그 거칠고 교양 없는 대사관 경찰 때문에 끝내 샤관행을 접고 말았습니다. 그가 생떼를 부린 건 일본군이 벌인 만행을 나에게 보여 주고 싶지 않았기 때문이었습니다. 사실 나는 며칠 전에 강변에 갔다가 약 3-4백 구에 달하는 시체를 본

적이 있습니다. 하지만 그는 이 사실을 알 리가 없었습니다.

오늘은 상황이 조금 나아졌습니다. 비록 강간이나 약탈 같은 만행은 여전히 계속되고 있지만 말입니다. 일본군은 주로 가난한 사람들에게서 침구용품, 식품과 기타 일상생활에 필요한 물건들을 빼앗아 갔습니다. 겨우겨우 생계를 유지하는 가난한 사람들에게 있어서 일본군의 약탈은 그야말로 엎친 데 덮친 격이라고 할 수 있습니다.

포스터 선생은 영어를 할 줄 아는 한 일본군과 여러 번 이야기를 나눈 적이 있습니다. 그 일본군은 일본에서 상점 직원으로 일한 적이 있었는데, 우리 선교회의 레이프스나이더(Reifsnider) 여사 등 몇몇 사람과 아는 사이였습니다. 그의 말에 의하면, 현재 일본군의 전력 손실은 20%에 달하는데, 특히 난징을 점령할 때 타격이 컸다고 합니다. 그는 일본군이 전력 손실이 너무 커서 오래 버티지 못할 거라 내다보기도 했습니다. 그는 아주 정직한 사람 같았습니다. 일본군 가운데도 좋은 사람이 있다는 것을 알게 되어 굉장히 흐뭇했습니다. 일본 영사는 나에게 현재 난징에 주둔하고 있는 제9사단이 철수하고, 그들보다 명성이 좋은 제16사단이 들어올 것이라고 알려 주었습니다. 그리고 앞으로 상황이 점점 좋아져, 24일이 되면 도시 질서가 전면적으로 회복될 것이라고 했습니다. 나 역시 그렇게 되기를 간절히 바라고 있습니다. 평안 무사한 크리스마스를 보낼 수 있다면 얼마나 좋을까요.

12월 22일, 수요일

오늘, 일본군이 또다시 도처에서 사람들을 잡아갔습니다. 45분 전, 나는 중국인 6~7십 명이 끌려가는 것을 보았습니다. 그리고 기관총 소리와 일반 소총 소리를 여러 차례 들었습니다. 이것은 더 많은 학살 행위가 감행되고 있음을 의미합니다. 며칠 전, 몇몇 일본영사관 직원과 기술자 한 명이 우리 위원회에 찾아와, 전기 기술자들을 찾아봐 달라고 부탁했습니다. 그래서 라베 선생과 기타 사람들이 54명의 전기 기술자를 알아봐 주었습니다. 그들은 영국 회사-허치슨사(社)에 피신해 있던 중국 발전소 직원들이었습니다. 그런데 어제, 54명 중 43명이 일본군에게 끌려가 총살당했습니다. 일본군은 발전소가 중국 정부에서 운영하는 국영 사업체이고, 그들은 중국 정부에서 고용한 것과 마찬가지니까 반드시 처형해야 한다고 주장했습니다. 사실 발전소는 완전한 정부 소유가 아니었습니다. 하지만 일본군에게 무슨 차이가 있을까요? 한편, 나머지 11명이 살아남을 수 있은 것은 허치슨사(社)에서 경비를 맡고 있는 시크족 인도인이 나서서, 자기가 그들을 알고 있으며 그들이 예전부터 그곳에서 일했다고 거짓말을 한 덕분이었습니다.

오늘 나는 구러우(鼓樓)병원에 갔다가 눈앞에 펼쳐진 광경에 큰 충격을 받았습니다. 처음 눈에 띈 것은 7살 남자아이의 시체였습니다. 그 아이는 총검으로 배를 4~5군데나 찔렸는데, 병원에 실려 왔을 때는 이미 늦었다고 합니다. 그 다음 눈에 들어온 것은 한창 응급치료를 받고 있는 19살 임신부(첫 임신)였습니다. 그녀는 겁탈을 시도하는 일본군에게 반항하다가, 얼굴 7군데와 다리 8군데를 칼에 찍히고 배에 약 2인치 깊이로 칼자국이 나 있었습니다. 그야말로 온 몸이 칼로 난자당한 상태였습니다. 결국 그녀는 6개월 반이나 된 뱃속 아기를 잃고 말았습니다. 나는 또 팔에 깊은 상처를 입은 10살 여자아이를 보았습니다. 그 아이는 당시 부모와 함께 난민촌의 한 공사장 옆에 서 있었다고 합니다. 그런데 갑자기 한 일본군이 다가오더니 총검으로 그 아이의 부모를 찔러 죽이고 또 그 아이의 팔을 힘껏 찔렀다고 합니다. 그 아이는 상처가 너무 심해, 어쩌면 평생 장애인으로 살아갈 지도 모른다고 합니다. 나는 또 목에 심한 상처를 입은 부녀자 한 명을 보았습니다. 허치슨사(社)의 직원인 그녀는 샤관에 있는 집에서 봉변을 당했다고 합니다. 일본군 몇 명이 그녀가 있던 집에 난입해 보이는 사람을 죄다 찔러 죽였다고 합니다. 일본군은 당연히 그녀가 죽은 줄 알고 나갔지만, 그녀는 기적같이 살아서 병원에 왔다고 합니다. 그러나 윌슨 선생은 그녀가 목숨을 부지하더라도 한 쪽 다리와 한 쪽 팔을 영원히 쓸 수 없을지도 모른다고 했습니다. 결국 그녀는 더 버티지 못하고 죽고 말았습니다. 내가 마지막으로 본 사람은 한 농민이었습니다. 그는 다른 사람들과 함께 잡혀가, 수천수만의 민간인 피해자들과 마찬가지로 일본군의 기관총 세례를 받았다고 합니다. 다행히 죽지 않고 살아남았지만, 어제 의사가 한 말에 의하면, 그도 얼마 살지 못할 것이라고 합니다.

12월 30일, 목요일

지난 번 편지를 쓴 이후로 많은 시간이 지났습니다. 예전보다 상황이 많이 나아졌지만, 이곳 사람들에게 있어서 앞날은 여전히 불투명합니다. 모든 사람들, 더 정확히 말해 모든 남자들은 반드시 자신의 이름, 나이, 그리고 직업을 등록해야 했습니다. 등록처에 사람들이 워낙 많이 몰려서, 새벽 3시에 일어나 줄을 서도 제시간에 등록하기 어려울 정도였습니다. 오늘 일본 당국은 내일 새벽 2시까지 등록하지 않은 사람은 전부 총살해 버리겠다고 선포했습니다. 비록 그것이 엄포에 불과했지만, 사람들은 불안하고 초조해서 어찌할 줄 몰랐습니다.

우리는 여전히 외부와 단절되어 있습니다. 일본 당국은 중국군이 아직도 난징 일대에서 활동하고 있기 때문에, 외국인이 난징에 오는 것은 여전히 위험하다는 내용의 통지문을 발표했습니다. 하지만 우리가 이제 껏 목격해 왔던 끔찍한 일들을 더 많은 외국인들이 보게 되는 것이야말로 그들에게 있어서 제일 위험한 일이 아닐까요? 강간이나 약탈과 같은 만행이 예전보다는 많이 줄었지만, 여전히 지속되고 있습니다. 가장 악랄했던 사단이 이곳을 떠난다니 기쁘기도 하지만, 한편으로는 그 사단이 가는 지역에 살고 있는 주민들을 생각하면 불안하기도 합니다. 그곳에는 그들을 보호해 줄 수 있는 외국인도 없으니 말입니다.

며칠 전, 일본군은 약 4천 명의 남자 난민들이 모여 있는 진링대로 갔습니다. 그들은 난민들 앞에서, 만약 누구라도 본인이 중국군이었음을 자백하면 목숨을 살려줄 뿐만 아니라, 일자리까지 마련해 주겠다고 공표했습니다. 그리고 20분간 시간을 줄 테니, 잘 생각해 보고 앞으로 나오라고 했습니다. 얼마 지나지 않아 약 2백여 명의 사람들이 앞으로 걸어 나왔습니다. 그러자 일본군은 그들을 끌고 다른 곳으로 갔습니다. 그들은 또 가는 길에 중국 병사라고 생각되는 민간인들을 마구 잡아가기도 했습니다. 나중에 일본군은 진링여자문리대학과 샤관 사이에 위치한 구린쓰(古林寺) 근처로 중국인들을 끌고 가서, 총검으로 죄다 찔러 죽였지요. 일본군이 이와 같은 기만행위를 저지르리라고 상상이나 했겠습니까?

지난 열흘 동안, 일본군은 도시 곳곳에 불을 질렀습니다. 내가 마지막으로 샤관에 갔을 때, 그곳은 가장 근사한 외국인 건물—우체국과 세관을 제외하고 대부분 건물이 다 타 버린 상태였습니다. 솔직히 말해 그 가운데는 중국군이 불 지른 부분도 적지 않습니다. 그렇지만 대부분 건물이 일본군에 의해 불타버렸다고 해도 과언은 아닐 것 같습니다. 사실 타이핑루(太平路)의 경우, 우리의 교회와 숙소를 제외한 다른 건물들은 전부 일본군에 의해 불타버렸습니다. 우리의 공관은 처음에 설교 강당으로 쓰던 일부만 불에 탔지만, 나중(1월 26일)에는 공관 전체가 불에 타버렸습니다. 그리고 안전구역 내에서도 네 번의 큰 화재가 발생했습니다. 특히 산시루(山西路) 일대와 같이 사람들이 밀집해 있는 곳에 난 불이라서 더욱 안타까웠습니다. 난징의 미래가 어떻게 될 지 상상하기 어렵겠지만, 난징이 제 모습을 찾으려면 수년의 시간이 필요하다는 것만은 확실합니다. 내 생각에 적어도 외부로부터의 위협이 사라지기 전까지, 난징은 더 이상 중국의 수도로 군림하기 어려울 것 같습니다.

12월 31일, 금요일

며칠 전, 마침 J. L. 천(陳) 선생이 집에 없을 때, 누군가 그를 찾아 왔습니다. 그는 천창(陳昌) 군이 일본인과 함께 남문 방향으로 가는 것을 직접 보았다고 했습니다. 천창 군의 가족들은 거의 포기하고 있었지만, 이로 인해 아들을 찾을 수 있다는 희망을 다시 갖게 되었습니다. 많은 일본군이 중국 아이들을 데려다가 일을 시켰기 때문에, 나는 언젠가 천창 군이 살아서 돌아올 수 있기를 바랐습니다. 며칠 전, 내가 진링대병원에 있을 때였습니다. 13~14살 정도 되어 보이는 한 남자아이가 온몸이 피범벅이 되어 병원에 실려 왔습니다. 그 아이는 집이 창저우(常州)였는데, 일본군에게 끌려와 일을 하고 있었습니다. 3주가 지난 어느 날, 그 아이는 이틀 동안이나 밥을 먹지 못 했다고 불평하면서 집에 보내달라고 했습니다. 그러자 한 일본군이 다짜고짜 철 방망이로 그 아이를 내리치고, 총검으로 그 아이의 귀를 찔렀던 것입니다.

비슷한 부상을 입은 환자들이 계속해서 병원으로 이송되었습니다. 그들은 모두 1주일이나 2~3주 전에 상처를 입은 환자들이었습니다. 어느날, 나는 70살은 족히 넘어 보이는 할머니를 보았습니다. 물론 실제 나이는 60살이 조금 넘었을 수도 있겠지요. 그녀는 어깨에 총상을 입었는데, 총알이 등을 뚫고 목으로 들어갔습니다. 다행히 상처가 감염되지 않았고 경과가 좋아 생명에는 큰 지장이 없었습니다. 그런데 일본군이 왜 할머니에게 총을 쏘았는지는 아무도 모릅니다. 내가 보기에 중국인들에게 공포심을 주려는 일본군의 작전이 아닌가 싶습니다. 그것은 지금까지 내가 생각해 낼 수 있는 유일한 해답이기도 합니다. 일본군이 저지른 가장 끔찍한 만행은 사람을 총검으로 찌르거나 총격한 뒤, 기름을 붓고 불에 태운 것입니다. 피해자 중에는 사관에서 작은 배로 생계를 유지하던 사공도 있었습니다. 그는 몸이 새까맣게 탄 채 병원으로 실려 왔지만 결국 죽고 말았습니다. 이와 유사한 사건들은 이루 다 말할 수 없을 정도로 많고도 많습니다. 이런 사건들을 너무나 많이 보고 접해서인지, 나는 이제 그 어떤 참상을 보고도 무감각해집니다. 현대 사회에 이토록 잔인한 사람들이 존재한다는 사실 자체를 정말 믿기 어렵습니다.

오늘, 탕산(湯山)과 둥리우(東流)에서 복음을 전파하던 전도사 루샤오팅(盧小庭) 선생이 물에 빠져 자살했습니다. 우리는 그의 죽음에 너도나도 슬픔을 금할 수 없었습니다. 그는 일본군이 입성하기 전부터 이곳의 정세에 대해 상당히 비관적이었습니다. 나는 어제 그가 나와 포스터 선생이랑 나눴던 이야기와 그가 쓴 일부 글들에서, 그가 죽음으로 암울한 세상에 대항했던 중국 역사인물들의 영향을 많이 받았음을 알 수 있었습니다. 이것은 전형적인 동양인의 사유방식이기도 합니다. 어제 포스터 선생은 암흑과 맞섬에 있어서 기독교는 죽음보다 삶을 강조한다고 그에게 말해 주었습니다. 하지만 오늘, 그는 아침 일찍 포스터 선생에게 편지 한 장과 짧은 시 한 수, 그리고 지갑을 남기고 집을 나갔습니다. 포스터 선생은 줄곧 그와 한 방을 써왔습니다. 더구나 힘든 나날 속에서도 그는 항상 도움이 필요하거나 어려운 사람들에게 구원의 손길을 내밀었습니다. 때문에 그의 죽음은 참으로 슬픈 일이었습니다. 나와 포스터 선생 모두 그에 대해서는 아주 좋은 인상을 갖고 있었습니다. 그래서 나는 예전에 그를 신학원에 추천할 생각까지 했었습니다. 그는 편지에서 하나님이 자기의 이런 행위를 죄로 간주하지 않으실 거라고 했습니다.

우리는 한센 선생의 집에서 비교적 가볍게 크리스마스를 보냈습니다. 캐롤을 부르고 기도를 하고 성경을 읽었습니다. 약 250명 정도가 이번 예배에 참가하였는데, 많은 사람들이 기독교 신자가 아니었습니다. 이틀날 우리는 성찬식(聖餐式)을 올렸습니다. 나는 J. L. 천(陳) 선생의 교구에서 온 신도 7명에게 세례를 해주었고, 둥(董) 주교는 설교를 맡아 하였습니다. 섣달 그믐날, 포스트 선생은 따팡썅(大方巷)에서 둥(董)주교와 함께 예배를 주재했습니다. 이틀날 아침, 우리는 두 곳에서 동시에 신도들을 위해 성찬식을 올렸습니다.

1938년 1월 3일, 월요일

우리는 "교리문답"을 준비하기 위해 두 곳에서 성경 수업을 하느라 바빴습니다. 우리 방에 있는 많은 사람들이 신자가 아니기 때문에, 그들에게 있어서 복음은 완전히 새로운 세계나 다름없었죠.

1월 5일, 수요일

아침 8시, 우리는 이곳에 있는 여성들을 데리고 등록처에 갔습니다. 그녀들은 한센 선생의 집과 스테른 선생의 집, 그리고 덱사코사(社) 제2 숙소에 머물고 있는 부녀자와 처녀들이었습니다. 나중에 판팅(潘亭) 선생의 집에 사는 여성들도 이쪽으로 왔습니다. 그녀들은 원래 진링여자문리대학의 등록처로 가야 했지만, 이쪽 등록처의 일본군이 그쪽보다 많이 점잖다는 소문이 나서, 이쪽으로 몰려왔던 것이죠. 예전에 두성학교(道聲學校) 교원이었던 리우(劉) 선생이 우리의 등록을 도와주었습니다. 그는 현재 일본인이 설립한 자치회와 관련된 일을 하고 있었습니다. 그의 도움으로 우리는 비교적 이른 시간인 오후 1시에 등록을 마치고 2시에 숙소로 돌아올 수 있었습니다. 나는 오늘 그녀들과 함께 많은 시간을 보냈습니다. 그녀들을 데리고 떠날 때와 돌아올 때에는 한 명씩 이름을 불러 이탈자가 없는지 확인을 했지요. 그리고 이동할 때에는 그녀들을 네 명씩 한 줄로 세워 서로를 챙기도록 했습니다. 덕분에 이탈자 없이 모두 무사히 돌아올 수 있었습니다. 우리가 이토록 신경을 쓴 이유는 며칠 전 진링여자문리대학에 등록하러 갔던 예쁜 처녀 몇 명이 등록처에 억류됐다는 소문이 있었기 때문입니다. 물론 나는 이 소문에 대해 아직까지 확인해 보지는 않았습니다. 이곳 등록처의 대부분 병사들은 그래도 어느 정도의 교양은 갖추고 있었습니다. 그런데 우리가 학교 문을 나서 작은 교회 근처에 이르렀을 때였습니다. 한 오만방자한 하급 장교가 다가와 아무런 이유 없이 나이 지긋한 두 여성의 따귀를 후려쳤습니다. 아마도 그가 학교 문으로 들어올 때 마침 문 밖으로 나가던 그녀들과 신체 접촉이 있었던 모양입니다. 이유는 그것밖에 없었습니다. 그 장교는 대오의 제일 앞에서 걸어가는 나에게로 다가오더니, 일본말로 뭐라고 내뱉었습니다. 내가 추측하기로는 "당신 지금 여기서 뭐하는 거야?"라고 묻는 것 같았습니다. 그래서 나는 중국어로 "이 사람들을 호송하고 있소."라고 대답했지요. 나는 많은 일본군이 중국어를 어느 정도 알아듣는다는 것을 알고 있었거든요.

나는 오늘 진링대에서 처음으로 천순이(陳順義)라는 사람을 만났습니다. 일본군이 입성한 이후, 다른 사람을 통해 그에 대한 이야기를 여러 번 들은 적은 있지만, 만나기는 처음이었습니다. 그는 자기 눈으로 직접 보지 않았더라면, 일본군의 만행을 상상이나 했겠냐며 울분을 토했습니다. 사실 여기에 있는 모든 사람들이 비슷한 생각을 가지고 있습니다. 나는 일본군이 입성하기 전에 벌써 중국인들로부터 그들의 만행에 대한 소문을 들은 적이 있습니다. 중국인들은 떠도는 소문에 지레 겁을 먹고 도망갈 생각까지 하고 있었습니다. 그렇지만 나는 헛소문이라 여겨 전혀 개의치 않았습니다. 하지만 최근 발생한 수많은 사건들은 그것이 명백한 진실임을 우리게 확인시켜 주었습니다.

오늘 베이츠 선생으로부터 일본군이 우리가 여기에 있는 것을 매우 싫어한다는 이야기를 들었습니다. 그들은 그 어떤 정복자도 중립적 관찰자의 존재를 허락하지 않는다고 말했습니다. 하지만 독일이 벨기에를 점령했을 때, 수많은 중립적 관찰자들이 그곳에 모였던 역사적 사례가 있습니다. 이를 감안하면, 그들의 주장은 한갓 억지에 불과하다고 할 수 있겠죠. 우리는 처음부터 일본인이 우리가 난징에 있는 것을 싫어할 것이라고 생각했습니다. 현재 우리를 대하는 일본군의 태도를 보면, 애당초 우리의 추측이 맞았음을 알 수 있습니다. 그들은 난징에 있는 외국대사관을 통해 난징이 위험하다는 신호를 끊임없이 보내 우리를 난징 밖으로 내보려고 했습니다. 뿐만 아니라, 그들은 중국에 주재하는 외국 대사관이나 영사관의 직원들이 입성하는 것조차 허락하지 않고 있습니다. 도대체 왜 그러는지, 도무지 이해할 수가 없습니다. 일본군은 12월 12일에 난징에 입성하였습니다. 그 뒤로 그들은 몇 번의 작은 무력 충돌을 제외하고는 그 어떤 저항에도 부딪치지 않았다고 합니다. 도리어 무장을 해제한 중국 병사와 무고한 민간인들이 매일같이 그들의 손에서 죽어 가고 있습니다. 나는 적어도 그저께까지 중국인을 학살하는 기관총 소리를 들을 수 있었습니다. 그것은 틀림없이 중국인을 살해하는 총소리였습니다. 많은 경우, 일본군은 총이 아닌 총검으로 피해자들을 찔러 죽인다는 사실을 우리는 알고 있었습니다. 총검에 찔렸지만 간신히 살아남은 수많은 중국인들이 직접 자신이 당한 일을 우리에게 들려주었습니다. 나는 병원에서 한 중국인 경찰로부터 다음과 같은 이야기를 들었습니다. 어느 날, 일본군이 그더러 생면부지의 한 여성과 함께 길을 가도록 했습니다. 일본군은 원래 그 여자를 끌고 가서 겁탈하려고 했지만, 길에서 공개적으로 끌고 갈 수가 없어 그의 아내로 위장시켰던 것입니다. 해가 저물자 그는 기회를 틈타 도망을 쳤습니다. 그런데 불행하게도 다른 일본군에게 붙잡혀 총검에 등이 22번이나 찔리는 봉변을 당했습니다. 그중 두 번은 총검이 앞가슴을 뚫고 나올 정도로 심하게 찔렸습니다. 그런데도 그는 죽지 않고 기적같이 목숨을 부지했습니다. 일본군은 그가 죽은 줄 알고 자리를 떴습니다. 나중에 그는 두 손을 묶은 밧줄을 풀고 근처에 있는 빈 방에서 하루 밤을 지샌 뒤, 겨우겨우 병원으로 찾아왔던 것입니다.

나는 또 병원에서 한 비구니와 이야기를 나눈 적이 있습니다. 그녀는 성 남쪽에 있는 암자에 살고 있었습니다. 그녀의 말에 의하면, 일본군이 갑자기 암자에 쳐들어와 닥치는 대로 사람을 죽였다고 합니다. 그 와중에 주지승과 10살 난 어린 비구니가 목숨을 잃었고, 70세가 넘은 비구니는 자기 위를 덮친 다른 사람들의 시체에 깔려 죽었다고 합니다. 엉덩이에 총상을 입은 그녀는 12살 된 제자를 데리고 동굴에 피신했지요. 그리고 죽은 사람들의 시신 옆에서 꼬박 닷새를 지냈다고 합니다. 물론 먹지고 마시지도 못하면서 말입니다. 그러다가 나중에 한 일본군이 중국어로 "참 불쌍하군."라고 말하는 것을 듣고, 간신히 눈을 뜨고 그에게 도움을 요청했지요. 그러자 그 일본군은 그녀를 동굴 밖으로 끌어낸 뒤, 중국인들을 시켜 부대의 응급실로 데려가게 했답니다. 그녀는 그곳에서 상처를 치료하다가, 며칠 뒤 우리 병원으로 옮겨오게 되었습니다. 그녀를 우리 병원으로 데려온 재봉사의 말에 의하면, 일본군은 암자 주변에서 25명의 중국인을 죽였다고 합니다. 윌슨 선생은 그 비구니가 건강을 회복할 수 있을지 확실한 판단이 서지 않으며, 설사 회복하더라도 다리에 평생 장애가 남을 것이라고 말했습니다. 우리는 그 비구니로부터 그녀의 제자인 12살 어린 비구니가 등에 상처를 입고 있다는 사실을 들었습니다. 그래서 맥켈란 선생이 병원의 응급차를 몰고 가서 그 어린 비구니를 데려왔습니다. 그녀는 상처가 그리 심하지는 않았지만, 그래도 몇 주 동안은 우리 병원에서 치료를 받아야 했습니다.

1월 11일, 화요일

어제 아침, 오스트리아에서 온 하츠(Hatz : 난징에 머물고 있는 외국인 중 한 명. 외교관들이 오기 전에 우리 외국인은 총 20명이었음.) 선생이 아주 비참한 장면을 목격했습니다. 일본군 두 명이 두 손이 결박된 중국인을 산시루(山西路) 옆에 있는 저수지로 끌고 가서 물이 허리까지 차는 곳에 세워놓고 총을 쏴서 죽이는 장면이었습니다. 일본군은 하사나 이등병일지라도 중국인의 목숨을 마음대로 다룰 수 있는 권리가 있는 것 같습니다.

그저께 저녁, 진링대 부속 중학교에서 한 얌전해 보이는 학생(그의 부친은 일본에서 사업을 하고 있음.)이 두 손을 묶인 채 일본군에게 끌려갔습니다. 우리는 그의 안전이 매우 걱정되었습니다. 베이츠 선생의 말에 의하면, 일본군은 예전에도 일본어를 할 줄 아는 그를 데려다 일을 시키려 했지만, 우리 측에서 여러 가지 구실을 대는 바람에 그러지 못했다고 합니다. 물론 학생 본인이 핑계를 대며 일본군의 요구에 응하지 않았을 수도 있었겠지요. 그런데 이번엔 그 어떤 구실이나 핑계도 일본군에게 먹히지 않았습니다. 일본군은 기어코 그를 잡아가고야 말았습니다. 나중에 그는 아내에게 편지를 보내, 자신이 곧 총살될 것이라고 했습니다. 1월 29일, 그의 아내도 납치를 당했습니다. 일본군은 그녀와 다른 20명의 부녀자들을 강제로 트럭에 태워 도시 남쪽에 있는 한 건물로 데려 갔습니다. 그곳은 짐승 같은 욕망에 굶주린 일본군 장교들을 위해 마련한 "위안소(慰安所)"였습니다. 다행히 그녀는 그곳에 잡혀 와서 하인으로 일하는 한 중국 남자의 도움으로 악마들의 소굴에서 탈출할 수 있었습니다.

어제, 나는 병원에서 목에 깊은 칼자국이 난 여성을 보았습니다. 어찌나 상처가 깊었던지 머리가 거의 떨어질 정도였습니다. 이 여성은 다른 네 명의 여자들과 함께 진링대에서 끌려갔다고 합니다. 일본군은 여자들을 데려다가 강제로 빨래를 시키고 자신들을 위해 시중을 들게 했습니다. 그녀의 말에 따르면, 붙잡혀 온 여자들은 낮에는 일을 하고 밤에는 성폭행을 당했다고 합니다. 그녀들 가운데 젊고 예쁜 여성은 하루 밤에 40번이나 강간을 당했고, 자기와 비슷한 여자들은 하루 밤에 10~20번 정도 강간을 당했다고 합니다. 그러던 어느 날, 일본군 2명이 그녀를 데리고 빈 집으로 가더니, 다짜고짜 칼로 그녀의 목을 내리쳤다고 합니다. 다행히 치명적인 부위를 다치지 않아 목숨은 건질 수 있었답니다. 그래도 그녀가 죽지 않은 것은 정말 기적이라고 할 수 있겠죠. 그녀는 자신들을 성폭행한 사람 중에는 일본군 장교도 있었다고 했습니다.

며칠 전, 미국대사관 직원들이 돌아온 데 이어 독일대사관과 영국대사관의 직원들도 돌아왔습니다. 그런데 그들이 탑승한 함선들이 양쯔강(揚子江)에서 일본군의 폭격을 당했다고 합니다. 다행히 미국 함선 '파나이(帕奈)'호 한 척만 폭탄에 맞고, 다른 함선들은 무사했다고 합니다. 그들은 우리에게 편지를 전해 주었습니다. 그들은 앞으로 우리의 편지를 외부로 발송하는 일도 도와 줄 것입니다. 아무튼 그들의 복귀는 우리 모두에게 큰 선물이었습니다.

　나는 내가 보고 들은 끔찍한 일들을 죄다 기록하는 것이 아닙니다. 다만 내가 직접 보고 들은 1차 자료나 내가 사실이라고 확신하는 일부 자료만을 기록할 뿐입니다. 객관적으로 분명 좋은 일을 한 일부 일본인들도 있습니다. 그렇기 때문에 나는 모든 것을 부정적으로 쓰고 싶지는 않습니다. 어제 나는 총상을 입은 한 여성을 만났습니다. 그녀는 일본군이 난징을 점령하기 직전에 진행한 공습 때, 기관총에 맞아 여러 군데 상처를 입었습니다. 결국 그녀는 한쪽 눈을 완전히 잃고 말았습니다. 그녀에게는 아이가 여러 명 있었습니다. 그녀는 아이들을 먹여 살리기 위해, 석 달된 아기를 성 밖에 버리는 잔인한 선택을 할 수밖에 없었습니다. 그런데 나중에 몇몇 일본인들이 그녀를 발견하고 여러 가지 도움을 주었다고 합니다. 일본인에게 잡혀가 일을 한 사람들 가운데는 괜찮은 대우를 받은 사람도 있었습니다. 우리 정원사(庭園師)의 경우가 바로 그렇습니다. 그는 일본인을 위해 일한 그 며칠 동안 매일 품삯으로 50전을 가졌으며, 밥도 잘 얻어먹었다고 합니다. 일본영사관 직원들도 그 얄미운 경찰을 제외하고는 모두 예의가 바르고 또 우리를 도와주려고 했습니다. 그들은 일본군이 저지른 만행을 수치스럽게 생각했으며, 외국인의 재산을 보호하기 위해 최선을 다했습니다. 그런데 내가 보기에 그들은 일본군이 그동안 얼마나 많은 나쁜 짓을 했는지 잘 모르고 있는 것 같았습니다. 우리가 그들에게 일본군이 저지른 만행을 계속 보고하고 항의해봤자 역효과만 일으킬 수 있다는 결론에 이르게 된 것도 이와 무관하지 않습니다.

　비록 정도의 차이는 있지만, 일본군은 전반적으로 우리 외국인을 매우 혐오했습니다. 그들은 우리 손에 있는 식품이나 기름, 자금 등을 통제함으로써 '난민구역위원회'의 정상적인 운영을 저지하려고 했습니다. 우리는 마(馬) 시장이 대리 행사를 요청했던 일부 정부기능을 중국인 자치회(自治會)에 넘기는 데에는 기꺼이 동의했습니다. 하지만 우리가 갖고 있던 식품과 자금 등을 내놓는 것에는 한 치의 양보도 할 수 없었습니다. 왜냐하면 그것이 없이는 우리의 업무를 도저히 해 나갈 수 없었기 때문입니다. 우리는 현재 우리가 하고 있는 일을 멈춰서는 안 된다고 주장했습니다. 이곳의 난민들은 향후 오랜 기간 동안 여전히 우리의 도움을 필요로 하고 있습니다. 이 도시의 생활 질서는 완전히 엉망이 되어 버렸습니다. 때문에 이후 공업과 상업이 소규모의 회복세를 보이더라도 많은 사람들은 여전히 외부의 도움이 필요할 것입니다.

외교부에 있는 '국제적십자회' 병원의 의사와 간호사들의 말에 따르면, 현재 그들은 비교적 안전한 환경에서 일하고 있다고 합니다. 하지만 12월 14일, 내가 트럭 세 대에 부상자들을 태워 그곳에 실어간 뒤로는, 외국인들의 출입이 더 이상 허락되지 않았습니다.

내가 막 병원 문을 나오려고 할 때였습니다. 한 일본군 장교가 나를 보더니 노발대발하였습니다. 나는 나에게 그렇게 화를 내는 사람을 난생 처음 보았습니다. 그는 내가 병원에 있는 일본군 본부에 갔을 때 만났던 사람이었습니다. 그래서 처음에는 그가 그토록 화를 낸 이유가 내가 허락 없이 그의 본부로 찾아가서인가 하는 생각이 들었습니다. 나중에 다시 생각해 보니, 아마도 외국인으로서 그런 병원에 드나들고, 또 병원이 '국제적십자회'의 후원으로 운영됨을 공개적으로 밝힌 것이 그의 비위를 건드린 것 같았습니다. 때문에 그들은 그 병원의 부상자와 의료진을 보호할 수밖에 없는 상황에 놓이게 된 것입니다. 물론 제일 먼저 난징에 입성한 일본군은 기회만 되면 무슨 일이든 해야 하는 상황이었지만 말입니다. 일본군 가운데는 예의 바른 사람도 있었습니다. 내가 제일 처음 '국제적십자회' 병원에 갔을 때 영어를 할 줄 아는 한 장교를 만났는데, 그의 도움으로 일본군 본부를 찾을 수 있었습니다. 어쩌면 우리의 노력이 그곳에 있는 수백 명의 부상자와 의료진의 목숨을 구해 줬을 지도 모릅니다. 그곳의 여성들은 성폭행을 당하지 않았습니다. 이건 정말 시사하는 바가 컸습니다. 일본군 장교들이 원하기만 하면 언제든지 수하의 병사들을 통제할 수 있음을 보여 준 것입니다. 실제로 한 일본군이 부녀자의 방에 난입하려다가 장교에게 저지당한 일도 있었습니다. 상하이에서 간행된 한 일본신문(12월 17일이나 혹은 그 뒤에 나온 신문으로 짐작됨)에는, 한 중국 병사가 일본군이 베푼 동정과 보살핌에 감동한 나머지, 다시 군인이 되기를 원하는가 하는 질문에 "만약 다시 군인이 된다면, 반드시 일본을 위해 싸울 것입니다."라고 대답했다는 내용의 기사가 실렸습니다. 아이러니하게도 나는 얼마 뒤 한 중국군 포로가 일본군의 총검에 찔려 죽었다는 소식을 접하게 되었습니다. 그가 죽은 이유는 밥그릇이 엎질러지자 화를 냈기 때문이었습니다. 내가 보기에 일본군이 부상병들을 우대하는 것은 이미지 개선을 위한 한갓 쇼에 불과합니다. 그렇게라도 해서 당시 성행하고 있던 차마 입에 담기 힘든 그들의 만행을 어느 정도 덮으려고 했던 겁니다. '국제적십자회' 병원의 의사와 간호사들은 밖에서 일어나는 잔인한 일들에 대해 잘 알지 못하고 있었습니다. 일본군이 약간의 쌀을 보내 왔습니다. 그런데 그 대부분이 우리가 가지고 있는 돈으로 구입한 것이었습니다. 서로 다른 국적을 가진 10명의 외국인으로 구성된 위원회가 '국제적십자회'를 관리하고 있습니다. 내가 이 위원회의 위원장을 맡고 있지요. 현재 우리는 우리가 가진 돈을 쓰는 것 외에는, 사실상 다른 일들은 할 수가 없습니다. 그러나 부상자 보호라는 측면에서 볼 때, 우리 조직은 매우 쓸모가 있다고 할 수 있습니다. 일본인이 부상자와 의료진을 보호하는 동기가 어떻든 간에, 나는 그들이 이렇게라도 해주니 매우 기쁩니다. 하나님이시여, 감사합니다.

1월 30일, 일요일

오후 4시 30분, 나와 포스터 선생은 한센 선생의 집에서 우리 측 사람들과 함께 식사를 하며 중국의 음력 새해를 축하했습니다. 이번 만찬은 한센 선생의 초대로 이루어졌습니다. 그들은 평소 하루에 두 끼씩 먹었는데, 아침식사는 오전 9시에, 저녁식사는 오후 4시였습니다. 오늘은 주식 이외에 여섯 가지 반찬이 올랐습니다. 평소 간단한 음식으로 끼니를 때우는 그들에게 있어서, 이 정도면 진수성찬이나 다름없었지요. 식사 자리에서 포스터 선생이 설교를 하였습니다. 그리고 나도 옆집에 가서 J. L. 천(陳) 선생의 교도들에게 설교를 하였습니다. 이에 앞서 나는 오후 2시에 작은 기도회에 참석했습니다. 이 기도회는 J. L. 천(陳) 선생이 슐츠·판틴 선생의 집에 살고 있는 난민들을 위해 마련한 것이었습니다. 몇몇 비구니와 동자승도 참석했습니다. 포스터 선생도 오후 4시에 자신의 교도들을 위해 저녁 기도회를 열었습니다. 그는 그 자리에서 수요일에 난민들을 위한 "복음전도회"를 열겠다고 말했습니다. 진링여자문리대학, 진링대, 그리고 우리가 사는 곳과 진링여자신학원에서도 비슷한 행사를 진행했습니다. 감리교의 선(沈) 목사가 진링여자신학원의 행사를 주재했습니다. 우리 직원들은 우리 측 사람들을 포함하여 우리 집과 진링여자문리대학과 진링대의 난민들을 위해 새해맞이 행사를 치르느라 많은 고생을 했습니다.

지난 일주일 동안, 나는 가장 잔인하고 끔찍한 일들을 보고 들었습니다. 그것들은 내 이웃과 현장에 있던 8살 소녀에게서 직접 들은 것이기에 의심할 나위가 없는 사실입니다. 성 동남쪽에 있는 한 집에 중국인 13명이 살고 있었습니다. 어느 날, 일본군이 갑자기 들이닥쳐 총검으로 그들을 마구 찔러댔습니다. 그리하여 8살 소녀와 3~4살 여자아이를 제외한 나머지 사람들이 모두 비참하게 목숨을 잃었습니다. 8살 소녀는 등과 옆구리 세 군데에 상처를 입었으나 다행히 죽지는 않았습니다. 사망자 중에는 76살의 할아버지와 74살의 할머니가 있었고, 한 어머니와 세 딸도 있었습니다. 세 딸은 각각 16살, 14살, 그리고 1살이었습니다. 일본군은 16살, 14살 난 두 명의 소녀를 세 번이나 강간한 뒤, 말로는 형용할 수 없을 정도로 잔인한 방식으로 그녀들을 죽였습니다. 심지어 1살짜리 여자아이마저 그냥 지나치지 않았습니다. 내가 난징에서 들은 비슷한 사례만 해도 4건이나 됩니다. 독일대사관의 한 비서는 일본군이 한 여성의 하체에 골프채를 꽂은 사건을 이야기해 주었습니다. 그는 일본군의 비인간적 행위를 "일본인의 기술"이라고 비꼬았습니다. 나는 한 여성과 그녀의 1살 난 아이가 함께 죽은 모습을 사진에 담았습니다. 8살 여자아이의 말이, 집주인에게 갓 돌이 지난 아이(위에서 말한 어머니과 함께 있던 아이가 아님)가 있었는데, 그 아이는 머리가 일본군의 칼에 찍혀 두 동강이 났다고 합니다. 또 자신은 부상을 당한 뒤 어머니의 시체와 여동생이 있는 방으로 기어들어가 누룽지와 우물물을 먹으며 14일을 버텼다고 합니다. 일본군이 끊임없이 찾아오는 바람에, 그 두 아이는 낡은 침대 시트 밑에 숨어 있어야만 했답니다. 나중에 안전구역으로 피난을 갔던 이웃 노파가 돌아와서 그녀들을 구해줬다고 합니다.

어제, '안전구역위원회'는 회의를 열고 새로운 위기에 대처할 방안을 논의했습니다. 일본군 당국은 우리 위원회의 책임자가 독일인임에도 불구하고 위원회를 무시하고 있습니다. 그들은 직접 독일대사관에 연락하여 반드시 2월 4일 전까지 안전구역에 있는 난민들을 각자의 집으로 돌려보내라고 통지했습니다. 그리고 그렇게 하지 않을 경우 자신들이 나서 강제로 내보낼 것이라고 협박했습니다. 그들은 난징 시내 대부분 건물이 불타버렸고, 수천수만의 사람들이 돌아갈 곳이 없다는 것을 뻔히 알고 있으면서도, 기어코 난민들을 안전구역에서 쫓아내려고 했습니다. 일본인은 안전구역에 있는 25개 난민촌에 5만8천 명이나 되는 난민이 살고 있고, 건물마다 사람들로 꽉 차 있다는 사실은 전혀 감안하지 않았습니다. 그들이 난민들에게 새로운 거처를 마련해 준다고 약속을 했습니다. 하지만 그 누구도 그들을 믿을 수 없었습니다. 왜 우리가 마련해 준 난민촌을 떠나게 하려는 것인지? 그들의 진짜 목적은 중국인으로 하여금 외국인의 곁을 떠나게 하는 것이 아닐까 하는 생각도 들었습니다. 소름이 끼치도록 끔찍했던 지난 몇 주 동안, 우리는 줄곧 중국인들의 안전을 지키기 위해 최선을 다했습니다. 만약 우리가 중국인들의 곁에서 그들을 보호하지 않는다면, 더욱 많은 부녀자들이 겁탈을 당하고, 더욱 많은 무고한 사람들이 죽임을 당하게 될 것입니다. 그렇기 때문에 우리는 있는 힘을 다해 일본군 당국의 요구에 반대하고 있습니다. 바로 어제, 한 부녀자가 안전구역 밖에 있는 밍더(明德)중학교에 물건을 사러 갔다가 일본군에게 납치되었습니다. 당시 트럭 한 대가 그녀 옆에 서더니 강제로 그녀를 차에 태웠습니다. 그리고 다른 20여 명의 부녀자들과 함께 도시 남쪽에 있는 한 건물로 실어 갔습니다. 그녀는 내가 앞서 말한, 일본군에게 끌려가 죽임을 당한 그 통역 학생의 아내였습니다. 그녀는 이제는 안전하겠지 하고 방심했다가 변을 당했던 것입니다. 그녀들이 끌려간 곳은 짐승 같은 욕망에 굶주린 일본군 장교들을 위해 마련한 "위안소(慰安所)"였습니다. 다행히 그녀는 그곳에서 하인으로 일하는 한 중국 남자로부터 그 악마들의 소굴에서 벗어나는 유일한 방법을 알게 되었습니다. 그것은 바로 아무 데나 구토를 하며 집안을 어지럽히는 것이었습니다. 그녀가 그 남자 말대로 했더니, 과연 일본군 장교들은 그녀를 더럽다고 꺼리면서 내쫓고 말았습니다. 그녀는 그길로 부랴부랴 안전구역으로 돌아왔습니다. 그리고 자기가 겪은 일들을 우리에게 이야기해 주었습니다. 일본군 당국이 모든 난민들을 난민구역에서 쫓아내겠다고 했을 때, 우리의 느낌이 어떠했을지 당신은 상상할 수 있을 것입니다. 일본군이 우리가 사는 곳에서 부녀자를 잡아가려고 할 때마다, 우리가 나서서 그들을 제지시켜 왔습니다. 그러면 그들은 식품을 안전구역으로 반입하지 못하게 하는 비열한 방법으로 복수를 했습니다. 그들은 마치 성도덕(性道德)이 없는 민족 같았습니다. 일본에서는 경제적으로 어려운 부모를 돕기 위해 딸이 몇 년간 매춘부가 되는 것을 효(孝)라고 간주했다고 합니다. 이런 여성들은 나중에 결혼도 할 수 있었지요. 물론 일본인들도 성(性)적인 측면에서 나름대로의 도덕규범이 있을 겁니다. 하지만 일본인과의 접촉을 통하여, 우리는 그들이 근본적으로 강간을 범죄라고 생각하지 않는다는 것을 알게 되었습니다. 우리로서는 전혀 납득할 수 없는 부분이었습니다. 일본영사관의 한 경찰이 매일 우리 숙소 근처를 배회하였습니다. 아마도 외국인의 동향을 살피는 임무를 맡은 것 같았습니다. 일주일 전, 그는 진링대 부속중학교에 가서 빨래할 여성 다섯 명을 찾았습니다. 그곳 사람들이 나이가 많은 여자를 소개해 주자, 그는 "안 돼, 젊고 예쁜 여자라야 된단 말이야."라고 일언지하에 거절했습니다. 사람들이 "나이가 든 여자들이 빨래를 더 잘하잖아요."라고 대꾸하자, 그 경찰은 말문이 막혀 그냥 빈손으로 돌아갔다고 합니다. 나중에 앨리슨 선생이 그 일을 일본영사관에 보고했습니다. 일본영사관 직원은 그 일에 대해 부인하면서, 오히려 이 일을 말한 중국인의 이름을 알려 달라고 했습니다. 물론 우리는 알려주지 않았습니다. 당연히 그 중국인은 죽임을 당하거나 매를 맞을 것이 분명했기 때문입니다. 같은 날, 그 일본 영사관 경찰이 우리를 찾아왔습니다. 우리와 함께 식사를 하던 코라 씨가 일본어로 그와 이야기를 나누었습니다. 그는 이곳에 여성들이 많다는 것을 알고 있었습니다. 그가 찾아온 목적은 바로 이곳에서 마음에 드는 여자들을 데려갈 수 있는지 여부를 알기 위해서였습니다.

2월 2일, 수요일

요즘 가장 큰 골칫거리는 강간입니다. 매일 증가하고 있는 강간 사건으로 말미암아 우리의 마음은 항상 불안하기만 합니다. 그것은 아마도 이곳에 주둔한 일본군 가운데 나쁜 사람이 예전보다 많아서 그런가 봅니다. 물론 그중에는 좋은 사람도 별로 없겠지만 말입니다. 어제 점심시간이 지난 뒤였습니다. 나와 포스터 선생이 한창 미국 군함 '오아후'호에 보낼 편지를 쓰고 있는데, 어떤 소년이 헐레벌떡 뛰어왔습니다. 그는 다급한 어조로 우리에게 일본군이 지금 자기가 살고 있는 집에 난입해 처녀를 찾고 있다고 했습니다. 그의 말을 듣고 우리는 한걸음에 달려갔습니다. 그곳은 스타인 선생의 집에서 아주 가까운 곳이었습니다. 집주인은 우리를 보더니 방을 가리켰습니다. 우리가 문을 두드리며 큰 소리로 "문 열어!"라고 외쳤지만, 아무런 반응도 없었습니다. 우리는 하는 수 없이 방문을 부수고 들어갔습니다. 방에 들어가 보니, 일본군 두 명이 침대 위에서 15살 난 소녀(소녀의 나이는 나중에 알게 되었음)를 겁탈하고 있었습니다. 우리가 들어가자, 그들은 마지못해 파렴치한 짓거리를 멈추었습니다. 우리는 너무도 화가 나서 그들을 향해 꺼지라고 소리쳤습니다. 우리의 소리에 놀랐는지, 그 두 녀석은 침대에서 벌떡 일어났습니다. 그리고 둘 중 술에 잔뜩 취해 있던 한 녀석이 비틀거리며 먼저 방에서 나가더군요. 그런데 나머지 한 녀석이 손에 권총과 혁대(술에 취한 녀석은 무기를 가지고 있지 않았음)를 쥔 채, 우리를 쏘아보고 있는 게 아니겠어요. "저 녀석이 총을 쏘는 날엔 끝장이야!"라는 두려움이 순간 뇌리를 스쳤습니다. 다행히 그 녀석은 바지춤만 추스르더니 그냥 나가버렸습니다. 우리는 술에 취한 녀석을 따라가, 그의 등을 밀어 칸막이에 난 구멍으로 빠져 나가게 했습니다. 그런데 그 두 녀석은 누구도 앞문으로 나가려 하지 않았습니다. 우리는 홧김에 그 술에 취한 녀석을 난폭하게 다루었습니다. 포스터 선생은 그의 어깨를 힘껏 밀고, 나는 한 손으로 그의 팔을 잡고 다른 한 손으로 그의 머리를 눌러 현관 밖으로 밀어냈습니다. 나중에 생각해 보니, 당시 우리의 행동이 좀 과했던 것 같았습니다. 자기 몸조차 가누지 못하는 취한(醉漢)을 그렇게까지 난폭하게 다룰 필요가 없지 않았나 싶었습니다. 그 녀석이 우리에게 악수를 청했지만, 우리는 거들떠보지도 않았습니다. 포스터 선생은 앞으로 나가 헌병을 찾았고, 나는 그 녀석의 뒤를 따라갔습니다. 그 녀석은 걷다가도 자꾸 몸을 돌려 되돌아오려고 했습니다. 그때마다 나는 앞으로 떠밀었습니다. 얼마쯤 갔을까, 한 무리의 중국인들이 구경하러 몰려들었습니다. 건장한 체구를 가진 녀석은 중국인들을 때리려고 주먹을 휘둘렀으나 몸이 말을 듣지 않았습니다. 녀석이 술에 취해 있었던 게 천만다행이었습니다. 우리는 그 녀석을 헌병에게 넘겨주었습니다. 그리고 손바닥에 중국어로 그 녀석이 여자를 겁탈했다고 써서 보여주었습니다. 오늘, 앞서 말한 그 15살 난 소녀의 아버지가 우리에게 막내딸이 다섯 번이나 강간을 당했다고 하소연했습니다. 1월 14일에 두 명에게 1월 22일에는 또 한 명에게, 어제는 위에서 말한 그 두 명에게 강간을 당했다고 했습니다. 며칠 전, 나는 샤관의 기독교 신자들이 피난하고 있는 숙소에서 부녀자가 있는 위층 방으로 가는 한 일본군을 제지한 적이 있습니다. 그 일본군도 술에 잔뜩 취해 있었기에 손쉽게 대처할 수 있었습니다.

오늘, 포스터 선생은 자치회(일본인이 난징을 통제하기 위해 만든 중국인 자치조직) 멤버로부터 무장한 병사를 가득 실은 일본군 트럭이 오전에 자치회 본부를 찾아갔다는 소식을 전해 들었습니다. 일본군은 자치회에 적어도 처녀 13명 이상을 내놓으라고 강요했다고 합니다. 여자들이 겁을 먹고 숨어버리자, 그들은 여자 숙소를 포위한 채 오후까지 그곳을 떠나지 않았다고 합니다. 자치회에서 매춘부 두 명을 구해주었지만, 그들의 요구를 만족시키기에는 턱없이 부족했겠지요. 나중에 어떻게 되었는지에 대해서는 지금까지 들은 바가 없습니다.

일본 당국은 안전구역에 있는 난민들에게 2월 4일까지 반드시 각자의 집으로 돌아가야 한다고 통지했습니다. 그들은 난징 시내의 대부분 건물이 불에 타버린 사실을 뻔히 알면서도, 기어코 난민들을 안전구역에서 쫓아내려고 했습니다. 비록 그들이 난민들에게 새로운 거처를 마련해 준다고 약속을 했지만, 우리는 그들의 처사가 도무지 납득이 가지 않았습니다. 왜 난민들을 우리가 마련해 놓은 난민촌으로부터 분리시키고자 하려는 것일까? 우리는 난민들의 앞날이 무척 걱정되었습니다. 만약 우리가 중국인들의 곁에서 그들을 보호하지 않는다면, 더욱 많은 부녀자들이 강간을 당하고, 더욱 많은 무고한 사람들이 약탈과 학살을 면하지 못하게 될 것입니다. 우리는 독일대사관에 일본군 당국의 의도를 물어보았습니다. 그들에 의하면, 일본군 당국이 난민들을 떠나게 하려는 진짜 이유 또는 적어도 그 이유 중 하나는, 우리 외국인들이 항상 난민들의 하소연을 들어주고, 또한 온갖 방법을 다해 그들을 보호해 주기 때문이라고 했습니다.

요즘 가장 큰 골칫거리는 강간입니다. 일본군은 강간을 수치라고 선혀 생각하지 않습니다. 따라서 군부대 책임자는 여태껏 강간을 방지하기 위한 실질적인 조치를 취하지 않았습니다. 강간을 저지른 병사 몇 명만 잡아서 사형에 처해도 이러한 만행을 금지시킬 수 있을 것입니다. 그러나 내가 보기에 그것은 처음부터 불가능한 일이었습니다. 일본군 전체가 강간을 범죄나 매우 잔혹한 일로 생각하지 않기 때문입니다. 어제 술에 취한 일본군을 쫓아낸 뒤, 나는 만약 그가 미국 병사였다면 그저 꾸짖는 것만으로 끝나지 않았을 것이라는 생각이 들었습니다. 내가 알기로 일본인은 자신들의 강간 행위가 외국 신문에 기사로 실리는 것을 가장 큰 수치로 생각한다고 합니다.

일본인은 이곳에 있는 모든 외국인들을 죽도록 미워합니다. 이것은 의심할 여지가 없습니다. 오늘, 코라 선생이 우리와 함께 살고 있는 타타르 기술자 치얼 씨와 함께 타이핑루(太平路)를 걷고 있었습니다. 그때 옆을 지나가던 한 무리의 일본군 중 한 명이 그들을 쏘아보며 성난 목소리로 물었습니다. "당신들은 미국인이냐?" 코라 선생이 일본어로 "아니오, 러시아인입니다."라고 대답하자, 그는 뭔가를 투덜대면서 지나갔다고 합니다.

제5장

맥켈럼의 증언

가족에게 보내는 편지[1]

1937년 12월 19일, 일요일

난징을 지키던 중국군이 패전한 뒤 벌써 일주일이 지났다. 월요일, 일본군은 구러우(鼓樓)병원을 지나 중산루(中山路)에 이르렀다. 가는 곳마다 일본국기 천지였다. 우리는 그제야 안도의 한숨을 내쉬었다. 중국군이 철수하면서 나타난 공황과 소요 사태가 가라앉고 도시의 질서가 회복될 줄 알았기 때문이다. 비행기가 머리 위를 날아가도 더 이상 긴장되거나 두렵지 않았다. 하지만 이곳이 생지옥이란 걸 깨닫는 데는 일주일이면 충분했다.

내가 여기서 말하고자 하는 것은 매우 끔찍한 이야기이다. 그것이 어디서부터 시작되었고, 또 언제까지 지속될 지 현재의 나로서는 알 수가 없다. 비일비재하게 일어나는 만행, 나는 여태껏 이런 만행을 본 적도 들은 적도 없었다. 매일 밤 어림잡아 천여 건의 사건이 발생했고, 낮에도

---

[1] (원저자 주) 맥켈럼의 편지는 예전에 John Labor Christian이 편집해서 출판한 적이 있다. RG10, B119, F24, 『Account of the Jananese Atrocities of Nanking during the Winter of 1937-38』(『1937년부터 1938년 겨울까지 일본군이 중국에서 벌인 만행』, 워싱턴, 1942년 3월)에서 발췌.

꽤나 많은 사건이 일어났다. 조금이라도 반항하거나 순종하지 않으면, 바로 총검에 찔리거나 총격을 당한다. 우리가 매일 기록하는 사건만도 수백 건에 달한다. 히스테릭해진 현지 중국인들은 우리와 같은 외국인을 만나기만 하면 시간과 장소를 가리지 않고 바로 엎드려 머리를 조아리며 도움을 요청한다. 군인 혹은 다른 위험인물로 의심되는 중국인들은 수백 수천 명씩 성 밖으로 끌려가 총살을 당했다. 우리 병원의 직원들은 3차례나 펜과 시계, 그리고 돈을 빼앗겼다. 심지어 일부 난민촌의 가난한 난민들까지도 거듭되는 약탈을 당했다. 그들은 마지막 남은 동전 한 닢, 옷 한 벌과 이불 한 장까지도 모조리 빼앗겼다. 매일 오전과 오후, 그리고 저녁마다 부녀자들이 잡혀갔다. 일본군은 마음 내키는 대로 어디든 자유롭게 드나들고 제멋대로 행동했다. 진링여자문리대학, 진링대와 오대산학교의 성조기가 자주 찢겨지고 훼손되었다. 매일 밤, 신학원, 진링여자신학원, 진링대, 진링여자문리대학, 진링대 부속 중학교의 양잠실과 도서관 등 수십 곳에서 강간, 약탈, 총살, 척살(刺殺)과 같은 만행이 벌어졌다. 만약 그 자리에 외국인이 있었다면 저지시킬 수도 있었을 것이다. 하지만 고작 15~20명에 불과한 우리로서는, 시도 때도 없이 아무 곳에서나 벌어지는 만행들을 저지시키기에는 그야말로 역부족이다.

12월 29일, 수요일

이번 주는 밤낮으로 너무 바빠서 편지를 쓸 겨를도 없었다. 병원을 찾아오는 일본군을 대처하기 위해 외국인 한 명이 반드시 24시간 당직을 서야 했다. 지금 이곳은 매서울 정도로 추운 날씨에 눈까지 온다. 추위에 떨고 있거나 좁은 방에서 비좁게 사는 난민들을 생각하니 마음이 괴롭다. 우리 병원은 이미 만원이 되어 증세가 가벼운 환자는 진링대 기숙사에 배치하였다. 어떤 사람은 내보내고 싶지만, 갈 곳이 없는지라 그렇게 할 수도 없다. 지난주만 15~20명의 아기가 태어났다. 그 중 6명은 크리스마스에 태어났다. 하인츠 양은 거의 아기 방에서 아기들을 돌보며 지내고 있다. 때문에 그녀를 찾기는 아주 쉽다.

크리스마스가 되니 가족이 굉장히 그리웠다. 나는 속으로 당신과 아이들이 즐거운 크리스마스를 보내길 바랐다. 우리는 당신이 아직 구링(牯嶺)에 있을 거라 생각하고 있다. 그런데 요즘 구링에 있는 사람들이 철수할 거라는 소문이 돌고 있다. 우리는 바깥세상과 완전히 차단되어 있다. 아무도 난징에 들어올 수 없으며, 우리가 성 밖으로 나가는 것도 여간 어려운 일이 아닌 것 같다. 우리는 사람을 보내 이미 발생했거나 지금 발생하고 있는 만행을 바깥세상에 전하고자 했었다. 하지만 일단 성을 나서면 다시는 돌아올 수 없기에 그런 생각을 접을 수밖에 없었다.

나는 밀스 선생, 피치 선생, 스마이스 선생, 휴버트 선생, 윌슨 선생, 베이츠 선생, 릭스 선생과 함께 벅 선생의 집에 살고 있다. 우리는 누구나 두 사람 이상의 몫을 하고 있다. 거의 5분마다 도움을 청하는 사람이 나타나는 바람에, 우리는 여유 있게 앉아 밥 먹을 시간도 없다. 우리가 늘 하는 일은 트럭을 약탈하는 일본군을 저지하거나, 일본군으로부터 부녀자를 구출해 오는 것이다. 허겁지겁 음식을 삼키고 밖으로 뛰어 나가는 일이 많다 보니, 여럿이 함께 앉아서 식사하는 것은 거의 불가능하다. 날이 어두워지면 우리는 혼자서 외출하지 않고 항상 두세 사람씩 짝을 지어 다닌다.

나는 매일 또는 이틀에 한 번씩 교회에 나가 교회 재산을 살펴본다. 바이샤루(白下路)에 위치한 우리 집에 갈 때마다 나는 방문자(일본군 병사를 가리킴–역자)가 왔다 간 흔적을 발견한다. 외국인이 살던 주택마다 똑같은 광경이 벌어졌다. 즉, 일본군이 입성하기 전에는 별 탈이 없었지만, 그들이 입성한 뒤로는 난입과 약탈로 모든 게 엉망진창이 되어 버렸다. 모든 자물쇠가 망가졌고, 모든 옷장이 깡그리 털렸다. 일본군은 눈에 불을 켜고 현금을 비롯한 모든 값진 물건을 찾아 헤맸다. 굴뚝과 피아노까지 그냥 넘어가지 않고 샅샅이 뒤졌다.

우리의 축음기는 레코드가 완전히 망가져 있었다. 여기저기에 깨진 그릇과 접시들이 바닥에 버려진 채 다른 물건들과 뒤섞여 있었다. 피아노는 덮개가 없어졌고, 모든 건반은 어떤 무거운 것에 의해 충격을 받은 흔적이 역력했다. 우리 주택은 안전구역 밖에 있다. 따라서 어느 정도 예상한 결과이기도 했다. 하지만 안전구역 안에 있는 건물들도 같은 봉변을 면치 못했다. 일본군은 아이들이 다니던 학교 건물 두 채에 불을 질렀는데, 그중 한 채는 완전히 타버렸다. 재난을 겪은 난징은 처참하기만 하다. 일본군이 갓 입성했을 때에는 건물이 파괴되는 일이 많지 않았다. 하지만 그 뒤로 상점들이 모조리 약탈당하고, 대부분의 가게가 불타 버렸다. 현재 타이핑루(太平路)와 중화루(中華路)를 비롯한 성 안의 주요 상가들은 모두 폐허가 되었다. 성 남쪽에 있는 주요 거리의 인근 지역도 모두 불에 타 버렸다. 우리는 이곳에서 매일같이 새롭게 타오르는 불길을 볼 수 있다. 이런 야만적인 파괴 행위가 언제까지 지속될는지 그 누구도 모른다.

일반 시민들의 처지는 이것보다 훨씬 더 비참하다. 공포로 가득 찬 생활은 그들의 일상이 되었다. 대부분 사람들이 홑옷 한 벌 외에는 가진 게 아무것도 없다. 맨주먹에 의지까지 상실한 그들은 일본군의 손아귀에 잡혀 오도 가도 못하는 신세가 되었다. 일본군은 어디든 가고 싶은 곳에 가서 마음대로 할 수 있었다. 또한 군기가 해이해진 일본군은 늘 거나하게 취해 있었다. 그들은 낮에 안전구역 난민촌 건물에 침입하여 마음에 드는 여자를 물색해 놓고, 밤에 다시 찾아와 강간했다. 만약 그녀들이 피해 달아나면, 남자 책임자를 불러와 그 자리에서 총검으로 찔러 죽였다. 11~12살의 여자 아이부터 50살의 부녀자까지 모두 그들의 성폭행을 피해갈 수 없었다. 반항하면 바로 목숨을 잃었다. 상태가 심각한 부상자들이 병원으로 실려 왔다. 임신 6개월 중인 한 여성은 반항하다가 얼굴과 몸에 칼 16군데를 찔렸는데, 그중 아랫배에 난 칼자국이 유난히 끔찍했다. 그녀는 아이를 잃었지만 다행히 목숨만은 건질 수 있었다. 남자들은 아무런 반항도 없이 일본군이 하라는 대로 하였다. 살려 준다는 일본군의 약속 때문이었다. 하지만 일본군의 약속은 한낱 속임 수에 불과했다. 남자 몇 명이 처참한 현장에서 가까스로 빠져나와 안전 구역으로 돌아왔다. 그 중 한 명은 일본군이 자기들을 총검 연습용으로 삼아 마구 찔러댔다고 했다. 그의 몸에 난 상처를 보니 그 말이 틀림없 었다. 머리와 목 부위에 큰 화상을 입은 남자가 병원으로 실려 왔다. 그는 구린쓰(古林寺) 근처로 끌려간 한 무리의 남자들 가운데서 겨우 살 아남은 사람이었다. 그는 간신히 숨을 쉬면서 자기들이 겪은 참혹한 사 연을 이야기했다. 그에 의하면, 일본군은 그들의 머리에 가솔린을 붓고 불을 붙였다고 한다. 그는 몸에는 상처가 없었지만 머리와 목 부위에 입은 화상이 워낙 심하여 형체를 알아 볼 수 없었다. 같은 날, 또 한 사람이 화상을 입고 병원으로 실려 왔다. 그는 몸의 반 이상이 불에 탔 으며, 게다가 총상까지 입고 있었다. 우리는 이들을 통해 사건의 진상을 어느 정도 파악할 수 있었다. 일본군은 남자들을 한 무리씩 끌고 가서 기관총 세례를 퍼부은 후, 그 시체들을 한데 쌓아 놓고 불을 지른 것이 다. 자세한 내용을 들을 수는 없었지만, 그들이 시체 더미 속에서 기어 나와 살기 위해 병원까지 찾아온 것만은 분명한 사실이다. 그 두 사람은 상태가 워낙 심각해 결국 모두 죽고 말았다. 당신은 내가 전하는 이 끔 찍한 이야기들을 읽고 며칠 동안 음식을 먹지 못할 수도 있다. 정말 믿 기 힘들겠지만, 이 모든 것은 사실이다. 수천수만의 사람들이 잔혹하게 학살당했다. 도대체 얼마나 많은 사람들이 살해되었는지 알 수가 없다. 어떤 사람들은 그 수가 만 명이 넘을 거라고 확신하고 있다.

우리는 아주 친절한 몇몇 일본인들을 본 적이 있다. 그들은 우리 앞에 서 매우 공손하고 예의 바르게 행동했다. 하지만 대다수 다른 일본인들 은 몹시 사납고 거칠었다. 그들은 때로는 우리를 위협하기도 하고 때로 는 우리를 주먹으로 치고 발로 차기까지 하였다. 얼마 전 릭스 선생이 바로 그런 일을 당했다. 나는 한 일본군이 중국인을 도와주는 것을 우연히 본 적이 있다. 또한 두 손으로 중국 아기를 번쩍 들어 올리며 장난치는 일본군을 본 적도 있다. 내 앞에서 자기는 전쟁이 싫으며 하루빨리 고향에 돌아가고 싶다고 말한 일본군 병사도 한두 명이 아니다. 일본대사관의 직원들도 진심으로 우리를 돕고자 했지만, 그들의 힘으로는 어찌할 수가 없었다. 일본군 가운데 양심이 있는 자는 극소수였다.

지금은 우리 병원의 회진(回診) 시간이다. 병원에서 근무하는 직원은 약 백 명이다. 우리가 다시 물과 전기를 쓸 수 있게 된다면 일이 많이 수월해질 것이다. 하지만 지금은 전문 인력을 투입해 조명 관리를 해야 하고, 펌프를 이용해 지하수를 퍼 올려야 한다. 매일 별도로 요구되는 작업량만도 엄청나다.

12월 30일, 목요일

오늘따라 날씨가 무척 쾌적하다. 밖에 나가 신선한 공기를 마시니 기분이 정말 좋다. 지금은 상황이 비교적 평온하지만, 그렇다고 양호한 것은 절대 아니다. 오늘 부상자 한 명이 병원에 왔다. 그는 창자 부위에 관통상을 입어 창자가 약 4피트 정도 밖으로 흘러나와 있었다. 그는 아마도 건강을 회복하기 힘들 것 같았다. 윌슨 선생이 오전 대부분 시간을 할애하여 붕대로 그의 상처를 열심히 싸매 주었다. 점심시간 전에, 일본군 두 명이 12살 소녀를 강제로 노란 택시에 태워 데려갔다. 일본군은 또 진링여자문리대학과 마기 선생의 집, 그리고 다른 여러 곳에서 군인으로 지목 받은 남자들을 강제로 끌고 갔다. 난민촌에 있는 친구들이 그들이 일반인임을 증명해 주었고, 그들 스스로도 군인이 아니라고 애써 변명했으나 아무런 소용이 없었다. 일본군은 그들의 손에 굳은살이 있다는 이유로, 더 이상의 검증 없이 그들을 군인으로 내몰았다. 그리하여 수많은 인력거꾼, 선원, 그리고 다른 노동자들이 단지 손바닥에 열심히 일한 노동의 흔적이 있다는 이유로 총살을 당했다. 젠안(建安) 버스정류

장 근처에 있는 독일인 저택에서 집을 지키던 나이든 경비가 살해되었다
는 보고가 들어왔다. 젊은 남자 일꾼을 잡아가려고 독일인 저택에 난입
한 일본군이 목표물을 찾지 못하자 그 경비에게로 눈길을 돌렸다. 하지
만 그 경비가 한사코 거절하자 총으로 쏴 죽였던 것이다. 오늘은 그나마
무사하게 보낼 수 있었다. 우리는 그동안 앉아서 편지 쓸 시간조차 없었
다. 당신은 이곳에서 무슨 일이 벌어졌는지 상상조차 못할 것이다.

병원과 구러우(鼓樓)교회에 살고 있는 중국인들에게 식량을 제공하느
라 바쁜 시간을 보냈다. 식량 50포대를 옮겼는데, 약 65톤에 달했다(6.5톤
이라 생각된다 – 역자).

일본군은 경찰과 중국인에 대한 통제를 강화하기 시작했다. 아울러
외국인에 대한 규제 강화를 제안했다. 오키(Oki) 선생은 미국인들은 당
연히 경비가 있는 지역에 모여 살아야 한다고 충고했다. 이런 상황에서
우리에게 도대체 어느 정도의 자유가 주어질 지 무척 걱정이다. 요즘
신분 등록이 한창 진행되고 있다. 등록을 하지 않은 중국인은 안전구역
안에서만 자유롭게 활동할 수 있지 안전구역 밖으로는 나갈 수 없다.

미안하지만 잠시 펜을 놓아야겠다. 몇몇 환자를 응급차에 태워 집으
로 보내 줘야 한다. 누구든 병원을 떠날 때에는 반드시 외국인 한 명이
동행해야 한다. 나는 심지어 경찰들의 보디가드가 되어 주기도 한다.
병원이 워낙 비좁기에 누군가 퇴원을 하게 되면 정말 기쁘다. 수많은
사람들이 갈 곳이 없는데다가 돈도 없고 옷도 없다. 실로 난감하기 그지
없다. 하지만 우리는 치료를 마친 사람들을 밖으로 내보낼 수 없다. 굶
어 죽을 수도 있고, 일본군에게 살해되거나 상해를 입을 수도 있기 때문
이다. 난징이 함락된 뒤, 대부분 사람들은 총검에 찔리거나 총탄에 맞은
상처를 안고 이곳에 왔다.

…… 우리는 여전히 바깥세상과 동떨어져 있다. 일본군은 사방에 아
직 중국군이 있으니 외국인들이 난징에 들어오는 것은 여전히 위험하다
고 통지했다. 하지만 일본인의 입장에서 진정으로 위험한 것은 더 많은

외국인들이 우리가 이미 목격한 잔인한 사실들을 알게 되는 것이다. 그들은 결코 이것을 원치 않을 것이다. 이곳의 상황은 많이 나아진 편이다. 강간과 약탈은 여전히 지속되고 있지만, 예전보다 많이 줄어들었다. 가장 악랄했던 사단이 난징을 떠났다. 하지만 그 사단이 가는 곳에서 중국인들은 외국인의 도움을 받지 못할 것이다. 그곳에 사는 가난한 중국인들이 참으로 가여울 뿐이다. ……

1938년 1월 1일, 토요일

새로운 하루와 새로운 한 해가 눈부신 아침 햇살을 받으며 동시에 시작되었다. 나는 요란스런 폭죽 소리에 놀라 잠에서 깨어났다. 처음 보는 광경에 나는 다소 두렵고 불안했다. 오늘은 날씨가 유난히 맑았다. 동녘 하늘에 걸린 태양은 큰불덩이를 방불케 했다. 잠시 후 모습을 드러낸 쯔진산(紫金山)은 캐스케이드(Cascade)산맥이 늘 보여 주는 파란 빛을 발산했다. 아름답기 그지없었다. 명절 분위기가 물씬 느껴졌다. 일본인은 대량의 폭죽을 중국인에게 무료로 나누어 주었다. 그러나 그들은 마음껏 떠드는 것으로 자신의 영혼을 구원하고자 하지는 않았다. 입수한 소식에 의하면 일본군은 어제 한 포대에 2백 파운드씩 든 쌀 수십만 포대를 중국 정부에 증정했다고 한다. 새해를 맞아 사람들은 여느 때와 다른 기분으로 새해 인사를 나누었다.

그저께 밤, 우리는 라베 선생의 집에 초대되었다. 거기서 우리는 아름다운 크리스마스트리와 불이 켜진 양초를 보았다. 모든 것이 완벽했지만, 곁에 아내와 아이들이 없는 것이 가장 큰 유감이었다. 나는 가족들이 걱정된다. 라디오에서 방송되는 도쿄 단신을 통해 미국인들이 모두 구링(牯嶺)에서 철수 했다는 소식을 접했다. 나는 가끔 가족들이 무사히 미국에 돌아갔으면 얼마나 좋을까 하는 생각을 한다.

새해를 맞이하여 나는 텔리넴 부인, 마기 선생, 포스터 선생, 진링여자문리대학에 초청된 천(陳) 선생 부인과 함께 저녁 식사를 하였다. 우리는 마지막 남은 거위까지 맛있게 먹었다. 그런데 저녁식사가 끝날 무렵, 하루 내내 평온하던 분위기가 그만 깨지고 말았다. 남자 2명이 달려와 갑자기 마기 선생의 집(마기 선생에게는 집이 세 채가 있는데, 집마다 난민들이 꽉 차 있었다)에 일본병사 2명이 난입하여 여자를 찾고 있다고 알려왔다. 우리는 서둘러 차를 준비했다. 피치 선생이 차를 운전하고 마기 선생과 포스터 선생이 동행했다. 나중에 피치 선생은 피해 여성 두 명을 병원으로 호송했다. 그중 한 명은 이미 겁탈을 당했다. 다른 한 명은 심한 구타를 당한 뒤 아버지의 도움으로 도망을 쳤지만, 창문에서 뛰어내리다 그만 다치고 말았다. 그녀들은 이미 제 정신이 아니었다. 그 뒤로 성 동남쪽에 있는 절에서 한 비구니가 실려 왔다. 그녀는 12월 14일에 벌써 부상을 입었었다. 그녀 외에도 다섯 명의 비구니들이 도랑에 숨어 있었는데, 일본군이 도랑 양끝에서 치고 들어와 세 명을 죽이고 두 명에게 상처를 입혔다. 그녀와 10살 먹은 어린 비구니가 상처를 입은 채, 친구들 시신 밑에 숨어 겨우 목숨을 건졌다. 그녀들은 18일 동안 치료를 받지 못했고, 5일 동안 음식을 먹지 못했다. 이웃에 사는 남자가 중상을 입은 비구니를 병원으로 이송했다. 그녀는 우리에게 등에 상처를 입은 어린 비구니를 구해 달라고 간청했다. 나는 응급차를 가지고 가서 그 소녀를 실어왔다. 소녀의 상처는 이미 아물어 있었다. 현재 소녀에게 가장 필요한 것은 먹을 것과 목욕, 그리고 편안한 환경이었다. 성 동남쪽에 거주하는 사람들은 근처에 일본군이 주둔해 있기에 늘 마음이 조마조마했다. 우리가 어린 비구니를 기다리고 있을 때, 한 무리의 일본군이 우리 주위에 모여들었다. 그들은 행동거지가 진중해 보였다. 그런데 이때 술에 취한 한 일본군 병사가 두 명의 중국 노인에게 다가와 그들을 윽박질렀다. 중국 노인들은 몹시 겁을 먹고 나에게 달려와 도움을 청했다. 솔직히 말해 나도 술에 취한 일본군은 굉장히 무서웠다. 왜냐하면 그의 손에 무기가 있었기 때문이다. 다행히 몇몇 멀쩡한 병사들이 취한 병사를 다른 곳으로 옮겼다. 중국 노인들은 그 틈에 재빨리 도망갔다. 술에 취한 병사가 나에게 욕설을 퍼부었다. 그러자 다른 병사가 화를 내며 몽둥이를 집어 들고 그를 제지했다. 응급차가 있는 곳으로 돌아가려던 순간, 나는 우리 병원 직원 한 명이 또 다른 무리의 일본군에게 끌려가는 것을 보았다. 그 사람은 호기심에 우리와의 동행을 자원했던 요리사였다. 일본군이 그의 적십자 완장을 빼앗자, 그의 얼굴은 총살이라도 당할까봐 두려워하는 기색이 역력했다. 나는 일본군의 손에서 그를 구해냈다. 그를 구하는 동안, 다시 응급차를 뺏기지 않을까 하는 걱정도 들었다. 나는 그를 데리고 재빨리 응급차가 있는 곳으로 돌아왔다. 돌아오면서 보니, 처음부터 우리 주위에 모여 있던 일본군들이 여전히 그 자리에 있었다. 우리는 짐짓 웃으면서 그들의 곁을 떠났다. 그 뒤 며칠 동안 우리는 여러 번이나 도시 변두리 지역으로 나갔다. 그 일대는 위험해서 가려고 하는 사람이 많지 않았다. 하지만 우리는 나갈 때마다 양식이나 부상자들을 싣고 무사히 돌아올 수 있었다.

오늘은 그동안 입은 재산 손실을 점검해 보았다. 병원에서 중정루(中正路)[2]와 바이샤루(白下路)까지는 대략 30%, 바이샤루는 약 50%, 중화루(中華路)에서 젠캉루(建康路)까지는 약 80%가 불타버렸다. 이밖에 성 남쪽 변두리 지역도 어느 정도 불에 탔다. 구러우(鼓樓)부터 동쪽 성벽까지는 약 20~30% 정도가 불에 탔는데, 그 피해는 일부 구역에 집중되어 있었다.

오늘 오후, 또 한 명의 부녀자가 우리 병원에 왔다. 그녀는 난징이 함락되기 전에 부상을 입었다. 그녀의 고향은 난징 남쪽에 위치한 시골이었다. 일본군이 막 난징을 점령하기 직전, 그녀는 다섯 아이를 데리고 집을 나섰다. 그중 제일 어린 아이는 3개월, 제일 큰 아이는 12살이

---

2) (원저자 주) 원문에서는 Chung Che라고 썼는데, Cheng을 Che로 잘못 쓴 것이 아닌가 의심된다. 중정루는 오늘날의 중산난루(中山南路)를 가리킨다.

었다. 일본군 비행기가 느닷없이 피난길의 행인들을 향해 기관총 세례를 퍼부었다. 탄알 한 발이 그녀의 눈과 목구멍 부위를 꿰뚫었다. 그녀는 안간힘을 다해 아기를 안으려고 몸부림쳤지만, 결국 그 자리에 쓰러지고 말았다. 그녀는 밤새도록 혼수상태에 빠져 있었다. 아이들은 초조한 마음으로 엄마 곁을 지켰다. 아침이 되어서야 정신을 차린 그녀는 더 이상 아기를 돌볼 수 없음을 깨달았다. 그녀는 3개월 된 아기를 빈집에 두고 계속 살길을 찾아 헤맸다. 그러다 몇몇 시골 사람들을 만나, 그들의 도움으로 한 난민촌에 들어가게 되었다. 그리고 18일 뒤에야 우리 병원으로 찾아 왔던 것이다.

오늘 저녁 무렵, 성 안의 몇 군데에 또 큰불이 났다. 어림잡아 다섯 군데는 될 것 같다. 이 도시에서는 방화와 약탈, 강간이 여전히 끊이지 않고 있다. 일본군이 계속 난입을 하지만, 안전구역은 그래도 상황이 좋은 편이다. 그나저나 매일 시간과 장소를 가리지 않고 있는 힘을 다해 일본군의 만행을 저지하던 때와 비교하면, 지금은 많이 평온해진 편이다. 적어도 이렇게 편지를 쓸 수 있는 시간이 생겼으니 말이다.

1월 3일, 월요일

오늘, 우리 병원의 환자 가운데 절반이 성공적으로 신분 등록을 마쳤다.

나는 아무래도 몇몇 일본인이 베푼 선행(善行)에 대해 알려줘야 할 것 같다. 최근에 아주 착한 일본군 몇 명이 우리 병원을 방문한 적이 있다. 우리는 그들에게 환자들에게 제공할 식량이 부족하다고 말했다. 그랬더니 오늘 그들은 50kg의 콩과 약간의 소고기를 가져왔다. 병원에서 육류를 못 본 지 이미 한 달이 넘었다. 두말할 것 없이 그들의 선물은 뜨거운 환영을 받았다. 그들은 또 우리에게 무엇이 더 필요한지 물어보기도 했다.

그럼에도 불구하고 일본군의 만행에 관한 보고가 매일 끊이지 않았다. 어제 오후, 한 남자가 '구제위원회(救濟委員會)' 본부 근처에서 살해 당했다. 오늘 오후, 일본군이 한 여성을 강간하려다가 그녀의 남편에게 저지당했다. 그러자 그 병사는 잠시 뒤 되돌아와 총으로 그녀의 남편을 쏴 죽였다.

오늘 아침, 목에 큰 상처를 입은 한 여성이 우리 병원을 찾아왔다. 나중에 알았지만 그녀에게는 비참한 사연이 있었다. 그녀는 일본군 의료센터에 잡혀간 다섯 명의 여성 가운데 하나였다. 그녀들은 낮에는 일본군을 위해 빨래를 해주고, 저녁에는 그들의 욕정에 시달려야 했다. 그녀들 가운데 두 명은 15~20명에 달하는 병사들의 성욕을 만족시켜야 했고, 가장 예쁘게 생긴 한 여성은 매일 밤 40명이나 되는 병사들을 상대해야 했다. 우리 병원을 찾아온 이 여성은 세 명의 일본군에게 한적한 곳으로 끌려가 참수(斬首)를 당했다. 다행히 그녀는 목 근육은 잘렸지만, 경추는 완전히 잘리지 않아, 숨은 붙어 있었다. 그녀는 일본군이 자리를 뜨자 안간힘을 다해 우리 병원까지 기어왔다. 윌슨 선생은 최선을 다해 그녀를 치료해 주었다. 우리는 거의 날마다 일본군이 저지른 만행을 일본군 당국에 보고했다. 일본군 당국은 단속을 강화하는 한편, 군기 강화에 관련된 명령을 반포했다. 하지만 현장에서 일본군의 만행은 여전히 계속되었다.

제6장

스마이스의 증언

가족에게 보내는 편지[1]

난징
1937년 12월 12일

12월 13일, 월요일

아침에 길을 가다가 사람들이 이부자리를 들고 안전구역을 떠나는 것을 보았다. 나는 그들에게 더 북쪽에 있는 최고법원에 가면 머물 곳을 찾을 수 있을 거라고 알려주었다. 그들은 놀라면서도 이상하다는 눈길로 나를 바라보았다. "일반 서민이 어떻게 최고법원에서 살 수 있지?"라고 되묻기라도 하는 듯이. 우리는 아직까지 공공 건축물과 관련된 마지막 공시를 발표하지 못하고 있다. 신문을 통해 발표할 수 있는 길이 막혀 있었기 때문이다. 9일 저녁에야 '중앙사 뉴스'가 나왔다. 우리는 이 채널을 통해서만이 새로운 소식을 발표할 수 있다. 우리는 사람들에게 토요일 아침 집을 나설 때면 안전하게 숨어 다닐 것을 권했다. 하지만 그것을 전단지로 인쇄해서 나눠주지는 않았다. 나는 사람들이 길거리에서 먹을 것을 찾아 헤매는 것을 보고, 우타이산(五臺山)에 있는 저우창(粥廠)에 가서 가동 준비가 되어 있는지 알아보았다. 저우창은 이미 가동

---

1) (원저자 주) RG8, B103.

준비를 마쳤지만, 첫날에는 문을 열지 않았다. 너무나도 많은 중국군이 그곳에 주둔하며 그곳에서 끼니를 해결해야 했기 때문이다. 중국군 장교는 그때까지도 병사들을 건물 안에 집결시켜 놓고 방어진(防禦陣)을 치고 있었다. 나는 몇 개의 깃발이 잘못 꽂혀 있는 것을 발견하고 그것들을 뽑아 안전구역 밖에 꽂아 놓았다. 그리고 중국 병사들에게 그곳이 바로 중국 군부대의 방어진과 안전구역을 가르는 분계선(分界線)이라고 알려 주었다. 만약 중국군이 안전구역에 머문다면, 난징에 입성한 일본군이 안전구역을 식별하는 데 혼란을 가져올 것이다. 내가 한중루(漢中路)와 상하이루(上海路)가 만나는 모퉁이까지 걸어가는 사이에, 뿔뿔이 흩어져 퇴각하는 중국군들을 볼 수 있었다. 그들은 길가의 작은 노점에서 아무 일도 없는 듯이 물건을 사고 있었다. 밤새 안전구역에서 눈에 띄는 소동은 일어나지 않았다. 다만 중국군이 퇴각하면서 일부 장비들을 아무렇게나 내던지는 일이 가끔 발생했다. 집에 돌아온 뒤, 나는 다시 광저우루(廣州路)에 가서 중국군이 아직 남아 있는지 살펴보았다. 우타이산 기슭에 자리 잡고 있던 중국군 숙영지는 이미 깨끗이 비어 있었다. 꽤나 멀쩡해 보이는 내시(Nash) 차량 한 대만 달랑 자리를 지키고 있었다. 우리는 가급적이면 모든 물품들을 비축해 두려고 애썼다. 그래서 하츠 씨더러 그 차량을 수리해서 다시 쓸 수 있도록 해보라고 했다. 나는 또 진링여자문리대 부근에 있는 닝하이루(寧海路)에 가서, 깃발이 잘못 꽂혀 있는 것을 발견하고 그곳 사람들에게 알려 주었다. 그리고 경찰과 일반인들로 하여금 길거리에 버려진 군복 몇 벌을 안전구역 밖으로 치우도록 하였다. 순시(巡視)를 마치고 나는 타오구춘(陶穀村)을 거쳐 집으로 돌아왔다. 나는 너무 바삐 보내다 보니, 벌써 8시 15분을 지난 줄도 모르고 있었다. 물론 다른 사람들은 이미 아침 식사를 마친 뒤였다. 나는 혼자서 그런대로 아침을 챙겨 먹었다. 정세가 안정되자 모두들 아주 기뻐하였다. 아침 식사를 마치고 나는 피치 선생과 함께 내가 다녀왔던 길을 따라 우타이산 기슭에 가서 그 내시(Nash) 차량을 살펴보았다. 그리고는 다시 진링여자문리대학에 가서 보트린 양과 의논을 하였다. 그녀는 나를 보더니 매우 피곤해 보인다고 했다. 나는 몸은 피곤하지만 마음만은 아주 즐겁다고 대답해 주었다.

우리는 사무실에서 룽(龍) 대위가 라베 선생에게 '적십자회' 설립 준비에 쓰라며 3만 원을 준 사실을 알게 되었다. 나는 지체 없이 10시 전에 위원회를 조직하려고 서둘렀다. 우리는 마기 선생과 포스터 선생을 위원회에 동참시켰다. 나는 거의 혼자서 위원회의 구성원과 회장 및 비서 등을 정했다. 부상자가 생겼다는 소식이 전해오자, 마기 선생은 부상자를 구조하러 떠났다. 마기 선생이 돌아오자, 나는 새로운 건의를 했다. 위원회 회장인 마기 선생과 비서인 포스터 선생이 외교부, 철도부, 국방부를 방문해 달라는 것이었다. 그곳 사람들이 우리에게 얼마나 잘 협조해 주려는 지를 알아보기 위해서였다. 나와 밀스 선생을 비롯한 다른 사람들은 위기 순간의 대처 방안 등을 전단지로 만들어 사람들에게 나누어 주었다. 일본군이 거리에서 기관총 세례를 퍼부을 것이라는 라베 선생의 말에, 우리는 사람들에게 벙커로 대피하도록 했다. 우리는 먼저 건물 관리 조직[2]을 통해 구두로 전달한 뒤, 다시 전단지를 만들어 나누어 주었다. 오후 1시, 집으로 돌아오는 길에 우리는 일본군이 이미 광저우루까지 들어온 것을 발견했다. 우리가 차를 몰고 그곳에 가 보니, 약 6명의 일본군 선발대가 보였다. 일본군과의 첫 번째 조우였다. 그들은 상하이루와 광저우루가 만나는 모퉁이에서 차량을 찾고 있었는데, 민간인들을 해치지는 않았다.

점심때가 되자, 우리는 도시 어느 곳에 일본국기가 꽂혀 있는지 궁금했다. 우리는 심지어 구러우(鼓樓) 위(꼭대기와 네 모서리)에 꽂혀 있는 깃발들이 모두 일본국기인 줄로 알았다. 하지만 나중에 보니 그것들은 여전히

---

2) (원저자 주) '안전구역관리위원회'에 예속된 건물위원회를 일컫는다. 릭스 선생 등이 책임을 맡았다.

우리 안전구역의 깃발이었다. 일본대사관에도 아직 일본국기가 꽂혀 있지 않았다. 우리는 피치 선생과 함께 차를 타고 사무실로 돌아오려다가, 일본인을 보러 가자는 그의 건의에 따라 다시 상하이루로 돌아갔다. 도중에 우리는 성 남쪽 방향으로 퇴각하고 있는 약 20명의 중국군과 마주쳤다. 하츠 씨는 허겁지겁 그들에게 달려가 일본군이 막 작은 산을 넘어섰다고 알려 주었다. 그러자 그들은 다시 북쪽으로 방향을 바꾸어 퇴각했다. 한 용감한 젊은 장교가 앞에서 대오를 이끌었다. 그 젊은 장교를 보니 기억이 되살아났다. 우리는 점심을 먹기 전에 분명 그를 본 적이 있었다. 그때 마침 하급 장교 두 명이 우리 사무실로 찾아와 보호를 요청했다. 우리는 그중 한 명에게 민간인 복장을 내주었다. 나머지 한 명은 나중에 안전구역을 떠났는데, 그 사람이 바로 대오를 이끌고 있는 저 젊은 장교였다. 우리는 돌아가는 길에 또 일본군과 마주쳤다. 그래서 다시 되돌아가 중국 병사들에게 무장을 해제하고 후퇴할 것을 권고했다. 하지만 그들은 갈아입을 사복이 없다며 절망스러워 했다. 사무실로 돌아온 뒤, 우리는 라베 선생과 내가 나서서 즉시 일본군과 교섭하기로 했다. 우리는 일본어를 할 줄 아는 코라 씨를 데리고 일본인 고급 관리를 찾아가 세 가지 문제에 대해 설명했다. 그 세 가지 문제란 바로 안전구역, 새로 설립된 적십자회, 그리고 무장을 해제하고 안전구역에 들어온 일부 중국군들에 관한 것이었다. 마기 선생과 포스터 선생은 국방부에서 겨우 한 사람을 찾아냈다. 그 외의 두 곳에서는 사람 그림자조차 찾아볼 수 없었다. 국방부에서 찾아낸 그 사람은 기꺼이 우리를 돕고자 했다. 그는 먼저 외교부에 조직을 만들어 운영하기로 했다. 전투가 북쪽에서 계속 진행되고 있는 와중에, 그가 더 이상 무엇을 할 수 있을지는 모를 일이었다. 우리는 또 다시 상하이루 쪽으로 갔다. 광저우루에는 일본군이 없었다. 신학원 부근에서 우리는 피살된 민간인들을 발견했다. 약 20명 정도였다. 나중에 알고 보니, 그들은 도망을 치다가 일본군에게 사살 당했던 것이다. 이것은 그날 발생한 아주 끔찍한 사건이었다. 그 누구든 도망만 가면 일본군의 총에 맞아 죽거나 다쳤다. 우리는 길거리에서 사람들에게 전단지를 나눠 주었다. 물론 모든 사람들에게 전단지가 전해진 것은 아니었다. 우리는 총을 멘 채 무심하게 자전거를 타고 가는 한 일본군과 만났다. 우리가 그에게 인사를 건네자, 그는 신제코우(新街口) 근처의 한중루(漢中路)에 가면 일본군 장교를 만날 수 있다고 알려 주었다. 그의 말은 사실이었다. 우리는 그곳에서 약 백 명으로 구성된 일본군 특공대를 만났다. 그들은 길 남쪽에 앉아 있었고, 맞은편에는 한 무리의 중국인들이 서 있었다. 우리는 일본군 장교에게 안전구역의 개념에 대해 설명하고, 지도에서 안전구역의 위치를 찾아 알려 주려고 하였다. 하지만 그의 지도에는 안전구역이 표시되어 있지 않았다. 그는 일본군을 공격하지만 않는다면, 병원은 무사할 것이라고 했다. 그러면서도 무장을 해제한 중국군에 대해서는 한 마디 언급도 없었다. 그래도 우리는 그나마 기쁜 소식이라고 생각하고 외교부를 찾아갔다. 그곳에 있던 중국군은 이미 무장을 해제한 상태였다. 그 뒤 우리는 또 마기 선생과 함께 철도부와 국방부에 가서 모든 중국군의 무장을 해제시켰다. 밀스 선생은 중국군의 무장 해제에 대해서는 부정적인 입장이었다. 난징 북쪽에서 중국군과 일본군이 여전히 대치하고 있었기 때문이다.

중산루(中山路) 곳곳에는 퇴각하는 중국군이 버린 잡다한 물건들이 널려 있었다. 우리가 산시루(山西路) 길목에 이르렀을 때, 깜짝 놀랄 장면이 눈앞에 펼쳐졌다. 흐트러진 옷차림을 한 한 무리의 사람들이 작은 차량 한 대를 빼곡히 에워싼 채 길 모퉁이를 돌아 이쪽으로 오고 있었다. 잠시 뒤 보니 차를 운전하는 사람은 릭스 선생이었다. 그는 무장을 해제한 중국 병사들을 이끌고 법대(法大)로 가는 중이었다. 우리는 길목에서 무장한 중국군 소부대를 만났다. 그들에게 무장 해제를 권하자 그중 몇몇은 우리의 의견을 따랐다. 다니엘 선생이 그들과 릭스 선생을 도와주었다. 그런데 갑자기 누군가 말을 타고 산시루(山西路) 쪽으로 오면서 공중에 총을 쏘았다. 우리는 그가 일본군인 줄 알고 바로 차에 올라탔다. 그런데 나중에 알고 보니 그는 중국인이었다. 하츠 선생은 그의 손에서 총을 빼앗았다.

약 4시 쯤, 밀스 선생은 위원회 본부에서 중국군의 무장을 해제하는 일이 더는 지속되어서는 안 된다고 주장했다. 하지만 마기 선생은 여전히 코라 씨의 도움을 받으며 철도부와 국방부에 가서 중국군의 무장을 해제시켰다. 우리는 또 본부에서 스펠링 선생 등의 도움으로 무장을 해제한 수많은 중국군을 보았다. 병기로 가득 찬 본부는 그야말로 병기 공장을 방불케 했다. 그들은 근처에 있는 경찰 본부로 이동했다. 모두 합쳐 1천 3백 명 가량 되었는데, 그중 몇몇은 여전히 군복을 입고 있었다. 우리는 일본군이 그들을 해치지 않도록 노력을 아끼지 않았다. 첫 사흘 동안 우리의 가장 큰 고민은 무장을 해제한 중국군을 보호하는 것이었다. 그런데 이 문제는 금방 해결되었다. 왜냐하면 일본군이 모든 사람들을 상대로 살인을 감행했기 때문이다. 적어도 나중에 끊임없이 발생한 사건들은 우리로 하여금 이 점을 믿지 않을 수 없게 했다. 일본군은 무장을 해제한 중국군을 모두 끌고 갔다. 우리는 일본군과 격렬한 언쟁을 벌여 잡혀간 1천3백 명의 중국군을 수요일 오후까지 석방하도록 요구했다. 일본군 장교는 우리가 중국군을 해산시킨다면 이튿날 바로 석방하겠다고 약속했다. 그래서 우리는 안심하고 전체 회의를 열었다. 그런데 30분 뒤, 일본군이 와서 사람을 찾는다는 소식이 전해왔다. 일본군은 2백 명의 중국 병사들을 데리고 왔다. 그들은 포승줄로 한데 묶여 있었다. 나는 라베 선생과 함께 즉시 후쿠다(福田) 선생[3]을 찾아갔다. 그는 우리 앞에서 아주 공손하게 중국 병사들을 절대 해치지 않을 것이라고 약속했다. 하지만 그의 약속은 확신을 주기에는 역부족이었다. 그래서 릭스 선생과 크로거 선생이 남아서 감시하려고 했지만, 끝내 일본군에 의해 그 자리에서 쫓겨나고 말았다. 우리가 돌아왔을 때, 마지막 한 무리의 중국 병사들이 남아 있었

---

3) (원저자 주) 후쿠다, 일본대사관 참사관.

다. 하지만 잠시 뒤 그들마저 일본군에게 끌려가 총살당했다.

나는 시간 순서에 따라 기록을 하고 싶지만, 어떤 경우에는 어쩔 수 없이 사건의 전개 과정에 따라 기록을 할 수밖에 없다. 목요일(12월 16일) 점심 무렵, 릭스 선생이 돌아와 "그들이 모든 병사들을 끌고 가서 총살했어요."라고 말했다. 릭스 선생은 오전 내내 사법부 입구에서 일본군 장교에게 민간인과 중국 병사들을 잡아가지 말라고 간청했다. 참으로 아이러니한 일이었다. 하지만 그 장교는 릭스 선생의 간청에도 아랑곳없이 끝내 그 자리에 있던 모든 사람과 그곳에 주둔하고 있던 50명의 경찰들까지 모조리 잡아갔다. 다른 지역에서 온 40명의 경찰들이 중국군을 숨겨줬다는 죄목으로 검거되었다. 오늘(12월 22일)까지 약 절반에 달하는 경찰들만 돌아왔다.

12월 15일, 수요일

아침에 우리는 인도주의 원칙과 국제 전쟁 포로 규정에 따라 무장을 해제한 중국군을 관대하게 처분해 줄 것을 간청하는 서한을 만들었다. 새로 부임한 일본군 고급 장교를 찾아가 전달하기 위해서였다. 우리가 그 서한을 작성할 무렵, 후쿠다(福田) 선생이 본부에 찾아와 안전구역이 도대체 어떤 곳이냐고 물었다. 우리는 그에게 모든 문서를 복사해 주면서, 수용 인원과 식량 공급 등과 관련된 질문에 대답해 주었다. 얼마 지나지 않아 세키구치(關口)[4] 선생이 우리를 찾아왔다. 그는 '세타'호 함장 및 장교라고 적힌 명함을 건네면서, 기꺼이 우리와 협력하고 또 우리를 도와 발전소를 세워 줄 용의가 있다고 했다. 그의 부하 한 명이 중국군 저격수의 총탄에 맞은 적이 있었다. 그래서인지 그는 반드시 안전구역 수용 인원 중 섞여 있는 중국군을 샅샅이 찾아내 제거해야 함을 강조

---

4) (원저자 주) 세키구치. 일본 해군 소위.

했다. 그는 일반 병사들보다 야무지면서도 상냥했다. 그는 우리가 상하이에 갈 수 있도록 도와주겠다고 하면서, '파나이'호 사건에 대해서도 유감을 표했다. 그 사이 '적만자회'에서 근무하는 일본어 통역 송 씨가 우리를 위해 일본 특무 기관(特務機關)의 장교를 만나기 위한 준비를 마쳤다. 올해 나이 60세인 송 씨는 예전에 이곳 일본대사관에서 비서로 일한 적이 있다. 그 일본 장교가 그날 점심에 막 도착하는 바람에 우리는 서둘러 그곳으로 이동했다. 후쿠다(福田) 선생이 우리와 함께 가서 통역을 도왔다(12월 24일에 작성).

이제 15일(수요일) 점심에 있었던 회견 때로 돌아가 보자. 일본 특무기관의 책임자는 우리에게 다음과 같은 내용을 통보했다. 첫째, 일본군은 반드시 도시 전체를 수색해서 중국군들이 아직 남아 있는지 확인할 것이다. 둘째, 안전구역 입구에 초소를 설치할 것이다. 셋째, 민간인들이 하루 빨리 집으로 돌아가도록 해야 한다. 넷째, 무장을 해제한 중국군에 대한 일본군의 인도주의적 태도를 믿어야 한다. 다섯째, 경찰봉을 찬 경찰들이 안전구역 내에서 순찰하는 것을 허용한다. 여섯째, '국제안전위원회'에서 안전구역에 비축해 둔 5천kg의 쌀을 난민 구제에 사용할 수 있다. 일곱째, 안전구역 내의 전화, 수도 및 전기 시스템을 수리하고, 라베 선생과 함께 안전구역을 시찰할 것이다. 여덟째, 이튿날에 일용직 인부 1~2백 명을 모집해 주기 바란다. 아홉째, 안전구역의 보안 조치와 식품을 보관해 두는 곳을 시찰할 것이다. 이외에도 몇 가지가 더 있었다. 하지만 그들이 실제로 실행한 것은 무장을 해제한 중국군을 총살하고, 경찰들의 안전구역 진입을 허용하며, 전기와 물 공급, 그리고 전화 사용 때문에 매일같이 우리를 찾아다니고 또 터무니없이 발전소 직원들을 살해한 것뿐이다. 일본군은 아직까지는 우리가 비축해 둔 쌀을 가져다 쓰는 데 대해 간섭하지 않았다. 하지만 그들은 쌀가게에 들어가 쌀을 포대 채로 가져갔고, 인부마저 데려갔다. 그리하여 일주일 만에 모든 쌀가게가 문을 닫게 되었다. 어제 쌀가게 하나가 또 이 집 차고에서 문을 열었다. 현재 우리는 가지고 있던 쌀을 전부 저우창(粥廠)으로 가져가 난민들을 구제하고 있다. 우리는 원래 대부분의 쌀을 팔아 버리고 다시 구입하는 방식으로 자금을 순환시켜 난민들이 겨울을 나는 데 도움을 주고자 했다. 만약 지금 팔 수 없다면, 나중에라도 개인 상인들이 우리의 쌀을 사들일 수 있기를 바랐다. 만약 사람들이 굶어 죽는 것을 원하지 않는다면, 외부와 단절된 지역에서나마 정상적인 경제 활동이 보장되어야 한다는 사실을 일본군은 알아야 할 것이다. 현재 물자 징용에서 겪고 있는 어려움은 소련 혁명 초기와 많이 닮았다. 일본군 역시 공산주의와 대결하고 있는 것이 아닌가.

돌아가는 길에, 우리는 경찰 본부에서 앞서 언급한 1천 3백 명의 중국군을 끌고 간 일본군 장교를 만났다. 그날 밤, 우리는 마음이 굉장히 무거웠다. 일본군이 무장 해제한 중국군을 살해하고 민간인을 상대로 약탈과 강간 등의 만행을 저지르는 횟수가 날로 잦아지는 상황 때문이었다. 사실 우리는 중국군이 퇴각할 때 민간인들을 약탈하고 혼란을 일으킬까봐 근심했었다. 하지만 그것은 기우에 불과했다. 오히려 일본군이 강간과 약탈, 그리고 학살과 같은 만행을 지속적으로 저지르고 있다. 일요일 이후부터는 사태가 더욱 심각해졌다. 이것은 우리가 전혀 예상치 못했던 일이다.

12월 16일, 목요일

최근 우리가 맞닥뜨린 열악한 환경을 고려해, 나는 이튿날(목요일) 이른 아침 진정서(陳情書) 초안을 작성했다. 그리고 아침 식사 때, 모두가 함께 읽어보고 빠진 부분을 보충하였다. 우리는 진정서에 일본군이 저지른 15건의 만행(이것은 일본군 만행에 관한 첫 기록으로, 현재 이미 147건으로 늘어났다)을 나열했다. 그 외에도 책임을 맡은 장교 한 명이 직접 나서서 철저한 조사를 진행하고, 야간에는 안전구역에 초소를 설치하여 떠돌아다니는 일본군의 진입을 막아줄 것을 요구했다. 뿐만 아니라, 모든 자동차와 트럭의 앞 유리창에 통행증을 붙일 것을 건의했다. 우리 트럭은 이미 운행이 정지된 상태였다. 그날 아침부터 외국인들은 운반 작업을 시작했다. 며칠 동안 작은 차로 운반 작업을 하던 치얼 선생은 어느 날 갑자기 일본군에게 붙잡혔다. 너무 놀란 그는 다시는 차를 몰 엄두를 내지 못했다. 나는 금요일이나 토요일부터는 밀스 선생이 트럭으로 인부들을 실어 나르라고 했다. 목요일 점심, 릭스 선생은 일본군 장교에게 폭행을 당하고는 울면서 돌아왔다. 그날 밤, 보트린 여사가 외국인들을 한자리에 불러 모았다. 우리는 숙직을 설 필요가 있다고 입을 모았다. 그리하여 베이츠 선생과 릭스 선생 그리고 나, 이렇게 세 명이 교대로 숙직을 서기로 했다. 나는 천(陳) 선생 집 입구에 있는 작은 방에서 잠을 잤고, 그 두 사람은 새로 지은 교직원 숙소에 있는 빈 방에서 휴식을 취했다. 저녁에는 일본군 한 명이 25kg의 쌀을 가져온 것 외에는 아무 일도 발생하지 않았다.

12월 21일, 화요일

저녁 8시 반이다. 오늘 라베 선생이 '하니(꿀벌)'호의 로섬 박사에게 답장을 보냈다. 그는 답장에서 이곳에 있는 외국인 22명의 명단을 알려주며 모두 무사하다고 했다. 우리는 얼마나 행운인가. 하지만 우리가 얼마나 더 건강하게 살 수 있을지는 누구도 모른다. 다행히 우리에게는 아직 충분한 식량과 사람들이 집을 나올 때 가져온 식품들이 남아 있다. 그 식품들은 일본군에게 약탈당하고 남은 것들이었다. 사람들은 일본군의 약탈에 대비하여 집에서 기르던 돼지를 잡았다. 그들은 우리가 돈을 내고 고기를 산다는 것을 알고 있었다. 일주일 전 일본군이 입성한 뒤로는 더 이상 길거리에서 요리사를 찾아 볼 수 없게 되었다. ……

라베 선생이 로섬 박사에게 보낸 답장이 그날의 주된 관심사였다. 우리는 함께 일본대사관으로 찾아가 외국인 단체의 명의로 일본 당국에 진정서를 제출했다. 외국인 22명이 서명한 그 진정서에는 도시 전체를 불사르는 방화 행위를 멈추고 이미 일주일간 지속된 혼란 상태를 즉각 종결시켜 줄 것, 시민들이 정상적으로 생활할 수 있도록 식품 반입을 허용하고 주거 안전을 확보해 줄 것 등의 요구 사항이 들어 있었다. 우리가 그곳에 도착하자, 일본대사관 측에서는 라베 선생에게 로섬 박사가 보낸 쪽지를 건네주었다. 로섬 박사는 우리가 모두 무사한지, 독일 재산이 손상 없이 잘 보존되어 있는지에 대해 물었다. 라베 선생은 우리 외국인 단체의 대변인이나 다름없었다. 그는 다나카 선생이 진정서를 읽고 나서 며칠 뒤에 최선을 다해 문제를 해결하겠다는 약속을 한 후에야, 로섬 박사로부터 편지를 받은 사실을 그에게 알려 주었다. 그리고 현재 상황에서는 어쩔 수 없이 난징에 있는 독일 주택 가운데 두 채를 제외하고는 전부 일본군에 의해 파손된 사실을 그대로 전달해 줄 수밖에 없다고 했다. 우리는 벌써 며칠 전부터 머릿속에서 청원(請願) 계획을 구상해 왔으나 계속 보류해 두고 있었다. 그러다가 지난 이틀 전 밤부터 일본군이 대규모로 그리고 계획적으로 도시 전체를 불사르기 시작하자, 이제는 진정서를 제출할 때가 되었다고 판단했다. 적어도 나 스스로는 전날 저녁 벌써 다음날 아침 식사 전에 진정서 초안을 작성키로 마음먹었었다. 우리의 식사 시간은 대표위원회 회의 시간이었다. 현재 나를 포함해 윌슨 선생, 베이츠 선생, 릭스 선생, 맥켈럼 선생, 밀스 선생, 휴버트 선생, 피치 선생 등 8명이 함께 식사를 하고 있다. 이렇게 힘든 상황에서 여럿이 함께 모여 있으니, 상당히 든든하다. 모두가 극도로 낙담하고 있으면, 꼭 누군가 나서서 유쾌한 농담을 던져 모두의 사기를 진작시키곤 했다. 나는 지금껏 살아오면서 가장 힘든 시간을 보내고 있다. 특히 지난주 내내 우리는 거의 버티기 힘들 정도의 고통을 겪었다. 하지만 지금은 방화를 제외하고는 상황이 조금 호전되었고 질서도 약간이나마 회복되었다. 어쩌면 일본군의 군기(軍紀)가 호전되었거나, 부녀자와 아이들이 난민촌에 집중되어 있어서 그런지도 모르겠다. 현재 공공 건축물과 학교에 25개의 난민촌에 6만 8천 명의 난민이 수용되어 있다. 진링여자문리대학에 수용된 난민은 그 수가 오늘로 8천 명에 이르렀다. 가는 곳마다 부녀자와 그녀들의 이부자리로 가득 차 있다. 어제는 진링여자문리대학에 난민이 2천 명이나 늘어났지만, 오늘은 들어오는 사람이 거의 보이지 않았다. 부녀자들이 집결된 이곳에서는 일본군의 강간 사건이 다른 지역보다 훨씬 적다. 아마도 일부 지역에 경비를 둔 것이 큰 도움이 된 것 같다. 만약 빠른 시일 내에 상황이 호전되어, 각종 루트를 통해 보급품과 우리가 비축해 둔 쌀을 안전구역으로 반입할 수만 있다면, 우리가 난관을 헤쳐 나가는데 큰 도움이 될 수 있을 것이다. 일본군의 방화와 살해, 약탈을 겪었음에도 불구하고 이렇게 많은 물건이 남아 있다니 정말로 놀라운 일이다.

나는 라베 선생이 로섬 박사에게 쓴 답장에 대해 아직도 할 얘기가 남아 있다. 라베 선생은 화려한 독일어로 성 안에 아직 파손되지 않은 독일 건물 두 채가 남아 있어 아주 기쁘며, 로섬 박사의 승용차와 독일의 다른 차량들은 일본군을 위해 만족스러운 서비스를 제공하고 있다고 썼다. 그는 또 크리스마스 즈음에는 아마도 물과 전기가 들어오고, 전화 통화도 가능할 것 같으니, 이곳에서 크리스마스를 보내고 싶다고도 썼다. 그리고 이곳에 있는 외국인 22명의 명단을 첨부하고, 우리 모두가 무사하다고 알렸다. 라베 선생의 답장은 그야말로 걸작이었다. 절차상 이 답장은 일본대사관을 통해 발송하게 되어 있었다. 일본대사관에 보낼 때에는 예의상 겉봉을 밀봉하지 않았다. 그렇지만 그들은 라베 선생의 답장을 보더니 발송을 거부했다. 그래서 어제 우리 몇몇 미국인은 미국대사관 직원에게 하루 빨리 외교대표를 보내달라고 요청했다. 라베 선생은 극도로 조심스럽게 처리를 해야 일이 순조롭게 풀릴 수 있다는 것을 잘 알고 있었다. 그는 역시 일 처리가 우리보다 훨씬 꼼꼼하고 노련했다. 어제 아침에 일어나 보니, 그의 두 눈에는 핏발이 가득 서 있었다. 하지만 그는 여전히 식탁에 앉아서 답장을 고치고 또 고쳤다. 우리 모두가 표현이 비교적 함축적이면서도 발송이 가능할 정도라고 느낄 때까지 모두 여섯 번이나 고쳤다. 하지만 일본대사관에서는 이번에도 발송을 거부했다. 우리는 그들이 원하는 대로 "상황이 나날이 긴박해지고 있다"는 표현을 "상황이 나날이 좋아지고 있다"로 바꿀 수밖에 없었다. 일본군이 우리를 위협하기 시작했다. 특히 우리 미국인들에 대한 반감이 날로 커갔다. 그들이 문간방이나 지하실, 그리고 침실 등에서 중국 부녀자를 상대로 강간을 시도할 때마다 우리가 나서서 저지했기 때문이다. 일본군은 네 곳에 걸려 있던 성조기를 모두 찢어버렸고, 트라우트만과 그곳의 건물을 제외한 다른 구역의 재산을 모조리 약탈해 갔다. 25호에 위치한 우리의 주택은 다행히 약탈을 모면했다. 릭스 선생은 우리 주택이 약탈을 피할 수 있었던 것은 담장이 높고, 그 안에 살고 있는 사람이 많은 덕이라고 했다. 대부분의 미국 주택은 약간의 자질구레한 물건들만 약탈당했을 뿐, 큰 피해를 입지는 않았다. 정작 그들이 우리에게 원하는 이부자리, 옷, 식품, 돈 등과 같은 물건은 모두 구링(牯嶺)에 있었다. 지금 나는 2주일치 밥값으로 쓸 현금 밖에 가지고 있지 않다. 하지만 윌슨 선생은 급히 돈을 요구하지 않았다. 그는 현금은 분산해서 가지고 있어야 한다는 생각을 가지고 있었다. 만약 돈이 필요하다면, 베이츠 선생에게서 선교회의 돈을 좀 받아 쓸 수도 있다.

오늘 아침, 베이츠 선생과 후쿠다(福田) 선생의 이야기 속에서 요즘 상황이 조금 호전되었다는 말이 나왔다. 그렇지만 사실은 호전된 것은 전혀 없었다. 오늘 발생한 사건들만 보더라도 그렇다. 나는 오늘 발생한 사건들을 일본당국에 항의하고자, 6시까지 사무실에 남아 일을 했다. 나는 오늘 오후 4시 반까지 발생한 사건들을 낱낱이 기록해 몇 부 복사했다. 이것은 내가 여태껏 살면서 했던 일 가운데 정신적으로 가장 힘들었던 일이다. 내가 기록한 사건 중 113번째 사건은 비교적 큰 사건이었다. 하지만 그것도 무수한 사건 중 일부분에 불과했다. 혼란이 극에 달했던 토요일과 일요일에는 약 1천여 명의 부녀자가 밤낮으로 강간을 당했을 것으로 추정된다. 어쩌면 이와 같은 비극이 매일같이 재연되고 있을지도 모른다. 그것도 안전구역 내에서 말이다. 그들에게 끌려간 젊은 처녀와 일부 중노년 부녀자들은 누구나 예외 없이 강간을 당했다. 목사의 부인이나 대학 교수의 부인도 일반 사람과 다를 바 없었다. 특히 예쁘게 생긴 여자들은 더욱 그들의 야욕을 자극했다. 한 처녀가 신학원에서 17명의 병사들에게 윤간을 당하는 끔찍한 일도 발생했다. 미국에서는 "강간"이라는 두 글자를 언급할 때면, 누구나 목소리를 낮추어 조심스럽게 말한다. 하지만 여기서는 흔히 벌어지는 일상사가 되어버렸다. 각종 만행이 꼬리에 꼬리를 물고 발생하다보니 정상적인 방법으로는 도저히 모두 기록할 수가 없었다. 그래서 나는 속기(速記)를 하기 시작했다. 일본대사관에서는 당일 발생한 사건에 대한 보고서만 접수했다. 때문에 만약 다른 사람이 사건을 기록해 보고하기를 기다렸다가는 영락없이 일을 빠뜨리게 된다. 그래서 나는 그때그때 속기로 사건을 기록하고 있다.

지금 벌어지고 있는 모든 상황이 우리로 하여금 놀라움을 금치 못하게 하고 있다. 이러한 기적이 언제까지 지속될지는 그 누구도 알 수 없다. 우리는 맨 주먹으로 학교 건물, 외국인 주택, 그리고 현지인들의 민가에서 일본군을 쫓아내고 있다. 그럼에도 불구하고 지금까지 한 명의 부상자도 발생하지 않았다. 일본군은 우리가 나타나면 보통 도망을 갔다. 우리는 늘 우리의 신분을 이용하여 그들에게 겁을 주었다. 우리가 조금이라도 먼저 겁을 먹으면 바로 끝장이 날 수도 있었다. 감시를 책임진 스펠링 선생은 매일 수시로 밖에 나가 순찰을 했다. 그는 이 지역의 거의 모든 집을 다 돌아다니다시피 했다. 그래서 일본군은 그를 보기만 하면 도망을 갔다. 일본군은 모두 완전 무장을 하고 있었다. 그들은 감히 말을 걸거나 도움을 청하는 중국인을 만나면 바로 총검으로 찌르거나 총을 쏘았다. 참으로 불가사의한 일이었다. 토요일과 일요일, 나는 그들이 저주를 받으라고 기도했다. 그런데 군부의 단속이 심했던지, 그들은 예전처럼 그렇게 심하게 행패를 부리지는 못했다. 나는 밖에서 임무를 수행하다가 우연히 피치 선생, 윌슨 선생, 그리고 맥켈럼 선생과 만났다. 우리 네 사람은 핑창쌍(平倉巷) 길목 모퉁이에서 두 처녀의 옷을 벗기고 있는 일본군과 맞닥뜨렸다. 우리가 그들을 저지하자, 그들은 크게 화를 냈다. 우리는 그들이 언제든지 우리를 향해 총을 쏠 수도 있다는 생각이 들었다. 하지만 우리는 아무 말도 없이 한 쪽에 서서 그들을 지켜보았다. 얼마 뒤 그들은 스스로 자리를 떴다. 나는 다른 사람들에 비해 이런 일을 많이 겪어보지 못했다. 베이츠 선생은 일요일에 진링대에서 비슷한 일을 겪었다. 당시 그는 미칠 듯이 화가 났다. 릭스 선생 역시 여러 번 이런 일을 겪었다. 어제 그는 난민촌으로 맵쌀과 연탄을 운반했다. 그는 일을 하는 내내 마음이 흐뭇했다. 왜냐하면, 저녁이 되면 자기의 눈으로 직접 노동의 보람을 확인할 수 있기 때문이었다. 난민촌에 맵쌀과 연탄을 제때에 공급하기 위해서는 대규모의 운반 작업이 필요하다. 그런데 트럭을 몰고 나가겠다고 나서는 중국인은 아무도 없었다. 밀스 선생은 금요일과 토요일에도 쌀과 연탄을 운반하는 일을 도왔고, 릭스 선생은 못된 짓만 일삼는 일본군을 말리느라 바삐 보냈다. 그들은 몸소 트럭을 운전해야 했을 뿐만 아니라, 구러우(鼓樓)에 위치한 '적만자회' 인부들의 집에 가서 그들을 대학으로 실어 와야 했다. 거기다 물건을 싣고 부릴 때에는 인부들과 트럭을 함께 보호해야 했고, 일이 끝나면 인부들을 다시 집까지 데려다 주어야 했다. 일본군으로부터 인부와 트럭을 지키는 일은 거의 전쟁이었다.

오늘 일본군 장교 한 명이 진링대 난민촌에 찾아와 인부 15명을 구해 달라고 했다. 릭스 선생은 그의 청을 들어주었다. 대신 인부들에게 완장을 나누어 주어 그들의 안전을 보장하고, 그들에게 급여와 식품을 제공할 것을 요구했다. 그 장교는 그렇게 하겠다고 약속했다. 릭스 선생이 인부 1천 명을 더 제공할 수 있다고 하자, 그 장교는 우선 15명만 쓰겠다고 했다. 12월 15일, 우리는 난민들의 취업을 관리하고, 그들의 신변을 보호하는 관리 기구를 세울 것을 건의했다. 하지만 일본군은 우리의 건의를 받아들이지 않았다. 우리는 포기하지 않고 다시 건의할 생각이다.

내일 일본인들은 성 안의 상인들을 불러 모아 회의를 소집한다. 질서 회복을 위한 시도라고 봐도 무방할 것이다. 하지만 아이러니하게도 한쪽에서는 도시를 불사르는 만행을 여전히 멈추지 않고 있다. 오늘 오후, 베이츠 선생은 편지에서 또 새로 발생한 사건들을 열거했다. 그리고는 단호한 어투로 다음과 같이 썼다. "당신들은 도대체 정상적인 도시 질서를 원하는 겁니까? 아니면 도시 전체가 엉망이 되는 것을 원하는 겁니까? 우리는 당신들의 답변에 따라 행동을 취할 것입니다. 더 이상 우리를 우롱하지 마십시오!" 사실 나도 베이츠 선생과 같은 생각이다.

만약 우리가 오랫동안 버틸 수만 있다면, 얼마든지 일본군을 지쳐 쓰러지게 할 수도 있을 것이다. 사건이 일주일 전 예상했던 것보다 훨씬 더 많이 일어나고 있다. 우리는 이미 이 사실을 일본대사관에 통보했다. 일본대사관에서는 문제의 심각성을 깨달은 것 같다. 하지만 군부에서는 전혀 개의치 않거나 아니면 취하는 조치가 효율이 떨어지는 것 같다.

12월 22일, 수요일

크리스마스가 곧 다가오지만 당신과 연락할 방법이 없다. 오늘 오후, 베이츠 선생과 밀스 선생이 편지 한 통을 들고 왔다. 그들은 일본대사관에 부탁하여 군부를 통해 전보로 발송하고 오는 길이었다. 그런데 군부 측에서 전보를 발송할 때 "상황이 나날이 긴박해지고 있다"라는 문구 중에서 "나날이"라는 단어를 삭제해 버렸다. 이 문구는 밀스 선생이 아침 식사 전에 생각해 낸 것이었다. 그는 편지를 작성할 때 왜 우리에게 외교대표를 보내줘야 하는지를 설명하기 위해 이런 표현을 썼다. 하지만 나는 우리의 편지가 라베 선생의 편지보다 표현이 딱딱하게 느껴져 조금은 걱정되었다. 물론 라베 선생의 편지는 그 표현이 아주 유머스러웠다. 특히 편지의 서두에서 읽는 이의 흥미를 유발하는 필치가 돋보인다. 일본인들은 우리의 편지 내용에 대해 매우 언짢게 생각하는 눈치였다. 따라서 이번 일은 우리가 일본군 당국의 생각을 알 수 있는 계기가되었다. 그 뒤로 일본군 당국을 통해 우리의 사적인 편지를 발송하는길도 막혀 버렸다. 휴버트 선생은 모깐산(莫幹山)에 있는 가족들에게 긴편지를 썼다. 그는 가족들에게 상하이에 있는 지인에게 연락해 데려가달라고 부탁하라고 했다. 하지만 이 편지는 아직까지도 발송되지 못하고 있다. 만약 미국 해군과 직적 연락이 닿는다면, 그들은 틀림없이 우리를 도와 편지를 전해줄 것이다. 하지만 안타깝게도 그들은 지금 샤관에 머물고 있어 연락이 불가능하다.

오늘 우리의 일상에 나타난 유일한 변화는 밀스 선생이 이사를 간 것이다. 이것은 우리가 고안한 전략이기도 했다. 오늘 오전, 헌병대의 특수요원이 라베 선생을 찾아와 "인구 등록(人口登記)" 작업을 시작하겠다고 했다. 그러면서 그는 '안전구역위원회'도 등록 대상에 포함될 것이라고 했다. 우리는 이것을 계기로 일본군이 도시를 제대로 관리해 가길바랐다. 현재는 "신분 등록"만 하고 있다. 이 등록 카드를 가지고 있어야만 난징에 거주할 수 있다. 그야말로 고리타분한 규정이 아닐 수 없다.

우리 사업의 걸림돌 중 하나는 바로 일본군을 위해 일하는 중국인 앞잡이이다. 어젯밤, 한 중국인이 또 다시 대학에 찾아와 처녀를 요구했다. 일본군의 부탁을 받고 온 것임이 틀림없었다. "뚜쟁이 같으니라구." 베이츠 선생은 아주 못마땅해 하였다. 경비가 그를 목을 졸라 죽이려하자, 베이츠 선생이 말렸다. 그리고는 그를 빈 방에 가두어 놓았다. 오늘 오후, 우리는 한 중국인이 일본군을 데리고 본부 맞은편에 가서 처녀를 찾는 것을 보았다. 일본군이 떠나간 뒤, 그는 사람들에게 붙잡혀 호되게 곤욕을 치렀다. 피치 선생은 어쩔 수 없이 그를 지하실에 숨겨 밤을 보내게 했다. 그렇지만 대학을 지키는 경찰들은 그가 다시 일본군을 데리고 올까봐, 감히 풀어줄 수도 없는 상황이다. 이런 무뢰한들 때문에 골칫거리만 끊임없이 생겨나고 있다.

계획적으로 도시를 불사르는 일본군의 만행은 오늘도 여전히 밤낮으로 지속되었다. 중산루(中山路) 동쪽에서 황니강(黃泥崗)까지 이르는 대부분 지역이 이미 불에 타버렸다. 막스 씨 집 뒤쪽에 있는 집도 오늘 오후에 불에 타버렸다. 이것은 일본군이 길 양쪽에 있는 크고 작은 상점들을 불사른 데 이어, 일반 민가에도 불을 지르기 시작했음을 의미한다. 우리가 알기로는 중산루(中山路) 이쪽 지역은 아직 불에 타지 않았다. 그들이 안전구역만이라도 보전해 주었으면 하는 바람이다. 안전구역 밖에서는 외국 재산을 제외한 모든 것이 파괴 대상인 것으로 알고 있다.

라베 선생은 발전소 가동을 서두르기 위해 어쩔 수 없이 일본군과 협력할 의향이 있음을 시사했다. 하지만 오늘, 정작 중국 직원들을 찾아보니 54명 중 11명만 생존해 있었다. 며칠 전, 43명의 직원들이 일본군에 의해 살해되었던 것이다. 당시 그들은 강변에 있는 영국 회사-허치슨사(社)에 피난해 있었다. 일본군이 이 회사에 찾아와 거기에 있는 직원들이 모두 허치슨사의 직원인가를 물었다. 회사 책임자는 그 중 54명은 발전소 직원이라고 대답했다. 그러자 일본군은 "발전소는 중국 정부에서 운영하는 업체 아닌가? 저 사람들을 몽땅 총살해야 한다."고 펄쩍 뛰었다. 조급해진 회사 책임자는 그중 11명이 허치슨사(社)를 도와 전기 설비를 수리해 준 적이 있다고 거짓말을 했다. 덕분에 그 11명의 직원들은 겨우 목숨을 건질 수 있었다. 그러나 나머지 사람들은 그대로 강가에 끌려가 기관총 세례를 받았다. 얼마 지나지 않아 시체가 물 위에 둥둥 뜨기 시작했다. 이 얼마나 잔인하고 야만적인 짓인가! 이곳에서는 중국인들을 30~100명씩 한 줄로 세워놓고 기관총 세례를 하는 일이 종종 발생했다. 그 와중에 어떤 사람은 기적적으로 살아남기도 했다.

오늘도 여전히 일본군의 약탈과 강간 등 만행이 계속되었다. 어제 낮에는 규모가 큰 몇 군데 난민촌에서 특별한 사건이 발생하지 않았다. 하지만 어제 밤부터 일본군의 기습이 또 시작되었다. 어제 밤, 그들은 뜻밖에도 차를 끌고 진링대에 들이닥쳤다. 기세가 당당했다. 다행히 문간방에서 당직을 서던 경찰이 온갖 방법을 써서 그들을 설득하여 돌려보냈다. 그들은 처녀들을 데려가지 못하고 빈손으로 돌아갔다. 오늘 크로거 선생과 하츠 선생이 본부 근처의 한 집에서 술에 취한 일본군이 부녀자를 강간하는 것을 발견했다. 그들이 큰 소리로 저지시키자, 그 일본군은 오히려 성을 내며 크로거 선생에게 다가가 그를 결박하고 총을 쏘려고 했다. 이 광경을 목격한 한 중국 남자아이가 본부로 달려와 피치 선생을 찾았다. 피치 선생과 라베 선생은 득달같이 달려가 크로거 선생을 구했다. 마침 일본대사관의 다나카(田中) 선생과 장군 한 명이 안전구역을 순시하다가 그들을 발견하고 어찌된 영문인지 물었다. 장군이 그 일본군에게 영문을 묻자, 뜻밖에도 그는 크로거 선생이 자기를 공격했다고 모함했다. 장군이 다시 크로거 선생에게 영문을 묻자, 크로거 선생은 자기는 그저 예의 바르게 그 일본군더러 이 집에서 나가 달라고 했을 뿐이라고 대답했다. 하츠 선생이 그 일본군의 뺨을 치지 않은 게 천만다행이었다. 장군은 그 일본군에게 수갑을 채우고 호되게 몇 번 걷어찼다. 하지만 잠시 뒤 바로 그를 풀어 주었다. 수갑과 경례, 이것이 바로 일본군이 강간과 약탈, 그리고 무단 총격과 같은 만행을 단속하는 대책이었다. 일본군은 신분을 나타내는 아무런 표시도 없었다. 따라서 누가 한 짓인지를 기록할 방법이 없다. 그러나 우리는 그 일본군만은 똑똑히 기억하고 있었다. 그는 다름 아닌 예전에 총검으로 크로거 선생을 위협한 적이 있는 병사였다. 우리는 크로거 선생이 독일인이라는 사실이 매우 자랑스러웠다. 라베 선생은 이제는 중국인의 거처에서 일본군을 쫓아내는 일을 그만둬야 한다고 했다. 일본인은 우리가 자국의 재산을 지키는 외 다른 일을 하는 것을 허락하지 않았다. 때문에 나는 라베 선생의 말에 동의했다. 밀스 선생이 어제 말한 것처럼, 일본군은 중국에서 마음대로 할 수 있음을 확신하고 있는 것 같다. 아직 그 정도까지는 이르지 않았지만 말이다. 어제 오후, 베이츠 선생은 후쿠다(福田)

선생을 차에 태우고 불이 나고 있는 길모퉁이에 가 보았다. 후쿠다(福田) 선생은 이것이 의도적인 방화라는 것을 알고 있다고 했다. 그는 이런 어수선한 곳을 떠나 도쿄로 돌아가고 싶다고 말했다. 우리가 보건대, 일본대사관 직원들은 현재의 상황을 못마땅하게 여기는 반면, 일본군 당국에서는 오히려 현재의 상황을 원하고 있는 것 같다.

오늘 밤, 밀스 선생이 우리에게 앞으로 어떻게 할 것인지를 물었다. 우리는 이미 할 수 있는 모든 것을 다 했다. 일본대사관 직원들은 더 이상 군 당국을 찾아가 항의할 방법이 없다고 말했다. 그래서 나는 라베 선생의 의견대로 하루나 이틀 정도 상황을 더 지켜보는 것이 좋겠다고 생각했다. 14일부터 우리는 거의 매일 진링대에서 사건을 기록하고 항의서를 작성했다. 일본군이 저지른 각종 만행을 자세히 정리하고 항의서를 작성하는 일은 주로 베이츠 선생이 맡아 했다. 보트린 양은 매일 일본대사관에 가서 항의를 했다. 우리도 두세 번 가서 항의해본 적이 있다. 이 정도면 나름 열심히 노력한 편이지만, 별로 소용은 없었다.

현재로서는 난민촌으로 쌀과 연탄을 운반하고, 사건을 하나하나 문서에 기록하는 등 우리의 본업을 계속해 나갈 수밖에 없다. 당장에 항의를 해야 할 정도의 심각한 만행이 발생하지 않는 한, 우리는 평소처럼 예의 바르게 어제 우리가 제기했던 문제에 대해 답변해 줄 것을 일본군 당국에 요청하는 수밖에 없다.

또 하나의 기적이 발생했다. 오늘 신드버그 선생이 또 라베 선생이 빌려준 차를 몰고 치샤산(棲霞山)을 떠나 이곳으로 왔다. 길에서 그는 일본군 한 명을 차에 태웠다. 그 일본군이 성문을 지키는 경비에게 사정한 덕분에 차를 몰고 성 안으로 들어올 수 있었다. 그는 돼지 두 마리와 고구마 세 포대를 가져왔다. 진링여자문리대학에서도 오늘 거위 두 마리를 보내왔다. 이번 크리스마스는 그런대로 잘 보낼 수 있을 것 같다.

12월 23일, 목요일

여러 곳에 초소를 증설해서인지 아니면 비가 와서인지, 오늘은 상황이 조금 나아졌다. 적어도 길에서 다니는 일본군이 눈에 띄게 줄었고, 구조를 요청하는 사람도 그렇게 많지가 않았다. 그런데 휴버트 선생이 트럭을 운전하고 가다가 또 사람을 불쾌하게 하는 일을 목격했다. 일본군이 스탠리·스미스 선생의 집 꼭대기에 걸려 있던 성조기를 끌어내리고 있었다. 이것은 벌써 아홉 번째로 발생한 유사 사건이었다. 그런데 그 장본인은 바로 안전구역 조사를 책임진 일본군 특별조사부대였다. 그들은 작은 깃발들을 여기저기에 붙였다. 그리고는 스탠리·스미스 선생을 길거리로 끌고 나가더니 2주 동안 일본군에게 집을 빌려 준다는 내용의 서류에 서명하도록 했다. 베이츠 선생은 이 소식을 듣고, 이튿날 날이 밝는 대로 일본대사관에 보고해야겠다고 말했다. ……

일본군은 RLTS[5]의 난민촌에서 2백 명을 끌고 나가 총살했다. 그 중에는 군인도 있었지만, 절반 이상은 민간인들이었다고 한다. 우리는 일본군의 화가 이것으로 모두 풀려 다시는 이런 일이 발생하지 않기를 바랐다. 오늘, 몸에 상처를 입은 사람이 달려와 자신이 겪은 일을 이야기해 주었다. 그가 입은 상처 가운데 일부분은 화상(火傷)이었다. 얼마 안 있어 또 한 명의 부상자가 찾아왔다. 그는 온 얼굴이 불에 타버려 눈마저 뜰 수 없을 지경이었다. 그의 말에 의하면, 일본군은 그를 포함한 140명의 중국인을 한데 묶어 놓고, 기름을 끼얹고 총격을 가한 뒤, 다시 시체에 불을 붙였다고 한다. 생각만 해도 끔찍한 일이었다. 그와 앞서 언급한 부상자가 같은 자리에 있었는지는 알 수가 없다. 그는 다른 사람들의 시체 밑에 숨어서 구사일생으로 살아남았다. ……

우리는 내일 밤 라베 선생, 스펠링 선생과 크로거 선생을 초청하여

---

5) (원저자 주) RLTS는 "Rural Leaders Training School"의 약칭으로, 농업전문대를 의미한다. 당시 이곳 난민촌에서는 3천 명 정도의 난민을 수용하고 있었다.

함께 크리스마스이브를 보내기로 했다. 이곳에 있는 보트린 양, 트위넴 부인, 블랑쉬·우(吳) 양과 우쩐주(吳珍珠) 양도 자리를 함께 할 예정이다. 그리고 브롬리 씨는 크리스마스에 우리와 함께 저녁 식사를 하기로 했다.

후쿠다(福田) 선생이 내일 비행기 편으로 상하이에 간다. 그는 이 기회에 우리의 편지를 전해 줄 수 있다고 했다. 하지만 편지 역시 그의 "감시" 대상인 까닭에, 우리는 "크리스마스를 즐겁게 보내세요. 우리 모두 무사해요. 당신들도 무사히 지내길 바래요."와 같은 짧은 문장만을 적을 수밖에 없었다. 나를 비롯해 맥켈럼 선생, 밀스 선생과 트리머 선생은 모두 각자의 편지에 사인을 했다. 우리는 상하이에 있는 미국영사관에서 이 편지들을 가족들에게 순조롭게 발송해 주기를 바랄 뿐이다.

신드버그 선생이 오늘 성 안으로 돌아왔다. 그는 "만약 상황이 더욱 긴박해지면 샤관에 정박하라"는 상부의 지시를 '꿀벌'호에 전달했다.

화상을 입은 그 두 중국인은 현재 윌슨 선생의 병원에서 치료받고 있다. 윌슨 선생은 그들이 살아날 수 있을지 확신할 수 없다고 했다. 두 눈을 잃은 그 환자가 설령 살아난다고 해도 앞으로 살아갈 길이 막막할 것이다. 나는 지금도 그 사람이 허덕지덕 우리 본부까지 찾아온 사실이 믿어지지 않는다. 듣기로 한 마음씨 착한 사람이 그를 여기까지 데려다 주었다고 한다. 베이츠 선생은 저번에 농업전문대에서 끌려간 중국인이 70명밖에 안 된다는 소식을 접했다. 설령 그 정도라고 해도 충분히 많은 숫자이다. 오늘 한 방직공장 노동자의 친척이 잡혀갔다. 이 일을 제일 먼저 알게 된 사람은 본부에서 일하는 가오핑샨(高平善 : 음역) 씨였다. 소식이 퍼지자, 사람들은 너도나도 우리를 찾아와 완장을 요구했다. 이곳에서 완장은 부활절 모자보다 인기가 더 높았다. 우리는 서둘러 여기저기에 완장을 나누어 주었다. 우리의 완장은 사람들 사이에서 상당한 명성을 누렸다. 그러자 일본군은 우리의 완장을 일장기가 있는 자기들 완장으로 대체하라고 했다. 오늘 일본대사관에서 모든 외국인들에게 완장을 나누어 주었다. 그것을 차면 성 안에서 자유롭게 활동할 수 있다고 했다. 릭스 선생은 방직공장 노동자들을 진링대에 있는 '적만자회'의 저우창(粥廠)으로 보내자고 했다. 그들이 차고 있는 완장이 일본군에게 더욱 위력 있게 보일 것 같았기 때문이다.

한 줄기 희망이 보인다. 하루나 이틀 뒤면 우리를 귀찮게 굴던 노병(老兵)들이 가고 신병(新兵)들이 온다. 신병들은 상부로부터 누구든 나쁜 짓을 하면 총살당한다는 경고를 받았다고 한다. 우리는 나쁜 짓을 한 병사들이 모조리 총살당하는 것을 봐야 그 말을 믿을 수 있다고 입을 모았다. 난민들은 내일부터 시작되는 이른바 "인구 등록(人口登錄)"에 깊은 우려를 나타냈다. 모든 사람들이 일본 당국으로부터 등록카드를 하나씩 받게 되는데, 만약 그 카드를 잃어버리면 난민촌을 떠나야만 했다. 일본군에게 이것은 새로운 비장의 카드였다. 어제부터 오늘 아침까지 길거리 양쪽의 작은 가게들이 문을 열기 시작했다. 상황이 호전되었다는 신호다. 베이츠 선생이 말한 것처럼 이곳의 상황은 앞으로 조금씩 더 나아질 것이다.

오늘 아침, 라베 선생이 일본군에게 약탈당한 외국인 건물(오늘 새벽 2시 이전까지)에 관한 명세서를 작성해 달라고 한 영사관 경찰의 말을 전했다. 그래서 우리는 서둘러 명세서 작성에 착수했다. 물론 우리가 만드는 것은 단지 대략적인 상황 보고에 불과했다. 손해와 관련된 정확한 통계 및 손해배상 청구에 관한 것은 나중에 미국대사관에서 작성한 최종 문서에서 밝혀질 것이다. 우리가 들은 바에 의하면, 독일인 소유의 주택 47채 중 38채가 약탈을 당했고, 미국인 소유의 주택 174채 가운데 158채가 약탈을 당했다고 한다. 독일인들이 지금 "깡그리 약탈해 갔다"라는 표현을 쓰고 있지만, 그래도 그 정도는 1927년 때보다는 심각하지 않다. 그때는 출입문조차도 몽땅 떼어갔었다. 독일인들이 말하는 "깡그리 약탈해 갔다"라는 표현은, 잠궈 둔 문과 서랍장이 열리고 그 속에 있는 물건들이 바닥에 내동댕이쳐진 광경을 의미하는 것이었다. 병사들이 원하는 것은 돈이 되는 작은 물건이지 부피가 큰 가구가 아니었다. 그들은 대부분 가구를 망가뜨렸을 뿐 가져가지는 않았다. 현재 도시 전체는 폐허로 변했다. 오늘 밤, 나는 중산루(中山路) 근처에 있는 깐허(幹河) 기슭의 훼손된 지역은 다시 가보지 않았다. 이 모든 것이 언제 끝날지 그 누구도 알 수가 없다. 만약 다음 주에 큰비라도 내린다면, 그들의 만행이 잠시 멈춰 질지도 모른다. 가게가 다시 문을 열어야 하지만, 이것 역시 무수한 우여 곡절을 겪어야 가능한 일이다. 반면에 비가 내리면 난민들의 고통은 가중 될 수밖에 없다. 오늘 오후, 밀스 선생과 릭스 선생은 누에공장 문 밖에서 잠을 자는 일부 난민들을 후이원여자중학교로 이동시키려고 했다. 하지 만 결국 실패하고 말았다. 우리는 수용 인원 과부하로 발생하는 난민촌의 문제를 해결하기 위해 일부 난민들을 후이원(匯文), 중화(中華), 밍더(明德) 등 지역으로 보낸 뒤, 다시 안전구역 밖으로 이동시키고자 했다.

12월 27일, 월요일

오후 3시 50분, 닝하이루(寧海路). 일본군이 난징을 점령한 지도 벌써 2주가 지났건만, 마음을 졸이는 혼란 상태는 여전히 계속되고 있다. 아무 리 낙천적인 사람이라도 이런 상황에서는 의기소침해질 수밖에 없다. 우리는 더 좋은 날이 오기를 바라고 있지만, 현실은 도무지 우리 뜻대로 되지 않는다. 어제 밤, 부녀자 한 명이 진링대에서 끌려갔으며, 오늘은 또 세 명의 여성이 진링대에서 강간을 당했다. 진링여자신학원에서는 27명의 여성이 강간을 당했다. 그리고 대학병원에서는 당직을 서던 사람 이 끌려가 일본군 장교 명령으로 물건을 날랐다. 그들의 만행은 여기에 그치지 않았다. 그들은 농업전문대의 깃발을 뽑아버렸고, 오늘은 또 철 지붕으로 된 우리의 털실공장을 강점하려고 했다. 오늘 점심, 신제코우 (新街口)에 갔던 라베 선생은 마침 그들이 일중회사(日中公司)에 불을 지르 는 것을 목격했다. 일중회사는 길목 동쪽에 위치한 아주 좋은 가게였다. 이밖에 새로 개장한 시장 역시 폐허가 되었으며, 국립극장도 불에 타버 렸다. 그들은 지금도 신제코우(新街口) 북쪽에 있는 길 서쪽에서 가게를 약탈하고 가게에 불을 지르고 있다. 어제 진링대에서 "인구 등록(人口登錄)"을 할 때, 일본군은 과거에 군부대에서 복역한 적이 있는 사람은 자진해서 실토하라고 했다. 만약 실토하면 노동자로 채용하고, 그렇지 않으면 즉각 총살하겠다고 협박했다. 그러자 2백여 명의 사람들이 과거에 군인이었거나 군부대에서 잡부로 일한 적이 있다고 실토했다(징용을 당하는 일반인 노동자에게 있어서 이 두 가지 명칭은 큰 차이가 없었다). 오늘 아침, 다섯 군데에 자상을 입은 사람이 대학으로 와서 자기가 겪은 사실을 이야기했다. 그를 포함한 한 무리의 중국인들이 구린쓰(古林寺)로 끌려가, 일본군 130명의 총검 연습용 과녁으로 쓰였다고 한다. 당시 그는 총검에 찔려 기절을 했는데, 나중에 깨어나 보니 일본군은 보이지 않았다. 그래서 그는 상처 입은 몸을 간신히 끌고 이곳으로 왔던 것이다. 윌슨 선생은 그의 상처를 살펴보더니, 상처 한 군데가 너무 깊어서 살아남기 어려울 것이라고 했다. 윌슨 선생의 말에 우리는 도저히 점심 식사를 할 수가 없었다. 우리 중에는 이것 때문에 아침식사조차 못한 사람도 있다.

일본군은 한편으로는 "질서 회복"을 외치면서도 다른 한편으로는 모든 것을 박살을 내고 사람들을 위협하고 있다. 그 누구도 정말 어찌할 방법이 없었다. 라베 선생은 대부분의 시간을 집에서 보내며 자신의 재산과 6백 명의 난민을 지키고 있다. 크로거 선생도 자신의 재산을 지키는 데 많은 시간을 할애하고 있다. 그리고 마기 선생과 포스터 선생도 역시 집을 지키며 방에 가득 찬 난민들을 보호하고 있다. 보트린 양과 트위넴 부인은 진링여자문리대학을 한 발짝도 떠날 엄두를 못 낸다. 대학병원에서는 외국인 한 명이 밤낮으로 당직을 서야만 한다. 진링대 상황도 별반 차이가 없다. 베이츠 선생이 일 때문에 자리를 비우기만 하면, 사람들이 사방으로 베이츠 선생을 찾는다. 그는 하루 종일 동서남북으로 뛰어다니며 일본군을 쫓아내느라 정신이 없다. 최근 며칠 동안 밖에서 활동한 사람은 릭스 선생과 휴버트 선생 둘 뿐이다. 그들은 화물을 나르고 인부들을 호송하는 일을 맡아 했다. 그 와중에 일본군에게 트럭을 도둑맞을까봐 매일같이 신경을 썼다. 그들이 운반해 온 쌀과 연탄은 사람들의 굶주린 배를 어느 정도 채워준다. 하지만 모든 사람들의 수요를 매일같이 충족시키기에는 턱없이 부족했다. 또한 트럭과 자동차의 수도 점점 줄어들었다. 이런 와중에도 일본대사관에서는 우리를 찾아와 자동차와 수리공을 빌려달라고 부탁을 한다. 참으로 어이가 없는 일이었다.

우리가 세운 계획대로라면 어제 밤 나는 진링대에서 밤을 지내야 했다. 그런데 어제 저녁식사 때, 베이츠 선생이 "인구 등록(人口登錄)"이 끝날 때까지 자기가 진링대에 남아 있는 것이 좋을 것 같다고 했다. 그래서 나는 진링대에 가지 않았다. 어제 남자들의 등록이 끝났다. 일단 앞에서 말한 등록 절차를 거친 뒤, 사람들을 한데 모아놓고 보증인이 있는지 한 명씩 물어 보았다. 다행히 한 명을 제외하고 모두 통과하였다. 마지막 남은 한 사람은 베이츠 선생과 휴버트 선생이 보증을 서 주었다. 오늘은 여자들이 등록을 하고, 내일은 개인 주택을 등록한다. 그런데 쓰(司) 씨의 아들이 보이지 않았다. 내가 진링여자문리대학에 갔을 때도 그를 보지 못했다.

그날 나는 일본대사관에다 쌀과 밀가루, 그리고 연탄을 요구하려고 생각했었다. 어제 저녁, 일본대사관에 일본군의 만행을 기록한 보고서를 제출할 때, 나와 후쿠이(福井) 선생은 오늘 11시에 라베 선생과 만나기로 약속했다. 오늘 아침, 나는 라베 선생의 집에 가서 그에게 이 일을 이야기했다. 한참 뒤 라베 선생이 내가 있는 곳으로 찾아와 내가 작성한 편지에 사인을 했다. 그리곤 곧장 함께 후쿠이(福井) 선생을 만나러 갔다. 후쿠이 선생은 우리에게 아주 긍정적인 답변을 주었다. 하지만 그가 군 당국을 어느 정도 설득할 수 있을지는 모를 일이다. 우리는 시정부에서 제공한 150만kg의 쌀과 1만 포대의 밀가루를 이곳에 두고 써야 한다고 주장했다. 다시 말해서, 일본군 당국으로부터 쌀 150만kg과 밀가루 9천 포대를 얻어내야 한다는 것이다. 한(韓) 선생은 우리가 이미 손에 넣은 1천 포대의 밀가루는 여기에 속하지 않는다고 했다. 일본인은 아직 우리에게 연탄을 주지 않았다. 우리는 기회를 엿보아 그들에게 연탄을 요구할 것이다. 현재 남아 있는 연탄은 저우창(粥廠)에서 일주일 정도 쓸 수 있을 분량밖에 안 된다. 물론 연탄을 구입해야겠지만, 그들을 찾아가 요구할 수도 있다. 후쿠이 선생이 우리를 도와줄 수도 있겠으나, 그것은 어디까지나 일부에 불과하다. 우리는 일주일 간의 협상을 통해 어려움이 닥치기 전에 생필품을 보급 받을 수 있는 방법을 찾아내야 한다. 오후에 릭스 선생은 일본군이 아직 폐쇄하지 않은 탄광을 찾으러 나갔다. 후쿠이 선생은 우리가 그런 곳을 찾게 되면 석탄을 어렵지 않게 구할 수 있을 것이라고 했다. 우리는 탄광 여섯 군데가 아직 폐쇄되지 않았다는 정보를 입수했다. 우리는 만일의 경우를 대비해 우리가 입수한 정보 중 절반만 일본군 당국에 보고했다. 우리는 별도로 나머지 세 곳을 직접 찾아가 연탄을 구매할 생각이다.

아침에 멀쩡하던 날씨가 낮이 되자 어두워졌다. 아마도 눈이 오려는 모양이다. 눈이 오지 않았으면 좋겠다. 작년 가을에 우리는 비가 오기를 기원했지만, 지금은 날씨가 맑고 따뜻하기를 바라고 있다. 등록을 마친 사람들은 하루라도 빨리 자기 집으로 돌아가고 싶어 한다. 하지만 질서가 회복되지 않은 상황에서 제 집으로 돌아갔다가는 여러 가지 위험에 노출될 수 있다. 그럼에도 불구하고 우리는 한 번쯤 귀가를 시도해 보도록 격려하기도 한다. 물론 신변안전을 재삼 당부하면서 말이다. 그러나 불타버린 상점과 한창 불에 타고 있는 가게, 그리고 길을 가던 여자아이들이 봉변을 당하는 현실은 그들을 크게 낙담하게 한다. 우리는 그래도 난민 중 일부가 불에 타지 않은 지역에서 생계를 도모할 수 있기를 바랐다. 최근 3일 동안 진링여자문리대학에 있던 여자아이들의 숫자가 1만 명에서 8천 명으로 급격히 줄었다. 그리고 안전구역은 조금씩 질서가 잡히기 시작했다. 그녀들은 각자의 집으로 돌아가거나, 안전구역 내의 다른 지역으로 이동했다. 우리는 난민촌을 철수하기 전에 이곳의 모습을 찍어놓고 싶었다. 진링여자문리대학의 트랙은 이미 깨끗하게 치워졌다. 며칠 전까지만 해도 그곳에는 부녀자들의 이부자리가 도처에 널려 있었다.

　어제 밤, 우리는 진링여자신학원에 초소를 설치해 줄 것을 요구했지만, 별다른 대답이 없었다. 오늘 후쿠이 선생이 현재 진링대를 비롯한 여러 곳에 초소를 세우고 있다고 말했다. 나는 오늘 밤 내가 갔을 때 초병이 배치되어 있어 나 혼자 일본군을 상대하는 일이 없기를 바랐다. 현재 그들은 모든 대사관 앞에 초소를 세웠다. 베이츠 선생은 자신의 말을 도둑맞고서 "그건 정말 유치원생들이나 하는 짓이야. 13일 오후에 초병들을 배치했어야지!"라고 말했다. 오늘 오후 대사관의 경찰이 찾아와 독일인들의 재산을 조사하고, 또한 모든 외국인들의 재산을 시찰한 뒤 초소를 설치하겠다고 했다. 현재 우리가 할 수 있는 것이라곤 그들이 외국인들의 재산에 관심을 갖게 하는 것뿐이다. 부녀자들의 생명과 존엄을 지켜 주는 데에 대해서는 어떠한 힘도 발휘할 수 없다. 라베 선생은 그들이 반드시 대가를 치르게 될 것이라고 했다.

제7장

스튜워드의 증언

일기 발췌[1]

1938년 12월 11일, 일요일

오늘은 일요일이다. 나는 걸어서 3마일 정도 떨어져 있는 장탕지에(江塘街)에 갔다. 그 곳은 큰 변화는 없었지만, 인적이 드물었다. 왕(王) 목사는 그곳 지하실에서 굉장히 성공적인 기도회를 주재했다. 참가자 수는 전쟁 전 위층 건물에서 할 때의 2배에 달했다. 그들이 이번에 부른 찬송가 역시 내가 들은 것 중에 가장 괜찮았다. 기도회가 진행되는 동안 아무도 한 눈을 팔지 않았다. 그 누구도 고통스럽거나 낙담한 기색을 보이지 않았다. 휴버트 선생 일가족, 블레스트 양, 왕 선생 부인과 예즈무(葉子牧) 씨, 그리고 웬(袁) 선생이 실리아 양과 그 가족의 안부를 물었다.

일본군이 입성한 지 일 년이 다 되어가고 있다. 나는 1년 전 발생한 많은 사건에 대해 익히 들어 알고 있다. 부상을 입고 대학병원에서 치료 중인 한 중국군 장교가 우리에게 많은 정보를 제공해 주었다. 그가 전해 준 정보 내용은 다음과 같다. 후베이성 모 사단이 탕산(湯山)과 철도(鐵道) 사이에 있는 모 지점에 도착하지 못하자 방어에 큰 공백이 생기게

---

1) (원저자 주) RG20, B8, F179

되었다. 일본군은 기회를 놓칠세라 대거 진입하여 그 지역을 선점하고 곧바로 성벽까지 돌진해 왔다. 전세가 불리해지자, 성문을 수비하던 중국군 고급 장교는 일본군이 들이닥치기 하루 전에 벌써 비행기를 타고 도망가 버렸다. 그는 장(蔣) 위원장이 철수하라는 명령을 내렸을 때 자진해서 성문을 지키겠다고 나섰던 장본인이었다. 결국 남은 장교들은 부대를 해산시키고, 병사들로 하여금 제각기 작전에 임하게 하였다. 그날 밤 모든 장병들이 길거리로 몰려갔다. 이튿날 아침에 보니, 군복과 총기, 그리고 다른 군사 장비들이 길거리에 어지럽게 널브러져 있었다. 중국군이 장강(長江) 상류에 있는 중국 내륙으로 도망치면서 연출한 이 같은 광경은 수 마일에 걸쳐 길게 이어졌다.

일본군은 삼면으로 난징을 포위하여 공격하였다. 샤관(下關)에서 장강으로 통하는 길목은 일부러 비워 둔 것이 분명했다. 중국군이 성문을 빠져나와 강둑에 도착했을 때, 약 4만 명에 달하는 장병들이 일본군의 기관총 세례를 받았다. 피치 선생의 말에 의하면, 난징이 점령당한 뒤, 그가 처음으로 성 밖으로 나갔을 때 높이가 6피트에 달하는 시체더미가 앞길을 막았다고 한다. 얼마 뒤 일본군은 중립구역을 포함한 난징 전체를 수색하기 시작했다. 그들은 위장한 중국군을 색출하고 의심되는 사람들을 잡아갔다. 대부분의 경우, 중국인들은 강변으로 끌려가 한 번에 1백 명씩 기관총 세례를 받았다. 그들의 시체는 곧바로 강물에 던져졌다. 그리고 중국인들이 한 무리씩 한데 묶여 온 몸에 가솔린이 뿌려진 채 불에 타 죽는 참상도 최소한 2~3번은 벌어졌다. 난징이 일본인의 손아귀에 완전히 들어가기까지, 약 6~7만 명에 달하는 중국인이 목숨을 잃었다.

오후 4시, 진링여자문리대학의 교직원 청사에서 영문 예배가 열렸다. 밀스 선생이 목사직을 수행했는데, 그곳에는 수많은 친구들을 비롯하여 몇몇 새로운 얼굴들도 있었다.

12월 12일, 월요일

우리 집과 슬로건 씨 집에 있던 물품과 가구는 모두 온전해 보였다. 그런데 명세서와 대조해 보니, 우리 집 물건 몇 가지가 없어졌다. 다행히 창고는 털리지 않았다. 내가 보기에 약 150원(현지 환율)의 손해를 입은 것 같았다. 폭탄 한 발이 난로 근처에 있는 동쪽 창문에 떨어졌다. 하지만 큰 손해는 없었다. 나는 오늘 터미널에 가서 트렁크를 찾아왔다. 그런데 성문으로 들어올 때 그중 하나를 검사 받아야 했다. 벤쿠버에서 여기까지 오는 동안 나는 처음으로 트렁크를 검사 당했다.

보트린 양은 나를 데리고 진링여자문리대학으로 갔다. 거기서 그녀는 난민들이 실제로 종사하고 있는 방직과 봉제와 같은 흥미로운 작업들을 보여 주었다. 그녀는 방직에 필요한 실을 구하기가 어렵다고 하소연하며, 우리에게 대학 내에서 현지의 생면(生綿)을 가공하여 실을 만들어 줄 것을 건의했다. 릭스 선생은 방직에 관련된 문제를 연구하다가 "밀합곡선(密合曲線)"이라는 용어를 접하게 되었는데, 도무지 그 뜻을 잘 알지 못해 고민했다. 우리는 적당한 때를 봐서 보트린 양에게 그녀가 우리에게 얼마나 어려운 문제를 내주었는지를 알려줄 것이다.

오늘 약 50명이 일본 선박을 타고 구링(牯嶺)으로부터 이곳에 왔다. 게일 박사는 여기에 머물면서 그녀의 남편과 상봉하게 될 것이다. 그들 부부는 이미 1년 넘게 떨어져 지냈다.

천융(陳勇) 선생은 나에게 진링대에서 네 가지 교양 과정을 개설했다고 알려 주었다. 농업전문대에 초등학교를 세우고, 누에공장 건물에 농민학교를 세웠으며, Severance Hall에 중국어·영어·일본어·수학 등의 과정을 개설하고 구러우(鼓樓)교회에 노인들을 위한 식자학교(識字學校)를 세운 것이 그것이다. 오늘 나는 청두(成都)에서 온 항공우편을 받았다. 이 우편들이 여기까지 오는 데 3주나 걸렸다.

우리는 1년 전에 발생했던 그 끔찍한 이야기들을 끊임없이 들을 수 있었다. 수많은 중국인들이 집단살해를 당한 것 외에도, 시내에 있던 수천수만의 중국 여성들이 무참히 강간당했다는 것이다. 몇몇 특수한 안건은 상세한 기록을 남겨 놓고 있었는데, 그중 1~2건은 여태 들어본 적이 없는 충격적인 것이었다. 사람들이 두 부녀자의 시신을 발견했는데, 그 중 한 시신은 몸에 골프채가 박혀 있었고, 다른 한 시신은 아랫배에 맥주병이 꽂혀 있었다. 최근 몇 달 동안, 불행을 겪은 수많은 여성들이 대학병원에 와서 도움을 청하였다. …… 의사는 그녀들을 위해 육체적 "부담"을 덜어 주었다. 비록 이런 행위가 옳은 것인지에 대해서는 의사마다 다른 의견을 갖고 있지만 말이다. 나는 강간을 당해 임신을 한 상황에서 시술되는 낙태는 합법적 행위라는 것을 알고 있다. …… (이 부분은 원문에 비어 있다) 의사는 스스로 난징에서 일본인을 제일 많이 제거한 사람이라고 농 아닌 농을 했다.

1939년 2월 21일, 금요일

오후에 나는 자전거를 타고 남문 쪽에 갔다가 타이핑루를 따라 돌아왔다. 길거리의 모습은 나를 매우 우울하게 만들었다. 셀 수 없을 정도로 많은 물건들이 훼손되어 있었다. 인적은 여전히 드물었고, 대부분 지역의 작업장은 몹시 어수선하였다. 만약 전쟁 당사자들이 시민들의 생명과 재산을 보장하는 협약을 맺고 시민들을 향한 군사 행동을 자제했더라면, 그 피해는 실제의 1~2%에 그쳤을 것이다[자세한 내용은 스마이스 선생이 쓴 『난징지역 전쟁재해』란 책에 적혀 있다. 이 책은 1938년 6월, 난징국제기황구제위원회(南京國際饑荒救濟委員會)에서 출판하였다].

작년 겨울 난징에서는 수천수만의 민간인들이 비참하게 죽임을 당했다. 그런데 그들 시신의 대부분은 그들을 살해한 부대에 의해서가 아니라 한 불교 조직인 '홍만자회(紅卍字會)'에 의해 수습되었다고 한다. 홍만자회(紅卍字會)의 직원들이 5~6개월 간의 긴 시간을 들여서야 비로소 깨

곳이 치울 수 있었다고 한다. 그들의 이런 행동은 현지에서 극찬을 받았다. 나는 그들이 '중국적십자회(中國紅十字會)'보다 훨씬 낫다고 생각한다. 듣기로는 1938년 상반기에 그들은 난징의 길거리에서 4만여 구의 시신을 수습하여 매장했다고 한다. 당시 많은 시체들은 직접 들고 갈 수 없을 만큼 이미 부패해 있었다. 그들은 할 수 없이 시체를 멍석에 말아서 트럭에 실었다. 악취가 코를 찔러 트럭에서 일을 할 수 없을 정도였다. 듣기로 그 몇 개월 동안 길거리 곳곳에서 시신을 뜯어 먹는 개들을 쫓아내는 광경을 볼 수 있었다고 한다.

7월 24일, 월요일

오늘 휴버트 선생이 원화춘(文華村)에서 일어난 일을 나에게 이야기해 주었다. 원화춘은 난징 동남쪽에 있는 마을로, 칭룽산(靑龍山)에서 약 3마일 정도 떨어져 있다. 시내에서 약 5리 떨어진 작은 마을에서 한 농민이 손님들을 초대하여 생일파티를 하고 있었다. 그런데 보석 장사를 하는 한 앞잡이가 이 사실을 성 안에 있는 일본군에게 밀고하였다. 날이 저물자 대부분의 손님들은 집으로 돌아가고, 일부만이 남아서 함께 저녁식사를 하고 있었다. 바로 이때 일본군이 갑자기 들이닥쳐 이곳을 포위하고, 현장에서 중국인 여러 명을 살해했다. 그리고 나머지 사람들은 한 명씩 심문하여 유격대원 여부를 확인했다. 말이 심문이지 실은 고문이었다. 만약 피심문자들이 유격대원이 아니라고 부인하면 가혹한 고문을 당해야 했다. 결국 그들은 일본군의 고문에 못 이겨 인정할 수밖에 없었다. 그 뒤 일본군은 그들(약 30명)을 원화춘으로 끌고 갔다. 그곳에서 일본군은 새 정부(괴뢰 정부)의 현지 관리에게 큰 구덩이를 파놓도록 하고, 모두 살해해 거기에 묻었다. 당시 어떤 사람은 일본군의 총검에 찍혀 몸뚱이가 두 동강 나기도 했고, 또 어떤 사람은 목숨이 붙어 있는 채로 생매장을 당하기도 했다. 하지만 어이없게도 당시 성 안에 뿌려진 일본군의 전단지에는 "일본군이 여기에 온 것은 당신들이 평화롭게 농사를 짓도록 하기 위해서입니다."라고 쓰여 있었다.

제8장

윌슨의 증언

편지(일기) 발췌 번역[1]

1937년 12월 15일, 수요일

사랑하는 나의 가족에게

지난 번 편지에서 끝마무리를 제대로 못해 미안했어. 오늘 점심, 집으로 돌아온 나는 스미스 선생과 스틸 선생이 일본 구축함을 타고 상하이로 간다는 것을 알게 되었어. 서둘러 위층으로 올라가 그동안 쓴 일기들을 편지 봉투에 담았어. 그리고 그들이 자동차 시동을 거는 틈을 타, 주소를 적어 그들에게 전해줬어. 35쪽은 복사본이야. 원본을 찾을 수가 있어야지. 시간이 너무 촉박해 서명할 겨를도 없었어.

지역 신문의 헤드라인을 보면, 너희들은 많이 놀랄 거야. 오늘 우리는 미국 군함 '파나이(Panay)'호가 일본군의 폭격으로 침몰했다는 소식을 접했어. 이건 확실한 소식이야. 원래 우리가 그 군함에 탑승하려고 했었어. 들리는 말로는, 이탈리아 신문사 기자 한 명과 '소코니(Socony)'호의 선장이 폭격으로 사망했고, 팩스톤 선생을 포함해 수많은 사람들이 부상을 당했대. 물론 너희들이 더 많은 소식을 알고 있겠지. 미국 군함

---

1) (원저자 주) RG11, B229, F3875

'오하우(Oahu)'호가 부상자들을 바로 상하이로 이송하는 바람에, 우리는 그들을 한 명도 볼 수 없었어.

우리 병원은 갈수록 더 바빠지고 있어. 이제 곧 정상적인 환자 수용 한계에 도달하게 될 거야. 오늘은 약 30명가량의 환자가 입원을 했어. 그런데 퇴원한 사람은 단 한 명도 없었어. 우리는 그 누구도 내보낼 수가 없어. 왜냐하면 그들은 갈 곳이 없기 때문이야. 현재 150명 환자 중, 단지 10명만 내과와 산부인과 환자이고 나머지는 전부 외과 환자야. 이곳의 중국 의사들은 모두 내과 의사이기 때문에, 우리가 세심하게 신경써 도와주지 않으면 환자들을 간호할 수가 없어. 그러니까 내가 기를 쓰고 할 수밖에 없지. 나는 어제 일기에 11건의 수술을 했다고 적었어. 오늘은 병실을 돌아보고 또 10건의 수술을 했지. 나는 아침 일찍 일어나 식전에 벌써 병실 한 곳을 회진했어. 아침 먹고 나서는 오전 내내 다른 병실을 돌아다니며 환자들을 돌봤지. 그리고 수술은 오후에 시작했어.

첫 번째 환자는 경찰이었어. 그는 팔 위쪽 부위가 폭탄 파편에 맞아 크게 다쳤지. 뼈가 부서지고 근육의 ⅓이 찢어졌어. 그는 7시간이나 지혈을 하고 있었기에 팔의 혈액 순환이 완전히 정지되고 말았지. 그래서 팔을 절단하는 외에는 달리 방도가 없었어. 두 번째 환자는 가난한 민간인이었어. 커다란 포탄 파편이 목 부위를 관통하면서 아래턱을 찢어 놓았지. 나는 아래턱에 박힌 치아 몇 대와 파편을 빼내 주었어. 그 뒤에도 환자 여러 명이 찾아왔지. 트리머 씨가 X레이 진찰을 도와주었어. 그 중 한 명은 귀밑샘 부위가 폭탄 파편에 맞아, 얼굴 신경이 많이 손상되었지. 다른 한 명은 옆구리에 총을 맞았는데, 총알이 윗배를 관통해서 위(胃)로 들어갔지 뭐야. 피를 많이 흘렸지만, 상태는 생각보다 나쁘지 않았어. 그래서 나는 복부 절개를 하지 않고도 손쉽게 그의 몸에서 총알을 꺼낼 수 있었지. 또 한 명은 4일 전에 한쪽 발이 폭탄 파편에 맞아 잘려나갔어. 상처가 심하게 감염되어 종아리를 절단할 수밖에 없었지. 또 다른 한 명은 이발사였는데, 일본군이 휘두른 군도에 목덜미가 크게 다쳤지.

목덜미의 근육과 인대까지 거의 잘려 나간 상태였어. 그는 완전히 의식을 잃고 있었지. 내가 보기에 다시 깨어날 것 같지 않아. 당시 이발관에는 그를 포함해 모두 8명이 있었는데, 그가 유일한 생존자라고 해.

민간인들에 대한 대학살은 정말이지 사람을 놀라게 할 정도야. 나는 매일 환자들로부터 강간과 학살 사례들을 듣고 그것을 일기로 적고 있지. 이러한 사례들은 참으로 믿기 어려울 정도로 잔인하고 참혹해. 일본군의 총검에 찔려 상처를 입은 청소부 2명이 병원으로 찾아왔었어. 그들은 같이 일하던 7명의 청소부 가운데서 살아남은 생존자였어. 그들이 휴식을 취하고 있는데, 갑자기 일본군이 나타나 아무런 경고도 이유도 없이 총검으로 그들을 찔러댔다지 뭐야. 그 와중에 5명이 현장에서 숨지고 2명만 겨우 살아남았대. 이런 상황이 언제까지 지속될지 알 수가 없어. 그래야 우리도 한숨 돌릴 수 있을 텐데 말이야.

12월 18일, 토요일

이틀 전, 나는 바로 여기에서 편지 한 장을 썼지. 그런데 그것을 다른 편지들과 함께 두려고 하니, 찾을 수가 없네. 그저 일본인의 손에 들어가지 않기만을 바랄 뿐이야. 오늘은 현대판 단테의 『지옥』이 시작된 지 6일째야. 도처에서 살인과 강간이 난무하고 있어. 수많은 사람들이 학살당하고, 수많은 부녀자들이 강간당했지. 그 어떤 힘도 이 야수 같은 인간들의 잔혹하고 음탕한 행위를 막을 수 없나 봐. 처음에 나는 일본군의 미움을 살까봐 웃는 얼굴로 그들을 대했지. 그런데 나의 미소는 점점 아무런 의미도 없게 되었어. 그래서 나의 눈빛도 그들처럼 냉담하고 회의적으로 변해갔지.

저녁을 먹고 기숙사에 돌아오니, 일본군 3명이 기숙사에 있더군. 그들은 이미 기숙사를 샅샅이 수색한 모양이었어. 내가 막 들어섰을 때, 그들은 하인츠 양과 함께 뒷문으로 가고 있었어. 그런데 갑자기 한 명이 보이지 않더군. 근처 어딘가에 숨어있을 것이 분명했지. 나는 밖에 있는 다른 병사들에게 손짓하며 여기가 미국병원이라고 알려 주었어. 그리고 여기서 제멋대로 해서는 안 된다고 경고했지. 그러자 앞서 기숙사에 있었던 그 두 녀석이 나머지 병사들을 데리고 나가버리더군. 참새가 방앗간을 그저 지날 리 만무하지. 그들은 나가면서 하인츠 양과 다른 사람들의 시계와 만년필을 빼앗아갔어.

지난 이틀 동안 발생한 일들에 대해 잠깐 언급할게. 어젯밤, 진링대에서 근무하는 한 중국인 직원의 주택이 파괴되고, 그의 가족 2명이 강간을 당했어. 그리고 한 난민촌에서 16살 정도 된 소녀 2명이 성폭행을 당하고 살해당한 일이 발생했어. 진링대 부속중학교에는 8천 명의 난민이 살고 있어. 그런데 어젯밤, 일본군이 10번이나 그곳에 난입했지 뭐야. 그들은 난민들의 식품과 의복을 약탈하고, 부녀자들을 강간하는 등 마음껏 짐승의 욕망을 채웠지. 그들은 또 남자아이 한 명을 총검으로 찔러 죽였어. 어제 오전, 나는 한 시간 반을 들여 8살 남자아이에게 봉합 수술을 해주었어. 그 아이는 다섯 군데나 총검에 찔려 상처를 입었어. 그 중 한 군데가 복강을 관통하는 관통상이라, 일부 복막이 흘러나와 있었어. 그래도 나는 그 애가 완쾌할 수 있으리라 믿어.

나는 앞서 기숙사에서 갑자기 사라졌던 그 일본군을 발견했다는 소식을 듣고, 부랴부랴 기숙사를 나섰지. 그 녀석은 15명의 간호사가 살고 있는 간호사 기숙사 4층에 있었어. 내가 도착하기 전에 그가 몇 명의 간호사를 욕보였는지는 알 수 없어. 하지만 그녀들에게 그 순간은 인생에서 지워버릴 수 없는 영원한 아픔으로 남을 거야. 그는 나를 보더니 하던 짓을 멈췄어. 그리고는 그녀들의 손목시계 한두 개와 사진기를 가지고 달아나려고 했어. 내가 사진기를 내려놓으라고 하자, 뜻밖에도 순순히 내 말대로 하더군. 나는 그를 데리고 앞문으로 나가서 "다정하게" 작별을 고했지. 그런데 안타깝게도 그는 나의 호의를 받아들이지 않았어. 이전에 한 일본군이 내 앞에서 일부러 권총을 휘두르며 나를 위협한 적이 있었어. 나는 그가 총을 쏘지 않은 것만 해도 감사하다고 생각해.

오늘 나는 세 군데에 총상을 입은 한 남자를 치료했어. 그는 함께 있던 80명의 피해자 가운데 유일한 생존자였어. 80명 가운데는 11살짜리 남자 아이도 있었어. 그들은 원래 안전구역에 있는 두 채의 건물에서 살고 있었대. 그러다 갑자기 시장루(西藏路) 서쪽에 있는 산비탈로 끌려가 집단학살을 당하게 된 거야. 그는 총상을 입고 기절했다가 일본군이 떠나간 뒤에야 의식을 회복했어. 그리고 함께 있던 79명이 모두 숨져 있는 걸 발견했어. 그가 입은 총상은 그다지 심각하지 않았어. 솔직히 말해, 피해자 80명 가운데 군인 출신은 몇 명밖에 안 됐어.

환자 가운데는 지능장애가 있는 여자아이도 있었어. 내가 보기에 그 아이는 태어나면서 입은 상처 때문에 지능장애아가 된 것 같았어. 일본군이 그 아이의 손에서 하나밖에 없는 이불을 빼앗아가자, 그 아이는 그저 본능적으로 일본군의 옷자락을 잡았지. 그랬더니 일본군이 군도로 그 아이의 목을 내리쳤지 뭐야. 그 아이는 목 한쪽 근육이 절반이나 잘려나갔어. 보기에 너무도 끔찍했지.

환자 가운데는 17살 난 처녀애도 있었는데, 그녀의 상처도 매우 심각했지. 그녀도 목 부위가 일본군의 군도에 찍혀 깊고 긴 상처가 나 있었어. 그녀는 가족이 전부 일본군에게 몰살당했다고 하더군. 그녀는 난징에 있는 영국회사 허치슨사(社)의 직원이었어.

나는 150명의 환자들을 전부 돌아보고 나서, 저녁을 먹으려고 병원 문을 나섰어. 그때 마침 둥근달이 쯔진산(紫金山) 위로 서서히 떠오르고 있었어. 도저히 말로 표현할 수 없을 정도로 아름다운 풍경이었지. 지금의 난징과는 전혀 어울리지 않았어. 지금 난징은 '태평천국(太平天國)의 난' 이래로 가장 황량한 모습을 보이고 있어. 도시의 90%가 인적 없는 폐허로 변했고, 일본군이 여기저기 쏘다니며 약탈을 감행하고 있지. 그리고 나머지 10% 지역에서는 20만 명에 가까운 난징 시민들이 웅크린 채 겁에 질려 떨고 있어.

어제 저녁은 밀스 선생이 진링여자문리대학에서 숙직을 설 차례였어. 그래서 스마이스 선생과 피치 선생이 택시를 불러 밀스 선생을 진링여자문리대학까지 바래다주었지. 그곳에서는 보트린 양이 수천 명의 부녀자들을 돌보고 있었어. 그들이 학교 정문에 도착하자, 호전적이고 난폭한 일본군 중위(中尉)가 순찰대를 시켜 앞길을 막게 했어. 그리고는 차에서 내려 한 줄로 서게 했어. 보트린 양, 천(陳) 선생의 부인과 트위넴 부인이 그들을 마중하러 나왔다가, 그녀들도 일본군 중위의 명령에 따라 한 줄로 서게 되었지. 그 일본군 중위는 남자들의 모자를 빼앗더니, 그 자리에 있던 모든 사람에게 그곳을 당장 떠나라고 으르렁댔어. 피치 선생이 사람이 너무 많아 차에 다 탈 수 없다고 했으나, 그는 들은 척도 안 하고 당장 떠나라는 말만 반복했어. 그들은 하는 수 없이 차안으로 겨우 비집고 들어갔지. 그런데 이번엔 또 다시 내리라고 명령했어. 그들이 차에서 내리자, 그 일본군 중위는 한참 동안 그들을 훈계했지. 그리고선 그들에게 각자 원래 있던 곳으로 가라고 명령했어. 나중에 알고 보니, 그 일본군 중위가 우리 사람들을 붙잡고 있을 때, 몇몇 일본군이 난민촌에 난입하여 16명의 부녀자들을 겁탈하고 있었던 거야.

이곳 난민들은 머지않아 기아에 시달릴 거야. 그리고 겨울을 나기 위한 연료도 구할 곳이 마땅치 않아. 이것은 우리가 기대했던 즐거운 겨울이 아니야. 신문 기자들도 그날 모두 난징을 떠나버렸어. 그들이 하루 이틀만 늦게 떠났더라도, 난징의 공포스런 통치에 대해 좀 더 상세하게 보도할 수 있었을 텐데 말이야. 정말 아쉬워.

일본군 두 명이 와서 우리 종업원을 괴롭히자, 나는 냉큼 그들을 쫓아버렸지.

오늘밤에는 잠을 좀 푹 자고 싶어. 하지만 여전히 불을 켜고 옷을 입은 채로 잘 수밖에 없어.

12월 19일, (내 생각에는) 일요일

어젯밤은 별일이 없이 지냈어. 그런데, 아침에 집에 돌아가자마자 나는 밤새 열 몇 건의 약탈 및 강간 사건이 발생했다는 소식을 접했지. 나는 엊저녁 병원에서 살펴본 정황들을 정리하여 보고서를 작성했어. 그리고 베이츠 선생, 스마이스 선생, 피치 선생과 함께 일본대사관(일본인은 여전히 이렇게 부르고 있음)으로 찾아갔지. 거기서 우리는 일본대사관 비서 다나카(田中) 선생과 이야기를 나누었어. 그는 예전부터 난징에 있었기에 이곳의 상황을 잘 알고 있는 편이었어. 그는 우리가 건네준 보고서를 자세히 읽어 보았어. 그리고 우리가 들려준 다른 많은 이야기도 경청해 주었지. 그는 우리의 처지를 매우 동정하였지만, 일본군 당국에 대해서는 아무런 영향력도 행사할 수 없었어. 그는 상급기관에 보고서를 제출하는 것 외에는 아무것도 할 수 없었지. 한 줄기 서광이 보이는 듯했으나, 그 빛은 너무나도 미약했어. 오늘은 최악의 날 중의 하루였어.

성 안에 있는 외국인 주택 가운데 일본군의 침입을 받지 않은 곳은 한 군데도 없었어. 나는 집에 돌아가는 길에 다니엘 선생의 집에 들렀어. 내가 그의 집에 도착했을 때, 마침 3명의 일본군이 거기에 있었어. 그들을 보는 순간 나는 표정이 굳어졌지. 나는 그들에게 즉각 나가라고 소리쳤어. 그들은 내가 도착하기 전에 이미 제일 위층에 있는 방에 들어가 물건들을 마구 뒤져 놓았더군. 큰 트렁크에 담겨 있던 물건들이 어지럽게 온 바닥에 널려 있었어. 그리고 한 녀석은 현미경 덮개를 벗기고 유심히 들여다보고 있었지. 물론 그들은 잠겨 있는 방문을 비틀어 열고 들어간 거였어. 당장 나가라는 내 말이 떨어지자, 그들은 고분고분 아래층으로 내려가더니 그길로 도망을 쳤지 뭐야. 참으로 놀랍고 뜻밖이었어. 어쩌면 내가 떠난 뒤 그들이 다시 올지도 몰라. 그렇다고 하루 종일 그곳에 붙어 있을 수는 없는 노릇이었지.

집에 돌아와 저녁을 먹고 있는데, 바이더 선생의 요리사와 주(朱) 선생이 우리를 찾아왔어. 그들은 우리 외국인 중 한 명이 자신들이 사는 곳에 가서 함께 있기를 바랐지. 그렇지 않아도 작년 여름에 우리는 그곳에 머문 적이 있었거든. 우리 외국인과 함께 있으면, 그들의 아내가 일본군의 성폭행을 피할 수 있지 않을까 해서야. 베이츠 선생, 스마이스 선생과 피치 선생이 그들을 따라 그곳에 가보았어. 그곳에 도착하자, 그들은 지하실에서 일본군 3명을 발견했지. 베이츠 선생이 나서서 얼른 그들을 쫓아 버렸어. 어쩌면 이곳이 안정을 되찾은 뒤 그들이 다시 찾아올 수도 있지. 일본군은 무리를 지어 이곳에 난입해 사람들을 괴롭혔으니, 안심할 수가 없어.

나는 우리 병원(구러우병원)이 성 안에서 유일하게 일본인이 없고, 성폭행이 발생하지 않은 곳이라고 믿고 있었어. 물론 내가 간호사 숙소 4층에 가서 그 녀석을 쫓아내기 전까지는. 이곳에서 성폭행이 발생했는지 여부에 대해서는 정확하게 결론을 내릴 수는 없지만 말이야. 나중에 나온 보고서에 따르면, 당시 그 녀석은 완전 나체로 간호사들 침대에 올라갔대. 그리고 매번 간호사들이 소리를 지를 때마다, 황급히 옷을 걸치고 문밖에 나가 동정을 살폈다고 했어. 내가 도착했을 때는 그가 이미 세 차례나 강간을 시도하다 실패한 뒤였어. 그래서 나는 내가 제때에 잘 도착했다고 생각했지.

오늘 주목할 만한 또 다른 사건은 큰 화재였어. 어제 이미 여러 곳에서 큰불이 났었지. 오늘은 저녁 무렵에 타이핑루(太平路) 근처의 몇몇 거리에서 큰 불길이 치솟았어. 그리고 이곳에서 약 200야드 떨어진 한 건물에도 불이 났지. 병원에서 바라보니, 그 건물에서 한창 불꽃이 튀어나오는 것 같았어. 그런데 내가 회진을 마치고 집으로 돌아가면서 보니까, 그 건물은 멀쩡해 보였어. 참 다행이었지.

오늘 나는 일본대사관에 다녀왔지. 그 바람에 늦게야 병실을 돌아보았어. 오후에 나는 최근 들어 세 번째 안구 적출 수술을 했어. 그밖에도 작은 수술 다섯 건을 했지. 덕분에 내 "박물관"에는 포탄 파편 2개가 더 늘어나게 되었어. 오늘은 사지절단술(四肢切斷術)은 하지 않았어. 최근 일본군은 적어도 4개의 성조기 찢어 버렸어. 그리고 산꼭대기에 걸려 있던 성조기도 끌어내렸어. 그들은 또 민가에 난입하여 부녀자 한 명을 강간하고, 총검으로 그녀의 음부를 찔렀어. 저녁 때, 밀스 선생이 대사관 경찰과 함께 폭행 현장에 가보니, 바닥이 여전히 피로 흥건하더래. 그 여성은 재빨리 병원으로 이송되었지. 트림 씨가 오늘밤 그녀를 간호하고, 내가 내일 아침 다시 그녀를 치료해 줄 예정이야.

가난한 난민들이 얼마 남지 않은 식량마저 몽땅 빼앗겨 버렸어. 그들은 지금 엄청난 스트레스와 공포에 시달리고 있어. 이 지옥 같은 날들이 언제면 끝이 날까?

12월 21일, 화요일

오늘은 일 년 가운데 낮이 가장 짧은 날이었어. 하지만 "인간지옥"은 변함없이 24시간 동안 지속되었어. 어제 우리는 일본 신문사의 뉴스를 접했어. 도메이(Domei)라고 하는 기자가 쓴 기사였는데, 난징 시민들은 이미 자기 집으로 돌아갔고, 도시의 상업은 정상을 되찾았으며, 사람들은 일본인이 난징에 오는 것을 환영한다는 등 얼토당토않은 내용들이었지. 물론 이 기사의 내용들은 조만간 성 밖에까지 퍼져 나가겠지. 하지만 나중에 성 안의 진상이 온 세상에 드러나게 되면 반드시 엄청난 파장이 일어날 거야.

현재 난징은 이미 절반 이상이 불에 타버렸어. 거의 모든 번화가에서 불길이 치솟고 있어. 우리 몇 사람은 일본군이 몇 군데에서 불을 지르는 것을 직접 목격하기도 했어. 어제, 집에 돌아가 저녁을 먹기 전에 불이 난 곳을 세어 보았어. 모두 열두 군데에 큰불이 났더군. 오늘도 어제와 같은 시간에 또 세어 보았지. 모두 여덟 군데에 불이 났어. 그중 몇 군데는 거리의 건물 전체가 불에 타버렸지 뭐야. 우리 근처에 있는 상가 대부분도 불에 타버렸지. 사람들은 난민촌에 몰려들었어. 안전구역에서 살던 사람들도 난민촌으로 옮겨왔지. 비록 안전이 보장된 곳은 그 어디에도 없지만, 그래도 난민촌이 다른 곳보다는 안전했던 거지. 만약 우리 '국제위원회'가 미리 쌀을 비축해 두지 않았더라면, 그리고 또 최선을 다해 난민들을 보호하지 않았더라면, 지금쯤은 심각한 기근이 발생했을 거야. 물론 일본군에게 학살당한 사람도 지금보다 훨씬 더 많았을 거고.

학살 사건 몇 건이 또 새로 발생했어. 오늘 어떤 사람이 마기 선생을 찾아와 자기가 겪을 일을 말해 줬어. 그의 말에 의하면, 약 천 명에 달하는 중국인들이 안전구역에 있는 비교적 안전한 곳에서 일본군에게 끌려갔대. 그 가운데는 무장해제를 하고 일반인 복장으로 갈아입은 중국 병사 백 명도 포함되어 있었어. 그들이 두 줄로 길게 늘어서서 양쯔강(揚子江) 강변까지 걸어갔을 때였어. 갑자기 일본군이 그들을 향해 기관총 세례를 퍼부었어. 뒷줄에 서 있던 그는 앞 사람이 쓰러질 때 같이 쓰러져 죽은 척 했지. 그리고 일본군이 그곳을 떠날 때까지 몇 시간 동안 기다렸다가 겨우 성 안으로 돌아왔던 거야.

우리는 안전구역에서 중국인들이 줄을 서서 일본군에게 끌려가는 모습을 여러 차례 목격했어. 끌려간 중국인들은 다시는 돌아오지 못했어. 아마 그들도 역시 비슷한 불행을 당했을 거야.

어제 아침, 17살 소녀가 갓난아이를 안고 병원으로 찾아왔어. 그녀는 그저께 저녁 7시 반께, 임신한 몸으로 2명의 일본군에게 윤간을 당했지. 그녀는 9시부터 극심한 복통을 느끼다가 12시에 해산을 했어. 태어난 아이는 그녀의 첫 아이였지. 그녀는 늦은 밤이라 밖에 나갈 엄두를 못 내다가 아침이 되어서야 병원으로 찾아왔던 거야. 다행히도 그 아기는 멀쩡하고 건강해 보였어.

오후에 나는 13살 난 귀여운 소녀에게 깁스를 해 주었어. 13일, 즉 일본군이 입성하는 날, 그녀는 부모님과 함께 방공호 입구에 서서 일본군이 걸어오는 모습을 보고 있었지. 그런데 갑자기 일본군 한 명이 다가

오더니, 총검으로 그녀의 아버지를 찔러 죽이고 총으로 어머니를 쏴 죽였어. 그 와중에 소녀도 팔꿈치가 칼에 찍혀 골절상을 입었어. 가족을 잃은 그녀는 일주일 내내 혼자서 고생하다가, 오늘에야 비로소 다른 사람의 도움을 받아 병원에 오게 된 거야. 고아가 된 그녀는 병원에서 나간 뒤 앞으로 어떻게 살아가야 할 지 상당히 걱정하고 있었어.

그저께, 일본군 2명이 작은 산비탈에서 임신 6개월 반이 된 19살 여성을 겁탈하려고 시도했지. 그녀가 반항하자 그들은 군도로 그녀를 마구 찔렀어. 그녀는 얼굴이 18군데나 찍히고, 다리도 몇 군데 찍혔지. 그리고 복부에도 깊은 칼자국이 나 있었어. 오늘 아침 나는 그녀의 몸에서 태반음을 듣지 못했어. 아마도 그녀는 유산할 것 같았어(아니나 다를까 이튿날 아침, 나는 그녀가 어젯밤 자정에 낙태수술을 했다는 소식을 들었어).

어제 점심 때, 몇 집 건너에 사는 중국 수리공이 우리를 찾아왔어. 그는 그쪽에서 젊은 두 여성이 위험에 처해 있다며 우리에게 도움을 청했어. 우리는 그녀들을 진링대에 데려가는 게 좋겠다고 했지. 그곳은 밤에 헌병이 보초를 서고 있어서 비교적 안전하기 때문이야. 그리고는 우리가 직접 차로 그녀들을 데려다 줄 테니, 가서 기다리라고 했지. 나와 피치 선생은 점심식사를 마치고 차에 시동을 걸었어. 그런데 우리 차가 대문을 나서기도 전에, 그 수리공이 헐레벌떡 뛰어와 일본군이 벌써 왔다고 했어. 우리는 곧장 그리로 달려갔어. 스미스 선생과 맥컬린 선생도 함께 갔지. 우리가 그곳에 도착하자, 겁에 질린 한 중국인이 대문이 닫힌 집을 가리켰어. 우리는 소리를 크게 지르며 대문을 열어젖혔지. 그러자 눈앞에 약간의 속옷만 걸친 일본군 3명이 나타났어. 그들은 옷이며 무기며 땅바닥에 벗어 놓은 채, 부녀자 2명에게 달려들고 있었지. 그 2명의 부녀자는 옷은 좀 흐트러졌지만, 우리가 이른 시간에 도착한 덕에 다행히 몸은 더럽혀지지 않았지. 짐승 같은 욕망을 채울 수 없게 되자, 그들 중 한 명이 약이 올라 펄펄 뛰었어. 그는 심지어 우리를 위협하기까지 했지. 그러나 더 이상 과격한 행동은 하지 않았어. 우리는 그녀들을 데리고 진링대로 갔어. 우리가 떠날 때, 그 수리공도 더 이상 그곳에 머물 엄두를 못 내고 우리를 따라 나왔어. 그는 그날 밤 우리 차고에서 밤을 지냈어.

어제, 일본군 3명이 또 다시 한코우루(漢口路) 5번지에 난입했어. 그리고 그곳에서 3시간이나 머물렀지. 일본군 당국에서 일본어로 "일본군 진입 금지"라는 게시물을 대문에 붙여 놓았음에도 불구하고, 그들은 전혀 개의치 않았어. 사람들이 이곳엔 부녀자가 없다고 입을 모으자(사실 지하실에 부녀자가 몇 명 있었음), 그들은 밖으로 나가 버렸어. 그런데 그때 마침 한 여자아이가 문 앞을 지나가고 있었어. 그들은 다짜고짜 여자아이를 잡아 위층 방으로 끌고 갔어. 그리고 거기서 3시간 동안이나 강간을 했어. 그들은 그곳을 떠날 때, 여자아이가 가지고 있던 돈이 될 만한 물건은 모조리 빼앗아갔어. 여자아이에게 남은 것이란 환자들이 겨울에 입는 외투밖에 없었지. 내가 쓰던 현미경도 어제 도둑을 맞았어.

점심 때, 나는 우리 요리사가 있는 곳에 찾아갔어. 일본군이 그곳에 있는 물건을 몽땅 약탈해 갔다는 소식을 듣고 말이야. 우리는 땅바닥에 떨어진 얼마 안 되는 물건, 이를테면 내가 쓰던 작은 찻잔이라든가 은식기 2~3개 등을 주워 모았지. 병원의 물건은 별 탈 없이 모두 온전했어. 그런데 니(倪) 선생이 우리에게 선물한 찻잔이 절반가량 보이지 않더군. 지난 9월에 kori(?)[2]를 전부 포장해 보내서 참 다행이라고 생각해.

어제, 미국인들이 미국정부에 보내는 전보 한 통을 작성했어. 외교대표를 즉시 난징으로 돌려보내라고 요구하는 내용이야. 일본군 당국은 이에 앞서 미국인을 도와 전보를 보내 주겠다고 약속한 적이 있었지. 그런데 이제 와서는 보내 줄 수 없다고 시치미를 떼는 거야. 그래서 오늘 미국인 모두와 몇몇 독일인이 함께 일본대사관에 찾아가 항의를 했

---

2) (역자 주) 아마도 원문 판독이 힘들었던 모양이다. 여기서는 자료의 현장감을 위해 그대로 번역한다.

지. 나는 할 일이 너무 많아서 가지 못했어.

우리 병원은 빈 병상이 하나도 없을 정도로 환자들로 꽉 찼어. 그런데 간호사 20명 가운데, 4명 만이 약간의 사전 교육을 받았을 뿐이야. 현재 내가 모집할 수 있는 인원은 이것밖에 안 돼. 우리 병원의 한 병실에는 3명의 남자 간호사가 있어. 그들이 간호사 일을 선택한 것은 지금으로서는 그것이 가장 안전한 직업이기 때문이야. 이 점은 의심할 여지도 없지. 본인들이 그렇게 생각하고 있고, 또 자기 입으로도 그렇다고 했어. 우리 병실에는 가슴에 관통상을 입은 중환자가 있어. 그의 진료 기록에 체온 99도(화씨), 맥박 80회, 호흡 24회라고 적혀 있었지. 나는 그것을 보고 아니다 싶어 직접 검사를 해 보았지. 그랬더니 검사 결과가 체온 102.6도(화씨), 맥박 120회, 호흡 48회로 나왔지 뭐야. 이러한 오차들은 현재 우리 병원 간호사의 수준이 어느 정도인지 단적으로 보여주는 예야.

점심 때 나는 하마터면 총에 맞아 죽을 뻔 했어. 물론 예전에 그렇게 되기를 바랐던 적도 있었지만 말이야. 점심 먹으러 집에 돌아가는 길에, 나는 진링대 여자기숙사 문 앞에서 한 경찰을 만났어. 그는 나에게 일본군 한 명이 기숙사 안에 있다면서 도와 달라고 간청했어. 나는 평소처럼 지체 없이 안으로 뛰어 들어가 그 일본군에게 당장 나가라고 소리쳤어. 그랬더니 그는 옆에 있는 사람들더러 자전거 바퀴에 바람을 넣으라고 지시하더군. 나는 다시 그를 제지시키고 빨리 나가라고 재촉했지. 그러자 그는 공기 펌프를 손에 쥔 채 인력거에 타려고 하더군. 나는 이번에도 한사코 막았어. 그는 더 이상 참을 수 없었던지 침착하게 권총을 빼들더니 나를 향해 겨누었어. 그때 어떤 중국인이 나에게 인력거와 공기 펌프는 그가 가져온 것이라고 알려 주었지. 그래서 나는 얼른 그에게 그것들을 다 가져가도 된다고 말했어. 그제야 그는 총을 내리고 밖으로 나가더군. 나중에 알고 보니, 인력거와 인부는 그가 세를 낸 것이고 공기 펌프도 그가 가져온 것이었어. 나는 이번에 해서는 안 될 모험을 한 거지. 내가 그의 곁을 지날 때 그는 한창 권총에 탄환을 장전하고 있었어. 집으로 돌아갈 때, 나는 앞에서 걸어가던 그를 앞질러 버렸지. 순간 나는 그가 뒤에서 나를 향해 총을 쏠 것 같은 느낌이 확 들었어. 등골이 오싹했지. 하지만 그때, 그는 분명 기가 한풀 꺾여 있었어. 그래서 아무 일도 발생하지 않았던 거야.

크리스마스 밤, 금요일

이게 무슨 크리스마스 밤이란 말인가! 우리는 일본군의 약탈을 피해 아주 작은 X레이실에 숨어 있었어. 위험을 무릅쓰면서 말이야. 몇 주 전까지만 해도 이곳은 대도시의 중심병원이었어. 우리도 가족과 함께 있어 외롭지 않았었고. 하지만 지금은 서로 떨어져 있어, 더 이상 가족의 따스함을 누릴 수 없게 되었어. 우리 아이는 이제 나흘만 더 지나면 만 6개월이 되겠네. 우리가 함께 보낸 시간은 고작 7주뿐이었어.

큰 화재는 거의 다 진화되었어. 하지만 오늘 간선도로 양측 여섯 군데에 또 큰불이 났지. 그래서 점포 안의 물건들이 다 타버렸어. 약탈은 여전히 계속되고 있어. 오늘 그들은 다니엘 선생의 집에서 카펫을 빼앗아 갔지. 그중 하나는 4명이 들어야 가져갈 수 있을 정도로 큰 것이었어. 그의 집에 머물고 있던 불쌍한 사람들은 일본군의 만행을 보고도 속수무책이었어. 그들은 사후(事後)에 우리에게 사건을 보고하는 것 외에는 다른 뾰족한 수가 없었어. 벅 선생[3]은 그야말로 운이 대단히 좋은 사람이지. 그의 집에는 8명의 미국인이 살고 있어. 덕분에 그는 재앙을 면할 수 있었지. 이웃에 사는 톰슨 씨[4]도 아무런 피해를 입지 않았어. 하지만 근처에 있는 나머지 집들은 전부 다 불에 타 뼈만 남았지.

오늘 오전, 나와 트림 선생은 서둘러 칼 선생의 집에 가서 남아 있는

---

3) (원저자 주) 벅 선생은 저명한 농업경제학자로, 진링대 교수이다.
4) (원저자 주) 톰슨(J. C. Thomson) 선생은 진링대 화학과에서 학생들을 가르쳤다. 그의 부인은 외국어과에서 교편을 잡았는데, 장카이웬 선생의 영어 선생님이었다.

식품들을 빼내왔어. 그곳에는 우리가 좋아하는 꿀에 잰 과일과 과일 통조림이 있었어. 우리의 저장실은 점점 바닥을 드러내고 있어. 하지만 그것을 채울 수 있는 희망은 보이지 않아. 우리는 주교(主敎)의 집에도 가봤지. 그런데 건물 두 채가 다 털리고 아무 것도 없었어. 나는 그 참에 공제회(共濟會) 예배당에 들러, 중국식 예복과 다른 옷 6벌을 가져왔어. 거기도 일본군의 약탈을 면하지 못했더군. 대문이 망가지고 많은 물건들이 없어졌지.

오늘 저녁, 우리는 트림 선생과 성 안에 남은 5명의 독일인 중 3명을 크리스마스 만찬에 초대했어. '국제위원회'의 라베 회장은 그의 집에 있는 6백 명의 난민을 챙기느라 올 수가 없었어. 그가 자리를 비울 때마다 난민들은 어김없이 약탈을 당했거든. 라베 선생은 분명 나치당원이야. 하지만 지난 몇 주간 우리는 그와 함께 일을 하면서, 그가 정말 훌륭한 사람이라는 걸 알게 되었지. 그는 부처님처럼 자비로운 마음씨를 가진 사람이야. 그래서 우리는 그의 인격과 히틀러를 향한 그의 충성심을 같이 연결시키기가 힘들어. 그는 안전구역에 있는 수천수만의 난민들을 위해 밤낮으로 고생했어. 그리고 같은 독일인인 크로거 선생과 스펠링 선생도 역시 모든 정력을 위원회의 구제 사업에 바쳤지. 그들은 언제나 최선을 다해 고난에 시달리는 난민들을 구제했어. 지금까지 도대체 얼마나 많은 사람들이 잔혹하게 목숨을 잃었는지 도무지 알 길이 없어.

오늘, 스스로 짐꾼이라고 하는 어떤 사람이 찾아왔어. 그는 어깨에 입은 총상을 보여 주면서, 자기를 포함한 4천 명의 중국인들이 양쯔강(揚子江) 강변에 끌려가 일본군의 기관총 세례를 받았다고 했어. 그는 엿듣는 사람이라도 있을세라 조심조심 주위를 살핀 뒤, 귓속말로 이야기하더군. 오늘은 또 화상을 입은 환자 2명을 치료했어. 그런데 그중 한 명은 상처가 너무 심해 오전에 끝내 숨을 거두고 말았어. 그리고 다른 한 명은 계속 버티고 있는 중이야. 참 불행하고 가엾은 사람들이지. 오후에 베이츠 선생이 그들이 화상을 입은 곳에 가보았어. 그는 그곳에서

숯처럼 까맣게 탄 시체들을 발견했어. 일본군은 2만 명에 달하는 중국군이 여전히 안전구역에 잠복해 있다고 주장했어. 그들이 무슨 근거로 2만 명이라고 하는지 그 누구도 몰라. 그들은 현재 곳곳을 다니며 수색하고 있어. 그리고 잡는 족족 모조리 총살해 버리고 있지. 아무래도 18세에서 50세까지의 건장한 남성들은 모두 다 그들의 검사를 피할 수 없을 것 같아. 그들은 또다시 사람의 외모만으로 그 사람의 신분을 판단하고 있어. 우리는 그들의 이 같은 행위를 도무지 이해할 수가 없어.

오늘, 싱바이거 선생이 보다 끔찍한 소식을 가지고 성 안으로 돌아왔어. 그의 말에 따르면, 중국군이 일본군 탱크를 막기 위해 구축해 놓은 참호에 시체가 꽉 차 있었다고 했어. 그리고 일부 부상병들이 쓰러진 채 신음하고 있었다고 했지. 원래 이 모든 것은 일본군이 한 짓이었어. 그들은 탱크를 몰고 참호 위를 지나가기 위해, 중국군의 시체를 구덩이에 처넣었지. 시체가 부족하자, 그들은 근처에 사는 무고한 민간인들을 죽여, 그들의 시체로 구덩이를 채웠어. 싱바이거 선생은 자기가 한 말이 터무니없는 거짓말이 아니라 사실임을 입증하기 위해, 카메라를 빌려 사진 몇 장을 찍어왔어.

안녕, 메리 크리스마스!

12월 28일, 화요일

엘리사벳[5])이 태어난 지 오늘로 만 6개월이 되었네. 당신과 함께 아이를 축하해 줄 수 있었으면 얼마나 좋았을까. 엘리사벳은 아마 지금쯤 이가 났을 테고, 내가 아직 보지 못한 동작들도 배웠겠지. 그녀가 태어난 지 6개월이 되도록, 우리는 고작 7주밖에 함께 하지 못했어. 당신이 정말 보고 싶어. 하지만 이곳 상황은 아직도 나아질 기미조차 보이지 않아.

---

5) (원저자 주) 엘리사벳은 윌슨의 딸이다.

트림 선생이 병상에서 일어나 환자들을 돌보기 시작했어. 나는 어제 저녁 9시 반에 임산부 한 명을 받았고, 오늘 점심때 또 한 명을 받았지. 점심 때 받은 임산부는 약 20세의 젊은 여성이었어. 그런데 아기가 태어나 10분이 지나도록 울지 않아 조금 걱정되었지. 그러다가 아기가 울음을 터트려 나는 비로소 마음을 놓았어. 트림 선생이 병환으로 누워 있는 동안, 나는 갓난아기를 포함해 175명의 환자들을 돌봐야 했지. 하지만 지금은 트림 선생이 20명의 환자들을 돌보고 있어, 나의 부담이 많이 줄어든 셈이지.

나는 거의 하루 종일 모든 환자들을 한 번씩 돌아보고 있어. 어제, 남자 환자 한 명이 찾아와 자기가 겪은 일을 들려주었어. 만약 그가 한 이야기가 사실이라면, 그것은 가히 블랙유머 전서(全書)에 기록될 만한 사례라고 생각해. 그는 샤관에 있는 텔레콤빌딩의 노동자로, 현재 진링대 난민촌에서 피난하고 있지. 어느 날, 그는 친구를 찾으러 거리에 나갔다가 일본군에게 잡혀 어떤 곳으로 끌려갔어. 그곳에서는 진링대에서 온 수백 명의 난민들이 한참 신분 등록을 기다리고 있었지. 일본군은 신분 등록에 앞서, 허울 좋은 말을 잔뜩 늘어놓았어. 이번 등록은 단지 예전에 군복무를 했던 사람을 찾아내기 위해서이며, 만약 누구라도 자신이 군인이었음을 자진해서 시인한다면 목숨을 살려 줄 뿐만 아니라, 군수공장(軍需工場) 일자리까지 마련해 준다고 말이야. 결국 2백 명이나 되는 중국인들이 일본군의 감언이설에 넘어가, 예전에 군복무를 했다고 시인했지 뭐야. 물론 그도 그 가운데 한 사람이었지. 그는 어제 나를 포함해 휴버트 선생, 베이츠 선생, 릭스 선생 등 여러 사람 앞에서 같은 말을 여러 번이나 되풀이했어.

그의 말에 따르면, 그들은 도시 서쪽에 위치한 언덕으로 끌려가, 백병전(白兵戰) 훈련용으로 쓰였대. 마지막까지 살아남은 사람이 몇 명이나 되는지는 그도 알지 못했어. 그는 다섯 군데나 총검에 찔렸는데, 그중 한 군데가 바로 복강(腹腔)이었어. 나는 그에게 복강수술을 해 주다가,

창자에 구멍이 뚫린 것을 발견했지. 그런데 복강 안에는 약간의 검은 피만 있었을 뿐, 심각한 출혈은 없었어. 그저 복부 중간에서 아래쪽으로 약간 치우친 부분이 총검에 찔리면서 일부 혈관이 다쳤을 뿐이야. 만약 복강에 입은 상처가 그다지 심각하지 않다면, 그는 조만간 회복될 거야.

요즘 일본군은 위법행위를 막기 위해 열심히 노력하는 것 같았어. 일본군이 가게 물건을 약탈할 때마다 일부 헌병들이 나서서 그들을 제지했지. 하지만 헌병들이 자리를 뜨면 병사들의 약탈 행위는 또다시 반복되었어. 도시의 대부분이 불에 타 폐허가 되었지. 다만 매일 발생하는 1~2건의 대형 화재가 이 도시에 아직도 불에 타지 않은 건물들이 남아 있음을 상기시켜 줄 뿐이야. 거리는 온통 쓰레기로 가득 차 있어. 병사들과 인부들이 거리를 청소하느라 분주히 오가고 있지. 그들은 창고에 저장된 물건들을 들어내 쌓아두고 거기다 큰불을 지폈어. 그리고 또 신제코우(新街口) 근처에 있는 악기점에서 악보와 악기들을 집어내 길 한 가운데에 모아 놓고 불 질러 버렸지. 이 얼마나 어리석은 짓인지 몰라. 내가 보기에 이곳의 물건을 몽땅 없애버리고, 일본 물건을 가져다 팔아 먹으려는 일본인의 속셈인 것 같아. 하지만 여기 사람들은 진작 빈털터리가 되어버린 걸. 그래서 설령 값싼 일본 물건이 있다 해도 구매할 능력이 없는 거지.

오늘 오후, 트림 선생이랑 병원에서 X레이 몇 장을 찍었어. 환자 한 명이 엉치등뼈에 총상을 입었는데, 총알이 방골(方骨)[6] 바로 아래까지 뚫고 들어갔어. 그 환자는 또 오른쪽 회장(回腸)[7]과 맥관(脈管)[8] 사이에 동맥류(動脈瘤)[9]가 나 있었어. 나는 그가 수술 도중에 죽을까봐 걱정되

---

6) (역자 주) 위턱과 아래턱의 두 끝을 잇는 작은 뼈.

7) (역자 주) 위쪽은 빈창자에 이어지고, 아래쪽은 큰창자에 이어지는 작은창자의 한 부분.

8) (역자 주) 동물의 몸속에서 액체가 흐르는 관. 혈관과 림프관을 이른다.

9) (역자 주) 동맥벽이 손상되거나 이상을 일으켜 동맥 내부 공간의 일부분이 늘어나 혹처럼 불룩해지는 병.

었어. 무엇보다도 곪고 있는 상처부터 치료하는 것이 급선무였어. 하지만 상처 부위만 싸맬 경우, 다리 전체에 괴저(壞疽)[10]가 생길 위험이 있었어. 참으로 까다로운 케이스였어. 우리는 X레이를 다 찍고, 라디오를 틀어 바깥소식을 들었지. 라디오 뉴스를 통해 우리는 지난(濟南)이 함락되고, '파나이'호 사건이 종결되었으며, 각국의 외교관들이 난징으로 돌아올 것이라는 소식을 접하게 되었어. 그들을 다시 볼 수 있게 되어 얼마나 기쁜지 몰라.

12월 30일, 목요일

올해도 막 끝나가고 있어. 올해가 빨리 끝나고 내년에는 밝은 날들만 가득했으면 좋겠어. 하지만 지금 같아선 한 줄기 서광조차 보이지 않아. 마음이 무겁기만 해. 우리의 유일한 바람은 정세가 더 이상 악화되지 않고, 사람들이 더 이상 학살당하지 않는 거야. 사실 그동안 너무 많은 무고한 사람들이 일본군에게 학살을 당했어. 현재 우리 병원은 예전처럼 자립 운영을 할 수 없어. 치료비를 낼 수 있는 환자가 한 명도 없기 때문이야.

헌병들의 단속에도 불구하고 일본군의 만행은 끊이지 않아. 나와 릭스 선생이 병원을 나와 집으로 가고 있는데, 총검을 치켜든 일본군이 두 번이나 우리를 가로막았지. 그저께 저녁, 일본군 한 명이 진링여자신학원의 난민촌에 와서 여자를 찾으며 행패를 부렸어. 그런데 누구도 감히 집 밖에 나갈 엄두를 못 냈어. 그 녀석은 어제 저녁에 다시 와서 끝내 부녀자 한 명을 강간하고 말았어. 오늘, 양잠과(養蠶科) 난민촌의 책임자가 일본군을 데리고 난민촌에 와서 총기가 묻혀 있는 곳을 찾았어. 결국 그들은 총기 여섯 자루를 찾아냈지. 이에 일부 난민들이 일어나 그 책임

---

10) (역자 주) 혈액 공급이 되지 않거나 세균 때문에 비교적 큰 덩어리의 조직이 죽는 현상.

자에게 크게 반발했어. 한바탕 소동이 벌어진 뒤, 난민 4명이 끌려갔지. 그중 한 명이 중범(重犯)으로 취급되었는데, 그는 전 중국군 대령이었어. 우리는 누구도 그가 살아서 돌아올 거라는 기대하지 않아.

오늘 아침, 제법 잘 차려 입은 한 중국 상인이 점원 3명을 데리고 안전구역 밖으로 나갔어. 그는 자기 집과 가게가 하도 궁금해 위험을 무릅쓰고 이번 걸음을 강행했지. 그들이 구이란(桂蘭) 예배당을 지날 때였어. 한 무리의 일본군이 아무 이유도 없이 그들을 향해 총을 쏘았어. 결국 그들 중 한 명이 총에 맞아 우리 병원으로 이송되었어. 그는 복부에 관통상을 입었는데, 총알이 복부 왼쪽으로 들어가 오른쪽으로 나왔어. 그가 병원에 왔을 때, 4인치 길이의 소장(小腸)이 상처 밖으로 흘러나와 있었어. 총알은 그의 바지 속에 들어 있었지. 덕분에 내 소장품이 하나 더 늘게 되었어.

나는 지체 없이 수술을 시작했어. 복강(腹腔)을 절개해 보니, 소장(小腸)에 여섯 군데나 심각한 손상이 있었고, 다른 여러 곳에도 타박상이나 관통상 같은 상처가 있었어. 나는 타박상 부분을 잘라 내어 테스트튜브에 넣고 검사했어. 불행하게도 그가 살아날 확률은 천분의 일도 안 되었어. 내가 전에 얘기한 그 환자는 지금 회복 중인데, 상태가 아주 좋아. 오늘은 또 가슴에 총상을 입은 환자를 치료했어. 이 환자는 흉강(胸腔)에 고름이 차서 늑골 하나를 절제해야 했어. 지금까지 가슴에 총상을 입고 치료를 받다가 죽은 환자만 해도 10명이나 돼. 이 환자도 일주일 뒤에 기억력이 점점 감퇴하더니 결국 죽고 말았지. 오늘 치료한 환자 가운데는 10살 남자애도 있었어. 그 애는 세 번째 정강이뼈와 종아리뼈가 총에 맞아 심각한 골절상을 입었지. 나는 지금 그 애의 다리를 살리려고 애쓰고 있어. 하지만 목숨을 구하기 위해서는 아무래도 다리를 잘라야 할 것 같아 참 걱정이야.

트림 선생이 다시 돌아와 일을 하기 시작했어. 그는 나를 대신해 산부인과 환자들을 돌보고 있지. 내가 받은 한 남자아기가 엄지손가락에 작은 혹이 붙어 있었어. 그 애를 받을 때는 미처 발견하지 못했지. 그래서 오늘 그것을 제거하는 수술을 해 주었어. 저녁 7시 30분 쯤, 17살 어린 임산부가 강간을 당했어. 그녀의 해산 예정 시간은 저녁 9시였지. 그녀는 급성 임질에 걸렸는데, 수시로 소리를 지를 정도로 병세가 악화되어 있었어. 체온도 105도(화씨-역자)에 달하여 고열에 시달리고 있었지. 그런 그녀가 지하실에서 군도에 찔려 조산을 하게 된 거야. 다행히 모유는 잘 나왔어.

우리는 또 같은 시간에 라디오를 켰어. 그런데 이번엔 한 방송국의 뉴스밖에 나오지 않아 크게 실망했어. 우리는 또 작은 라디오를 틀어 보았지. 그랬더니 도쿄 방송이 나오더군. 일본인은 방송에서 지금 모든 미국인들이 구링(牯嶺)에서 한코우(漢口)로 다시 돌아가고 있다고 전했지. 하지만 우리는 그들의 말이 사실인지 아닌지 판단할 수가 없었어. (이어진 문장은 원문 글씨가 흐려 잘 알아 볼 수가 없었음-역자)

1938년 1월 3일, 월요일

당신은 다른 많은 자료에 앞서 50쪽 분량의 자료 한 부를 받게 될 거야. 이 자료가 50쪽에 그친 것은 더 많은 내용을 쓸 시간과 기회가 없었을 뿐이란 점을 알아줘. 이것은 일본인이 자행한 모든 만행의 극히 일부분임을 분명히 해두고 싶어.

그저께, 4파운드짜리 쇠붙이가 내 엄지발가락에 떨어졌어. 그 바람에 나는 이틀 동안 절룩거리며 병실을 돌아다녔지. 어제는 날씨가 맑았어. 오전에 병실을 다니며 환자들을 돌아보고 오후에는 휴식을 취했어. 그랬더니 지금은 많이 나아졌지.

오늘 오전, 나는 환자들을 치료하면서 그들로부터 요즘 발생하고 있는 끔찍한 사건들을 전해 들어.

첫 번째 환자는 17살 소년이었어. 그의 말에 따르면, 지난 14일, 일본군은 약 15세에서 30세까지의 중국인 1만 명을 성 밖으로 끌고 갔대. 물론 소년도 함께 끌려갔어. 그들이 선착장 가까이에 있는 양쯔강(揚子江) 강변에 이르자, 일본군은 그들을 향해 수류탄을 던지고 야전포와 기관총을 난사했대. 강변은 삽시에 온통 피바다가 되었지. 일본군은 대부분의 시체를 강에 처넣고, 나머지는 쌓아 놓고 불에 태웠대. 그 와중에 소년을 포함한 3명이 성공적으로 탈출해 목숨을 부지했지. 그는 가슴에 총상을 입었는데, 상처가 그다지 심각하지는 않았어. 그는 1만 명 중 약 6천 명은 생포된 군인이고, 나머지 약 4천 명은 민간인이라고 했어.

두 번째 환자는 40세 정도의 부녀자였어. 다음은 그녀가 한 이야기야. 12월 31일, 그녀를 비롯해 여자 6명이 난민촌에서 일본군에게 끌려갔어. 일본군이 내세운 명분은 장교들을 위해 빨래를 해준다는 것이었지. 하지만 정작 그녀들에게 주어진 것은 고된 노동과 함께 매일 반복되는 성폭행이었어. 그녀들은 낮에는 빨래를 하고, 저녁에는 강간을 당했지. 그녀들 가운데 한 명은 젊고 예뻤던 까닭에 매일 밤 약 40번 강간을 당했고, 나머지는 매일 밤 10~20번 정도 강간을 당했어. 사흘째 되던 날, 일본군 2명이 그녀를 어느 으슥한 곳으로 데려 갔어. 그들은 거기서 그녀의 목을 베려고 했지. 그중 한 명이 군도를 빼들더니 그녀의 목을 네 번이나 내리쳤어. 그녀는 그 자리에서 기절하고 말았어. 다행히 목등과 등짝의 근육만 잘려나가 생명에는 지장이 없었어. 나중에 다른 한 일본군이 그녀를 발견하고 안전한 곳으로 옮겨 주었지. 치료를 할 때 보니, 그녀는 얼굴과 팔뚝에도 여섯 군데나 상처를 입고 있었어. 내가 보기에 그녀는 다행히 건강을 회복할 것 같았어.

세 번째 환자는 14살 소녀였어. 그녀는 비록 강간은 당하지 않았지만, 온 몸에 상처를 입고 있어 제법 큰 정형외과 수술을 받아야만 했지.

오후에 나는 또 환자 5명을 수술했어. 나는 그들의 몸에서 총알 2개를 뽑아냈어. 전에 내가 언급했던 그 6명의 아이를 둔 젊은 엄마 말이야. 눈으로 들어간 탄알이 목까지 꿰뚫고 들어가 그냥 박힌 대로 있었거든.

오늘 오후에야 그 탄알을 뽑아냈어. 요즘 나는 대퇴골 상단에 골절상을 입은 환자의 치료 때문에 골머리를 앓고 있어. 현재 여건으로는 도무지 제대로 된 치료를 할 수가 없거든. 복부에 관통상을 입은 한 환자가 6주 전에 우리 병원에 입원했지. 그런데 오늘 그가 끝내 죽고 말았어. 며칠 전, 그는 상처에서 피를 흘리기 시작했지. 지혈대를 써도 별 소용이 없었거든. 상처로 인한 감염은 점점 심해지고 말이야. 그래서 상처가 난 자리를 절개해 보니, 복강 안에 대량의 농양(膿瘍)이 고여 있었지. 내가 두 손을 넣어 더듬었더니 등골이 만져졌어. 그리고 대퇴골 상단이 완전히 부서져 있었어. 나는 다리 절제 수술을 하려고 했지만, 이미 너무 늦었어. 물론, 더 일찍 손을 썼더라면 반드시 그의 생명을 구할 수 있었을 거라고는 생각하지 않아. 하지만 어쩌면 구했을 수도 있다는 미련이 늘 마음 한 구석에 남아 있지.

미국에 4년간 거주한 적이 있는 한 일본군 장교가 우리에게 각별한 관심을 보였어. 그는 매일 우리를 찾아와 무엇이 필요한지 물었어. 그는 오늘 우리에게 콩 한 자루와 약간의 신선한 고기를 갖다 주었어. 일본인 가운데 그와 같은 사람이 더 많으면 얼마나 좋을까.

어제, 우리는 집에서 예배를 드렸어. 트림 선생, 트위넴 부인, 바우어 양, 그리고 우리와 함께 있는 난민들이 예배에 참석했지. 맥컬린 선생이 예배를 주재했어. 그는 4주 전에 벌써 설교 내용을 준비했지만, 자꾸 한 주 한 주 밀리는 바람에, 일부 내용을 다시 고칠 수밖에 없었지.

1월 9일, 일요일

우리는 마침내 일본인의 검열을 피해 우편물을 보낼 수 있는 기회를 얻게 되었어. 우리 우편물은 먼저 양쯔강(揚子江)에서 '파나이'호를 인양하는 미국 예인선에 보내져. 그 다음 장로회 월린 목사를 통해 다른 미국 선박으로 옮겨져. 그리고 미국에 도착해서는 정상적으로 발송되는 거야. 마조리,[11] 이 자료는 당신 마음대로 처리해. 다만 자료를 복사해 두었으면 좋겠어. 우리 가족들이 누구나 다 읽을 수 있게 말이야. 프랭크 프라이스 선생과 가사이드 선생이 일부 내용을 편집해 출판할 것을 건의했어. 틀림없이 많은 사람들이 관심을 가져 줄 거야.

당신이 떠나기 전에 내가 썼던 첫 번째 부분과 이 자료들을 합치면 아주 좋은 보고서가 될 거야. 나는 당신이 스틸 선생과 스마이스 선생이 성 밖으로 가지고 나간 자료들을 받을 수 있기를 바라. 이 자료들은 일본인의 검열을 거치지 않은 원시 자료들이야. 나도 복사본 한 부를 남겨 두었어. 스마이스 선생은 정부 측에 제출할 공식 문서를 대량으로 작성했어. 그리고 사람들이 보고 들은 수많은 사례에 근거해 사건 서류를 만들기도 했어. 그중에는 내가 당신에게 들려준 사례들도 포함되었어.

오늘은 일요일이야. 평소보다 아침을 조금 늦게 먹었어. 나는 평소처럼 병원에 가서 환자들을 돌아보았어. 마기 선생이 촬영 준비를 끝내고 나를 기다리고 있었어. 그는 지난번에 찍지 못한 영상을 찍으러 오늘 병원으로 왔어. 우리는 먼저 한 노인을 찍었어. 그는 목에 두 줄로 된 긴 상처가 나 있었지. 그는 여자를 내놓으라는 일본군의 요구를 만족시켜 주지 못해 이 같은 변을 당했어. 이어서 우리는 한 경찰을 찍었지. 그는 등, 가슴, 그리고 팔에 18군데(아니, 22군데)나 상처가 나 있었어. 전부 다 칼에 찍힌 상처였지. 마지막으로 우리는 앞서 말한 그 여자를 찍었어. 다른 5명의 여자와 함께 일본군에게 끌려가 온갖 능욕을 당하다가 군도에 찍혀 죽을 뻔한 그 여자 말이야. 그녀의 상처는 이미 아물기 시작했어. 그녀는 또 폐렴을 앓았었는데, 지금은 거의 다 나았어.

---

11) (역자 주) 마조리는 윌슨의 부인이다.

중산대학(中山大學) 오이슝(吳以雄) 교수와 광둥인민출판사(廣東人民出版社) 니라송(倪臘松) 선생의 뜨거운 격려 덕분에 반년 동안 매진했던 이 책을 마침내 출판하게 되었다. 공교롭게도 책에 기록된 내용이 2000년까지 되어 있어, 나 개인적으로는 그동안 진행해 온 20세기 '난징대학살' 연구의 총화라고 할 수 있다.

나는 1988년 여름 예일대에서 『베이츠 문헌』을 발견한 뒤 '난징대학살' 연구를 시작하였다. 그리고 1997년 이후부터 도쿄에서 본격적으로 그 주요 연구 성과들을 발표하였다. 그래서 나는 이 책의 이름을 『예일에서 도쿄까지 : 난징대학살의 증거를 찾아서』라고 달았다. 나는 이 책을 집필하면서 한 가지 기발한 생각이 떠올랐다. 나의 은사이신 베이츠 선생은 1946년 '난징대학살'을 증언하기 위해 대량의 '난징안전구역국제위원회' 문헌을 가지고 '도쿄국제법정'에 출두하였다. 그리고 1950년에는 또 이 문헌들을 모두 미국으로 가져갔다. 그가 별세한 뒤, 이 문헌들은 예일대 신학대학 도서관으로 옮겨졌다. 한편, 베이츠 선생의 학생이었던 나는 그가 남긴 귀중한 자료들을 이용해 '난징대학살' 연구를 진행하였으며, 그 연구 성과들을 가지고 예일에서 도쿄로 갔다. 선생이 '도쿄에서 예일까지'의 노선을 따라 움직였다면, 학생은 반대로 '예일에서 도쿄까지'의 노선을 따라 이동했다. 그리고 그 사이에 반세기라는 시간적 차이가 있었다. 우리는 비록 반세기라는 시간적 차이를 두고 상반되는 노선을 따라 움직였지만, 분명 접점이 있었다. 그것은 바로 역사의 존엄을 수호하기 위한 투쟁이었다.

나는 불교도가 아니며, 숙명론자는 더더욱 아니다. 하지만 늘 인연을 믿어왔다. 1995년 봄, 나는 홍콩 『성도일보(星島日報)』의 젊은 기자와 인터뷰를 한 적이 있다. 그녀는 이후 기사에서 "혁명은 장카이원에게 직장을 주었으며, 그의 일생은 우연으로 가득하다"라고 다분히 유머가 섞인 표현을 썼다. 그녀가 말한 우연은 내게는 인연(因緣) 혹은 기연(機緣)이라 할 수 있을 것이다.

만약 내가 1988년 여름에 예일대 신학대학 도서관에 가지 않았다면, 『베이츠 문헌』을 발견할 수 없었을 것이다. 그리고 천 권도 넘는 문헌을 한 권씩 다 뒤적여 보지 않았더라면, '난징안전구역국제위원회'의 원전 자료를 발견하지 못했을 지도 모른다.

1994년, 나는 해외 생활에 싫증을 느끼고 귀국했다. 그때 마침 리우쑤(劉蘇) 편집인이 항일전쟁 승리 50주년 기념 출판 때문에 나를 찾아와 원고 청탁을 했다. 아마 이것도 우연이라면 우연일 것이다. 만약 그런 일이 없었더라면, 이 자료의 복사본은 오랫동안('영원히'라고는 감히 말할 수 없지만) 내 서고 깊숙한 곳에 묻혀 있었을 것이다. 사실 내 서고에는 이미 십수 년 동안 잠자고 있는 귀중한 자료들이 수백 권이 넘는다. 만약 서고에 보관된 순서대로 정리했다면 이 자료들은 세상에 나오지도 못했을 것이다.

그 외에도 나에게는 수많은 '만약'들이 있었다. 이를테면, 만약 1995년 원단(元旦)이 갓 지난 즈음, 의사가 나를 사경(갑자기 중풍에 걸림)에서 구해주지 않았더라면, 만약 홍콩중문대학(香港中文大學)에서 '황린시우롄 방문학자(黃林秀蓮訪問學人)'로 긴장된 나날을 보내면서도 건강에 문제가 생기지 않았더라면, 만약 후베이출판사에서 출판을 승락해 주지 않았더라면, 만약 홍콩삼련서점(香港三聯書店)의 리수어(李素娥) 편집인이 열심히 협조해 주지 않았더라면…… 등등이 바로 그것이다. 이런 '만약'들이 모두 현실로 되었다면, '난징대학살'에 대한 연구를 10여 년이란 긴 세월동안 굳건히 유지하기는 어려웠을 것이다. 물론, 내가 '난징대학살' 연구를 계속하지 않았더라도, 누군가 다른 사람들이 분명 이 자료들을 이용해 연구를 진행하여 더욱 값진 성과를 얻어냈을 수도 있다.

하지만 수많은 '만약' 가운데서도 가장 중요한 것은 문제의 근본과 직결된 '만약'이다. 그것은 바로, 만약 일본의 우익세력이 해마다 뛰쳐나와 "난징대학살은 20세기 최대의 거짓말이다"와 같은 망언을 하면서 '난징대학살'의 역사적 사실을 극구 부정하지 않았더라면, 나도 그렇게 많은 시간과 정력을 들여 이 방면의 연구를 하지 않았을 것이다. 중국 국민으로서, 또 역사학자로서의 책임감은 나를 침묵 속에 내버려 두지 않았다. 최근 들어, 『베이츠 문헌』과 '난징안전구역국제위원회' 원전자료가 지속적으로 정리되어 출판됨에 따라 그 이용자들이 날이 갈수록 늘어가고, 그 사료적 가치 또한 점점 높아지고 있다. 이에 일본의 우익세력은 베이츠 선생을 비롯한 '난징안전구역국제위원회'의 외국 인사들을 눈엣가시처럼 미워하면서, 갖은 방법을 다해 그들의 공정한 입장과 객관적인 기술(記述)을 부정하고자 했다. 최근에 한 일본인 학자가 뛰쳐나와, 예일대 문헌에서 베이츠 선생이 국민당(KMT) 중앙고문(advisor)이었음을 증명하는 자료를 발견했다고 떠들어댔다. 그러면서 베이츠 선생과 그의 미국 동료들 전부가 중국 정부를 위해 반일 선전을 했다고 주장하였다. 이것은 그야말로 터무니없는 거짓말이었다. 나는 일찍 베이츠 선생과 그의 미국 동료들과 관련된 원전자료들을 하나도 빠짐없이 읽어본 적이 있다. 하지만 그 어디에도 베이츠 선생이 국민당 중앙고문이었다는 설명은 나와 있지 않았다. 베이츠 선생은 옥스퍼드대와 예일대 두 곳을 거친 훌륭한 역사학자였다. 그는 작은 종이 한 장이라도 쉽게 버리지 않을 정도로(원고와 일기를 포함해) 자기 문헌 관리에 매우 철저했다. 그러다 보니 개인 약력이나 간단한 자서전 같은 종류도 무척 많았다. 이런 자료에는 베이츠 선생의 당시 경력이 명확히 기재되어 있었다. 그중 난징정부와 억지로 껴 맞출 만한 것으로는 1937년 이전에 국립중앙대학에서 강사를 했었던 경력 정도다. 당시 난징에 있던 몇몇 대학의 역사학과 교수의 수는 매우 적었다. 그래서 반드시 한 대학의 교수가 다른 대학의 강의를 겸직해서 보충해 주었다. 이 겸직 교수를 일반적으로 교수라 하지 않고 강사라 불렀다(교수는 專職者에 한했다). 베이츠 교수 등 사립 진링대의 교수들은 국립중앙대학에서 겸직을 했고, 동시에 국립중앙대학의 교수들도 진링대에서 학생들을 가르쳤다. 이것은 중국 대학과 외국 대학 간에 흔히 볼 수 있는 교류와 합작이지 다른 무슨 의미가 있는 것은 절대 아니다. 소위 학자라고 하는 그 일본인은 국립중앙대학(National Central University)을 국민당중앙정부(National Central Government)로 오인하고, 강사(Lecturer)를 고문(advisor)으로 잘못 본 것일 수도 있다. 만약 그게 아니라면, 그 장본인이 그 "귀중한" 문헌을 공개하고 출처를 밝혀 각 나라의 관심 있는 학자들로 하여금 그 진위(眞僞)를 변별하게 함이 바람직할 것이다.

예전에 진링대 농업경제학과의 벅(Buck) 교수와 같은 미국 국적 교수가 국민당 정부의 고문 같은 직무를 겸했던 일은 있었다. 그러나 베이츠 선생은 한 번도 그런 KMT 중앙고문 같은 일을 한 적이 없었다. 백 번 양보해서, 설사 그가 국민당 정부 고문을 맡았다 해도 그 일을 굳이 숨길 필요는 없었을 것이다. 왜냐하면 당시 그것은 꽤나 그럴 듯한 자리였기 때문이다. 소위 학자라고 하는 몇몇 일본인의 논리에 따르면, 베이츠 선생은 나중에 '난징대학살' 관련 자료의 공정성 문제가 불거질 것이라 미리 짐작하고, 그것을 막기 위해 일부러 KMT 중앙고문 겸직을 숨긴 것으로 해석된다. 하지만 상식이 있는 사람이라면 그것이 불가능하다는 것을 금방 알 수가 있다. 그럼에도 불구하고 일본의 우익세력에게는 그것이 마치 물에 빠진 사람에게 내민 지푸라기라도 되는 것처럼 여겨진 것 같다. 사실, '난징대학살'을 일본을 모함하기 위해 미국과 중국이 손잡고 만들어 낸 '억울한 사건'이라고 말하는 것은 어제 오늘 이야기가 아니다. 1946년 '도쿄재판' 이후에 벌써 침략전쟁 실패를 달가워하지 않는 우익세력에 의해 이런 논조가 퍼지기 시작했고, 베이츠, 마기 등 국제법정에서 증언했던 미국 인사들도 그들에게 눈엣가시가 되어 갖은 모멸과 공격을 받았다. 따라서 오늘날 우익세력들이 퍼뜨리는 날조와 비방은 과거의 것을 되풀이하는 것이라고 보면 된다.

나는 이미 은퇴할 나이가 훨씬 넘었지만, 여전히 해야 할 일이 많다고 생각한다. 옛 사람들의 말에 따르면, 사람의 정력은 제한되어 있으므로 모든 일을 다 할 수는 없는 노릇이다. 자기가 할 수 있는 일을 찾아 거기에 정력을 집중해야만 소기의 목적을 이룰 수 있는 것이다. 현재 나의 가장 큰 소망은 중국 기독교회사 연구에 몰두하는 것이다. 그래서 2001년에는 신해혁명 연구를 일단락 짓는다고 했고, 2002년에는 또 장젠(張謇) 연구를 끝낸다고 선언했었다. 그러나 '난징대학살' 연구는 마침표를 찍을 시간이 명확하지 않다. 왜냐하면 그것은 나 혼자 일방적으로 결정할 수 있는 것이 아니기 때문이다. 혹시 만약(또 다른 만약이 있다면) ······

그래서 맹자의 말씀을 빌어 글을 맺고자 한다.

"내 어찌 변론을 좋아해서겠는가? 부득이해서일 뿐이다(予其好辯哉?予不得已也)!"

2003년 봄 白雲山麓之實齋

장카이웬(章开沅) 교수

중국의 저명한 역사학자, 교육가.

본적은 저장성(浙江省) 우씽현(吴兴县 : 현 湖州), 1926년 7월 안후이성(安徽省) 우후(芜湖)에서 태어났다.

미국 오거스타나대학(Augustana College) 명예법학박사, 일본 소카대학(创价大学)과 간사이대학(关西大学) 명예박사.

1948년 11월 진링대학(金陵大学 : 현 난징대학) 역사학과를 졸업, 같은 해 중원해방구(中原解放区)의 중원대학(中原大学) 정치연구실에서 학업을 계속한 뒤, 1949년 7월 우한(武汉)으로 내려가 교육학원(教育学院) 역사학과에서 교편을 잡기 시작했다. 1951년 9월부터 화중대학(华中大学 : 현 화중사범대학)에서 역사학과 교수(教授)와 총장(总长)을 역임했다. '중국신해혁명사연구회(中国辛亥革命史研究会)', '화중사범대학역사연구소(华中师范大学历史研究所 : 현 중국근대사연구소)'와 '중국교회대학사연구센터(中国教会大学史研究中心)'를 설립하여 현재까지도 이끌고 있다. 그는 중국근대사학계의 권위자로 신해혁명 연구, 중국자산계급상회사 연구, 난징대학살역사문헌 연구 등에서 뛰어난 학술적 성과를 거둬, 현재 중국 '국무원학위위원회(国务院学位委员会)' 역사학과 평의위원으로 있다.

주요 저서로 『辛亥革命史』, 『辛亥革命前夜的一场大论战』, 『辛亥革命与近代社会』, 『离异与回归 : 传统文化与近代化关系试析』, 『辛亥前後史事论丛』, 『辛亥前後史事论丛续编』, 『开拓者的足迹-张謇传稿』(中日文版), 『张謇传』, 『张謇与近代社会』(공저), 『论张謇』, 『平凡的神圣-陶行知』(공저), 『南京 : 1937.11~1938.5』, 『南京大屠杀的历史见证』, 『从耶鲁到东京 : 为南京大屠杀取证』, 『传播与植根-基督教与中西文化交流论集』, 『贝德士文献研究』, 『实斋笔记』, 『鸿爪集』, 『章开沅学术论著选』 등이 있다.

역자소개

지수용 池水涌

문학박사. 현 중국 화중사범대학 교수.
『조선문학통사』(중), 『고려시대한문학연구』, 『한국문학작품선독』 외 다수 논저

김숙란 金淑兰

철학석사. 현 중국 화중사범대학 직원.
『韩国语疑难解析』, 「知识经济时代高校德育创新探析」 외 다수 논저

배규범 裴圭范

문학박사. 현 중국 화중사범대학 교수.
『불가시문학론』, 『불가잡체시연구』, 『禅家龟鉴』(역) 외 다수 논저

한용호 韩龙浩

문학박사. 현 중국 화중사범대학 조교수.
「19세기 연행록의 중국이미지」, 「북경지역에서의 한국문학 연구 현황과 그 과제」
외 다수 논저

조현호 赵显昊

문학박사. 현 중국 화중사범대학 조교수.
『아빠는 꽃보다 아름답다』(역), 「韩国语冠形词节包孕句与汉语主谓定语句之比较」
외 다수 논저

예일에서 도쿄까지
난징대학살의 증거를 찾아서

2016년 3월 15일 초판 1쇄 펴냄

저자 장카이웬(章开沅)
역자 지수용, 김숙란, 배규범, 한용호, 조현호
펴낸곳 도서출판 보고사

책임편집 이순민
표지디자인 이준기

등록 1990년 12월 13일 제6-0429호
주소 경기도 파주시 회동길 337-15 2층
전화 031-955-9797(대표)
       02-922-5120~1(편집), 02-922-2246(영업)
팩스 02-922-6990
메일 kanapub3@naver.com / bogosabooks@naver.com
http://www.bogosabooks.co.kr

ISBN 979-11-5516-516-4 93910
ⓒ 章开沅, 2016

정가 25,000원

이 도서의 국립중앙도서관 출판예정도서목록(CIP)은 서지정보유통지원시스템 홈페이지
(http://seoji.nl.go.kr)와 국가자료공동목록시스템(http://www.nl.go.kr/kolisnet)에서
이용하실 수 있습니다. (CIP제어번호 : CIP2016005694)